강원진 교수의

무역실무 Q&A 문답식 해설

강 원 진 저

도서출판 두남

Preface

오늘날의 무역은 대부분 특별한 제한없이 누구나 할 수 있지만 상관습과 제도가 다른 외국의 거래처와 국제거래의 장에서 행하는 특수성 등으로 인하여 무역실무상 전문성이 특별히 요구되는 점을 간과하여 금전적으로 또한 시간적으로 비싼 대가를 치르게 되는 경우를 보게 된다.

무역실무를 단순하게 수출입절차로 인식한다면 이는 매우 잘못된 생각이다. 왜냐 하면 무역거래에서 발생되는 분쟁은 거래당사자간 수출입절차상의 문제라기보다는 국제물품매매와 관련된 국제상관습과 법률적 이해관계에 대한 전문적 지식부족과 의사결정의 오류에서 발생되는 문제이기 때문이다.

이 책, "강원진 교수의 무역실무 문답식 해설"은 필자가 십여년 간 대기업 무역부에서의 실무경험 및 최근 수십년 간 대학교수로서의 무역실무 강의경력을 바탕으로 무역실무 전 과정을 문답식으로 엮어 보다 전문적이고 명확한 해설을 통하여 경쟁력 있고 역량 있는 무역전문가로 변화할 수 있는 차별된 소재를 제공하고자 하는 의도에서 집필된 것이다.

따라서 이 책은 무역을 처음 시작하고자 하는 일반인, 무역관련 공부를 하는 대학생 그리고 무역업계의 실무자들을 위하여 무역실무 수행상 기본적이면서 전문적으로 꼭 알아야 할 엄선된 핵심내용 157개의 이슈에 대한 질문과 답의 형식으로 상세하게 해설하여 무역의 꿈을 키우는 사람들의 멘토 역할을 담당할 뿐만이 아니라 무역실무를 종합적으로 공부할 수 있는 실무지침서라고 할 수 있다.

특히 이 책에서 주안점을 둔 특징적 내용은 다음과 같다.

첫째, 무역거래에서 무역계약의 성립에서 이행 및 종료되는 상황을 10개의 장으로 구성, 엄선된 핵심 이슈에 대하여 전문적이고 명확한 해답을 제시한 문답식 해설서이다.

둘째, 무역관리, 무역계약, 국제물품운송, 적화보험, 무역대금결제 및 클레임 발생시 상사중재를 통한 분쟁해결 등 무역실무상의 핵심내용을 망라한 종합적인 구성과 함께 2011년부터 새로 적용되는 Incoterms® 2010에 대한 국제무역거래규범 등의 적용에 대하여 상세히 해설하였다.

셋째, 무역실무자뿐 만이 아니라 각종 국가시험, 즉 관세사, 국제무역사, 무역영어 국가검정시험 중 무역실무 과목을 준비하는 수험생들이 종합적인 개념과 이슈를 총정리할 수 있도록 하였다.

넷째, 무역거래에 필수적으로 사용되는 주요 무역서식은 실무에 활용될 수 있도록 하기 위하여 빈 서식만 제시하지 않고 직접 작성한 서식의 예시를 통하여 일선 실무에 바로 적용할 수 있도록 하였다.

아무쪼록 이 책이 새로운 무역거래 환경에서 무역실무를 공부하거나 일선 실무를 담당하는 분들에게 도움이 되어 우리나라의 무역진흥에 일조할 수 있다면 필자로서는 큰 보람이 될 것이다.

끝으로 이 책을 출간함에 있어 격려와 도움을 주신 도서출판 두남 전두표 사장님을 비롯하여 영업부 이승구 상무님 그리고 편집부 직원들께 감사를 드린다.

2011년 2월 20일

저 자

Contents

Chapter 1 무역업과 무역거래의 개요

Chapter 2 해외시장조사와 거래처 발굴

Chapter 3 무역계약의 성립과 체결

Chapter 4 신용장과 기타 무역결제 방식

Chapter 5 물품의 확보와 무역금융

Chapter 6 국제물품운송

Chapter 7 적화보험 및 무역보험

Chapter 8 통관과 관세

Chapter 9 무역결제서류와 무역대금결제

Chapter 10 무역클레임과 무역거래분쟁의 해결

Chapter 1
무역업과 무역거래의 개요

01-001 Q 무역이란 무엇이며 무역실무를 잘 수행하기 위해서는 어떠한 내용들을 알아야 하는가?

A 무역(international trade)이라 함은 상이한 국가간에 물품(goods)을 대상으로 이루어지는 상거래라고 정의할 수 있다. 여기에서 상이한 국가란 지역, 기후조건, 부존자원, 생산물 등 자연적 조건이 이질적이고 노동, 자본, 기술, 법률, 제도, 관습 등 사회적 조건이 다른 경제주체를 의미한다. 국가는 법률적 내지 정치적 의미의 국가영역이 아니고 경제적 의미의 국가영역, 즉 국가경제영역이므로 양자는 반드시 일치되지는 않는다. 무역거래대상이 되는 물품은 오늘날 국제교류가 확대되고 다양화됨에 따라 넓게는 일반적인 상품(merchandise) 외에도 용역(service), 이전거래(transfer transaction) 및 자본거래(capital transaction)를 모두 포함시킬 수 있지만, 보통은 좁은 의미로 물품, 즉 형식재이면서 실질적인 물품을 국제매매의 객체로 간주한다.

무역은 상이한 국가의 영역을 넘어서 이루어지기 때문에 주계약인 매매계약이 성립된 이후 물품운송은 해상의존성이 크고, 운송·보관상의 위험 및 대금결제에 따른 환위험도 발생하게 된다. 이처럼 무역은 매매계약성립 후 그 이행과정을 거쳐 대금결제가 이루어지기까지 상당한 시간과 인력 그리고 비용이 소요되고 예상하지 못하였던 문제도 발생하게 된다. 무역거래에서는 비록 물품인도가 완료되더라도 계약위반을 이유로 클레임이 제기되어 무역거래분쟁이 야기되는 경우 또는 제시서류가 신용장조건에 일치되지 아니한다고 하여 대금지급을 거절하여 경제적 손실을 당하는 경우 등을 자주 보게 된다.

무역실무(practices for international trade)는 무역거래에서 거래당사자간 계약의 성립과 이행 및 종료에 따른 상거래 관습 및 법적인 문제를 기술적으로 조화롭게 해결할 수 있는 실무수행이다. 무역실무를 단순하게 수출입절차로 한정하여 생각한다면 매우 잘못된 인식이다. 왜냐하면 무역거래에서 발생되는 분쟁은 거래당사자간의 수출입절차상 문제이기보다는 국제상관습과 법률적 문제에 대한 전문적 지식, 즉 계약·운송·보험·결제와 관련된 국제상관습 및 무역거래 규범에 대한 지식부족과 의사결정의 오류에서 기인되는 문제라고 할 수 있다. 따라서 무역거래를 원활하게 성공적으로 수행하기 위해서는 적어도 다음과 같은 내용에 대하여 기본적인 이해가 필요하다.

첫째, 국제상관습에 대한 이해이다.

무역거래는 상관습이 서로 다른 국가간에 이루어지게 되므로 매매 관습, 업종별 관습, 지역별 관습 및 문화의 차이에 대한 이해가 필요하다. 특히 매매 관습인 '국내 및 국제무역거래조건의 사용에 관한 국제상업회의소 규칙'(Incoterms® 2010)에 반영된 정형거래 규칙을 잘 알아야 한다.

둘째, 무역거래규범에 대한 이해이다.

무역거래에서는 원래 국제적으로 적용되는 강행법규는 없기 때문에, 매매 당사자는 계약자유의 원칙에 따라 계약체결시에 준거법을 합의하여 적용하게 된다. 따라서 국제연합(United Nations)이나 국제상업회의소(International Chamber of Commerce) 등에서 정한 무역거래관련 규범에 대한 이해가 필요하다. 또한 한국의 무역관계법인 대외무역법, 외국환거래법, 관세법에 대한 검토를 통하여 국내에서의 규제 여부 등 무역관리제도를 파악할 필요가 있다.

셋째, 주 계약인 매매계약과 종속 계약인 운송·보험·결제에 대한 이해이다.

물품을 대상으로 한 무역계약은 매매 당사자간에 체결된 주 계약인 매매계약과 동 계약을 이행하기 위하여 매도인과 매수인은 주 계약과는 별도의 종속 계약으로 운송인과 운송계약을, 보험자와 보험계약을, 은행과 대금결제 약정을 하게 된다. 따라서 매매당사자간 계약 성립과 이행에 수반되는 의무와 책임은 물론 운송인으로부터 선화증권과 같은 운송서류, 보험자로부터 적화보험증권과 같은 보험서류를 교부 받고, 신용장 방식의 결제수단을 이용함에 있어 제시서류의 점검과 거래관행에 대하여 이해하여야 한다.

넷째, 무역클레임에 대한 대처 및 상사중재를 통한 분쟁의 해결방법에 대한 이해이다.

계약이 성립된 후 계약 이행상에 무역클레임이 발생된 경우의 대처 방법과 클레임이 분쟁으로 발전될 경우 소송외적 분쟁해결 방법의 하나인 상사중재를 통하여 상거래 분쟁에 경제적으로 또한 효과적으로 대응할 수 있는 방법을 모색하여야 한다.

다섯째, 무역통신문을 효과적으로 작성할 수 있는 능력을 갖추어야 한다.

무역 상담을 성공적으로 이끄는 데는 외국어 구사 능력과 함께 효과적인 무역 통신문 작성에 대한 연구가 필요하고 상담 전략이 요구된다.

이와 같이 무역실무를 잘 수행할 수 있는 명실상부한 무역전문가가 되려면 문헌을 통한 무역실무 기본 개념에 대한 이해, 무역거래를 규율하는 관련 규범에 대한 이해, 그리고 무역현장에서의 실전경험이 유기적으로 융합되어야 한다.

01-002 Q 무역업을 영위하기 위해서는 어떠한 자격이 요구되며 무역업 신청은 어떻게 하는가?

A 무역업이라 함은 무역을 업으로 영위하는 것을 말한다. 무역업의 경영주체는 무역업자(trader)이다. 무역거래의 기본법인 대외무역법에서는 무역업자를 다음과 같은 무역거래자로 규정하고 있다.

"'무역거래자'라 함은 수출 또는 수입을 하는 자, 외국의 수입자 또는 수출자에게서 위임을 받은 자 및 수출과 수입을 위임하는 자 등 물품 등의 수출행위와 수입행위의 전부 또는 일부를 위임하거나 행하는 자를 말한다."

여기에서 "수출 또는 수입을 하는 자"라 함은 수출을 업으로 하는 자인 수출자(exporter), 수입을 업으로 하는 자인 수입자(importer) 그리고 양쪽을 겸하는 자인 수출입자(exporter and importer)를 말한다.

또한 "외국의 수입자 또는 수출자에게서 위임을 받은 자"라 함은 오퍼발행 대리업자(offer agent) 또는 수출물품구매 대리업자(buying agent)를 말하며 "수출과 수입을 위임하는 자"라 함은 위탁자 또는 실수요자를 말한다.

무역거래자는 자기의 명의로 자기의 계산과 위험 아래 수출 또는 수입하는 자 및 자기 명의 이외에 위임을 받아 간접적인 거래로 수수료를 받는 수출입 대리업자(agent)를 포함한다. 이와 같이 우리나라의 대외무역법상 무역거래자에는 수출입자 및 수출입 대리업자를 포함하는 개념으로 정의되고 있으므로 무역업자는 무역거래자라는 개념으로 이해되어야 한다.

무역질서의 확립과 대외신용유지 등을 목적으로 시행되어 오던 무역업 신고제도가 2000년 1월 1일부터 폐지됨으로써 우리나라는 무역업에 특별한 자격제한을 두지 않고 있다.[1)]

그 대신 이 신고제도가 폐지되면서 대외무역관리 규정에서는 대외무역통계시스템 및 전자문서교환(EDI) 등 과학적 무역업무의 처리기반을 구축하기 위한 전산관리체제의 개발·운영을 위하여 무역거래자별 '무역업고유번호'를 부여하도록 하고 있다. 2000년 1월 1일 이후 기존의 사업자는 기존의 무역업 신고번호는 그대로 사용하고, 신규의 경우에는 수출입신고시 이 고유 번호를 필수적으로 기재하도록 하여 무역거래자의 전산관리에 활용되고 있다.

---

1) 다만, 약사법 등 개별법의 소관품목을 수입하고자 할 경우에는 당해 법에서 정하고 있는 요건을 갖추어야 한다.

따라서 무역업을 영위하기 위해서는 관할세무서에 사업자등록을 한 후 한국무역협회장으로부터 무역업고유번호를 부여받아야 하는 것이 전부이다. 무역업고유번호를 부여받으려는 자는 다음과 같은 소정의 서식[1-1]에 의하여 우편, 팩시밀리, 전자우편, 전자문서교환 등의 방법으로 한국무역협회장에게 신청하여야 하며, 한국무역협회장은 접수 즉시 신청자에게 고유번호를 부여하게 된다. 가까운 한국무역협회 본 지부를 방문하면 쉽게 처리될 수 있다. 특별히 관련 회원단체에 가입의무는 어디가지나 자유의사이고 법으로 강제되지 아니하고 있다.

이와 같이 무역업에 진출하는 것은 매우 쉬우므로 나름대로의 강한 도전 정신과 신뢰할만한 거래선 및 유망한 아이템 발굴, 그리고 자신의 전문성을 갖추는 것이 중요하다고 할 수 있다.

[서식1-1] 무역업고유번호신청서

무역업고유번호신청서

APPLICATION OF TRADE BUSINESS CODE

<table>
<tr><td colspan="4"></td><td colspan="2">처리기간 (Handling Time)</td></tr>
<tr><td colspan="4"></td><td colspan="2">즉 시 (Immediately)</td></tr>
<tr><td colspan="2">① 상 호
(Name of Firm)</td><td>서울무역주식회사</td><td>② 무 역 업 고 유 번 호
(Trade Business Code)</td><td colspan="2"></td></tr>
<tr><td colspan="2">③ 주 소
(Address)</td><td colspan="2">서울특별시 중구 소공동 1가 15 번지</td><td>④ 업 종
(Business Type)</td><td>제조, 도매</td></tr>
<tr><td rowspan="2">⑤</td><td>전 화 번 호
(Phone Number)</td><td>02-753-1200</td><td>⑥ 전 자 우 편 주 소
(Email Address)</td><td colspan="2">seoultrade@hanmail.net</td></tr>
<tr><td>팩 스 번 호
(Fax Number)</td><td>02-753-1201</td><td>⑦ 사 업 자 등 록 번 호
(Business Registry Number)</td><td colspan="2">214-12-45678</td></tr>
<tr><td colspan="2">⑧ 대 표 자 성 명
(Name of Rep.)</td><td>홍 길 동</td><td>⑨ 주 민 등 록 번 호
(Passport Number)</td><td colspan="2"></td></tr>
</table>

대외무역법 시행령 제21조 및 대외무역 관리규정 제24조의 규정에 의하여 무역업고유번호를 위와 같이 신청합니다.
I hereby apply for the above-mentioned trade business code in accordance with Article 24 of the Foreign Trade Management Regulation.

신 청 일 : 20xx 년 3 월 10 일
Date of Application Year Month Day

신 청 인 : 홍 길 동 (서명)
Applicant Signature

사단법인 한국무역협회 회장
Chairman of Korea International Trade Association

유의사항 : 상호, 대표자, 주소, 전화번호 등 변동사항이 발생하는 경우 변동일로부터 20일 이내에 통보하거나 무역업 데이타베이스에 수정 입력하여야 함.

210㎜×297㎜
일반용지 70g/㎡

01-003 Q 무역업의 경영 유형에는 어떠한 것들이 있을까?

A 무역업의 경영유형은 제조 및 수출업과 전문무역상사로 대별할 수 있다. 먼저 제조 및 수출업(무역업)의 경영 과정은 보통 자가생산품을 국내에서 판매하다가 생산 및 공급이 국내수요를 초과하거나, 국내시장보다 해외시장에서의 이익이 더 크거나, 또는 품질 및 가격 등에서 국제경쟁력을 갖추게 되면 그 다음 단계로서 해외로 수출을 시도하게 된다. 이 경우에는 제조업자 자신이 해외시장을 개척하여 무역계약을 직접 체결하고 수출신용장 등을 받아 물품을 제조하여 수출이행을 하게 된다. 또한 제조업자 자신은 자가 생산에 필요한 원료기재를 직접 수입하여 수출물품을 제조·가공하는 데 따른 이른바 수출용원자재를 조달할 수도 있다.

제조업자의 무역경영은 해외의 거래처와 직접 연결됨으로 해서 당해시장 상황변화에 따라 제품계획이나 판매계획을 수립하는 것이 용이하고 수출용원자재를 탄력적으로 적기에 확보할 수 있다. 또한 중간무역상사를 배제시킬 수 있어 수수료도 절약할 수 있는 장점이 있다.

그러나 제조업은 생산설비나 인력 등에 거대한 자본이 필요하고 불황기에는 위험이 따르게 된다. 또한 제조업에 비중을 두다보면 광범위한 세계시장을 개척하고 유망한 거래처를 확보하는 데는 소홀히 할 수도 있다.

그 다음으로 전문무역상사의 경영유형은 일반적으로 제조업을 영위하지 않으면서 수출입 또는 수출이나 수입만을 전문으로 하는 무역상사(trading company)를 말한다. 이에는 수출입에 관련된 전문무역상사만이 아닌 종합무역상사(general trading company: GTC)도 모두 포함된다. 특히 종합무역상사의 경우에는 제조업을 겸하는 경우가 많다. 종합무역상사는 대규모의 상업자본력과 광범위한 지역의 해외마케팅조직망을 통하여 무역을 위주로 하는 기업조직으로 3국간거래, 자원개발, 현지생산판매, 합작투자, 신제품 및 첨단기술 연구개발에 이르기까지 그 활동범위를 세계로 확대하여 수행하는 대규모 무역상사이다. 종합무역상사는 타상사보다 거래의 대규모성, 막대한 자금력, 신용을 바탕으로 한 금융기능과 정보기능을 갖고 있다. 종합무역상사는 거래품목의 다양성의 의미보다는 그 기능상의 다양성에 의미를 두어야 한다.

전문수출상사는 국내의 수출위탁자와 대행계약에 의하여 수출대행을 수행하기도 하지만 해외의 거래처와 직접거래를 하는 경우가 많다. 이 경우에는 국내의 물품생산자로부터 견본을 제공받고 해외의 거래처와 무역계약을 본인 대 본인 거래관계(principal to principal basis)로 체결하고 수출자 명의로 수출신용장이 내도하게 되면 국내 물품생산자를 수익자(beneficiary)로 하는 완제품내국신용장을 발행하여 주거나 내국신용장발행이 용이하지 않을 경우에는 구매확인서를 발급받아 생산자로부터 물품공급을 받아 수출자가 직접 국외로 수출하게 된다. 한편 전문수입상사의 경우에는 시장성 있는 물품을 자기명의로 수입하여 국내에서 판매하거나 국내 실수요자의 위탁에 의하여 대행수입도 할 수 있다.

이처럼 전문무역상사의 무역경영은 직접적으로 제조업을 영위하지 않으므로 거대한 자본력이나 인력이 필요하지 않고 생산 또는 판로가 여의치 못할 경우에는 전업이 용이하다. 그러나 전문무역상사는 광의로 볼 때, 제조업자가 아닌 수출조합(export association)이나 수입조합(import association)과 같은 협동적 무역경영형태도 포함시킬 수 있다. 협동적 무역경영활동은 강력한 지배력을 발휘하여 공동이익을 균등하게 배분할 수 있고 대량거래로 가격인하 및 운송비를 절감할 수 있으며 계절적 수요에 신속히 대처할 수 있는 장점이 있다.

처음 무역업에 뜻을 둔 경우에는 제조 및 수출업(무역업)의 경영형태 보다는 전문무역상사의 형태로 시작하는 것이 사업기반을 구축하기 전의 위험을 줄일 수 있을 것이다.

01-004 Q 오퍼발행 대리업자(offer agent) 등 무역대리업의 경영 유형에는 어떠한 것이 있는가?

A 무역거래자로서의 대리업자는 외국의 수입자 또는 수출자에게서 위임을 받은 자 및 수출과 수입을 위임하는 자라고 대외무역법에서 규정하고 있다. 대리업자, 즉 대리인(agent)이라 함은 본인(principal)으로부터 일정한 권한을 위임받아 제3자에 대해 본인을 대표하거나 본인을 대신하여 특정업무를 수행하는 자를 말한다. 따라서 대리인은 대리행위에 대한 대가로 본인으로부터 수수료를 받는다. 한국민법(제114조 1항)에서는 "대리인이 그 권한 내에서 본인을 위한 것임을 표시한 의사표시는 직접 본인에게 대하여 효력이 생긴다"고 규정하고 있다.

무역대리업의 경영유형은 크게 세 가지로 구분할 수 있다.

첫째, 수출물품구매 대리업자(buying agent)로서의 경영유형이다.

한국에서는 흔히 바잉오피스(buying office)라 부르기도 한다. 수출물품 구매대리업자의 무역경영이라 함은 외국 수입자의 위임을 받은 자 또는 외국 수입자의 지점 또는 대리점으로서 국내에서 수출할 물품을 구매하거나 이에 부대되는 행위를 업으로 하는 것을 말한다. 따라서 외국의 수입자의 요청과 지시에 따라 수출국의 제조업자 또는 물품공급자로부터 수출물품 구매를 대리하고 이에 대한 대가로 외국의 수입자로부터 일정 한 수수료(commission)를 받는 간접 무역경영형태를 말한다. 이와 같이 수출물품구매 대리업자는 수출물품 주문(order)에 대한 관리 및 물품의 선적전 검사(pre-shipment inspection: PSI) 등의 업무를 담당한다. 특히 외국의 수입자가 대량구매를 위하여 수출물품구매 대리업자를 제1수익자로 하는 신용장을 발행할 경우 수출국 내에서 신용장 양도(transfer of credit)를 통하여 제2수익자인 실제 수출자(무역거래자)에게 전액 또는 분할 양도를 행하여 거래를 진행시킨다.

수출물품구매 대리업자가 되기 위해서는 외국의 수입자로부터 수출물품구매 대리를 위임하는 물품구매대리점 계약(buying agency agreement)을 체결하고, 앞에서 언급한 것처럼 대외무역법에서는 무역대리업도 무역업의 범주에 포함시키고 있으므로 관할세무서에 사업자등록을 한 후 한국무역협회장으로부터 무역업고유번호를 부여받아야 한다. 특별히 관련 회원단체(한국무역협회 및 한국외국기업협회)에 가입의무는 어디가지나 자유의사이고 법으로 강제되지 아니하고 있다.

둘째, 수입물품 오퍼발행 대리업자(offer agent)로서의 경영유형이다.

한국에서는 흔히 오퍼상이라고 부르고 있지만 의미상으로는 오퍼발행 대리업자라고 할 수 있다. 이는 외국의 수출자가 국내로 물품을 수출하고자 하는 자의 위임을 받은 자 또는 외국 수출자의 국내지점 또는 대리점이 국내에서 외국 수출자를 대리하여 물품매도확약서(offer sheet)의 발행을 주된 업으로 하는 자를 말한다. 이 오퍼발행 대리업자는 오퍼발행 금액에 대하여 약정된 수수료(commission)를 외국의 수출자(물품공급자)인 위임자로부터 받게 된다. 오퍼발행 대리업자라고 하여 병행하여 수출입업을 못할 이유가 없으므로 경우에 따라 겸업도 할 수 있다.

오퍼발행 대리업자가 되기 위해서는 외국의 수출자로부터 오퍼발행을 위임하는 오퍼발행 대리점 계약(agency agreement)을 체결하고, 앞에서 언급한 것처럼 대외무역법에서는 무역대리업도 무역업의 범주에 포함시키고 있으므로 관할세무서에 사업자등록을 한 후 한국무역협회장으로부터 무역업고유번호를 부여받아야 한다. 특별히 관련 회원단체(한국무역협회 및 한국수입업협회)에 가입의무는 어디까지나 자유의사이고 법으로 강제되지 아니하고 있다.

여기에서 용어의 사용상 유의 하여야 할 점은 'offer'라는 말은 청약, 즉 청약자(offeror)가 피청약자(offeree)에게 계약을 체결하고자 하는 의사표시로 무역거래에서 보통 수출자인 매도인(seller)이 외국의 상대방(피청약자)에게 물품을 수출하기 위하여 매도의 의사표시를 하는 'offer'의 주체와 구별되어야 한다. 이는 수출자 본인의 의사표시로 위임 범위에서의 대리업자가 행하는 의사표시가 아니다.

셋째, 수입물품판매 대리업자(selling agent)로서의 경영유형이다.

수입물품판매 대리업자의 무역경영이란 국외의 제조업자 또는 판매업자가 목표하는 시장의 대리업자를 통하여 대리점계약에 의거 일정기간 특정조건에 따라 물품판매를 대리하게 하고 이에 대한 대가로 일정의 수수료를 받는 간접무역 경영형태를 말한다. 이와 같은 대리업자는 대리점계약상 약정된 지역 내에서만 판매가 인정되는 독점판매대리점(exclusive selling agency)이 대부분이다. 이 경우의 독점권은 본인의 당해 해외지점이나 대리권을 부여한 현지의 대리업자에게 주는 것이 일반적 이다. 오퍼발행 대리업자와 유사하지만 직접 수입 또는 위탁 수입하여 스톡판매(stock sale)하는 것이 특징이며 오퍼발행 대리업을 겸할 수도 있다. 대리업자는 대리점 계약에 따라 대리인으로서 주의의무를 성실히 이행하고 본인에게 정보를 제공하고 본인 외로부터는 수수료를 받지 않고 거래상의 비밀을 유지하여야 하며 회계의 결과를 제출하여야 한다.

이상에서와 같이 무역대리업을 경영하기 위해서는 좋은 수입거래처 및 수출거래처를 만나야 하고 신뢰성과 성실성을 보여 본인을 대리할 수 있는 대리업자로서 위임을 받는 것이 선행 되어야 한다. 또한 취급품목에 대한 상품지식, 즉 원재료의 구성, 제조과정,

품질기준, 디자인, 포장방법 등을 잘 이해하여야 함은 물론 마케팅 활동 능력과 교섭력 등을 갖추어야 한다.

01-005

Q 오퍼발행 대리업자가 되기 위하여 외국의 수출자로부터 오퍼발행을 위임하는 오퍼발행 대리점계약서(agency agreement)의 작성 사례는?

A 오퍼발행대리업자인 한국의 Korea Trading Co. Ltd.와 오퍼발행 위임자인 수출자 미국 America International Inc.간에 한국에서 전기세탁기를 판매하기 위하여 오퍼발행 대리점계약을 작성한 사례(영문 및 국문)를 보면 다음과 같다.

[서식1-2] 대리점계약서

AGENCY AGREEMENT[2)]

This Agreement ["the Agreement"] is made on March 20, 20xx by and between [Korea Trading Co., Ltd.] ("Agent"), a corporation duly incorporated under the laws of the Republic of Korea with its principal place of business at [15, 1-ga Sogong-dong, Joong-gu, Seoul, Korea] and [America International Inc.]("Company"), a corporation duly incorporated under the laws of the State of New York, United States of America with its principal place of business at [310, Fifth Ave., New York, NY10001, U.S.A.].

WITNESSETH :
WHEREAS, the Company wishes to market [Electric Washing Machines] ("the Products") in the Republic of Korea ["the Territory"] and for such purpose enter into an agreement with the Agent; and

WHEREAS, the Agent is willing to market the Products in the Territory and render its services to the Company;

Now, THEREFORE, in consideration of the mutual premises herein contained, the Parties hereto agree as follows :

Article 1. Appointment of Agent

1.1 The Company hereby appoints the Agent and the Agent hereby accepts appointment as the Company's exclusive agent for the sale of the Products within the Territory on the terms and conditions set forth herein.

1.2 The Company shall not, itself directly or through third parties, sell, distribute or market the Products to the customers in the Territory ["the Customers"] or appoint other representatives, agents, distributors or the like with authority to sell or lease the Products to the Customers and the Company shall exert its best efforts and take all necessary legal actions to cause its other distributors, agents, representatives or the like not to sell distribute or lease, directly

2) http://www.gtrade.or.kr에서 필자 일부수정.

or through third parties, the Products to the Customers.

Article 2. Agent's Duties and Responsibilities

2.1 The Agent shall explore, develop and promote the sale of the Products and shall make good faith efforts to increase the sales of the Products within the Territory. To achieve such purposes, the Agent will keep the Company informed of the status of the sales progress, make recommendations and suggestions to the Company and assist and cooperate with the Company.

Article 3. Company's Duties and Responsibilities

3.1 The Company shall use its best efforts to assist and cooperate with the Agent in developing and promoting the sale of Products in the Territory. The Company shall, at its expense expeditiously provide samples, sales literature, demonstration kits and any other material, requested by the Agent necessary for the Agent's performance of its duties under the Agreement. The Company shall also provide any information, which it now has or may be received by it in the future which is likely to be of interest, use, or benefit to the Agent in relation to sales of the Products in the Territory.

Article 4. Agent Soliciting Offer

4.1 The Agent shall promote sale of the Products based on the latest prices of the Products provided by the Company.

4.2 The Agent shall, upon receipt of inquiry or offer for the Products from a Customer, forward it to the Company, and the Company shall, within [15] days after receipt make an offer against the inquiry or, notify the Agent whether the offer by the Customer is accepted or not.
In the event of nonacceptance, Company shall state the reasons for the Company's nonacceptance of the offer.

4.3 If the Company accepts the offer by the Customer or the Customer accepts the offer by the Company then sales contract("Sales Contract") of the Products shall be to have been made. If such notice of acceptance by the Company is not timely provided as stated hereinabove to the Agent, the offer will, although not formally accepted, be deemed to have been accepted by the Company and such offer will also become a Sales Contract.

Article 5. Offer Agent

5.1 The Company hereby appoints the Agent as the Company's offer agent and authorizes the Agent as an offer agent to issue offer sheets on behalf of the Company to the Customers. If the offer shall be accepted by the Customer, then Sales Contract of the Products shall be deemed to have been made.
The Agent may, at its discretion, decline to act as an offer agent for a particular Customer, and in such cases the Company shall appoint another offer agent.

5.2 The Agent shall issue offer sheets based on the latest prices of the Products provided by the Company. The Agent shall not be liable for any loss or damage which may occur from price changes of which the Agent was informed subsequent to the time the Agent has issued an offer sheet.

Article 6. Commissions

6.1 In return for the services rendered by the Agent under the Agreement, the Company agrees to pay commissions to the Agent in an amount equal to [five] percent of the gross invoice value of the Products subject to Sales Contract. The Agent's right to commissions accrues and attaches at the time Sales Contract is made under Article 4 and 5 hereof. The Agent shall be paid its commissions in full regardless of whether payments for the Products are received by the Company or not.

6.2 Commission shall be paid in the United States Dollars to the Agent within [thirty(30)] days after Sales Contract is made pursuant to Article 4 and 5 hereof.

6.3 The Agent's right to commissions secured on Sales Contract during the effective period of the Agreement, shall survive the termination of the Agreement. In addition, for [one(1)] year after termination of the Agreement the Agent shall receive a commission of [four] percent of the gross invoice value of the Products sold in the Territory by the Company to Customers with whom Sales Contract was made during the term of the Agreement.

6.4 In case any long-term supply agreement for the Products shall be made and executed between the Company and the Customers with assistance of the Agent which term survive the termination of the Agreement, the Agent shall be entitled to commission of [three] percent of the gross invoice value of the Products sold during the term of foregoing long-term supply agreement after termination of the Agreement.

Article 7. Indemnification

7.1 The Company shall indemnify and hold harmless the Agent against any expense, liability, loss, claim or proceedings whatsoever arising under any statute or at common law in respect of any loss, damage whatsoever to any property or personal injury to or the death of any person arising out of or in the course of or caused by occurring out of the Agreement, unless due to any intentional act or gross negligence of the Agent or of any employee of the Agent.

Article 8. Effective Date and Duration

8.1 This Agreement shall become effective upon its execution by the parties hereto and shall continue in force for (5) years from the execution date of the Agreement unless earlier terminated under Article 9 hereof and shall be automatically extended for [one (1)] year periods thereafter unless either party gives written notice of intent to terminate at least [sixty (60)] days prior to the relevant expiration of the Agreement.

Article 9. Termination

9.1 The Agreement may be terminated in any of the following cases :

- 9.1.1 By mutual agreement in writing of the parties;
- 9.1.2 By the non-defaulting party, in the event of default by the other party in the due performance of its obligations under the Agreement, which default is not remedied within [thirty (30)] days after receipt of written notice of default from the non-defaulting party;
- 9.1.3 By the other party, either party making an assignment for the benefit of creditors, or being adjudged bankrupt, or insolvent, or filing any petition seeking for itself any arrangement for dissolution and liquidation of its interests ; or
- 9.1.4 By either party, if a force majeure condition under Article 10 hereof makes it unreasonable to proceed Agreement in the foreseeable future.

9.2 Upon termination of the Agreement, neither party shall be discharged from any antecedent obligations or liabilities to the other party under the Agreement unless otherwise agreed in writing by the parties.

Article 10. Force Majeure

10.1 Neither party shall be liable to the other party for nonperformance or delay in performance of any of its obligations under the Agreement due to war, revolution, riot, terrorism, strike or other labor dispute, fire, flood, acts of government or any other causes reasonably beyond its control. Upon the occurrence of such a force majeure condition the affected party shall immediately notify the other party of any further developments. Immediately after such condition is removed, the affected party shall perform such obligation with all due speed, except subject to termination under Article 9 hereof.

Article 11. Arbitration

11.1 All disputes, controversies, or differences which may arise between the parties out of or in relation to or in connection with the Agreement or for the breach thereof, shall be finally settled by arbitration in Seoul, Korea in accordance with the Commercial Arbitration Rules of the Korean Commercial Arbitration Board. The award rendered by arbitrator[s] shall be final and binding upon parties concerned.

Article 12. Governing Law

12.1 The validity, formation, and performance of this Agreement shall be governed by and construed in accordance with the laws of the Republic of Korea.

Article 13. Non-Waiver

13.1 No claim or right of either party under this Agreement shall be deemed to be waived or renounced in whole or in part unless the waiver or renunciation of such claim or right is acknowledged and confirmed in writing by such party.

Article 14. Severability

14.1 If any one or more of the provisions contained in this Agreement shall be declared invalid, illegal or unenforceable in any respect under any applicable law, the validity, legality and enforce ability of the remaining provisions contained herein shall not in any way be affected and in such case the parties hereto oblige themselves to reach the intended purpose of the invalid provision by a new, valid and legal stipulation.

Article 15. Headings

15.1 Headings of Articles and subsections of the Agreement are for convenience only and shall not be used in construing the Agreement.

Article 16. Notice

16.1 Unless otherwise agreed by the parties, all notices, invoices and communications under this Agreement shall be sent to the parties at their addresses set forth in the initial paragraph of the Agreement. All notices shall be sent by registered airmail and where circumstances require, notices may be sent by cable, facsimile or telex which shall be confirmed by registered air mail.

Article 17. Entire Agreement

17.1 This Agreement constitutes the entire agreement between the parties, all prior representations having been merged herein, and may not be modified except by a writing signed by duly authorized representatives of both parties.

IN WITNESS WHEREOF, the parties through their authorized representatives have executed the Agreement as of the date first above written.

Agent,
Korea Trading Co., Ltd.
Gildong Hong
Gil-dong Hong
President

Company,
America International Inc.
John F. Dolan
John F. Dolan
President

대리점계약서(국문번역)

이 계약은 대한민국의 법에 의해 설립되고 주된 영업소가 [한국 서울특별시 중구 소공동 1가 15]인 [Korea Trading Co. Ltd.] (이하 "갑"이라 한다)와 [미합중국 뉴욕주법]에 의해 설립되고 주된 영업소가 [미합중국 뉴욕주 뉴욕시 5가 310]인 [America International Inc.](이하 "을"이라 한다)간에 20xx년 3월 20에 체결되었다.
을은 한국에서 [전기세탁기](이하 "물품"이라 한다)를 판매하기를 희망하여 갑과 계약을 체결하기를 바라며 또 한편 갑은 한국내에서 물품을 판매하기를 원하여 을에게 판매용역을 제공하고자 하여 당사자는 다음과 같이 상호 약정한다.

제1조 (대리점의 지명)

1.1 을은 이 계약에 규정된 조건아래 한국내에서 물품을 판매하기 위하여 갑을 을의 독점대리인으로 선정하고 갑은 이를 수락한다.

1.2 을은 직접 또는 제3자를 통하여 한국내에 있는 고객[이하 "고객"이라 한다]에게 물품을 판매하지 않으며 또한 고객에게 물품을 판매하거나 대여할 권한을 갖는 기타의 대표자, 대리인, 판매인 또는 이와 유사한 자를 임명하지 않으며, 을은 기타의 판매인, 대리인, 대행인이 직접 또는 제3자를 통하여 한국내의 고객에게 물품을 판매하거나 대여하지 않도록 최선의 노력을 경주하며 필요한 법적인 조치를 취한다.

제2조 (갑의 의무 및 책임)

갑은 물품의 판매를 개발·촉진하도록 노력하여야 하며 한국내에서 물품의 판매를 증가시키기 위하여 성실한 노력을 하여야 한다. 이러한 목적을 위하여 갑은 을에게 판매상황을 보고하여야 하며 을에게 조언, 제의 및 협력을 하여야 한다.

제3조 (을의 의무 및 책임)

을은 한국내에서의 물품의 판매를 촉진시키기 위하여 갑에게 최대한의 지원과 협력을 다하여야 한다. 을은 을의 비용으로 갑이 이 계약에 따른 이행을 위하여 필요한 견본, 판매광고, 전시용품 및 기타 자료들을 갑에게 신속히 제공하여야 한다. 을은 한국내에서의 물품판매와 관련하여 갑과 이해관계가 있거나 또는 갑에게 유용, 유익한 모든 정보를 현재 가지고 있거나 또는 장래에 입수하게 될 때에는 갑에게 그것을 제공하여야 한다.

제4조 (청약접수 대리인)

4.1 갑은 을이 제시한 최후의 가격을 바탕으로 물품을 판매하여야 한다.

4.2 갑은 고객으로부터 조회가 있거나 청약이 있는 경우에는 즉시 이를 을에게 송부하여야 하며 을은 이를 수령한 후 [15일]이내에 조회에 대한 청약을 하거나 고객의 청약을 승낙할 것인지의 여부를 갑에게 통지하여야 한다. 혹은 을이 고객의 청약을 승낙하지 아니한 때에는 그 이유를 개진하여야 한다.

4.3 을이 고객의 청약을 승낙하거나 또는 고객이 을의 청약을 승낙하는 경우에는 물품의 판매계약(이하 "판매계약"이라 한다)이 체결된 것으로 한다. 을의 승낙 여부에 관한 통지가 이 조에 규정된 바에 따라 적시에 이루어 지지 않은 경우에는 고객의 청약이 공식적으로 승낙되지 않았다하여도 그 청약은 을에 의하여 승낙된 것으로 간주되며 또 동 청약은 그대로 판매계약이 된다.

제5조 (오퍼발행 대리인)

5.1 을은 갑을 을의 오퍼발행 대리인으로 선정하며 갑에게 을을 대리하여 고객에게 오퍼발행 대리인의 권한을 부여한다. 갑이 발행한 오퍼가 을에 의하여 승낙된 경우에는 판매계약이 체결된 것으로 간주한다. 갑은 자기 자신의 재량으로 특정 고객에 대하여 오퍼발행 대리인의 역할을 거절할 수 있으며 그러한 경우 을은 다른 오퍼발행 대리인을 선정한다.

5.2 갑은 을이 제시한 최후의 가격에 기하여 오퍼를 발행하여야 한다. 갑은 오퍼를 발행한 이후에 통지받은 가격의 변동으로 인하여 발생되는 손실이나 손해에 대하여 책임을 지지 않는다.

제6조 (수수료)

6.1 이 계약에 따라 갑이 제공한 판매용역에 대한 대가로서 을은 판매계약에 의한 물품의 송장가격 총액의 [5%]에 상당하는 금액을 갑에게 지급한다. 수수료에 대한 갑의 권리는 이 계약 제 4조 및 제 5조에 따라 판매계약이 체결되는 싯점에 발생한다. 을은 물품대금의 수령여부에 관계없이 수수료 전액을 갑에게 지급하여야 한다.

6.2 수수료는 이 계약 제4조 및 제5조에 따라 판매계약이 체결된 후 [30일] 이내에 미국통화로 지급되어야 한다.

6.3 계약기간 중의 판매계약에 의하여 발생된 수수료에 관한 갑의 권리는 계약종료 후에도 존속한다. 또 계약종료 후 [1년]동안 갑은 계약기간 중 체결된 판매계약에 의하여 한국내 고객에게 판매된 물품의 송장가격 총액의 [4%]를 수수료로서 지급받는다.

6.4 계약종료 후에도 갑의 지원하에 이루어진 을과 고객간의 장기물품계약이 존속되는 경우에는 갑은 장기공급계약에 의하여 판매되는 물품의 송장가격 총액의 [3%]를 수수료로서 지급받을 권리를 갖는다.

한 고의 또는 전적인 과실에 의한 경우에는 그러하지 아니한다.

제7조 (보상)

을은 이 계약의 이행으로 인하여 또는 이행중 발생하는 재산이나 인명의 사상에 따른 손실, 손해에 관한 성문법상이나 보통법상의 비용, 책임, 손실, 클레임 또는 법적 절차에 대하여 보상하여야 한다. 다만, 갑이나 갑의 고용인에 의한 고의 또는 전적인 과실에 의한 경우에는 그러하지 아니한다.

제8조 (발효일 및 기간)

이 계약은 당사자가 계약서를 작성한 일자로부터 효력을 발생하여 이 계약 제9조에 따라 조기에 계약이 종료되지 않는 한, [5년]간 계속되며 또 일방이 계약종료일 이전 최소한 [60일] 이전에 계약종료의 의사를 서면으로 통보하지 않는 한 [1년]간 자동 연장된다.

제9조 (계약의 종료)

9.1 이 계약은 다음 경우에 종료한다.

9.1.1 서면에 의한 당사자의 합의에 의하여;

9.1.2 계약불이행 당사자가, 상대방의 서면에 의한 이행최고의 통지를 받은 후 [30일]이내 구제조치를 하지 않았을 때, 그 상대방에 의하여,

9.1.3 일방이 일부 채권자들만의 이익을 확보해 주기 위한 사해행위를 하거나, 파산선고를 받거나, 지급불능인 상태가 되는 경우 또는 해산이나 청산을 구하는 소를 제기한 경우에는 그 상대방 당사자에 의하여;

9.1.4 이 계약 제10조의 불가항력적인 상황으로 인하여 예측 가능한 장래에 계약을 지속한다는 것이 불합리한 경우에 어느 일방 당사자에 대하여 이 계약이 종료되는 경우, 어느 일방도 상대방에 대하여 종료이전의 이 계약에 의한 의무 또는 책임을 면제받지 못한다. 다만, 당사자들이 서면으로 이와 달리 합의한 경우에는 그러하지 아니하다.

제10조 (불가항력)

어느 당사자도 전쟁, 혁명, 폭동, 테러행위, 파업 또는 기타 노동쟁의, 화재, 홍수, 정부의 조치 기타 당사자가 통제할 수 없는 사유로 인한 계약불이행 또는 이행지체의 경우에는, 상대방에 대하여 그로 인한 책임을 부담하지 않는다. 위와 같은 불가항력적인 사유가 발생한 경우에는 그로 인하여 계약을 이행하지 못하는 당사자는 진전 상황을 통지하여야 하며, 또 불가항력적 사유가 소멸한 경우에는 이 계약 제9조에 의하여 계약이 종료되는 경우를 제외하고는 신속하게 그 의무를 이행하여야 한다.

제11조 (중재)

이 계약으로부터, 이 계약과 관련하여 또는 이 계약의 불이행으로 말미암아 당사자간에 발생하는 모든 분쟁, 논쟁 또는 견해 차이는 대한민국 서울특별시에서 대한상사중재원의 상사중재규칙 및 대한민국법에 따라 중재에 의하여 최종적으로 해결한다. 중재인[들]에 의하여 내려지는 판정은 최종적인 것으로 당사자 쌍방에 대하여 구속력을 가진다.

제12조 (준거법)

본 계약의 유효성, 성립 및 이행의 문제는 대한민국 법률에 의하여 해석된다.

제13조 (권리 불포기)

이 계약에 따른 당사자의 클레임이나 권리의 전부 또는 일부는, 그러한 클레임이나 권리의 포기를 서면으로 인정, 확인하지 않는 한 포기한 것으로 간주되지 않는다.

제14조 (조항의 독립성)

이 계약의 하나 또는 그 이상의 조항이 준거법에 의하여 무효, 부적법 혹은 집행불능인 경우에도 이 계약 잔여조항의 유효성, 적법성, 집행가능성에 아무런 영향을 주지 않으며, 이와 같은 경우에는 양 당사자는 새로이 유효하고 적법한 조항을 규정함으로써 무효조항의 본래의 의도된 취지에 맞도록 하여야 한다.

제15조 (제목)

이 계약조항의 제목은 편의상 붙인데 지나지 않으며, 이 계약을 해석하는 데 있어서는 이용되어서는 아니된다.

제16조 (통지)

당사자간에 달리 합의하지 않는 한, 이 계약에 의한 모든 통지, 송장, 통신 등은 이 계약의 서두에 기재된 주소로 송부되어야 한다. 모든 통지는 등기우편으로 이뤄져야 하며 상황에 따라, 전신, 모사전보, 텔렉스로 통지하는 경우에는 항공등기우편으로 확인하여야 한다.

제17조 (통합조항)

이 계약은 당사자가 합의한 모든 내용을 포함하는 완전합의로서 종전의 모든 표시는 이 계약에 통합되어 있으며 또 이 계약은 양 당사자간의 정당한 권한을 가진 대리인의 서명이 있는 서면에 의하지 않고는 변경될 수 없다.

중인 앞에서, 양당사자는 정당히 수권된 대리인을 통하여 서두에 기재된 일자에 이 계약서를 작성하였다.

갑,	을,
한국무역주식회사	아메리카인터내셔널주식회사
대표이사 홍길동	대표이사 존 에프 돌란

01-006 Q 수출입품목 관리를 위한 수출입공고와 통합공고란 무엇인가?

A 수출입품목에 대한 관리는 수출·수입에 대한 직접규제방식의 하나로 이에는 대외무역법에 따른 수출입공고와 개별법에 따른 통합공고로 이루어지고 있다. 수출입공고라 함은 대외무역법의 규정에 의하여 물품 등의 수출 또는 수입의 제한·금지, 승인, 신고, 한정 및 그 절차 등에 관한 사항을 종합적으로 정리하여 공고하는 것을 말한다.

수출입공고에서 품목분류는 '신국제통일상품분류'(Harmonized Commodity Description and Coding System: HS)에 의한다. HS 협약에 따라 각각의 상품에 부여되는 HS Code는 국제적으로 6단위(세번)까지는 동일하지만 7단위에서 10단위가지는 국가별로 더 세분하여 사용할 수 있도록 하고 있다. 우리나라는 6단위에 4단위를 추가하여 10단위로 세분류된 관세·통계통합품목분류표(HSK)를 사용하고 있다.

또한 우리나라의 수출입공고에서는 수출 또는 수입의 제한품목 내지 금지품목만을 표시하고 여기에 표시되지 않은 기타의 품목은 수출·수입이 허용되도록 하는 "Negative List System"에 따르고 있다.

수출금지품목(export banned items)이라 함은 수출입공고에 의거 수출을 할 수 없는 품목를 말한다. 현행의 수출입공고상에는 고래고기, 자연석, 개의 생모피, 개의 모피, 개의 모피제품과 같은 품목에 대하여 수출금지하고 있다. 이에 반하여 수입금지품목(import banned items)은 수입을 할 수 없는 품목이다. 그러나 수입금지품목은 현행 수출입공고상에는 공고되지 않고 있다.

수출제한품목(export restricted items)이라 함은 품목별 수출요령에 따라 수출승인을 받아야만 수출할 수 있는 품목을 말한다. 즉 다음 [표1-1]의 예에서와 같이 수출입공고상에 "xxx의 승인을 받아 수출할 수 있음"과 같은 단서의 승인요건을 충족하여야만 수출이 가능하다.

[표1-1] 수출제한품목에 대한 수출입공고의 예

H S	품 목	수 출 요 령
0808	사과, 배 (신선한 것에 한한다)	
10	사 과	다음의 것은 한국농림수산식품수출입조합의 승인을 받아 수출할 수 있음. ① 대만지역으로 수출되는 것
20	배	다음의 것은 한국농림수산식품수출입조합의 승인을 받아 수출할 수 있음. ① 배(대만지역으로 수출되는 것)

이에 반하여 수입제한품목(import restricted items)이라 함은 품목별 수입요령에 따라 수입승인을 받아야만 수입할 수 있는 품목을 말한다. 즉 다음 [표1-2]의 예에서와 같이 수출입공고상에 "xxx의 승인을 받아 수입할 수 있음"과 같은 단서의 승인요건을 충족하여야만 수입이 가능한 품목을 말한다. 그러나 대외무역법 의 규정에 의한 외화획득용 원료·기재를 수입하는 경우에는 수입제한품목이라 할지라도 별도의 제한 없이 수입을 승인할 수 있다.

[표1-2] 수입제한품목에 대한 수출입공고의 예

H S	품 목	수 입 요 령
3920.99.1000	플라스틱제의 기타 판, 쉬트, 필름, 박 또는 스트립(셀룰라가 아닌 것으로서 기타 재료로 보강, 적층, 지지 또는 이와 유사하게 결합되지 아니한 것) 중 항공기용의 것	한국항공우주산업진흥협회의 승인을 받아 수입할 수 있음
4011.30.0000	고무제의 공기타이어(신품)중 항공기용의 것	
4012.13.0000	고무제의 공기타이어(재생품)중 항공기용의 것	
4012.20.1000	고무제의 공기타이어(중고품)중 항공기용의 것	

한편, 통합공고라 함은 여러 법률에 산재되어 있는 수출입의 요건·절차에 관한 사항을 무역거래자가 쉽게 파악할 수 있도록 하나의 공고에 통합하여 놓은 것을 말한다. 이는 수출입공고에서 수출입을 제한하고 있지 아니하더라도 주무부서마다 다른 각각의 개별법령에서 수출입을 제한하고 있을 경우, 이에 대한 품목, 수출입의 요건 및 절차 등을 모두

통합하여 경제외적 목표를 달성하기 위한 공고이다. 통합공고는 수입물량 규제보다는 품질검사, 형식승인 등 절차상의 요건확인을 통한 규제가 중심이 된다.

수출입공고와 통합공고와의 관계는 이 고시에 따른 수출 또는 수입승인에도 불구하고 대외무역법의 규정에 의한 통합공고 상에 수출 및 수입하고자 하는 물품의 수출·수입요령을 정한 것이 있는 경우에는 동 요령의 요건을 충족하여야 한다.

수출 또는 수입을 하기 위해서는 거래대상 물품이 우리나라의 수출입공고 상에서 규제되거나 또는 특정한 요건이 충족되어야 하는 지 여부를 먼저 파악하여야 한다. 즉 HS Code별 품목에 대한 수출요령 및 수입요령을 살펴보아야 한다. 이에 대해서는 주무부인 지식경제부 홈페이지(http://www.mke.go.kr)를 이용하면 쉽게 찾아볼 수 있다.

01-007 Q 대외무역법에서 규정하고 있는 수출과 수입의 의미는 무엇이며 수출입승인 대상물품과 수출입승인 면제 대상물품은?

A 대외무역법에서 규정하고 있는 "수출"이라 함은 ① 매매, 교환, 임대차, 사용대차, 증여 등을 원인으로 국내에서 외국으로 물품이 이동하는 것[우리나라의 선박으로 외국에서 채취한 광물 또는 포획한 수산물을 외국에 매도하는 것을 포함한다]. ② 유상으로 외국에서 외국으로 물품을 인도하는 것으로서 지식경제부장관이 정하여 고시하는 기준에 해당하는 것. ③ 외국환거래법에 따른 거주자가 비거주자에게 지식경제부장관이 정하여 고시하는 방법으로 용역을 제공하는 것. ④ 거주자가 비거주자에게 정보통신망을 통한 전송과 그 밖에 지식경제부장관이 정하여 고시하는 방법으로 전자적 형태의 무체물을 인도하는 것 중 위의 어느 하나에 해당하는 것을 말한다.

또한 대외무역법에서 규정하고 있는 "수입"이라 함은 ① 매매, 교환, 임대차, 사용대차, 증여 등을 원인으로 외국으로부터 국내로 물품이 이동하는 것. ② 유상으로 외국에서 외국으로 물품을 인수하는 것으로서 지식경제부장관이 정하여 고시하는 기준에 해당하는 것. ③ 비거주자가 거주자에게 지식경제부장관이 정하여 고시하는 방법으로 용역을 제공하는 것. ④ 비거주자가 거주자에게 정보통신망을 통한 전송과 그 밖에 지식경제부장관이 정하여 고시하는 방법으로 전자적 형태의 무체물을 인도하는 것 중 위의 어느 하나에 해당하는 것을 말한다.

수출입승인이라 함은 수출입공고에 의해 수출입이 제한되는 물품을 수출입이 가능하게 하는 절차를 말한다. 수출입 승인대상물품은 수출입공고상의 수출입제한품목이다. 또한 헌법에 따라 체결·공포된 조약과 일반적으로 승인된 국제법규에 따른 의무의 이행, 생물자원의 보호 등을 위하여 지정하는 물품 등으로서 지식경제부장관이 수출 또는 수입승인 대상으로 지정·고시한 물품 등이 포함된다. 그러나 통합공고상 수출입제한에 대하여 해당 개별법에 규정하고 있는 품목은 수출입승인 대상에 포함되지 않고, 해당 기관 등에서 요건확인을 받은 후 세관에 수출신고 또는 수입신고를 함으로써 수출입을 이행하면 된다.

물품의 수출 또는 수입 승인의 유효기간은 1년으로 한다. 다만, 지식경제부장관은 국내의 물가 안정, 수급 조정, 물품등의 인도 조건, 그 밖에 거래의 특성에 따라 필요하다고 인정하면 유효기간을 달리 정할 수 있다.

수출입승인의 면제 대상물품은 ① 외교관이나 그 밖에 지식경제부장관이 정하는 자가 출국하거나 입국하는 경우에 휴대하거나 세관에 신고하고 송부하는 물품. ② 긴급히 처리하여야 하는 물품 등으로서 정상적인 수출·수입 절차를 밟아 수출·수입하기에 적합하지 아니한 물품. ③ 무역거래를 원활하게 하기 위하여 주된 수출 또는 수입에 부수된 거래로서 수출·수입하는 물품. ④ 주된 사업 목적을 달성하기 위하여 부수적으로 수출·수입하는 물품. ⑤ 무상으로 수출·수입하여 무상으로 수입·수출하거나, 무상으로 수입·수출할 목적으로 수출·수입하는 것으로서 사업 목적을 달성하기 위하여 부득이하다고 인정되는 물품. ⑥ 지식경제부장관이 정하여 고시하는 지역에 수출하거나 지식경제부장관이 정하여 고시하는 지역으로부터 수입하는 물품. ⑦ 공공성을 가지는 물품 등이거나 이에 준하는 용도로 사용하기 위한 물품 등으로서 따로 수출·수입을 관리할 필요가 없는 물품. ⑦ 상행위 이외의 목적으로 수출·수입하는 물품. ⑧ 외국환 거래 없이 수입하는 물품 등으로서 지식경제부장관이 정하여 고시하는 기준에 해당하는 물품. ⑨ 해외이주법에 따른 해외이주자가 해외이주를 위하여 반출하는 원자재, 시설재 및 장비로서 외교통상부장관이나 외교통상부장관이 지정하는 기관의 장이 인정하는 물품 등이 있다.

이와 같이 무역의 행위에 대한 관리로 수출입공고에서 수출입승인대상 품목인 경우에는 수출입제한품목이 일반적이므로 지식경제부장관이 수출입에 대한 승인 권한을 위탁한 기관, 예컨대 외국환은행장에게 다음과 같은 서식을 이용하여 수출승인신청 또는 수입승인신청을 하여야 한다.

[서식1-3] 수출승인서

수출승인(신청)서
Export License(Application)

처리기간 : 1일
Handling Time : 1Day

(1) 수출자 (Exporter) 무역업고유번호 (Notification No.) 682328

상호, 주소, 성명
(Name of firm, Address, Name of Rep.)

서울무역주식회사
서울시 중구 소공동 1가 15
대표이사 홍길동 (서명 또는 인) (Signature)

(4) 구매자 또는 계약당사자
(Buyer or Principal of Contract)

Taipei Trading Co., Ltd.
39, Wu Ku Industrial District
Taipei, Taiwan

(5) 신용장 또는 계약서 번호(L/C or Contract No.)

S1501

(2) 위탁자 (Requester) 사업자등록번호 (Business No.)

상호, 주소, 성명
(Name of Firm, Address, Name of Rep.)

(서명 또는 인)
(Signature)

(6) 금액(Total Amount)
US$50,000

(7) 결제기간(Period of Payment)
At sight

(8) 가격조건(Terms of Price)
CIF Kaohsiung Incoterms® 2010

(3) 원산지(Origin)
R.O.K.

(9) 도착항(Port of Arrival)
Kaohsiung, Taiwan

(10) HS부호 (HS Code)	(11) 품명 및 규격 (Description/Size)	(12) 단위 및 수량 (Unit/Quantity)	(13) 단가 (Unit Price)	(14) 금액 (Amount)
0808.10	Fresh Fuji Apples 10kg Carton	1,000 Cartons	@US$50	US$50,000

(15) 승인기관기재란(Remarks to be filled out by an Approval Agency) 한국농림수산식품수출입조합 E-126

(16) 유효기간(Period of Approval) 2012 3. 14

(17) 승인번호(Approval No.) E0604-103-23456

(18) 승인기관 관리번호(No. of Approval Agency) K-234

(19) 위의 신청사항을 대외무역법 제14조제2항 및 동법 시행령 제26조제1항의 규정에 의하여 승인합니다.
(The undersigned hereby approves the above-mentioned goods in accordance with Article 14(2) of the Foreign Trade Act and Article 26(1) of the Enforcement Decree of the said Act.)

2011 년 3 월 15 일
승인권자 한국외환은행장 (인)

※승인기관이 2이상인 경우 (15)~(18)의 기재사항은 이면에 기재하도록 합니다.
※이 서식에 의한 승인과는 별도로 대금결제에 관한 사항에 대하여는 외국환거래법령이 정하는 바에 따라야 합니다.

2812-281-01611민
'98.1.12. 승인

210mm×297mm
일반용지 60g/㎡

[서식1-4] 수입승인서

수입승인(신청)서
Import License(Application)

처리기간 : 1일 Handling Time : 1Day

<table>
<tr><td colspan="2">(1) 수입자 무역업고유번호 | 682328
(Importer) (Notification No.)
상호, 주소, 성명
(Name of Firm, Address, Name of Rep.)
서울무역주식회사
서울시 중구 소공동 1가 15
대표이사 홍길동 (서명 또는 인)
(Signature)</td><td colspan="3">(5) 송화인(Consignor)
상호, 주소, 성명
(Name of Firm, Address, Name of Rep.)
California Fruits Inc.
4021 McCray St. Bakersfield
CA 93308, U.S.A</td></tr>
<tr><td colspan="2" rowspan="3">(2) 위탁자 사업자등록번호
(Requester) (Business No.)
상호, 주소, 성명
(Name of firm, Address, Name of Rep.)
(서명 또는 인)
(Signature)</td><td colspan="3">(6) 금액(Total Amount)
US$70,000</td></tr>
<tr><td colspan="3">(7) 결제기간(Period of Payment)
At sight</td></tr>
<tr><td colspan="3">(8) 가격조건(Terms of Price)
CIF Busan Incoterms® 2010</td></tr>
<tr><td colspan="2">(3)원산지(Origin)
U.S.A.</td><td colspan="3">(4) 선적항(Port of Loading)
Los Angeles, U. S. A.</td></tr>
<tr><td>(9) H.S부호
(H.S Code)</td><td>(10) 품명 및 규격
(Description/Size)</td><td>(11) 단위 및 수량
(Unit/Quantity)</td><td>(12) 단가
(Unit Price)</td><td>(13) 금액
(Amount)</td></tr>
<tr><td>0802.50-0000</td><td>Organic Pistachios
dry roasted and perfectly salted
in the shell
35kg Bag</td><td>2,000 Bags</td><td>@US$35.00</td><td>US$70,000</td></tr>
<tr><td colspan="5">(14) 승인기관기재란(Remarks to be filled out by an Approval Agency)식품의약품안전청장 I-25</td></tr>
<tr><td colspan="5">(15) 유효기간(Period of Approval) 2012. 3. 14.</td></tr>
<tr><td colspan="5">(16) 승인번호(Approval No.) I0604-103NS-12345</td></tr>
<tr><td colspan="5">(17) 승인기관 관리번호(No. of Approval Agency) K-345</td></tr>
<tr><td colspan="5">(18) 위의 신청사항을 대외무역법 제14조제2항 및 동법 시행령 제26조제1항의 규정에 의하여 승인합니다.
(The undersigned hereby approves the above-mentioned goods in accordance with Article 14(2) of the Foreign Trade Act and Article 26(1) of the Enforcement Decree of the said Act.)
2011 년 3 월 15 일
승인권자 한국외환은행장 (인)</td></tr>
<tr><td colspan="5">※승인기관이 2이상인 경우 ⑭~⑰의 기재사항은 이면에 기재하도록 합니다.
※이 서식에 의한 승인과는 별도로 내금결세에 관한 사항에 대하여는 외국환거래법령이 정하는 바에 따라야 합니다.</td></tr>
</table>

2812-281-01711민
'98.1.12. 승인

210mm×297mm
일반용지 60g/㎡

01-008 **Q**

제3국이 개입되는 특정 무역거래형태에는 어떠한 것들이 있는가?

A 무역은 관점에 따라 여러 가지로 구분할 수 있다. 그 중에서 제3국 개입에 따른 무역에는 다음과 같이 네 가지 형태가 있다.

첫째, 중계무역(中繼貿易; intermediate trade)이다.

중계무역은 수출할 것을 목적으로 물품 등을 수입하여 보세구역 및 보세구역 외 장치의 허가를 받은 장소 또는 자유무역지역 이외의 국내에 반입하지 아니하고 수출하는 수출입을 말한다. 이는 수출물품이 수출국으로부터 수입국에 직접 이동되지 않고 제3국에 양륙되어 원형 그대로 또는 약간의 가공 을 하여 수입국에 재수출되는 거래가 많은데 이 경우 일정한 수수료, 즉 외화가득액[3]을 수취할 목적으로 이루어진다.

예를 들면 한국의 A가 일본의 B로부터 물품 을 수입하여 다시 대만의 C로 수출하는 경우 A는 그 차액을 얻게 되는데, 이 때 A의 입장에서 본 무역을 말한다. 이 경우A와 B간의 계약과 A와 C의 계약은 전혀 별개의 거래가 된다.

중계무역은 중계상의 입장에서 볼 때, 시간·인력 및 경비를 절감하면서 중계수수료를 취득하거나 자국 물품의 공급능력에 한계가 있을 때 능동적으로 대처할 수 있는 장점이 있으나. 최종수입국의 무역정책상 최초수출국과의 직접거래를 억제하기 위하여 수입을 제한하거나 차등관세를 부과하는 경우에 최종수입국의 무역정책에 혼란을 가져올 수 있기 때문에 최종수입국은 중계국에 대하여 수입금지 또는 제한 등 보복조치를 취할 수 있음에 유의 하여야 한다. 따라서 중계무역에 의한 거래를 할 경우에는 최종수입국에 원산지 증명서(certification of origin: C/O) 제공과 원산지표시관계에 대하여 확약해 두는 것이 중요하다.

중계무역이 성행하고 있는 대표적인 중계무역항은 홍콩 및 싱가포르 등이다. 중계무역항이 되기 위해서는 관세를 부과하지 않는 자유항(free port)일 것, 물품의 집산지일 것, 그리고 외화의 교환이 자유로울 것 등의 조건이 충족되어야 한다.

---

3) 외화가득액이라 함은 수출금액(FOB 기준)에서 수출물품제조에 소비한 원자재 수입금액(CIF기준)을 공제한 금액을 말하며, 외화가득률은 외화가득액이 수출금액에서 차지하는 비율을 말한다. 즉 $\text{외화가득률} = \frac{\text{수출금액(FOB기준)} - \text{원자재 수입금액(CIF기준)}}{\text{수출금액(FOB기준)}} \times 100 = (\quad)\%$와 같다. 무역금융 중 생산자금을 수혜 받을 때 외화가득액 산출은 '수출금액(FOB 기준) - 소요원자재금액{원자재수입액(CIF금액)+원자재구매액(내국신용장의 부기외화액)}'과 같이 산출되고 있다.

둘째, 중개무역(仲介貿易; merchandising trade)이다.

중개무역은 수출국과 수입국의 중간에서 제3국의 상인이 중개하여 거래가 이루어지는 경우 제3국의 입장에서 볼 때의 무역을 말한다. 예를 들면 한국의 수출자 A와 미국의 수입자 B 사이에 제3국인 홍콩의 중개자 C가 개입하여 거래를 알선·중개하는 경우로 C는 A나 B로부터 중개수수료(merchandising commission)를 받거나 매매차익을 얻게 되는 이때 C의 입장에서 본 무역을 말한다.

셋째, 통과무역(transit trade)이다.

통과무역은 무역물품이 수출국에서 수입국으로 직송되지 않고 도중에서 제3국을 경유하는 경우에 그 경유국의 입장에서 볼 때의 무역을 말한다. 통과무역은 중계무역과 유사한 것 같지만 제3국의 무역거래자의 자의적인 개입이 없다는 점에서 중계무역과 다르다. 통과국은 그 물품의 국내통과에 따른 운송료, 보관료, 보험료 등의 수익을 얻을 수 있다.

넷째, 스위치 무역(switch trade)이다.

스위치무역은 매매계약은 수출입양국의 무역거래자간에 직접 체결하고 물품도 직접 송부하지만 그 대금결제만은 제3국의 무역거래자를 개입시켜 이루어지는 무역을 말한다. 계약은 직접거래이지만 대금결제는 간접거래이다. 이 경우 제3국의 거래자를 스위치어(switcher)라 하고 스위치어가 받은 수수료를 스위치어커미션(switcher commission)이라 한다. 이와 같은 거래는 무역수지불균형에 따라 특정 제3국의 결제통화 또는 계정을 사용·전환해서 결제하는 경우에 이루어진다.

01-009 Q 특정무역거래형태로서 위탁가공무역과 수탁가공무역이란 무엇인가?

A 무역에는 물품의 가공방식에 따라 위탁가공무역(improvement trade on consignment)과 수탁가공무역(improvement trade on trust)이 있다.

첫째, 위탁가공무역이라 함은 가공임을 지급하는 조건으로 가공(제조, 조립, 재생, 개조를 포함함)할 원료의 전부 또는 일부를 거래상대방에게 수출하거나 외국에서 조달하여 이를 가공한 후 가공물품 등을 수입하거나 외국으로 인도하는 수출입을 말한다. 위탁가공무역은 자국 내에서 가공하여 수출하는 것보다 가공임이 비교적 저렴한 국가에 가공을 위탁하는 것이 유리하거나 기술이 상대적으로 발달된 국가에서 가공하고자 하는 경우에 이용된다. 위탁가공무역방식을 수동적 가공무역(passive improvement trade)이라고도 한다.

둘째, 수탁가공무역이라 함은 가득액을 영수하기 위하여 원자재의 전부 또는 일부를 거래상대방의 위탁에 의하여 외국으로부터 수입하여 이를 가공한 후, 위탁자 또는 그가 지정하는 자에게 가공품 등을 수출하는 수출입을 말한다. 다만, 위탁자가 지정하는 자가 국내에 있음으로써 보세공장 및 자유무역지역에서 가공한 물품 등을 외국으로 수출할 수 없는 경우 관세법에 따른 수탁자의 수출·반출과 위탁자가 지정한 자의 수입·반입·사용은 이를 대외무역법에 따른 수출·수입으로 본다. 수탁가공무역은 원자재의 조달방법에 따라 유환수탁가공무역과 무환수탁가공무역으로 나누어진다. 유환수탁가공무역이라 함은 원자재의 수입대금과 가공제품의 수출대금이 별도로 지급 또는 회수되는 것이며, 무환수탁가공무역은 그 가득액만이 영수되는 방법을 말한다. 수탁가공무역방식을 능동적 가공무역(active improvement trade)이라고도 한다.

01-010 Q 무역거래는 어떻게 이행되는지 그 개요를 알고 싶어요.

A 무역거래의 개요를 수출절차와 수입절차로 구분하여 설명하면 다음과 같다.

1. 수출절차의 개요

일반적으로 수출절차라 함은 매매당사자 사이에 무역계약을 체결하고 수출자가 신용장 등을 수취하여, 무역관계법규의 내용에 따라 수출승인단계에서부터 수출물품을 제조·가공하여 수출검사 및 통관수속을 마치고 운송인에게 인도 또는 운송수단에 적재한 후 수출환어음 매입 및 대금회수에 이르기까지의 일련의 행정절차를 의미한다. 여기에서는 가장 보편적 거래형태인 화환신용장(Documentary Letter of Credit)방식을 기준으로 하여 일반 수출절차를 단계별로 개괄적으로 살펴보고자 한다.

1) 해외시장조사

수출자가 해외시장을 개척하는데 있어서 제일 먼저 고려해야 할 사항은 해외시장조사(overseas market research)이다. 이는 수출하고자 하는 물품의 판매가능성과 정보 등을 조사·연구·분석하는 것으로 가장 좋은 여건을 갖춘 목적시장을 물색하기 위한 것이다. 해외시장을 효율적으로 조사하기 위해서는 수출마케팅(export marketing)에 대한 관심을 가지고 상품연구, 판매경로연구, 소비자 분석 등 시장분석(market analysis)과 함께 목적시장의 상관습 및 사정을 철저히 조사하여야 한다.

2) 거래처 발굴

목적시장이 선정되면 거래처를 물색하여야 하는데, 가장 경제적이며 손쉬운 방법으로는 인터넷의 관련 포털사이트 및 각국의 상공인명부(directory)를 많이 이용하고 있다. 또한 해외광고를 통하거나 현지에 직접출장 또는 박람회, 전시회 등 각종 행사(event)를 이용할 수도 있다. 한국에서는 대한무역투자진흥공사(Korea Trade and Investment Promotion Corporation: KOTRA), 대한상공회의소(The Korea Chamber of Commerce and Industry: KCCI), 재외공관, 은행 등을 이용하여 거래처를 발굴할 수 있다.

3) 신용조회

여러 경로를 통하여 거래처의 상호와 주소를 알게 되었더라도 일단 그 거래처에 대한 신용상태에 대하여 조회하여 보아야 상거래에 따른 위험을 예방할 수 있다. 신용조회는 당해업체의 성격(character), 자본(capital) 및 영업능력(capacity) 등에 대하여 현지업자를 통한 동업자조회(trade reference), 상대방의 거래은행을 활용할 수 있으나 국내에서 무역보험공사, 대한무역투자진흥공사, 신용보증기금을 등을 통하여 실시하는 것이 편리하다.

4) 거래제의와 권유

거래의 제의는 보통 권유장(circular letter)을 이용하는데, 이는 미지의 거래처에게 자기회사를 소개하고 취급상품과 영업정보 등을 안내하여 거래관계를 권유하는 통신문이다. 권유장을 작성할 경우에는 상대방을 알게 된 동기에서부터 맺음말까지 무역통신문의 구성요소에 알맞게 짜임새 있는 내용으로 적극적인 거래제의를 하도록 한다.

5) 조회 및 조회에 대한 회신

거래관계의 제의를 받은 자가 그 물품에 대한 관심이나 구매의사가 있게 되면 여러 가지 거래조건에 대하여 문의해 오게 되는데, 이를 조회(inquiry)라고 하며, 조회장(inquiry letter)을 받았을 경우에는 신속하게 회신해 주어야 한다. 또한 조회를 하여 온 고객은 앞으로 거래관계를 성사시킬 수 있는 잠재적인 고객임을 인식하고 잘 관리하여야 한다.

6) 청약과 승낙

청약(offer)이라 함은 청약자(offeror)가 피청약자(offeree)에게 매매계약성립을 기대하여 행하는 의사표시를 말하며, 승낙(acceptance)이라 함은 피청약자가 청약자에 대하여 그 청약에 응하여 계약을 성립시킬 목적으로 행하는 의사표시를 말한다.

청약에 대하여 승낙하게 되면 무역계약의 성립되기 때문에 청약을 할 경우에는 확정청약(firm offer) 또는 불확정청약(free offer) 또는 조건부 청약(conditional offer)으로 할 것인가 등을 검토하고, 청약과 승낙의 법적인 효과와 문제를 고려하여야 한다.

7) 수출계약의 체결

이론적으로는 청약과 승낙에 의해 매매계약이 성립되지만 그 자체만을 가지고 상관습이 다른 국가와 무역거래를 한다는 것은 매우 위험한 일이다. 왜냐하면 당사자의 이해상충으로 인하여 후일 분쟁이 야기될 경우에는 당초 상세한 약정이 없어 예기치 못한 손실을 입게 될 수 있기 때문이다. 그러므로 무역거래에서는 매매계약서(sales contract sheet)를 반드시 구체적으로 작성하는 습관을 가져야 한다.

매매계약을 체결할 경우에는 당사자간에 특히 품질, 수량, 가격, 선적, 결제, 포장, 보험 등의 기본적인 조건을 확실히 약정하고 기타의 거래조건은 계약서의 이면약관(일반거래조건)을 활용하거나 '일반무역거래조건협정서'(Agreement on General Terms and Conditions of Business; Memorandum of Agreement)등을 이용하는 것이 좋다. 특히 거래조건에 대한 준거법(governing law)이나 클레임(claim) 발생시 클레임을 제기할 수 있는 기간설정과 중재조항(arbitration clause) 및 불가항력 조항(force majeure clause) 등을 삽입하여야 한다.

8) 수출신용장의 내도

수출자는 수입자와 무역계약 체결시 대금결제수단으로 신용장(Letter of Credit : L/C) 방식을 이용하기로 약정한 경우 수입자의 거래은행에서 발행된 신용장을 통지은행(advising bank)을 통하여 수령하게 된다. 수출자는 신용장을 수령하였을 경우 우선 유효한 신용장인가를 점검하고 당초 당사자간 계약조건과 신용장조건간에 상이한 점이 있는지 유무를 검토하여야 한다. 만일 상이하거나 일방에 불리한 문언이나 모호한 문언이 있다면, 즉시 신용장조건을 변경하여 줄 것을 수입자 앞으로 요청하여야 한다. 특히 발행은행이 대금결제상 위험이 있는 국가일 경우에는 수출자 소재지의 신뢰성이 있는 제3은행을 확인은행(confirming bank)으로 하여 신용장을 발행하여 줄 것을 미리 계약체결시에 합의하여야 한다.

9) 수출승인

신용장을 수취한 수출자는 수출하고자 하는 물품이 수출입공고와 통합공고상에 수출이 허용되는 물품인지 여부를 검토하여야 한다. 만일 수출제한품목(Export Restricted Item)이나 통합공고에서 요건확인을 요하는 품목일 경우에는 제한내용이 모두 충족된 후 수출승인기관으로부터 수출승인(Export Licence : E/L)을 받아야 한다. 수출승인의 유효기간은 원칙적으로 1년이나 수출승인기관의 장이 인정하는 경우 1년 이내 혹은 최장 20년의 범위안에서 기간을 단축 또는 초과하여 설정할 수 있다. 수출자는 동 유효기간 이내에 수출신고를 완료하여야 한다.

10) 수출물품 확보

수출승인을 받은 다음에 수출물품을 확보하는 방법에는 자가공장에서 직접 생산하거나 임가공하청방식으로 타사공장을 이용하여 생산하거나 이미 타사에서 생산된 소위 완제품을 공급받는 방법이 있다. 수출자는 자가공장이나 타사측에 임가공하청방식에 의해 물품을 제조·가공할 경우에는 거기에 소요되는 원자재를 내국신용장(Local L/C)[4]이나 구매

4) 내국신용장이란 수출상의 선수출계약서(D/P·D/A)나 수출자를 수익자(beneficiary)로 하여 내도된 신용장을 근거로 하여 수출자 거래은행인 내국신용장 발행은행이 국내에서 수출용원자재 또는

확인서[5])를 이용하여 조달한다.

11) 무역금융의 이용

수출물품을 제조·가공하는 데는 무역업체 자체의 자금에 의할 수도 있지만 대부분의 제조업체에서는 무역금융을 이용하게 된다. 무역금융은 수출증대를 목적으로 수출물품의 선적 또는 수출대금의 입금 전에 수출자가 필요한 자금을 원화로 지원하는 단기수출지원 자금이다. 무역금융은 용도별로 수풀용원자재를 확보하여 수출품을 직접 제조·가공하는 데 소요되는 생산자금, 수출용원자재를 수입하는데 소용되거나, 내국신용장에 의하여 국내에서 생산된 수출용원자재를 구매하는데 소용되는 원자재 자금, 국내에서 생산된 수출용 완제품을 내국신용장에 의하여 구매하는데 소요되는 완제품구매자금 그리고 일정규모 이하의 중소기업체에게 자금용도에 구분 없이 일괄해서 지원하는 포괄금융이 있다. 그런데 무역금융은 과다금융의 방지와 적정융자를 위하여 업체별로 융자한도를 설정하여 운용함과 동시에 무역금융수혜이후 수출이행여부를 사후 관리하고 있다.

12) 수출물품의 검사

수출물품을 생산하면 수출자는 계약과 일치되는 물품을 인도하기 위하여 수량, 품질, 포장 등에 대한 물품검사를 행한다. 그러나 매매 계약시 수입자나 그 대리인이 선적전검사(pre-shipment inspection: PSI)를 하기로 약정하였을 경우에는 수출자의 물품검사와는 별도로 수입자 또는 수입자의 대리인이 물품검사를 행하게 된다.

13) 물품운송계약 및 적화보험부보

물품을 생산하고 포장을 완료하게 되면 수출자는 수출통관수속을 하는 한편, 선적을 위하여 운송인(carrier)과 미리 물품운송계약을 체결한다. 실무적으로는 선복요청서(Shipping Request: S/R)로 운항일정을 고려하여 운송편을 예약(booking)하고, 특히 운임(freight)은 동맹선사(conference line)와 비동맹선사(non-conference line)에 따라 적용운임이 상이하므로 적절한 운송회사를 선택하여야 한다.

한편 정형무역거래규칙이 CIF 규칙이나 CIP 규칙일 경우 수출자는 물품의 운송중 위험을 담보하기 위하여 보험회사와 적화보험계약을 체결하여야 한다. 적화보험부보시에는 물품의 성질에 따라 담보위험 및 면책위험 등을 고려하여 어떠한 조건으로 부보하여야 안전하고 경제적인가를 검토하여야 한다.

완제품 공급자 앞으로 내국신용장고건을 충족했을 때 대금지급을 확약하는 수단이다.

5) 구매확인서란 국내에서 생산된 물품 등이나 수입된 물품을 외화획득용원료 또는 물품으로 사용하고자 하는 경우 외국환은행의 장이 내국신용장에 준하여 발급하는 증서를 말한다.

14) 수출통관 및 선적

수출물품을 생산하거나 구매한 수출자는 물품을 선적하기 전에 관세법이 정하는 바에 따라 수출통관수속을 하여야 한다. 수출통관이라 함은 내국물품을 외국으로 반출하는 것을 허용하는 세관장의 처분을 말한다. 세관장은 세관용 수출승인서(Export Licence: E/L), 상업송장(Commercial Invoice), 포장명세서(Packing List) 등을 갖추고 물품을 보세구역에 반입하거나 타소장치하여 통관업자인 관세사나 통관법인 명의로 세관에 수출신고를 하여야 한다. 수출신고는 대부분이 전자문서교환방식(Electronic Data Interchange: EDI)에 의해 진행되고 있다. 세관장은 EDI 방식에 의해 제출된 신고자료 또는 문서에 의해 제출된 서류를 검토·확인하고 수리한 후 문서제출의 경우에는 수출신고필증을 신고인에게 교부하고 EDI방식에 의한 제출의 경우에는 관세사 또는 화주가 날인한다. 수출신고인이 서류 없이 수출신고를 하고 세관장으로부터 신고수리의 사실을 전산 통보받은 경우에는 소정의 기간 내에 당해 서류를 세관장에게 제출하여야 한다. 이처럼 수출신고의 수리가 이루어져야 비로소 당해물품을 보세구역에서 반출하여 지정된 운송수단에 인도하거나 적재할 수 있다.

수출신용장이나 계약서상에 운송서류로서 복합운송선화증권(multimodal transport bill of lading)을 요구할 경우 수출자는 복합운송인에게 수출물품을 인도완료 후, 또는 해상선화증권(marine bill of lading)을 요구할 경우에는 지정선박에 적재완료한 후 물품을 대표하는 권리증권(document of title)으로서 적법한 선화증권을 운송회사로부터 발급받아야 한다.

15) 수출환어음 매입

수출통관과 선적이 완료되면 수출자는 신용장상에 요구하는 서류, 이를테면, 상업송장(Commercial Invoice), 포장명세서(Packing List), 선화증권(Bill of Lading), 해상적화보험증권(Marine Cargo Insurance Policy), 원산지증명서(Certificate of Origin) 등을 준비하고 환어음(Bill of Exchange: Draft)을 발행하여 거래 외국환은행에 수출환어음 매입(negotiation)을 의뢰한다. 거래외국환은행은 서류를 심사하여 신용장조건에 일치하는 경우에는 매입당일의 환율을 적용하여 보통 추심 전 매입하여 대금을 수출자에게 지급하게 된다. 그리고 매입은행은 동 수출환어음을 서류와 함께 신용장 조건에 따라 발행은행 또는 지정은행 앞으로 송부하여 대금을 지급받게 된다.

16) 관세환급 및 사후관리

수출환어음을 매입완료 후 수출자는 운송수단에 적재확인필 수출신고필증 원본을 입수하여 관세환급을 받게 된다. 관세환급이라 함은 수출품제조에 소요된 원재료 수입시에 납부한 관세등을 수출에 제공된 때에는 수출자에게 되돌려 주는 것을 의미한다. 수출자는 관세환급을 받아야 비로소 실제 당해 수출선적분에 대한 손익을 당초 예상손익과 비교하여 볼 수 있으므로 환급기간이 지정은행이나 경우에 따라 세관장 앞으로 환급을 신청하여야 한다.

환급금의 산출방법에는 개별환급[6]과 정액환급[7]제도가 운영되고 있다. 환급신청은 물품이 수출 등에 제공된 날로부터 2년 이내에 신청하여야 한다.

한편 수출입공고상 수입제한품목이나 통합공고에서 요건 확인 품목을 외화획득용원료로 수입하거나 내국신용장 또는 구매확인서에 의하여 국내 구매한 경우에는 대응수출을 이행하였는지 여부에 대한 사후관리를 받아야 한다. 사후관리대상물품을 수입한 자는 일정기간 내에 외화획득을 하고 사후관리은행에 외화획득이행신고(국내공급인 경우에는 공급이행신고)를 하여야 하며, 부득이한 사유로 대응수출이 불가능한 경우에는 외화획득용원료 사용목적변경승인을 받거나 상사간 양도승인을 받아야 한다. 그러나 성실하게 사후관리를 이행하는 업체로 일정한 요건에 부합하여 자율관리기업으로 지정될 경우에는 매건별 사후관리를 면제하도록 하고 있다. 이와 같이 사후관리대상품목에 대한 외화획득이행신고를 마지막으로 수출절차는 끝나게 된다. 또한 수출환어음 지급거절(unpaid)이나 수출물품 대한 클레임(claim)이 야기되었을 경우에는 능동적으로 대응하여 이를 신속하게 해결하도록 하여야 한다.

---

6) 개별환급방법은 수출물품제조에 소요된 원재료의 품명 · 규격과 수량을 확인하고, 동원재료의 수입시 납부세액을 원재료별로 개별적으로 확인하여 환급금을 산출하는 방법이다.

7) 정액환급방법은 정부가 정하는 일정한 금액을 소요원재료의 수입시 납부세액으로 보고 환급금을 산출하도록 하는 방법이다.

[그림 1-1] 한국에서의 일반수출절차의 도해(수출용원자재 국내구매 및 수입절차 포함)

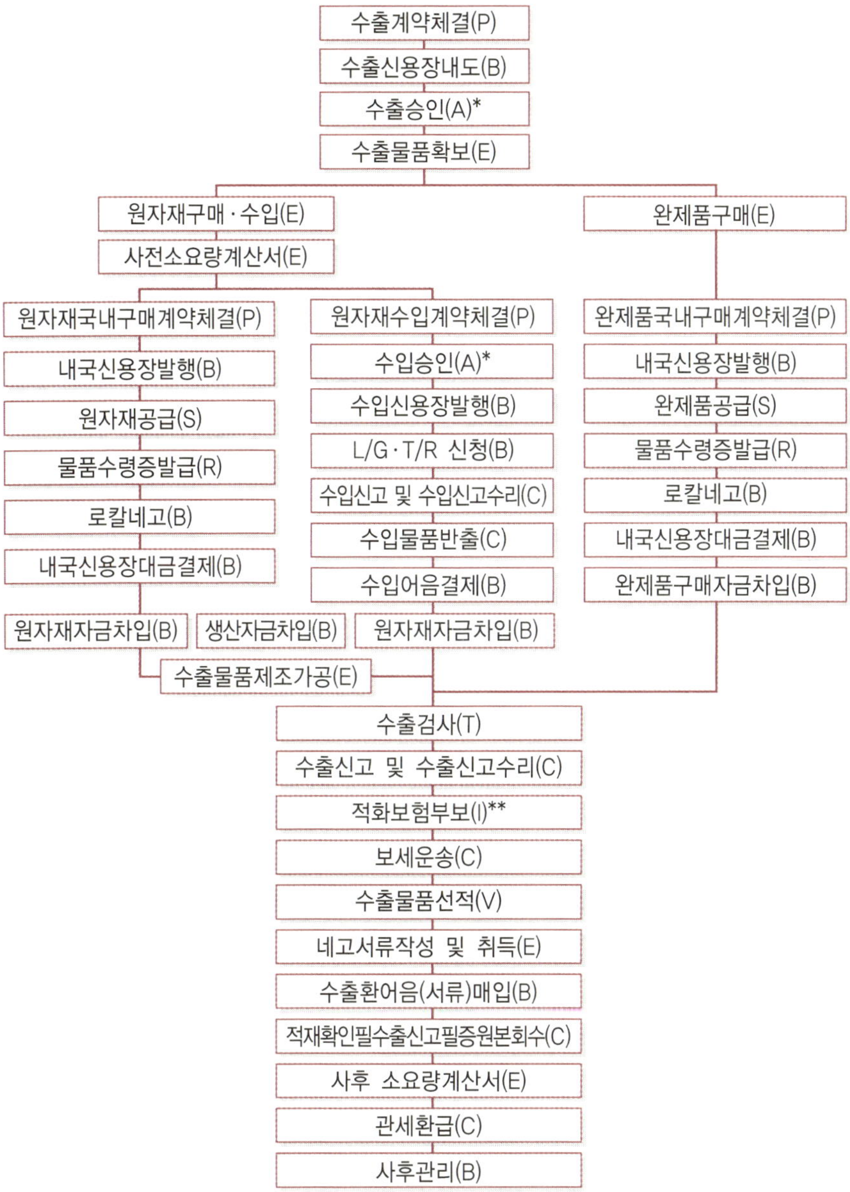

주: ( ) 속 영문자의 업무관련자 예시
P: 매매당사자, B: 외국환은행, E: 수출자, A: 주무기관 또는 조합, C: 세관,
S: 물품공급자, R: 물품수령자, T: 검사기관, I: 보험회사, V: 선박 또는 항공회사,
*: 수출제한품목 또는 요건확인품목의 경우, **: GIF, CIP거래규칙의 경우

2. 수입절차의 개요

수입절차라 함은 무역거래자인 수입자가 국외로부터 물품을 수입하기 위하여 물품공급처를 선정하고 수입계약을 체결하여 수입승인 및 수입신용장등을 발급받은 후 국외의 수

출자로부터 물품선적 관련서류 및 수입어음이 도착되면 수입대금을 지급하고 서류를 인도받아 수입통관절차를 거쳐 물품을 수령하는 일련의 절차를 의미한다.

여기에서는 가장 보편적 거래형태인 화환신용장방식을 기준으로 하여 일반수입절차를 단계별로 개괄적으로 살펴보고자 한다.

1) 청약에 대한 승낙 및 수입계약체결

수입자가 필요한 물품을 수입하고자 할 경우에는 우선 해외시장조사(overseas market research) 및 조회(inquiry) 등을 통하여 신뢰성 있는 물품공급처를 물색하여 국외에서 직접 청약(offer) 받거나 또는 국내에서 오퍼발행 대리업자(offer agent)를 통하여 물품매도확약서를 제시받게 된다. 보통은 물품매도확약서를 청약자(offeror)와 승낙자(offeree) 간에 교부하는데, 이 자체만으로 수입계약을 대신하지 말고 반드시 별도로 거래조건에 대하여 수입계약을 체결하여 후일에 야기될지 모르는 분쟁에 대비하여야 한다.

2) 수입승인

수입계약을 체결하고 난 후 물품을 수입하려면 우선 수입하고자 하는 물품이 수출입공고상에서 수입제한품목이나 통합공고에서 요건확인을 요하는 품목일 경우 제한내용이 모두 충족된 후 수입승인(추천)기관으로부터 수입승인(Import Licence: I/L)을 받아야 한다.

수입자는 매 건마다 수입물품의 명세, 선적항, 송화인, 대금결제방법 그리고 유효기간 등에 대해 소정양식인 수입승인신청서에 물품매도확약서를 첨부하여 수입승인을 신청한다. 수입승인의 유효기간은 원칙적으로 1년이나 수입승인기관의 장이 인정하는 경우 1년 이내 혹은 최장 20년의 범위 내에서 단축 또는 초과하여 설정할 수 있으며, 수입자는 동 유효기간 내에 수입물품의 인수행위를 완료하여야 한다.

3) 수입신용장의 발행 및 통지

수입자는 수입승인서 및 물품매도확약서 또는 구매계약서의 내용을 참조하여 거래은행 소정양식인 수입신용장발행신청서(application for issuance of commercial letter of credit)에 신용장조건 등을 기재하여 발행은행(issuing bank)에 신용장발행을 의뢰한다. 신용장발행은행은 수수료 등을 징수하고 수익자(beneficiary) 소재지의 통지은행(advising bank) 앞으로 신용장을 전송(tele-transmission)하게 되고 이를 받은 통지은행은 수익자인 수출자에게 신용장도착을 통지하게 된다.

4) 수입어음결제 및 도착서류수령

외국의 수출자는 계약물품을 선적 또는 인도완료한 후 신용장에서 요구하는 서류, 예컨대 상업송장, 포장명세서, 선화증권 등을 준비하고 환어음을 발행하여 거래은행에서 수출환어음매입(negotiation)을 하고 매입은행은 환어음 및 동 서류를 수입자의 거래은행인 신용장발행은행 앞으로 송부하게 된다. 발행은행은 신용장조건과 제시서류와의 일치 여부를 심사하고 발행의뢰인인 수입자에게 수입어음결제와 도착된 수입서류를 수령하도록 통지한다. 이 때 서류원본이 물품보다 먼저 발행은행에 도착되었을 경우에는 수입자는 발행은행에서 수입어음을 결제하고 서류를 수령한다. 만약에 서류보다 수입물품이 먼저 도착되었으나 수입관련 서류원본이 아직 발행은행에 도착되지 않고 수입자가 수출자로부터 별도로 송부 받은 서류사본이 있을 경우 수입자는 거래은행인 발행은행으로부터 수입화물선취보증서(Letter of Guarantee : L/G)[8]를 발급받을 수 있다.

5) 수입통관 및 물품반출

수입관계서류의 원본이나 수입화물선취보증서를 받은 수입자는 세관에서 소정의 통관수속을 거쳐 수입신고필증을 받아야 한다. 통관수속은 보통 관세사를 통하여 신고하게 되는데 우선 물품을 지정보세구역에 반입하거나 타소 장치하여 수입신고(Import Declaration: I/D)를 한다.

세관장은 세관용 수입승인서(Import Licence: I/L)와 수입서류를 검토하고 신고물품에 대한 수입검사를 한 후 과세가격의 결정과 세율을 확정하여 부과될 관세 등을 결정하고 관세납부고지를 한다. 수입자가 관세 등을 납부하게 되면 세관장은 수입신고를 수리하여 수입자에게 수입신고필증을 교부하여 준다. 이 때가 비로소 외국물품이 내국물품으로 인정됨은 물론 보세구역에서 반출이 가능하게 되어 수입자가 용도대로 사용할 수 있게 된다.

8) 수입화물선취보증서(L/G)는 수입자의 요청에 따라 신용장발행은행이 수입자와 연대하여 선박회사 앞으로 발행하는 것으로 운송서류 사본으로 선박회사가 미리 수입자에게 물품을 인도하여 주더라도 나중에 신용장발행은행에 도착되는 선화증권원본에 의해 이중으로 물품인도청구를 않겠다는 취지의 보증서이다. 이 경우에 수입자가 발행은행에 수입대금을 모두 결제하지 않았다면 수입자는 신용장발행은행 앞으로 수입물품을 신탁적으로 대여인도 받는 데 따른 수입화물대도(Trust Receipt: T/R)신청서를 함께 제출한다.

[그림 1-2] 한국에서의 일반수입절차의 도해

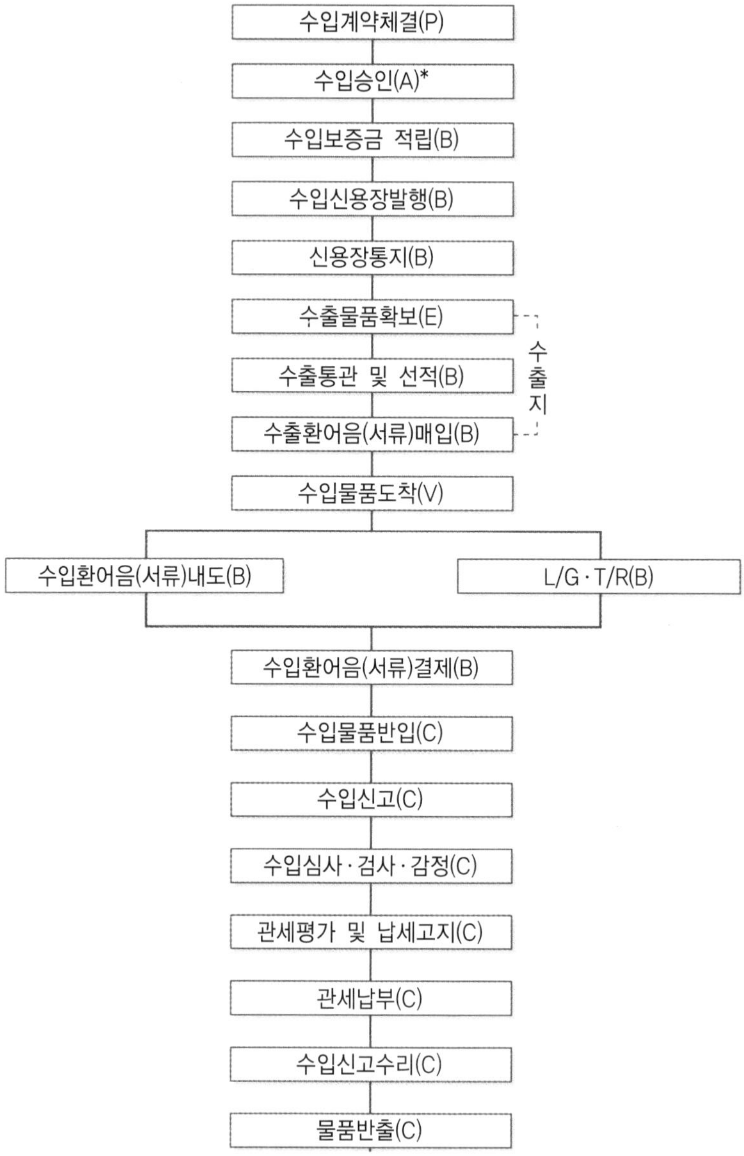

주: (　) 속 영문자의 업무관련자 예시
P: 매매당사자, A: 주무기관 또는 조합, B: 외국환은행,
E: 수출자, V: 선박 또는 항공회사, C: 세관
*: 수입제한품목 또는 요건확인품목의 경우

Chapter 2

해외시장조사와 거래처 발굴

02-011 Q 해외시장조사는 어떠한 내용을 조사하여야 하는가?

A 해외시장조사(overseas market research)라 함은 무역거래자가 해외시장의 환경 및 동향을 조사하고 고객이 원하고 있는 바를 파악하여 무역거래의 증진을 목적으로 행하는 시장조사를 말한다. 다시 말하면 특정물품에 대한 판매 또는 구매가능성(selling or buying feasibility)을 조사하는 것이다.

수출자의 입장에서 해외시장을 개척하고 이를 확대하는 데 있어서 제일 먼저 고려하여야 할 문제가 곧 해외시장조사이다. 수출자는 해외시장조사를 통하여 어느 지역의 시장에서 어떠한 거래처를 대상으로 어느 시기에 자신이 취급하고 있는 물품을 가장 합리적인 가격으로 유통비용을 최소화하여 많은 물량을 판매할 수 있는가를 과학적으로 조사·연구·분석하여야 한다. 해외시장조사는 지역적인 격리성, 상관습 및 언어 등의 차이로 인하여 조사에 어려움이 많이 따른다. 따라서 조사자의 충실하고 정확한 조사 자료가 목적시장 진출여부와 성공적인 거래관계를 유지하기 위한 전제조건이 된다.

해외시장조사의 내용은 우선적으로 목적시장의 일반적인 환경조사를 한 다음 고객조사, 상품조사, 판매경로조사, 판매조사 등을 보다 구체적으로 실시하고 마지막으로 믿을 만한 거래처를 발굴하는 단계를 거치게 된다.

첫째, 목적시장의 일반 환경조사이다.

가죽의류를 팔고자 한다면 목적시장은 열대지방이 아닌 계절적으로 어느 정도 추위를 느낄 수 있는 지역을 선정해야 할 것이다. 이처럼 지리적으로 어떠한 국가를 목적시장으로 할 것인가를 고려하여 당해시장의 일반적인 제 환경(surroundings)에 대하여 다음과 같은 사항을 조사하여야 한다.

① 정치(politics)에 관한 사항으로 정치체제, 정치적 안정도는 어떠하며 정치적인 위험(political risk)은 없는가?

② 경제(economy)에 관한 사항으로 전반적인 경제사정, 경제적 안정도, 국민소득, 국제수지, 경제성장률, 주요 자원, 노동 및 고용사정, 임금, 물가, 조세체계, 금융기관, 산업구조는 어떠한가?

③ 사회일반(society general)에 관한 사항으로 인구, 인구증가율, 면적, 기후, 인종, 종교, 문화, 통신, 교통, 언어, 교육수준, 법률제도는 어떠한가?

④ 무역(international trade)에 관한 사항으로 품목별·지역별 수출입규모, 수출입규

제제도, 즉 수출입 장벽, 외환관리, 대금결제조건, 관세율, 환율, 특허, 항만사정, 운송수단. 상관습은 어떠한가?

둘째, 고객조사이다.

고객(customer)는 당해물품을 직접적으로 수출할 수 있는 거래처와 실제 최종수요자 모두를 포함하는 개념이다. 고객조사는 다음과 같은 사항을 조사한다.

① 고객층에 관한 사항으로 소비자 또는 사용자의 지역적 분포, 소득분포, 계급별 분포, 구매능력은 어떠한가?

② 고객의 기호(taste) 및 이미지(image)에 관한 사항으로 기호, 취향 및 품질·상표·생산자 등의 이미지는 어떠한가?

셋째, 상품조사이다.

상품조사(merchandise research)는 취급품에 대한 전반적인 조사가 이루어져야 하며 다음과 같은 사항을 조사한다.

① 당해상품의 수요에 관한 사항으로 수요품목·품질·규격, 현재의 수요량, 장래의 수요량, 계절적인 특별수요, 현지에서의 국산품의 수요량은 어떠한가?

② 당해상품의 공급에 관한 사항으로 주요 공급처, 공급처의 상호, 계절적인 특별공급 가능성, 현지에서의 국산품 공급량은 어떠한가?

③ 경쟁품(competitive goods), 대체품(substitute goods) 및 유사품(similar goods)의 현황은 어떠한가?

④ 가격(price)에 관한 사항으로 수입품과 현지국산품의 가격은 어떠한가?

⑤ 할당품목(quota item)에 해당되지 않는가?

⑥ 해당상품은 특허권·상표권·공업소유권에 저촉될 수 있는 품목은 아닌가?

넷째, 판매경로조사이다.

판매경로조사(sales route research)는 고객 이 수입한 물품은 어떠한 통로를 통하여 판매되고 소비자 및 사용자에게 전달되는가를 조사하는 것으로 다음과 같은 사항을 조사한다.

① 시장기구 및 유통과정에 관한 사항으로 수입상, 판매점, 특약점, 백화점, 체인스토어, 도매상, 소매상 등의 기구와 유통경로는 어떠한가?

② 서비스(service)에 관한 사항으로 판매 전에 행하여지는 사전서비스(pre-serivce)와 판매 후에 행하는 사후서비스(after service)는 어떤 방법으로 행하여지고 있는가?

다섯째, 판매조사이다.

판매조사(sales research)는 상품계획 (merchandising)과 효과적인 판매정책(sales policy)을 어떻게 수립할 것인가를 조사하는 것으로 다음과 같은 사항을 조사한다.

① 상품계획에 관한 사항으로 수출물품의 품목, 품질, 디자인, 상표, 특허, 포장, 운송 등에 대한 선택은 어떻게 할 것인가?

② 판매정책에 관한 사항으로 판매계획과 예측, 견본, 카탈로그, 안내서 제공 등 판매 촉진(sales promotion), 광고, 전시 등은 어떻게 효율적으로 할 것인가?

이와 같이 해외시장조사의 내용은 조사범위가 넓고 또한 구체적으로 파악되어야 하므로 무역거래자 자신이 직접 수행하기 보다는 다소 비용이 소요되더라도 전문기관에 의뢰하여 특히 구체적으로 조사되어야 하는 항목 등에 대하여 보다 세밀하게 조사하여 줄 것을 요청하는 것이 효과적일 수 있다.

02-012 Q 해외시장조사를 효과적으로 조사하는 방법은?

A 효과적인 해외시장조사를 위해서는 다음과 같은 방법이 이용될 수 있다.

첫째, 무역통계자료를 이용한 조사방법이다.

해외시장조사를 하는 데 가장 편리하고 경제적인 방법은 문헌 또는 인터넷을 통하여 각종 경제 및 무역통계자료를 이용한 조사방법이라고 할 수 있다. 목적시장에 대한 보다 세부적인 무역통계자료는 당해 국가의 통계청 등의 자료를 이용하면 좋다. 이들 자료는 인터넷을 통하여 편리하게 접근하여 참고자료를 신속히 파악할 수 있는 장점이 있다.

이와 같이 통계자료를 이용하는 방법은 어디까지나 계량적, 통계적 수치를 공신력이 있는 기관으로부터 용이하게 얻을 수 있다는 점이고, 그 외의 해외시장조사 내용은 위탁조사 등 다른 방법을 이용하여야 한다. 또한 현지의 최근정보 등은 한국주재 외국공관의 상무관실을 이용하면 편리하다.

인터넷을 통하여 손쉽게 활용할 수 있는 자료는 다음과 같은 사이트가 있다.

1) 유엔의 국제무역통계연보
(International Trade Statistics Yearbook, http://comtrade.un.org)
2) 국제통화기금(IMF)의 무역재무통계온라인
(International Financial Statistics Online, http://www.imfstatistics.org/imf)
3) 세계무역기구(WTO)의 국제무역통계
(International Trade Statistics, http://www.wto.org)
4) 한국무역협회의 무역통계
(Korea International Trade Association, http://www.kita.net)
5) 한국 관세청의 무역통계
(Korea Customs Service, http://www.customs.go.kr)

둘째, 대한무역투자진흥공사 등을 통하여 위탁조사 하는 방법이다.

대한무역투자진흥공사(Korea Trade-Investment Promotion Corporation: KOTRA)는 한국의 무역진흥을 위하여 전액정부출자로 설립된 특수법인으로 무역동향에 대한 해외시장조사, 무역관련 각종 자료의 간행, 한국 무역의 홍보, 무역상품전시회업무 등을 담당하고 있다. 현재 세계도처에 해외 무역관이 설치되어 있어 신속한 무역정보수집기능을 수행하고 있으며 해외 및 국내무역관의 조직망을 통하여 국내에서 고객으로부터 조사의뢰를 받아 전세계 KOTRA 코리아비즈니스센터를 통한 맞춤형시장조사 등 유료 정보서비스를 제공하고 있다. KOTRA를 통한 위탁조사는 현지에서 직접 주재원들의 방대한 조직으로 조사 보고되기 때문에 신빙성이 높다고 할 수 있다.

셋째, 해외출장을 통한 직접조사 방법이다.

목적시장에 직접 출장 가서 시장조사를 한다는 것은 시간과 비용문제가 따르겠지만 가장 생생한 시장정보를 얻을 수 있다. 직접조사를 위한 해외출장은 무역거래자가 단독으로 조사하거나 또는 관련 수출입조합이나 경제단체의 해외시장조사단에 참가하여 공동출장에 의한 조사가 있다. 시간과 경비를 경제적으로 사용하고 최대효과를 얻기 위해서는 현지의 방문처와 미리 시간약속과 함께 자료 및 정보 등이 제공될 수 있도록 협조를 구하는 것이 좋다.

우선 현지의 대한민국공관 또는 대한무역투자진흥공사의 현지무역관 또는 현지의 상업회의소를 방문하여 일반적인 시장개황을 청취한 후 보다 구체적인 자료를 수집하기 위해서는 현지에 진출한 동업자를 만나 조언을 구하고, 현지 업체, 백화점, 도매상, 소매상 등을 직접 둘러보는 것도 적절한 방법이다.

02-013 Q 가장 경제적이고 효율적으로 해외거래처를 발굴하는 방법은?

A 해외시장조사를 통하여 목적시장이 결정되면 믿을 만한 거래처를 발굴하여야 한다. 보다 경제적이고 효율적으로 거래처를 발굴하는 방법은 인터넷을 이용한 거래알선 웹사이트를 활용하는 것이다. 그 밖에 상공인명부의 이용, 해외광고 및 국내외 공공기관 이용 및 직접해외전시회 참가 방법 등을 이용할 수 있다.

첫째, 거래알선 웹사이트를 활용하는 방법이다.

거래알선 웹사이트에서는 품목별 매도 또는 매수 오퍼, Inquiry, 업체명, 연락처 등의 정보를 파악할 수 있다. 거래처를 발굴하기 위하여 유용한 국외 및 국내의 웹사이트는 다음과 같다.

1) EC21(http://kr.ec21.com): 이 사이트는 한국 중소기업 전문 해외마케팅 기업으로서 해외시장 조사, 바이어알선 서비스, 전시회 마케팅 대행, 전자카탈로그 제작 등 홍보인프라를 구축하고 있다.
2) tradeKorea.com(http://www.tradekorea.com): 이 사이트는 한국무역협회에서 운영하는 것으로 회원사의 온라인 글로벌시장 개척 및 중소기업과 동포기업, 해외기업과의 거래를 활성화하기 위한 이마켓플레이스를 제공하여 회사 및 물품정보, 전자카탈로그 또는 전자적 이미지 등이 게시되고 있어 관심 있는 거래처로부터 Inquiry를 받을 수 있도록 하고 있다. 이 서비스에서는 국내 생산품의 바이어 발굴 시 물품의 영문카탈로그 또는 영문 홈페이지를 보유한 경우 유료로 이용가능하다.
3) BUYKOREA(http://www.buykorea.org): 이 사이트는 KOTRA에서 운영하는 글로벌 기업간 무역포털 사이트로서 신뢰성 있는 한국 수출자와 1:1로 온라인 상담이 가능하도록 지원하고 있다.
4) ecplaza(http://www.ecplaza.net): 이 사이트는 글로벌무역마켓플레이스를 제공하여 해외바이어 알선, 물품등록 및 홍보, 해외전시회대행 등 해외마케팅 활동을 지원하고 있다.
5) GobizKorea(http://kr.gobizkorea.com): 이 사이트는 중소기업진흥공단이 국내 중소기업제품의 해외의 판로 확보 및 홍보를 지원하기 위하여 운영하고 있는 마케팅 지원 서비스로 참여기업의 홈페이지를 유명포털사이트에 일정기간 상위 등록하는 서비스 등을 통하여 해외거래처를 발굴하는 수단을 제공하고 있다.

6) Kompass International–Coface(http://www.kompass.com) / Kompass Korea (http://kr.kompass.com): 이 사이트는 1943년 설립된 콤파스가 모체가 되어 초창기엔 국가별 바이어 정보를 수집, 책으로 만들어 전세계에 서비스했으나 정보기술이 발달로 온라인, 오프라인으로 바이어 및 공급업체 발굴부터 견적요청, 오프라인상의 마케팅 지원까지 토털서비스가 가능하도록 범세계적인 검색엔진을 통하여 기업간 거래서비스를 제공하고 있다.

7) Alibaba(http://www.alibaba.com): 이 사이트는 중국의 알리바바사가 중소기업을 위하여 1999년에 설립하여 현재 세계에서 가장 규모가 큰 온라인 기업간 마켓플레이스를 제공하는 포탈이다. 역사가 일천함에도 불구하고 알리바바 닷컴은 온라인 무역을 가능하게 하기 위하여 B2B 사이트에 제품을 등록하고 해외마케팅을 수행 및 바이어의 Inquiry를 받을 수 있도록 하여 국제적으로 활용도가 매우 높은 사이트이다.

8) Global Sources(http://www.globalsources.com): 이 사이트는 홍콩에 기반을 둔 역사가 비교적 오래된 기업간 미디어 회사이다. 글로벌소시즈는 물품공급자와 구매자간의 정보를 온라인 상에서 제공하고 바이어가 Inquiry를 통하여 제조업자와 직접 접촉할 수 있는 온라인 마켓플레이스 제공 및 홍보지원 서비스를 행하고 있다.

9) Tradekey(http://www.tradekey.com): 이 사이트는 세계의 매매당사자간 도매업자, 특약점, 제조업자를 막론하고 온라인 글로벌 무역을 용이하게 하기 위하여 2005년에 설립된 세계 굴지의 마켓플레이스 중의 하나이다.

10) EUROPAGES(http://www.europages.com): 이 사이트는 유럽의 바이어와 공급자 특약점 및 수출자를 위한 온라인 상공인명부로 구매자와 판매자간의 마켓플레이스를 온라인상에서 제공하고 유럽지역의 공급자의 데이터베이스를 바이어에게 제공하고 있다.

둘째, 상공인명부를 이용하는 방법이다.

거래처의 발굴을 위해서 가장 손쉬운 방법은 상공인명부(directory)를 이용하는 것이다. 상공인명부 속에는 품목별·업종별로 업체명, 주소, 전화번호, 전자우편(E-mail), 텔렉스(Telex) 및 팩스(Fax)번호가 기본적으로 명시되고 물론 수출입지역과 최근의 영업실적 등이 포함된 것도 있다.

그 가운데 잠정적인 업체명단을 선정하여 준비된 카탈로그(catalog)와 함께 거래를 권유하는 이른바 권유장(circular letter)을 발송한다.

상공인명부는 국내에서는 대한무역투자진흥공사나 한국무역협회 또는 대한상공회의소 등에서 이용할 수 있으나 다음과 같은 유수한 상공인명부를 웹사이트를 통하여 이용하면 해당 지역의 거래처를 발굴하기가 편리하다.

1) Kellysearch.co.uk, http://www.kellysearch.co.uk
2) Dun & Bradstreet, http://www.dnb.com/us
3) Thomas Register, http://www.thomasnet.com
4) Standard Trade Index of Japan, http://www.cin.or.jp/trade
5) Worldwide Business Bridge Serving America, Asia, Africa, Oceania and Europe, http://www.aaaoe.com
6) Directory For International Trade, http://www.importers-exporters.com
7) World Trade Point Federation, http://www.tradepoint.org
8) Trade Lead Zone, http://www.tradezone.com
9) Wyzen Trade Network, http://wyzen.com/tradeportals
10) Kapitol, http://www.infobel.com/en/world/index.aspx

셋째, 해외 홍보매체를 이용하는 방법이다.

해외 거래처를 발굴하기 위한 기초단계로 해외 홍보용 카탈로그를 제작하여 예상 거래처에 배포하거나 국내의 해외 홍보매체 등에 자사물품을 홍보하거나 인터넷을 통하여 거래처를 물색할 수 있다. 최근에는 인터넷을 통하여 온라인 상에서 대부분의 정보를 볼 수 있도록 전자카탈로그를 제작하여 홍보하고 있다.

카탈로그 또는 홈페이지 제작시에는 사전에 세심한 계획 아래 전문가를 활용하여 영문 또는 대상지역 언어로 제작한다. 특히 홍보물의 내용은 회사 또는 대표자의 홍보 보다는 취급상품의 소구점, 즉 규격·용도·재질 등 물품의 차별성에 주안점을 두어 제작하되 물품정보를 상세히 제공하여 구매자의 구매력을 자극할 수 있도록 제작되어야 한다.

홍보물배포시에는 경제적인 비용으로 홍보 효과의 극대화를 위하여 적정 배포처를 선정하는 것이 중요하다. 적정 배포처는 전술한 지역별 상공인명부에 의거 물색된 예정거래처, 주한 외국공관의 바이어안내, 기타 대한무역투자진흥공사, 한국무역협회 등 수출유관기관의 거래알선·안내 등을 활용하여 선정 배포하여야 한다. 특히 배포처 선정에 있어 전문잡지의 구매자는 특정물품에 관련된 잠재구매자로 판단되므로 취급물품을 전문으로 하는 잡지사의 배포처 명단(Distribution List)을 입수하여 이를 대상으로 홍보물을 배포한다면 상당한 효과를 얻을 수 있다. 또한 온라인상에서 홍보할 경우 가장 영향력이 큰 포털사이트를 선정하는 것이 중요하다.

국내에서 영문으로 간행되어 해외의 바이어에게 배포되는 주요 수출상품 홍보용 잡지는 다음과 같다.

1) World Trade Zone: EC21의 수출상품종합광고서비스로 책자외에도 e-Book, 온라인 배너광고 등을 병행하여 광고효과를 최대한 높이고 있다.
2) Korea Buyers Guide: ㈜매경바이어스가이드에서 General Items, Electronics,

Machinery, Automotives 등 4종을 매월 발간, 전세계 3만여 바이어에게 직접 항공우편으로 발송하며, 유명 국제전시회장 등에서도 무료로 배포하고 있다. Korea Buyers Guide의 디지털판인 e-Buyers Guide도 제작하고 있다.

넷째, 전시회 참가 및 사절단으로 현지방문하는 방법이다.

박람회 및 전시회에 참가하여 거래처를 발굴하거나, 비용은 많이 들지만 현지에 직접 출장하거나 무역유관기관에서 주선 파견하는 각종 민간무역사절단, 경제협력단, 구매상담회의 일원으로 현지방문하는 방법이다.

각종 행사(event)에 참가할 경우에 현지에서 잠정적인 고객에게 나눠줄 카탈로그(catalog), 권유장(circular letter) 또는 청약서(offer sheet)와 견본, 담당자 명함(name card) 등도 충분히 준비하여야 한다. http://www.biztradeshows.com 등과 같은 사이트를 이용하여 국제전시회 일정을 파악하고 참가하여 현지에서 직접 거래처를 확보할 수도 있다.

무역계약의 성립과 체결

Chapter 3

03-014 Q 거래제의를 위하여 권유장을 작성하는 요령과 실제 통신문작성 사례는?

A 해외시장조사를 통하여 거래처를 발굴하게 되면 거래를 제의하는 이른바 권유장(circular letter)을 발송한다. 권유장이라 함은 미지의 거래처에게 자기회사를 소개하고 취급물품과 거래조건 등을 간단하게 안내하여 거래관계를 권유하는 서신을 말한다. 권유장은 발송하는 목적에 따라 회사의 신설, 조직이나 주소변경 등 통지할 필요가 있는 사항을 알리는 일반통지(general announcement), 신상품 소개, 거래제의를 위한 판매안내 (sales circular) 등이 있다. 권유장을 발송하는 경우에는 관련 카탈로그(catalog)를 동봉하는 경우도 있지만 카탈로그, 오퍼(offer) 그리고 견본제공 등은 상대방의 요청이나 관심을 보일 때 송부하는 것이 좋다.

권유장을 작성하여 보내는 곳은 목적지역의 몇 개 회사로 한정하는 것이 효과적이며 보낼 때에는 시차를 두고 보내는 것이 바람직하다. 따라서 권유장은 남발하여 발행하여서는 아니 된다. 권유장은 거래처로 하여금 거래관계를 창설할 수 있도록 간결하고 명료하게 다음과 같은 내용과 순서를 참조하여 작성하여야 한다.

① 상대방을 알게 된 동기와 거래관계 개설의 희망
② 자기회사의 업계에서의 지위와 능력
③ 자기회사의 영업종목 및 거래물품의 명세와 특성
④ 추가정보 및 자료제공의 용의표명
⑤ 주문에 응할 수 있는 예상공급량 또는 사업규모
⑥ 자기회사의 신용조회처
⑦ 맺음말

이와 같은 요령에 의한 모범적인 권유장 작성 사례는 다음 [서식 3-1]과 같다.

[서식3-1] 권유장(Circular Letter)의 예

March l6, 20xx

America International Inc.
350 Fifth Avenue
New York, NY10118
U.S.A.

Gentlemen:

Your name has been given by the Chamber of Commerce of New York as one of the reputable importers of general merchandise in your city.

We are large manufacturers and exporters in Korea producing all kinds of Leather Garments including Hand Bags using latest manufacturing facilities.

Our products are highly accepted by the importers of Japan, U.K., Germany and France, etc. In order to diversify our existing market, we are interested in supplying our quality products to you on favorable terms. Upon receipt of your drawings or samples, we could submit our samples with competitive prices, to you.

As for our company, we have two ultra modem factories, one in Seoul and the other in Daegu, with over 1,000 workers and our export record for last year was over Twenty Million U.S. Dollars and we are aiming to surpass Thirty Million US Dollars this year.

As to our credit standing, we refer you to the Korea Exchange Bank or any of the commercial banks in Korea.

Your early reply would be appreciated.

Yours very truly,
Seoul Trading Co., Ltd.
Gildong Hong
Gil-dong Hong
President

03-015 Q 거래관계의 권유를 받고 거래물품에 대하여 관심이 있어 구체적인 문의를 하고자 할 경우 조회(inquiry) 및 이에 대한 회신의 실제 통신문 작성 사례는?

A 조회(inquiry)라 함은 거래관계의 권유를 받은 자가 그 권유에 대한 관심이나 물품을 구매할 의사가 있을 때 문의하는 것을 말한다. 조회는 통신수단에 따라 전자우편(E-mail), 우편 (mail), 전보(cable), 가입전신(telex) 모사전신(facsimile) 등으로 할 수 있으며, 그 내용에 따라 정가표나 오퍼 또는 견본제공을 요청하는 조회가 있다.

조회를 작성 할 경우에는 다음과 같은 요령으로 한다.

① 상대방을 알게 된 경위
② 관심품목의 명시와 가격조회
③ 수요 규모, 구매물품의 명세
④ 주문내용의 구체적 설명
⑤ 소요수량의 선적시기
⑦ 기타의 문의사항
⑧ 맺음말

조회에 대한 회신은 신속하게 성의를 다하여 하여야 한다. 왜냐하면 조회를 하는 상대방은 앞으로 거래관계를 유지시킬 수 있는 자이기 때문이다.

조회에 대한 회신은 다음과 같은 요령으로 한다.

① 조회의 접수에 대한 확인과 감사의 표시
② 가격표 또는 오퍼의 통지와 조회사항에 대한 회답
③ 조회품목의 과거실적 및 거래시 유리한 점 강조
④ 견본 등 별도송부 통지
⑤ 주문의 기대표시
⑥ 맺음말

이와 같은 요령에 의한 보범석인 조회 및 조회에 대한 회신 사례는 다음 [서식 3-2 및 서식 3-3]과 같다.

[서식3-2] 조회(Inquiry)의 예

New York, March 19, 20xx

Seoul Trading Co., Ltd.
15, 1-ga, Sogong-dong, Joong-gu
Seoul, Korea

Gentlemen :

We have learned from the Korea Exchange Bank in New York that your company is a leading firm specializing in leather garments, we wish to make a purchase of men's split leather jackets from you.

We would appreciate receiving your lowest prices for CIF New York Incoterms® 2010 with earliest delivery schedule.

If your goods are satisfactory in quality and delivery, we will place an order of 4,000 pieces on a trial basis and can make repeat orders with you soon.

Yours very truly,

America International Inc.
John F. Dolan
John F. Dolan
President

[서식3-3] 조회에 대한 회신의 예

March 26, 20xx

America International Inc.
350 Fifth Avenue
New York, NY10118
U.S.A.

Gentlemen:

Thank you very much for your letter of March 19, 20xx along with your excellent purchasing proposal.

According to your request, we have already dispatched the samples and color swatches by speed post. From the enclosed price list you will notice that our prices are exceptionally low and this sacrifice is entirely due to our recognition of the necessity for price cutting in order to develop our sales in your market.

Since the market is now slow and prices are generally low, you are very fortunate buying at this time. European buyers, however, seem to be picking up in activity. Therefore, we advise you to buy the goods before the recovery reaches a peak.

Consequently, we can not keep the prices effective more than two weeks from the date of this letter and we wish to receive your order by return mail.

We hope that this will meet with your immediate approval.

Yours very truly,

Seoul Trading Co., Ltd.

Gildong Hong

Gil-dong Hong
President

Encl. Price List

03-016 Q 거래처에 대한 신용조사는 어떠한 내용을 의뢰하고 어느 곳을 이용하면 좋을까?

A 무역거래에 있어서 거래대상 업체에 대하여 신용상태를 확인하는 것은 향후 거래 가능성을 진단하고 위험요소를 사전에 예방한다는 면에서 그 중요성이 특별히 강조되고 있다.

이러한 신용조회에 있어서 필수적으로 조사내용에 포함해야 하는 것으로는 보통 당해 업체의 성격(character), 자본(capital) 및 능력(capacity)의 셋을 들고 있는데, 이를 일컬어 신뢰도측정요소(reliability or credit factors)로서의 "Three C's"라 하며 그 각각의 구체적 내용을 보면 다음과 같다.

첫째, 성격(character)에 관해서는 당해업체의 개성(personality), 성실성(integrity), 평판(reputation), 영업태도(attitude toward business), 채무변제 이행열의 (willingness to meet obligation) 및 계약이행에 대한 도덕성에 관련된 내용 등을 조사한다.

둘째, 자본(capital)에 관해서는 당해업체의 재무상태 (financial status), 즉 수권자본(authorized capital)과 납입자본(paid-up capital), 자기자본과 타인자본, 기타 자산상태 등 지급능력과 직결되는 내용을 조사한다.

셋째, 능력(capacity)에 관해서는 당해업체의 연간매출액(turn-over) 개인 또는 법인 등 업체의 형태, 업종, 연혁(historical background) 내지 경력(career) 및 영업권(goodwill) 등 영업능력에 관한 내용을 조사한다.

이러한 "Three C's" 이외에 거래조건(condition), 담보능력(collateral), 거래통화(currency), 소속국가(country) 가운데 두 가지를 추가시켜 "Five C's"라고도 한다.

신용조회에서의 신뢰도측정요소 중에 가장 중요한 것은 성격(character)으로 지적되고 있다. 격지자간에 이루어지는 무역거래에 있어서는 무엇보다도 신용이 중시되어야 하기 때문이다. 고의적인 클레임(market claim)을 예방하기 위하여 거래처의 평판에 대하여 미리 파악하여야 한다. 특히 정치적 위험(political risks)이나 신용위험(credit risks)이 큰 국가인가를 기본적으로 고려하여야 한다.

한편 신용조회는 현지업자를 통한 동업자조회(trade reference)에 의할 수도 있고, 국제적인 금융기관을 통한 은행조회(bank reference)에 의할 수도 있으며, 미국의 Dun & Bradstreet Inc.(http://www.dnb.com/us) 한국의 NICE D&B(http://www.nicednb.co.kr), 미국의 AllBusiness.com, Inc.(http://www.allbusiness.com)와 같은 전문적인 신용조사기관을 통해서 할 수 있다. 한국에서는 보통 해외 거래처의 경우 대한무역투자진흥공사(http://www.kotra.or.kr)나 한국무역보험공사(http://www.keic.or.kr)를, 국내거래처의 경우 신용보증기금(http://www.kodit.co.kr) 등을 통하여 이용되고 있다.

03-017 Q 거래처, 즉 수입자나 수출자에 대한 신용조사시의 평가요소로 삼는 것은 무엇일까?

A 무역거래에서 수입자 또는 수출자 등의 거래처에 대한 신용도를 조사하는 데 있어서 고려하여야 할 일반적인 평가요소를 보면 다음과 같다.

첫째, 수입자의 평가요소로는 ① 재무상태로 자기자본, 부채비율,[1] 유동비율,[2] ② 경영 성과로 연간순매출액, 매출액순이익률, 총자본회전율, ③ 조직 및 연혁으로 종업원수, 종사업력, ④ 은행관계로 현금 및 예금잔액, 신용한도 액, ⑤ 결제상태, ⑥ 경영능력 및 대외평판을 평가요소로 삼고 있다.

둘째, 수출자의 평가요소로는 ① 재무상태로 자기자본비율, 유동비율, 총자본 순이익률, 매출액경상이익률. ② 사업현황 및 전망으로 총자본회전율, 연간순매출, 연간수출실적. ④ 기타 사항으로 은행관계, 종사업력, 경영성과, 경영능력 및 대외평판을 평가요소로 삼고 있다.

셋째, 무역거래 대상국가의 평가요소로는 ① 일반개황으로 면적, 수도, 기후, 인구 및 민족, 인구증가율, 언어, 종교, 통화단위, 환율, 문맹률, 실업률, ② 정치개황으로 정부형태, 국가원수, 외교노선, 의회제도, 주요 정당, 극단세력, 전쟁·혁명·폭동 등의 경험, ③ 주요 경제지표로 국내총생산액(GDP), 경제성장률, 총투자율, 국민저축률, 통화량증가율, 물가상승률, 재정수지, 환율(USD당), 대외지급준비자산, 외채잔액, 상품수출액, 상품수입액, 경상수지, 수출가격지수, 수입가격지수. 무역의존도, 주요 수출상품, 주요 수출대상국, 주요 수입상품, 주요 수입대상국. 부존자원, 개발계획, 한국과의 외교 및 수출입관계를 고려한다.

또한 수출신용보험 인수 및 보상과 관련된 회원기관의 정보를 고려하고 해외시장에서의 국별 신용도순위 등을 고려하여 조사한다.

넷째, 위험분야별 예측으로 위험발생과 위험억제요인을 분석하되 다음과 같은 위험분야를 예측한다. ① 전쟁위험으로 분석요소로는 권력구조, 외교정책 및 주변정세, 군사력 및 군부태도, 극단세력의 존재, 전쟁·혁명·폭동 등의 경험, 실업률, 임금, 물가, 정치

---

1) 부채비율$=\frac{\text{부채}}{\text{자기자본}}\times 100$(표준비율은 100%이하)

2) 유동비율$=\frac{\text{유동자산}}{\text{유동부채}}\times 100$(표준비율은 100%이하)

·사회적 불안요인, ② 송금위험으로 분석요소로는 국내거래 건전도인 경제성장, 주요 산업분석, 통화신용정책, 재정, 개발정책을, 대외거래 건전도인 국제수지 및 수출입관계, 외채상황 및 대외지급준비, 대외채무상환의 지연·불능·거절 등의 경험, 신용정보회원기관의 정보교환 내용, ③ 수용위험으로 분석요소로는 외국인투자관계법, 외국인 투자환경, 외국인 기업에 대한 태도 투자유망 및 위험부문, 수용몰수 등의 경험, ④ 한국과의 관계로 분석요소로는 정치·외교관계, 수출입현황 분석 및 경제협력조항관계, 무역보험관계, 천재지변경험, 수입제한 및 금지조치 등에 대하여 조사한다.

03-018 Q 거래처에 대한 신용조회를 의뢰할 경우 신용조회 의뢰 통신문 작성사례는?

A 신용조회를 의뢰할 경우에는 다음과 같은 내용과 순서를 참조하여 작성한다.

① 신용조회처를 알게된 경위
② 신용조회의 목적
③ 신용조회의 내용
④ 신용조회 수수료 지급관계
⑤ 조회내용의 기밀유지
⑥ 맺음말

이와 같은 요령에 의한 모범적인 신용조회 의뢰의 사례는 다음 [서식 3-4]와 같다.

[서식3-4] 신용조회(Credit Inquiry)의 예

March 31, 20xx

Korea Exchange Bank
182, 2-ga Ulchiro, Joong-gu
Seoul, Korea

Dear Sirs,

We have been referred to your bank by Seoul Trading Co., Ltd., Seoul in their recent proposal to enter into business relations with. Should their business standing tum out unquestionable, we are prepared to accept their proposal. We should, therefore, be much obliged if you would give us such information as you may have or can secure for us regarding their financial standing and reliability.

We are particularly interested to know in what line they are mainly engaged if possible, your candid opinion on their financial responsibility, their mode of doing business and their general reputation they enjoy in your community.

Any expense to be incurred in connection with this inquiry please charge to our account.

Your prompt attention will be much appreciated, and we assure you that your information will be held, as usual, in strict confidence.

Yours very truly,

America International Inc.

John F. Dolan

John F. Dolan

President

신용조회를 의뢰 받은 기관은 조사한 정보를 신속하게 회신하여야 한다. 신용조회에 대한 회신은 다음과 같은 내용과 순서를 참조하여 작성한다.

① 신용조회를 의뢰하였던 통신문 언급
② 신용조회의 내용
③ 신용조회에 따른 조사기관의 종합의견
④ 신용조회에 대한 면책 언급
⑤ 신용조회 수수료 청구
⑥ 맺음 말

이와 같은 요령에 의한 모범적인 신용조회 회신의 사례는 다음 [서식 3-5]와 같다.

[서식3-5] 신용조회에 대한 회신의 예

April 10, 20xx

America International Inc.
350 Fifth Avenue
New York, NY10118
U.S.A.

Gentlemen:

We are pleased to report on the firm referred to in your letter of March 31 as follows:

Seoul Trading Co., Ltd. was established in 1995 as General Importers and Exporters, with an authorized capital of US$1,000,000 fully paid-up. The net worth at the end of last year exceeded US$1,500,000 about half of which is readily realizable. Their main lines are leather garments. Their business policy has been very active, and have many connections both at home and abroad.

They have maintained a current account with us for more than ten years, always to our satisfaction and the latest financial statements show a healthy condition.

We are of opinion that they may be rated as A and you would not run the least risk in opening a connection with the firm.

For this information, we do not like to accept any responsibility, but, we shall be pleased to be of any further service to you more details.

The enclosed note shows the charges which we have paid on your behalf, for which we ask you to settle soon.

Yours very truly,

Korea Exchange Bank

Youngsik Kim

Young-sik Kim
Authorized Signature

Incl. Debit Note

03-019 Q 무역계약의 의미와 무역계약의 성립되는 단계는?

A 무역거래는 계약(contract)에서 비롯된다. 무역계약은 무역물품의 매매계약을 약칭한 것이며 물품매매계약은 무역계약 가운데서도 가장 전형적으로 널리 쓰여 지고 있다. 무역계약, 즉 물품매매계약이라 함은 매도인이 대금이라는 금전의 대가를 받고 매수인에게 물품의 소유권을 이전하거나 이전하기로 합의하는 계약을 말한다. 이와 같이 국제매매계약은 상이한 국가에 영업소를 가진 매도인이 물품의 인도를 약속하고 매수인이 그 대가로써 대금지급을 약속하는 것으로 볼 때 다음과 같은 4가지 법적 성격을 갖는다.

즉 매매당사자의 합의만으로 계약이 성립하는 합의계약(consensual contract)이며, 계약당사자가 상호 의무를 부담하는 쌍무계약(bilateral contract)이다. 또한 계약내용을 이행함에 있어서 대가를 수반하는 유상계약(remunerative contract)이며, 계약의 형식이나 내용에 관하여 일정한 요건이 필요 없이 매 매당사자의 자유의사를 최우선으로 존중하는 불요식계약(informal contract)이다.

무역계약은 매매당사자간에 여러 단계를 거쳐 체결될 수도 있지만 보통 실무상으로는 거래의 권유(circular) 단계에서 비롯하여 조회(inquiry)에 따른 회신과 함께 청약자의 청약(offer)과 피청약자의 승낙(acceptance), 즉 매매계약을 성립시킬 뜻에 대한 의사표시의 합치점에서 성립된다.

거래의 권유를 하기 위해서는 국제마케팅에 대한 전략을 수립하고 해외시장조사를 통하여 목적시장을 결정한 다음 동 시장에서의 거래처를 물색한다. 거래처를 발굴하는 방법으로는 상공인명부(directory) 또는 인터넷 웹사이트를 참조하거나, 해외광고, 국내외 공공기관을 통하거나 현지에 직접 출장, 또는 무역관련기관에서 주선하는 박람회 등 각종 행사를 이용할 수 있다. 발굴된 거래처에 대해서는 신용조회를 통하여 신용상태를 확인하여야 한다.[3)]

관심 있는 고객으로부터 조회가 있을 경우에는 감사의 표시와 함께 신속하게 회신을 하여야 한다. 이 때는 청약자가 보통 서면이나 전신 등으로 청약을 하게 되는데 대부분은 가격을 흥정하거나 거래조건의 수정을 요청하는 피청약자의 반대청약(counter offer)이

---

3) 신용조회에 있어서 필수적으로 조사내용에 포함되어야 하는 것으로는 보통 당해 업체의 채무변제이행에 대한 열의 및 계약이행에 대한 도덕성과 관련된 성격(character), 재무상태에 관련된 자본(capital) 및 영업능력과 관련된 능력(capacity)을 들고 있는데, 이를 소위 신뢰도측정요소로서의 "Three C's"라고 한다.

있을 경우가 많다. 이에 대하여 청약자가 다시 확정청약(firm offer)을 하면 피청약자가 승낙함으로써 계약이 성립된다. 이는 무역계약이 성립되는 최초의 시기라고 할 수 있다.

또한 매수인의 주문(order)에 대하여 매도인이 주문승낙(acknowledgement)하는 경우도 계약이 성립되는 것으로 본다. 여기에서 실무적으로 주의하여야 할 사항은 청약과 승낙의 합치된 의사표시로서 교환된 문서나 전신 또는 청약서(offer sheet)상에 양당사자가 서명하게 되면 법적으로 계약은 성립되는 것이지만 이와 같은 합치된 의사표시만으로는 완전한 계약서라고 할 수 없다. 왜냐하면 그 의사표시 내용이 단순하여 만일 후일에 분쟁이 야기될 경우에는 매매당사자의 책임소재를 명확하게 구분하기가 어렵기 때문이다. 이에 대비하기 위해서는 청약과 승낙에 의하여 법적으로 계약이 성립되었다고 하더라도 항상 매도인과 매수인 사이에 구체적인 거래조건을 망라하여 서면으로 작성된 정식의 계약서(contract sheet)를 작성하여 각각 1부씩 보관하여 두어야 한다.

[그림 3-1] 무역계약의 성립 단계

03-020 Q 청약(offer)이란 무엇이며 확정청약(firm offer), 불확정청약(free offer) 그리고 반대청약(counter offer)이란 어떠한 청약인가?

A 청약(offer)이라 함은 일반적으로 청약자(offeror)가 피청약자(offeree)에게 계약을 체결하고자 하는 의사표시를 말한다. 즉 청약은 매매관계에 있는 당사자의 일방이 그 상대 방의 승낙과 아울러 일정 조건의 매매계약을 기대하고 행하는 의사표시이다. 무역실무에서는 보통 오퍼(offer)라고 한다. 일반적으로 청약은 피청약자에게 도달하였을 때 비로소 그 효력이 발생된다. 한편 청약은 일반적으로 청약철회, 청약의 취소, 피청약자의 거절이나 반대청약, 시간의 경과시에는 소멸된다.

이러한 청약은 여러 가지로 분류할 수 있으나 청약의 확정력을 기준으로 분류하면 다음과 같다.[4)]

첫째, 확정청약(firm offer)이라 함은 청약자가 청약내용에 대하여 승낙·회답의 유효기간(validity)을 지정하고 그 기간 내에 승낙하면 계약이 성립되는 청약을 말한다. 또한 유효기간을 정하지 아니한 경우라도 그 청약이 확정적(firm) 또는 취소불능(irrevocable)이라는 표시가 있거나, 승낙·회답의 유효기간과 확정적 또는 취소불능이라는 표시가 동시에 있는 청약도 확정청약이 된다. 청약자의 확정청약은 피청약자에게 도달 되었다면 그 청약의 유효기간(다음 예문의 경우 5월 10일)까지는 일방적으로 취소할 수 없다는 점을 유의하여야 한다.

확정청약의 예문은 다음과 같다.

"We offer you firm subject to your reply received here by May 10 as follows:"
또는 "Validity of Offer: Until May 10 our time."

둘째, 불확정청약(free offer)이라 함은 청약자가 청약시에 승낙·회답의 유효기간(validity)이나 확정적(firm)이라는 표시를 하지 아니한 청약이다. 불확정청약의 경우 상대방이 승낙을 하기 이전까지는 청약자가 청약내용을 일방적으로 취소하거나 변경할 수 있다.

불확정청약의 예문은 다음과 같다.

---

4) 청약의 주체를 기준으로 분류하면 매도청약(selling offer)과 매수청약(buying offer)으로 나눌 수 있으며, 청약의 발행지를 기준으로 분류하면 국내발행청약과 국외발행청약으로 나눌 수 있다.

"We offer you the following merchandise on the terms and conditions mentioned hereunder."

또는 "We are pleased to offer you without engagement as follows:"

셋째, 반대청약(counter offer)이라 함은 청약자의 청약에 대하여 피청약자가 품명, 수량, 가격, 선적, 결제 등 청약내용의 일부 추가, 제한 및 변경 등 새로운 조건을 제의해 오는 청약을 말한다. 반대청약은 원청약(original offer)에 대한 거절이 되고 동시에 새로운 청약이 된다. 따라서 원청약은 반대청약에 의하여 소멸된다.

반대청약의 예문은 다음과 같다.

"Your offer price is too high. However, we can accept your offer on condition that you reduce the price to US$30 per piece."

Q 청약의 유인(invitation to offer)이란 무엇이며 그 법적 효과는?

A 청약의 유인(invitation to offer)이라 함은 타인을 유인하여 자기에게 청약하도록 하는 행위로 청약과는 구분된다. 청약의 유인에 따라 유인된 자가 의사표시를 하여도 계약은 성립되지 않으며 다시 유인한 측으로부터 승낙의 의사표시가 있어야 비로소 계약이 성립되는 것이다. 즉 청약자의 조건부청약(sub-con offer)의 경우 이러한 청약은 청약의 유인(invitation to offer)이고 이에 대한 피청약자의 승낙(acceptance)은 청약(offer)이 되며 그리고 이에 대한 청약자의 최종확인(final confirmation)은 승낙(acceptance)으로 간주된다.

청약의 유인에 대한 예는 이와 같은 확인조건부청약(offer subject to our conformation; sub-con offer)외에 상대방이나 거래조건이 구체적으로 특정되지 아니한 신문이나 방송에 의한 광고, 견적서, 가격표, 물품목록 등의 배포를 통하여 불특정의 1인 또는 그 이상의 일반대중을 상대로 하는 경우와 경매(auction) 및 입찰(bid; tender)과 같은 것들은 단지 청약의 유인에 불과한 것으로 간주되는 것이 일반적이다.

조건부청약의 법적 의미를 살펴보면 다음과 그림과 같다.

[그림3-2] 청약의 유인의 법적 의미

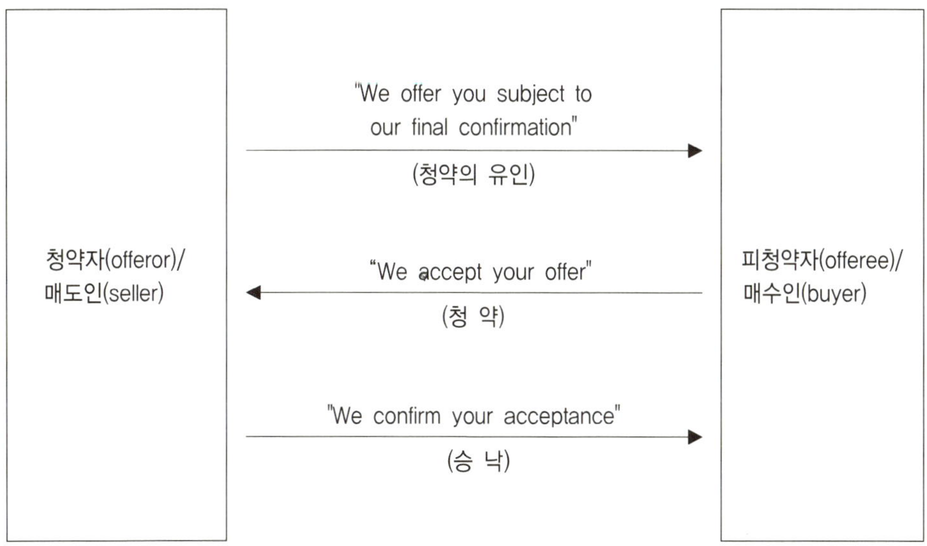

03-022 Q 재고가 한정된 물품을 청약(offer)하는 경우 어떠한 유형의 청약을 해야 하는가?

A 재고가 한정된 물품의 경우 이를 간과하여 재고를 신속히 처분하고자 하는 조바심에서 불특정 다수에게 firm offer를 하였는데 다수의 상대방(피청약자)으로부터 승낙(acceptance)하였다면 계약이 성립되는 것이므로 이들 모두에게 동 물품을 매도(공급) 하여야 한다. 그러나 재고는 한 사람에게만 공급될 수 있는 물량이기 때문에 그 외의 사람에게는 공급할 수 없는 난관에 봉착하게 된다. 이 경우 피청약자는 확정청약에 대하여 승낙을 하면 당연히 계약이 성립되고 계약을 이행하리라 믿어 수입 준비를 위하여 이에 따른 비용과 시간 등이 투입되었다면 계약위반을 이유로 청약자에게 손해배상을 청구할 수도 있다.

따라서 재고가 한정된 물품이나 계절적인 물품을 공급할 경우에는 반드시 조건부청약(conditional offer)을 하여야 한다. 조건부청약이라 함은 청약자의 청약내용에 단서가 있는 청약으로 피청약자의 승낙만으로는 계약이 성립되지 아니하고 다시 청약자의 최종 확인(final confirmation)이 있어야만 계약이 성립되는 청약이다. 그러므로 다음과 같은 문언을 offer(offer sheet) 문면에 명시하여 두는 것이 중요하다.

조건부청약에 대한 예문은 다음과 같다.

"offer subject to our final confirmation"(당사의 최종 확인을 받는 조건으로)
"offer subject to prior sale"(선착순 판매조건으로)
"offer subject to being unsold"(미판매조건으로, 즉 재고가 있는 조건으로)

03-023 Q 서면에 의한 Offer Sheet과 및 인터넷을 이용한 Offer to Sell은 어떻게 작성할까?

A

[상황]

미국의 수입자 America International Inc.는 인터넷 홈페이지의 광고를 보고 한국의 수출자 Seoul Trading Co., Ltd. 앞으로 가죽 자켓 4,000개에 대한 구매의사를 밝히면서 offer를 요청하였다. 이에 수출자는 자신의 Offer Sheet 양식을 이용하여 팩스로 전송하거나 또는 인터넷을 이용하여 offer하고자 한다.

[작성연습]

위의 상황과 다음 자료를 참조하여 "Paper based Offer Sheet" 및 "Internet based Offer to Sell"을 작성하여 보자.

관련 자료

① 품목 : Men's Split Leather Jackets
② 수량 : 스타일별로 2,000개씩 총 4,000개
③ 단가 : Style No. ST-101 : 미화 25 달러
Style No. ST-102 : 미화 25 달러
④ 가격조건 : 인코텀즈 2010에 의한 뉴욕항까지 운임·보험료 포함인도 조건
⑤ 선적조건 : 계약서 체결 이후 60일 이내
⑥ 결제조건 : Seoul Trading Co., Ltd.를 수익자로 하여 발행된 일람출급 취소불능신용장
⑦ 검사조건 : 매도인 검사
⑧ 포장 : 제품은 개당 1개씩 P.E Bag에 담고 수출상자 1개에 20개씩 포장
⑨ 원산지 : 대한민국
⑩ 수입자 담당 및 주소 : John F. Dolan, President
America International Inc.
350 Fifth Avenue, New York, NY10018, U. S. A.
⑪ 수출자 담당 및 주소 : 대표이사 홍길동
Seoul Trading Co., Ltd.
서울특별시 중구 소공동 1가 15번지
⑫ 청약유효기일 : 2011년 5월 31일 당사에 전자우편으로 도착하는 조건
⑬ 작성일 : 2011년 6월 5일

* 단, 언급되지 아니한 사항은 임의로 작성함.

[서식3-6] Paper based Offer Sheet

SEOUL TRADING CO. LTD.

15, 1-ga, Sogong-dong Joong-gu, Seoul 100-070, Korea

Tel. 82-2-753-1200, Fax : 82-2-753-1201, E-mail : seoultrade@hanmail.net

OFFER SHEET

John F. Dolan
America International Inc.
350 Fifth Avenue
New York, NY10018, U.S.A

Date : June 5, 2011
Ref. No. 15

Dear Sirs,

We take much pleasure in offering you as follows:

Style No.	Description	Quantity	Unit Price	Amount
	Men's Split Leather Jackets		CIF New York	Incotems® 2010
ST-101	....	2,000 pcs	@US$25	US$50,000,-
ST-102	....	2,000 pcs	@US$25	US$50,000,-
	Total	4,000 pcs		US$100,000-

Packing : Each piece to be packed in a P.E. bag, 20 pcs in an Export Standard Carton Box.

Origin : R.O.K.

Shipment : Within 60 days after the date of Contract Sheet.

Payment : Under irrevocable L/C at sight to be issued in favor of Seoul Trading Co., Ltd.

Insurance : Covering ICC(B) for 110% of the invoice value.

Inspection : Seller's inspection to be final.

Validity : Until May 31, 2011 subject to your acceptance received us by E-mail.

Remarks :

Seller(Offeror),
Seoul Trading Co., Ltd
Gildong Hong
Gil-dong Hong
President

[서식3-7] Offer to Sell by Internet

From: Gil-dong Hong <seoultrade@hanmail.net>
To: clover@hotmail.com
Subject: Offer for Men's Split Leather Jackets
Date: Sun. June 5, 2011 16:04:27

....

John F. Dolan
President
America International Inc.
350 Fifth Avenue, New York

Gentlemen:

We are pleased to offer you as follows:

Commodity : Men's Split Leather Jackets
Quantity : 4,000 pcs.(2,000 pcs. for Style No. ST-101 and 2,000pcs. for ST-102 respectively)
Price : @US$25 per pc. CIF New York Incoterms® 2010
Payment : Under irrevocable L/C at sight to be issued in favor of Seoul Trading Co., Ltd.
Shipment : Within 60 days after the date of formal contract.
Insurance : Covering ICC(B) for 110% of the Invoice value.
Packing : Export standard packing.
Inspection : Seller's inspection to be final.
Validity of offer : Until May 25, 2011 subject to your reply reaching us by E-mail.

This is the best offer we can make and this kind of offer cannot be repeated in the future. We can guarantee that this price will be available by May 25, 2011 because the cost of materials is steadily advancing.
We hope you will give your prompt attention to this offer.

Very truly yours,

Seoul Trading Co., Ltd.
Gildong Hong
Gil-dong Hong
President

*Other informations:
E-mail : seoultrade@hanmail.net
Phone : 82-2-753-1200
Fax : 82-2-753-1201
Telex : K23456 SELTRDCO
Mailing Address : 15, 1-ga, Sogong-dong Joong-gu, Seoul 100-070, Korea
Home Page : http://web.seltrd.co.kr

03-024 Q 승낙(acceptance)이란 무엇이며 승낙의 효력 발생시기와 소멸 시기는 언제인가?

A 승낙(acceptance)이라 함은 피청약자가 청약자에 대하여 청약에 응하여 계약을 성립시킬 목적으로 행하는 의사표시를 말한다. 청약이 승낙된 경우에는 상호의 동의(mutual assent)가 성립하는 것이므로 그 동의의 의사표시가 곧 승낙이다.

승낙의 조건은 청약의 조건과 완전히 일치하여야 한다. 이러한 완전일치의 원칙을 "mirror image rule"이라고 한다. 이와 같이 승낙은 본질적으로 무조건적(unqualified)이어야 하며, 청약의 조건과 완전히 일치하여야 하고 "We accept your offer", 또는 "We confirm your offer", 또는 "We agree your offer"와 같이 적극적인 행위(positive conduct)로 승낙에 대한 의사표시를 하여야 계약이 성립될 수 있는 것이다.

원칙적으로 승낙의 방법에는 아무런 제한이 없으나 청약자가 승낙에 대하여 방법 또는 수단을 청약서상에 미리 지정하였을 경우에는 그 지정된 방법에 따라야 한다. 이를테면, 전자우편, 전보, 텔렉스, 팩시밀리, 전화, 항공우편 등으로 지정되어 있다면 그에 따라야 한다. 청약의 승낙방법을 지정하지 아니한 경우에는 합리적인 방법과 수단에 의하여야 한다. 즉, 청약이 전자우편으로 된 경우에는 전자우편으로, 텔렉스로 된 경우에는 텔렉스로, 항공우편으로 된 경우에는 항공우편과 같이 그에 상응하는 수단에 의하여 승낙의 통지를 하면 된다.

승낙의 효력발생시기와 관련하여 청약자의 청약을 피청약자가 승낙하면 계약을 성립하지만, 청약자와 피청약자는 공간적으로 떨어져 있기 때문에 승낙의 의사표시가 피청약자로부터 발송되어 청약자에게 도달될 때까지 어느 시점에서 계약이 성립되는지 문제가 생긴다.

승낙의 효력발생시기에 관하여 이론적으로는 피청약자가 승낙의 의사표시를 발신할 때에 계약이 성립한다고 하는 발신주의(dispatch theory), 피청약자의 승낙의 의사표시가 청약자에게 도달된 때에 계약의 성립으로 보는 도달주의(receipt theory), 그리고 단지 물리적으로 승낙의 의사표시가 청약자에게 도달될 뿐 아니라 현실적으로 청약자가 그 내용을 알았을 때에 계약의 성립으로 보는 요지주의(acknowledgement theory)가 있다.

승낙의 효력발생시기를 보면 영미법은 물론 대륙법 계통에서도 승낙의 의사표시에 관한 일반원칙으로는 도달주의를 채택하고 있다. 그러나 승낙의 의사표시에서 대화자간이나 격지지간에는 도달주의 또는 발신주의를 채택하는 국가들이 있다. 국제매매계약에서 비엔나협약이라고 호칭하는, 이른바 국제물품매매계약에 관한 유엔협약(United Nations

Convention on Contracts for the International Sale of Goods: CISG)에서는 청약에 대한 승낙은 동의의 의사표시가 청약자가 정한 기간 내에 도달하지 아니하거나, 또는 기간이 정함이 없는 경우에 동의의 의사표시가 청약자가 사용한 통신수단의 신속성을 포함하여 거래의 상황을 충분히 고려하여 합리적인 기간 내에 도달하지 아니하는 때에는 승낙은 효력이 발생되지 아니한다고 규정하여 대화자나 격지자간 구분 없이 도달주의의 입장을 취하고 있다. 여기에서 승낙의 의사표시가 상대방에게 도달한 때라 함은 그러한 의사표시가 구두로 또는 기타의 방법으로 직접 상대방에게 전달되었을 때, 또는 상대방의 영업소나 우편주소로 전달되었을 때, 또는 상대방의 영업소나 우편주소가 없는 경우에는 상대방의 상주적인 거소로 전달되었을 때로 한다.

한편, 승낙의 효력소멸시기를 보면 일반적으로 승낙은 청약자에게 의사표시를 할 때까지는 완전하지 않기 때문에 승낙의 의사가 도달되기 이전에는 철회될 수 있다. 그러나 승낙은 그 의사표시가 청약자에게 도달하여 효력이 발생된 이후에는 원칙적으로 이를 소멸시킬 수 없다. 왜냐하면 승낙과 동시에 계약 자체가 성립되기 때문이다. 승낙의 효력이 발생된 이후에 그 효력을 소멸시키는 것은 계약 자체의 취소 또는 해제에 해당하는 것이다. 따라서 승낙의 효력소멸을 위한 승낙의 철회에 대한 문제는 계약성립을 위한 의사표시의 효력발생시기를 발신주의로 하느냐 아니면 도달주의로 하느냐에 따라 달리 처리되어야 한다.

무역거래에서 승낙의 의사표시를 철회하고자 할 경우에는 당초의 승낙의 의사표시보다 철회의 의사가 먼저 청약자에게 도달될 수 있도록 하여야 하며 만일 승낙에 의하여 효력이 발생된 경우에는 계약의 취소 또는 해제사유를 들어 계약을 해제하도록 하여야 한다.

주요 법제에서 정하고 있는 승낙의 의사표시에 대한 효력발생시기를 표로 정리하면 다음과 같다.

[표3-1] 승낙의 의사표시에 대한 효력발생 시기

<table>
<tr><th colspan="3">준거법 / 통신수단</th><th>한국법</th><th>일본법</th><th>영국법</th><th>미국법</th><th>독일법</th><th>비엔나 협약(CISG)</th></tr>
<tr><td colspan="3">의사표시에 관한 일반원칙</td><td>도달주의</td><td>도달주의</td><td>도달주의</td><td>도달주의</td><td>도달주의</td><td>도달주의</td></tr>
<tr><td rowspan="5">승낙의 의사 표시</td><td rowspan="3">대화 자간</td><td>대면</td><td>도달주의</td><td>도달주의</td><td>도달주의</td><td>도달주의</td><td>도달주의</td><td>도달주의</td></tr>
<tr><td>전화</td><td>도달주의</td><td>도달주의</td><td>도달주의</td><td>도달주의</td><td>도달주의</td><td>도달주의</td></tr>
<tr><td>텔렉스</td><td>도달주의</td><td>도달주의</td><td>도달주의</td><td>도달주의</td><td>도달주의</td><td>도달주의</td></tr>
<tr><td rowspan="2">격지 자간</td><td>우편</td><td>발신주의</td><td>발신주의</td><td>발신주의</td><td>발신주의</td><td>도달주의</td><td>도달주의</td></tr>
<tr><td>전보</td><td>발신주의</td><td>발신주의</td><td>발신주의</td><td>발신주의</td><td>도달주의</td><td>도달주의</td></tr>
</table>

그러나 실무를 수행하면서 [표3-1]의 승낙의 의사표시에 대한 효력발생 시기에 관하여 어느 국가가 도달주의 또는 발신주의를 채택하고 있는지 일일이 파악한다는 것은 사실상 번잡하고 어려운 일이다. 더욱이 이를 찾아볼 여유도 없을뿐더러 그러할 필요도 없다.

다만 무역계약을 체결하기 위하여 청약을 할 경우에는 다음의 예와 같이 청약상에 승낙의 효력발생시기에 관하여 도달주의를 채택하는 것으로 지정하면 그만이다.[5] 이는 청약을 할 경우 매우 중요한 사항 중 하나이므로 특히 유의하여야 한다.

[예] "We offer you firm *subject to your reply received here* by e-mail until May 10, 2011."

---

5) 이탤릭체 부분은 승낙의 효력발생시기를 도달주의로 지정한 청약조건이다.

03-025 Q 무역계약은 어떠한 형식으로 작성하는 것이 좋으며 어떠한 내용을 계약조건으로 약정하여야 할까?

A 청약과 승낙에 의하여 계약은 성립될 수 있지만 실제 거래에서는 청약내용이 매우 간단하므로 상관습이 서로 다른 국가간에 이루어지는 무역거래에서는 매매당사자간 거래조건에 대하여 상세한 합의를 다시 하여야 하며 후일 야기될지 모르는 분쟁에 대비하여 구체적인 무역계약서를 작성하여 두어야 한다.

무역계약서는 매 건별로 거래가 이루어질 때마다 하나의 계약서가 작성되는 개별계약(case by case contract), 동일거래처와 어떠한 물품을 장기적으로 거래할 경우에 포괄적인 사항을 미리 약정하는 포괄계약(master contract) 그리고 일정한 물품의 수출입에 있어서 수출자는 수입국의 특정 수입자 이외에는 동일한 물품을 청약(offer)하지 않으며 수입자도 같은 물품을 수출국의 다른 수출자와는 거래하지 않겠다는 조건으로 이루지는 독점계약(exclusive contract)이 있다.

실제 거래에서 무역계약은 개별계약을 체결하는 경우가 가장 많다. 이 경우 매매당사자는 서술식으로 거래조건을 명시하면서 약정할 수 있으나 이보다 정형화된 표준양식의 무역계약서를 이용하는 것이 편리하고 약정조건이 누락되는 것을 예방할 수 있다.

정형무역계약서는 계약서 전면(face)에는 계약당사자명(identification of parties) 및 매매계약물품에 대한 기본조건으로 계약물품의 명세(description of goods), 수량(quantity), 단가(unit price), 금액(amount), 대금지급조건(payment terms), 가격조건(price terms), 보험조건(insurance terms), 선적조건(shipment terms), 포장조건(packing terms), 물품검사(inspection), 제시 서류(documents) 등 특정조건(specific conditions)에 대한 제목을 미리 인쇄하여 두었다가 실제 계약을 체결할 경우에는 그때마다 거래조건을 합의하여 당해 제목 공란에 작성할 수 있도록 하고, 계약서 이면(back)에는 전면에 특정하지 아니한 거래관련 일반적인 조건이 망라된 미리 인쇄된 서식으로 일반거래조건(general terms and conditions)을 설정하여 전면에 약정한 기본 조건을 보완하는 조건 및 권리침해(infringements of patent), 담보(warranty), 불가항력(force majeure), 클레임(claim), 중재(arbitration), 완전합의조항(entire agreement clause), 준거법(governing law) 등 법적 구제조항 들을 망라하여 후술하는 내용과 같이 약정하도록 한다.

무역거래에서는 동일거래처와 장기적 또는 정기적으로 반복거래가 이루어지는 경우에는 향후의 거래전반에 대한 일반조건을 포괄적으로 약정하여 문서로 교환하는 이른바 '일반무역조건협정서'(agreement on general terms and conditions of business; memorandum of agreement)를 이용하기도 한다.

일반무역협정서는 포괄계약서와 내용적으로는 유사하다. 이 협정서에는 계약당사자명, 계약의 본질, 즉 거래형태에 대한 조건, 물품의 수량 및 품질, 청약 조건, 대금결제, 선적, 포장, 적화보험, 불가항력, 선적지연, 클레임 제기기간 및 분쟁해결방법 등을 서술식으로 약정하게 된다.

이와 같이 무역계약 거래형태나 상황에 따라 편리한 형식의 계약서를 선택할 수 있으나 개별계약에서는 정형무역계약서를 이용하는 것이 보다 효율적이며 안전하다고 할 수 있다. 정형무역계약서 형식을 이용 할 경우에는 매매계약물품에 관한 기본적 조건으로 ① 품질(quality), ② 수량(quantity), ③ 가격(price), ④ 선적(shipment), ⑤ 지급(payment), ⑥ 보험(insurance), ⑦ 포장(packing) 등에 대하여 약정해 두어야 한다.

03-026 Q 무역계약시 품질조건에서 약정하여야 할 내용은?

A 품질조건에서는 국제매매계약에서 매매의 객체인 물품의 품질(quality)은 거래당사자간 매우 중요한 관심사이기 때문에 이 문제로 인하여 상거래분쟁이 야기되는 경우가 많다. 따라서 계약시에 품질의 결정방법, 품질의 결정시기, 품질의 증명방법 등을 명확히 약정하여야 한다.

첫째, 품질의 결정방법을 약정하여야 한다.

품질의 결정방법으로는 관습적으로 견본·상표·규격·명세서·표준품에 의한 방법을 이용하고 있다. ① 견본에 의한 매매(sales by sample)는 무역거래에서 가장 널리 이용되고 있는 방법으로 실제 매매될 물품의 품질을 매매의 당사자가 제시된 견본에 의하여 인도할 것을 약정하는 방법이다. 견본을 송부하는 데 있어서는 매도인이 매수인에게 송부하는 매도인견본(seller's sample)과 매수인이 매도인에게 송부하는 매수인견본(buyer's sample)이 있는데 이는 품질의 기준을 약정하기 위한 원견본(original sample)이 된다. 매도인견본이나 매수인견본, 즉 원견본에 대해서 색상(color)이나 무늬(pattern) 등을 수정하여 매매당사자간 새로운 견본을 제시하게 되면 이 견본을 역견본(counter sample)이라고 한다. 역견본에 대하여 상대방이 수락하게 되면 승인견본(approval sample)이 되며 이 품질을 기준으로 물품을 생산하게 된다. 만일 선적품과 동일한 품질의 것임을 알기 위하여 매수인의 요청에 의하여 생산 완료된 물품을 보내게 되면 이는 선적견본(shipping sample)이 된다.

견본은 만일 후일에 야기될지 모르는 분쟁에 대비하여 최소한 동일 견본을 2개 내지 3개를 만들어 교부 이후에도 상당한 기간 동안 보관하여 두어야 한다. 견본은 매도인 및 매수인이 각각 1개씩 보관하고 나머지 1개는 물품생산자가 제3자일 경우에 생산자가 보관하도록 한다.

매매계약시에 특히 주의해야 할 사항은 견본의 품질은 견본과 완전히 일치하는 것으로 표현하지 말고 대체로 견본과 비슷한 것이라고 하여 다소 융통성 있는 표현을 하는 것이 좋다. 즉 “Quality to be fully equal to sample”이나 “Quality to be same as sample”보다는 “Quality to be considered as being about equal to sample”처럼 완곡하게 표현하여야 마켓클레임(market claim)을 예방할 수 있다.

② 상표에 의한 매매(sales by mark or brand)는 국제적으로 널리 알려진 물품에 대

해서는 견본을 제시할 필요 없이 상표(trade mark)나 통명(brand)에 의하여 품질기준으로 삼는 거래를 말한다. 이를테면, Nikon카메라, Parker만년필, Omega손목시계, Gucci안경 등과 같은 상표를 이용하는 방법이다.

③ 규격에 의한 매매(sales by type or grade)는 물품의 규격이 국제적으로 통일되어 있거나 수출국의 공적 규격으로 특정되어 있는 경우에 이용되는 매매방법이다. 국제표준화기구, 즉 ISO(International Organization for Standardization), 영국의 BSS(British Standard Specification), 일본의 JIS(Japanese Industrial Standards), 한국의 KS(Korean Industrial Standards)등과 같은 규격을 이용하는 방법이다.

④ 명세서에 의한 매매(sales by specification)는 물품의 소재, 구조, 성능 등에 대하여 상세한 명세서(specification)나 설명서(description), 설계도(plan)등에 의하여 매매기준으로 삼는 방법이다. 예컨대, 선박, 철도차량, 의료용구, 중장비류 등이 해당된다.

⑤ 표준품에 의한 매매(sales by standard)는 수확예정의 농산물, 어획예정의 수산물 또는 벌채예정의 원목 등은 매매계약시에 현품이 없고 견본제공이 곤란하다. 이러한 물품에 대해서는 그 표준품(standard)을 정하고 실제 인도된 물품과 표준품 사이에 차이가 있을 경우 대금을 증감하여 조정하는 거래방법이다. 따라서 품질의 차이에 대하여 견본매매에서는 클레임 사유가 되지만 표준품매매에서는 사후 정산하면 그만이다. 표준품에 의한 품질이 결정방법에는 주로 곡물류의 매매에서 선적시, 선적장소에서 당해 계절의 선적물품의 평균중등품질을 기준으로 하는 평균중등품질(Fair Average Quality: F.A.Q.) 조건, 목재, 냉동어류와 같이 견본이용이 곤란하고 그 내부의 품질을 외관상으로 알 수 없는 거래에서 매도인이 인도한 물품은 판매적격성(merchantability)을 지닌 것임을 보증하는 판매적격품질(Good Merchantable Quality: G.M.Q.) 조건 그리고 주로 원면거래에 이용되는 품질조건으로 공인검사기관 또는 공인표준기준에 의하여 보통품질을 표준품의 품질로 결정하는 보통표준품질(Usual Standard Quality: U.S.Q.) 조건이 있다.

둘째, 품질의 결정시기를 약정하여야 한다.

무역거래에서의 물품운송은 대부분이 장거리의 해상운송에 의하여 이루어지기 때문에 선적시점과 양륙시점에서의 품질 차이가 발생할 가능성이 크다. 따라서 후일의 분쟁을 피하기 위하여 계약시에 품질의 결정시기를 미리 선적 시점으로 할 것인가 또는 양륙시점의 품질을 기준으로 할 것인가의 여부를 명확하게 약정하여 두는 것이 중요하다.

선적품질조건(shipped quality terms)은 인도물품의 품질이 약정한 품질과 일치하는가의 여부를 선적시의 품질에 의해 결정하는 방법으로 일반 공산품 등에 널리 이용되고 있다. 매도인은 운송중에 변질된 물품에 대해서는 책임을 지지 않는 조건이다. 일반적으로 FCA, CFR, CIF, CPT, CIP거래규칙은 선적품질조건이라고 알 수 있고, 표준품매매의 F.A.Q.조건 역시 선적품질조건이다.

한편 양륙품질조건(landed quality terms)은 인도물품의 품질이 계약품질과 일치하는가의 여부를 도착지에서 양륙시의 품질에 의하여 결정하는 방법을 말한다. 매도인은 운송중에 변질된 물품에 대해서 책임을 져야 한다. 국내 및 국제무역거래조건의 사용에 관한 국제상업회의소 규칙(Incoterms®2010)에서 도착지 인도조건(delivered terms)인 DAT, DAP, DDU, DDP거래규칙은 양륙품질조건으로 볼 수 있으며 표준품매매의 G.M.Q.조건도 역시 양륙품질조건이다.

셋째, 품질의 증명방법을 약정하여야 한다.

물품의 품질에 대한 검사는 매매계약시 매매당사자간에 어느 편에서 할 것인가를 합의하게 되지만 원칙적으로 품질의 입증은 선적품질조건의 경우에는 매도인이, 양륙품질조건의 경우에는 매수인이 입증책임을 져야 한다.

따라서 품질에 대한 입증은 객관적인 입장에서 검사, 감정, 보고증명 등을 업으로 하는 감정인(surveyor)의 감정보고서(Surveyor's Report)에 의하여 손해배상을 청구할 수 있도록 계약시에 합의하여 두는 것이 좋다.

03-027 Q 무역계약시 수량조건에서 약정하여야 할 내용은?

A 무역거래에서는 수량에 대한 관습이 나라에 따라 서로 다르기 때문에 분쟁이 일어나기 쉽다. 수량에 관한 조건에서는 ① 수량의 단위, ② 수량의 결정시기, ③ 과부족의 용인 등에 대하여 명확히 약정하여야 한다.

첫째, 수량의 단위에 대한 약정이다.

수량의 단위는 물품의 성질에 따라 중량(weight), 용적(measurement), 개수(piece), 포장(package), 길이(length), 면적(square) 등으로 구분 표시한다.

중량은 kg, lb(pound), ton을 단위로 하는데 이 중 ton의 경우에는 Long Ton(L/T), Short Ton(S/T), Metric Ton(M/T)가운데 어떤 ton으로 할 것인가를 명시하여야 한다. 영국계의 Long Ton(English Ton; Gross Ton)은 2,240lbs(1,016kgs), 미국계의 Short Ton(American Ton; Net Ton)은 2,000lbs(907kgs), 프랑스계의 Metric Ton(French Ton; Kilo Ton)은 2,204lbs(1,000kgs)를 나타낸다.

용적의 단위로 목재에는 cubic meter(M^3; CBM), cubic feet(cft), super feet(S.F.), 석유 등 액체에는 barrel, gallon, liter가, 곡물에는 bushel 등이 사용된다. 액체의 경우 영국의 1 English gallon(imperial gallon)은 4.546 liters이고 미국의 1 American gallon (wine gallon)은 3.7853 liters이므로 어떠한 gallon인가를 수량단위를 정하여야 한다.

개수는 보통 전자제품과 같은 일반물품의 경우는 pieces, set, 연필·양말 등은 dozen (12개)으로, pin이나 조화(artificial flower) 등의 경우에는 gross(12×12 =144개), small gross(12×10=120개) 또는 great gross(12×12×12=1,728개)를 단위로 한다.

포장단위로는 bale, bag, drum, case, can, bundle 등이 있으며 면화, 비료, 밀가루, 유류, 과자, 통조림 등의 거래에 사용된다.

길이의 단위로는 meter, yard, inch, foot 등이 있고 전선, 원단 등에 사용되며 면적의 단위로는 square foot(sft) 등이 있고 유리, 합판, 타일(tile) 등에 사용된다.

둘째, 수량의 결정 시기에 대한 약정이다.

품질의 결정 시기와 마찬가지로 수량조건에서도 수량의 결정시기는 선적수량조건(shipped quantity terms)과 양륙수량조건(landed quantity terms)중 어느 시기로 할 것인가를 검토하여야 한다. 선적수량조건은 선적시점에 검량한 수량이 계약에서 명시한 수량과 합치되면 운송중에 감량이 되더라도 매도인은 이에 대하여 아무런 책임을 부담하지 않는 조건으로 선적시의 수량을 최종으로 하는 것이다. 수량의 결정시기에 대해서는 실무상 특별히 명시하시 아니 하더라도, 예를 들어 Incoterms®2010에 규정된 FOB규칙이나 CIF규칙을 선택할 경우 매도인의 물품인도 장소가 선적지(선적항 본선갑판상)이므로 이는 선적지인도조건이 되므로 선적수량조건으로 합의되는 것으로 추정된다.

양륙수량조건은 목적항에서 양륙하는 시점에서 검량하여 수량이 계약수량과 합치되어야 하는 조건이며 만일 운송중 감량이 있는 경우에는 매도인이 책임을 부담하게 되는 조건이다. DAT, DAP 및 DDP규칙에 의한 거래는 도착지인도규칙으로 양륙수량조건이라고 할 수 있다.

셋째, 살물(bulk cargo)의 경우 과부족용인조건(more or less clause; M/L clause)에 대하여 약정하여야 한다.

과부족용인조건이라 함은 광물, 곡물, 원유, 원목과 같은 살물인 경우 운송 도중 감량이 생길 우려가 있는 물품에 대하여 매매계약시 과부족 한도를 정해 두고 그 범위 내에서 물품인도가 이루어지면 수량부족에 대한 클레임을 제기하지 않기로 약정하는 수량표시방법을 말한다. 특약으로 과부족용인조항을 설정할 경우 물품의 성질에 따라 수량과부족을 얼마만큼의 비율을 허용 허용할 것인가를 계약시에 명시해 두어야 한다.

신용장방식에 의한 거래에서는 과부족이 생기기 쉬운 살물에 대하여 신용장에 명시된 신용장금액 또는 물품의 수량(quantity)이나 단가(unit price) 앞에 "약"이라는 의미의 "about"이라든가 "circa" 또는 "nearly", "approximately" 등의 유사한 용어를 사용되었을 경우에는 10%를 초과하지 아니하는 과부족을 용인하는 것으로 하고 있다. 이와 같이 "about" 등과 같은 표현을 하여 과부족의 용인을 신축적으로 운용하는 것을 개산수량조건(approximate quantity term)이라고 한다.

그러나 신용장이 수량을 규정된 포장단위 또는 개별 품목의 개수로 명시하지 아니하고 어음발행 총액이 신용장금액을 초과하지 아니하는 경우, 물품수량은 5%를 초과하지 아니하는 범위 내에서 과부족이 허용된다. 이와 같이 살물의 거래에서는 그 성질상 신용장이 요구하는 대로 정확한 수량을 선적한다는 것은 사실상 불가능하기 때문에 신용장거래에서는 과부족용인을 통하여 상거래분쟁을 예방하고자 하는 취지로 볼 수 있다.

살물을 대상으로 하는 무역계약의 경우 과부족을 용인하기위한 약정 예문은 다음과 같다.

[예] "More or less: Quantity shall be subject to a variation of 3% more or less at seller's option."

"More or less: Seller shall have the option of shipment with a variation of more or less 3% of the quantity contracted, unless otherwise agreed."

"More or less: Tiger Brand Cement about 1000 M/T."

03-028 Q 무역계약시 가격조건에서 검토 및 약정하여야 할 내용은 무엇이며 Incoterms® 2010에 따라 가격조건의 표시는 어떻게 할까?

A 무역거래에서 매매당사자가 가장 관심을 두는 것은 무엇보다도 좋은 품질의 물품을 적정한 가격으로 계약을 체결하고자 하는 것이다. 가격조건(price terms)은 적정한 매매가격을 채산(estimation)하는데 기본적인 조건이며 중요한 조건이다. 가격조건을 약정하는 데는 ① 매매가격의 산출근거, ② 매매가격의 원가요소, ③ 정형거래규칙의 표시방법, ④ 매매가격의 표시통화에 대하여 고려하여야 한다.

첫째, 매매가격의 산출근거는 Incoterms® 2010에 규정된 매매당사자간의 비용분담(allocation of costs) 의무 기준에 따른다.

매매가격은 매도인과 매수인이 부담해야 할 여러 가지의 원가요소와 물품의 인도장소 등을 감안하여 정하여진다. 그러나 매매당사자가 이러한 점을 고려하여 매거래시마다 계약서상에 구체적으로 정한다는 것은 번잡하고 불편한 일이다. 따라서 실제 거래에서는 국제적으로 무역거래관습상 형성된 정형거래규칙에 의하여 매매가격이 산출되고 있다.

이를테면 FOB나 CIF규칙(Incoterms® 2010부터는 "FOB조건"이 아니라 "FOB규칙" 등과 같이 표현하고 있음) 등의 간단한 정형거래규칙의 사용으로 국가간 상관습의 상이함에서 오는 불충분한 지식, 해석상의 상이점, 실무상의 번거로운 점들을 대부분 해소시킬 수 있다.

1936년 국제상업회의소(International Chamber of Commerce: ICC)는 Incoterms를 제정하였다. Incoterms는 International Commercial Terms에서 따온 말로 Incoterms® 2010에서는 "국내 및 국제무역거래조건의 사용에 관한 국제상업회의소 규칙"(ICC rules for the use of domestic and international trade terms)이라는 부제를 달아 국내거래와 국제거래시에 이 규칙을 사용할 수 있도록 하고 있다. 이는 미국의 통일상법전, 개정미국무역정의 등에서 FOB나 CIF 등이 국내거래에서 사용되고 있는 점을 감안한 것으로 볼 수 있다. 국제상관습인 Incoterms는 1953년, 1967년, 1976년, 1980년, 1990년, 2000년, 그리고 2010년에 개정되어 2011년 1월1일부터 현재의 11가지 정형거래규칙을 사용하기에 이르렀으며 무역매매가격의 산출근거로 사용되고 있다. Incoterms® 2010은 국제상업회의소의 등록상표로 정형거래규칙을 표기할 경우 이를 반드시 병행 표기 하도록 하고 있다.

정형거래규칙과 관련하여 매매당사자는 계약자유의 원칙에 따라 어떠한 법제 또는 국제상관습을 채택할 것인가를 계약시에 명시적으로 약정하는 것이 무엇보다도 중요하다. 왜냐하면 FOB, CIF라도 미국의 법제와 인코텀즈의 관습이 서로 달라 상거래분쟁이 야기될 수 있기 때문이다. 2010년도에 제7차 개정되어 현재 사용되고 있는 Incoterms® 2010의 11가지의 정형거래규칙은 [표 3-2]와 같다.

둘째, 매매가격의 원가요소를 검토하여야 한다.

물품의 수출 또는 수입가격은 여러 가지의 원가요소를 포함하여 결정하게 된다. 수출가격은 물품을 직접 제조하거나 타사에서 구매하는 물품원가(manufacturing or purchasing cost), 즉 수출자가 어떠한 경영조직 내에 소속되어 있을 경우에는 기본원가에 타부문 간접비를 고려하여 배분받은 간접원가, 부대비용, 예상이익을 포함하여 가격의 원가요소로 삼아야 한다. 또한 수입가격은 매도인의 선적물품원가, 즉 기본원가와 수입자의 타부문 간접비를 계상한 간접원가, 부대비용, 예상이익을 포함하여 수입가격의 원가로 삼는다.

[표 3-2]는 "Incoterms® 2010"의 정형거래규칙별 매매가격에 대한 원가구성요소들을 나타낸 것이다.

[표 3-2] "Incoterms® 2010"의 정형거래규칙별 매매가격의 원가구성요소

원가구성요소 / 정형거래규칙	기본원가	간접원가	예상이익	부대비용															
				수출지 발생									운송과정 발생		수입지 발생				
	물품(제조·구매)원가	사업부문별간접원가	이익	포장비	검사비	내륙운송비	최초운송인측인도비용	수출통관제비용	수출제세및부과금	수출항부선사용료	서류제공비용	수출항본선선적비용	해상운임	적화보험료	수입항양륙비	수입관세	수입통관제비용	수입제세및부과금	수입지내륙운송비
1. EXW	○	○	○	○	○														
2. FCA	○	○	○	○	○	○	○	○	○	△	○								
3. FAS	○	○	○	○	○	○	○	○	○	△									
4. FOB	○	○	○	○	○	○	○	○	○	○	○	○							
5. CFR	○	○	○	○	○	○	○	○	○	○	○	○	○		◈				
6. CIF	○	○	○	○	○	○	○	○	○	○	○	○	○	○	◈				
7. CPT	○	○	○	○	○	○	○	○	○	○	○	○	○		○				△
8. CIP	○	○	○	○	○	○	○	○	○	○	○	○	○	○	○				△
9. DAT	○	○	○	○	○	○	○	○	○	○	○	○	○	○	○				○
10. DAP	○	○	○	○	○	○	○	○	○	○	○	○	○	○	○				○
11. DDP	○	○	○	○	○	○	○	○	○	○	○	○	○	○	○	○	○	○	○

주: 1) ○표는 매도인 부담비용, 공란은 매수인 부담비용
2) △표는 필요에 따라 매도인 부담비용
3) ◈표는 정기선 운송시 운임에 양륙비를 포함할 경우 매도인 부담비용
4) 모든 운송방식을 위한 규칙: EXW, FCA, CPT, CIP, DAT, DAP, DDP
5) 해상 및 내수로 운송을 위한 규칙: FAS, FOB, CFR, CIF

셋째, Incoterms® 2010에 규정된 정형거래규칙의 표시방법을 준수하여야 한다.

무역계약을 체결할 때 가격조건(price terms)을 약정하고자 할 경우에는 다음의 예와 같이 인코텀즈에 규정된 가격조건 표시 방법을 유의하여 약정하여야 한다.

〈FCA 규칙의 표기 기준〉 FCA(insert named place of delivery) Incoterms® 2010
항공운송의 경우: "FCA Incheon Airport Incoterms® 2010"
해상운송의 경우: "FCA Yongdang Container Terminal Incoterms® 2010"
철도운송의 경우: "FCA Gwangmyung Station Incoterms® 2010"
도로운송의 경우: "FCA Seocho Cargo Terminal Incoterms® 2010"
복합운송의 경우: "FCA 30, Yangjae-dong, Seocho-gu, Seoul, Korea Incoterms® 2010"

특히 FCA 조건에서 당사자가 매도인의 구내(premises)에서 물품을 인도하기로 약정할 경우에는 Incoterms®2010 Rules에 따라 위의 복합운송의 경우에서와 같이 지정 인도장소로서 매도인의 주소를 FCA 다음에 위의 예와 같이 명시하여야 한다.

〈CIP 규칙의 표기 기준〉 CIP(insert named place of destination) Incoterms® 2010
항공운송의 경우: "CIP New York Airport Incoterms® 2010"
해상운송의 경우: "CIP New York Container Terminal Incoterms® 2010"
철도운송의 경우: "CIP Chicago Station Incoterms® 2010"
도로운송의 경우: "CIP New York Cargo Terminal Incoterms® 2010"
복합운송의 경우: "CIP New Jersey Eastern Warehouse Incoterms® 2010"

〈FOB 규칙의 표기 기준〉 FOB(insert named port of shipment) Incoterms® 2010
해상운송의 경우: "FOB Busan Incoterms® 2010"
내수로운송의 경우: "FOB Jamsil Incoterms® 2010"
(서울의 한강변 잠실을 내수로항으로 가정할 경우임)

〈CIF 규칙의 표기 기준〉 CIF(insert named port of destination) Incoterms® 2010
해상운송의 경우: "CIF New York Incoterms® 2010"
내수로운송의 경우: "CIF Newburgh, New York Incoterms® 2010"

넷째, 매매가격의 표시통화를 어느 국가의 통화단위로 할 것인지를 명시하여야 한다.

통화(currency)는 국가마다 고유의 통화를 사용하고 있기 때문에 무역거래에서는 매매당사자간에 어느 나라의 어떠한 통화를 사용할 것인지에 대하여 약정해 두어야 한다. 예컨대 달러(Dollar)라고만 표시했다면 달러를 쓰는 나라가 미국을 위시하여 캐나다, 오스트레일리아, 싱가포르, 홍콩 등 여러 나라가 있고 그 대외가치도 서로 달라 대금결제시에 문제가 된다. 그러므로 미국 달러는 USD(U.S.$), 캐나다 달러는 CAD(C.$), 오스트레일리아 달러는 ATS(A.$), 싱가포르 달러는 SGD(S.$). 그리고 홍콩 달러는 HKD(H.K.$)와 같이 국가별 통화단위를 명확히 표시하여야 한다.

03-029 Q 무역계약시 선적조건에서 검토하고 약정하여야 할 내용은?

A 무역거래에서 선적(shipment)이라는 의미는 본선적재(loading on board), 발송(dispatch), 운송을 위한 인수(accepted for carriage), 비행일(fight date), 우편수령일(date of post receipt), 접수일(date of pick-up) 및 복합운송을 요구하거나 허용할 경우에는 수탁(taking in charge)의 뜻을 표현하는 것으로 광범위하게 이해되고 있다. 따라서 선적은 계약물품을 선적항의 지정선박에 적재하는 것뿐만 아니라 복합운송이 이루어지는 경우 매도인의 구내에서 운송인(carrier)이 수탁하는 것을 포함하는 것으로 해석한다.

무역계약서에서의 선적에 관한 조건은 계약물품이 어느 시기에 선적이 이행되어야 하느냐를 약정하는 것이다. 인도(delivery)라 함은 매도인이 매수인에게 계약목적물을 점유(possession)시키는 것을 말한다. 여기서 점유란 물품에 대한 사실상의 지배 또는 사실상의 물품보관을 의미한다. 물품의 인도와 관련하여 계약물품의 인도장소가 적출지인지 양륙지인지 오해의 여지가 있으므로 무역계약시에는 인도조건(delivery terms)보다 선적조건(shipment terms)으로 약정하는 것이 혼란을 예방할 수 있다.

물품인도의 의무를 이행하는 데는 인도장소(place of delivery) 및 인도시기에 대한 약정이 필요하다. 인도장소는 인코텀즈에 규정된 조건을 고려하여 결정하고, 인도시기(time of delivery)는 적출지에서의 선적되는 시기를 약정하면 된다.

선적조건은 ① 선적시기의 약정, ② 분할선적(partial shipment)과 환적(transshipment)의 허용여부, ③ 선적지연에 따른 면책조항의 설정, ④ 선적일자의 해석기준 등에 대하여 합의하여야 한다.

첫째, 선적시기의 약정이다.

선적시기는 특정한 달(月) 또는 일정한 기간 내에 약정하는 방법이 일반적이다. 특정한 달로 거래를 할 경우에는 보통 단월로 "March Shipment" 또는 연월로 "Shipment shall be effected from March to April, 2011"과 같이 명시한다. 3월 선적이라 함은 3월 중(during March), 즉 3월 1일에서 3월 31일 사이에 아무 날이나 선적하여도 되며, 3~4월 선적조건으로 합의하면 3월에서 4월 사이에 선적이 이행되어야 함을 의미한다.

실무적으로 무역계약을 체결할 경우 보통 "Terms of Shipment: Within two months after receipt of L/C"라는 표현을 많이 쓰고 있는데 이때 신용장을 수령한 후 2개월 기산기준이 통지은행의 실제 통지일자(date of credit advice)인지 수익자(beneficiary)가 통지된 신용장수령일자를 기준으로 할 것인지 문제가 될 수 있으므로 "Terms of Shipment: Within sixty days from the date of this contract"와 같이 본 계약체결일자로 60일 이내 선적하는 식으로 표현하는 것이 훨씬 명확하다. 또한 신용장은 계약체결 후 10일 이내에 정식전송신용장(full tele-transmission credit)을 발행하는 것으로 합의해 두는 것이 좋다.

특히 신용장거래시 일자에 관련된 용어 (date terms)의 해석은 선적기간을 결정하기 위하여 사용된 경우 "to", "until", "till", "from", "between"이라는 단어는 언급된 일자 및 일자들을 포함하며, "before" 및 "after"라는 단어는 언급된 일자를 제외한다. 그러나 만기일을 결정하기 위하여 사용된 경우 "from" 및 "after"라는 단어는 언급된 일자를 제외한다.

또한 "Shipment shall be effected during first half of march, 2011"과 같이 어느 달의 전반(first half), 후반(second half)이라는 용어의 해석은 그 달의 1일부터 15일 그리고 16일부터 말일까지를 포함하는 것으로 하며 만일 어느 달의 상순(beginning), 중순(middle) 또는 하순(end)이라는 용어가 사용되었다면 각기 그 달의 1일부터 10일, 11일부터 20일, 그리고 21일부터 말일까지를 포함하는 것으로 해석된다.

특히 무역계약시 주의하여야 할 사항은 선적시기에 관하여 모호하게 '즉시 선적'이라는 표현을 사용하지 말아야 한다. '즉시 선적'이란 선적시기를 특정 월이나 기간으로 명시하지 아니하고 "immediate shipment", "prompt shipment"처럼 막연하게 불특정일 에 선적하도록 하는 것인데 이러한 표현은 매매당사자간에 분쟁이 야기되기 쉽다. 신용장거래와 관련하여 "prompt", "immediate", "as soon as possible" 등과 같은 표현을 사용해서는 안 된다. 만일 그런 용어가 사용되었을 경우에는 은행은 그것을 무시하도록 규정하고 있다.

또한 신용장상의 선적시기에 관하여 융통성 있는 표현으로 "Shipment shall be effected on or about March 10, 2011"과 같이 하는 것이 좋다. 이와 같이 "on or about"란 표현과 이와 유사한 표현이 사용될 경우에는 선적이 지정일자인 3월 10일로부터 5일 전후까지의 기간 내에 선적이 이행되는 것으로 해석하며 전후 양말일은 각각 포함되는 것으로 간주된다.

둘째, 분할선적과 환적의 허용여부에 대한 약정이다.

무역계약시에 분할선적(partial shipment)이나 환적(transshipment)을 허용하느냐의 유무는 보통 "Partial shipments are allowed(or prohibited)" 및 "Transshipment is allowed(or prohibited)" 등으로 약정하면 된다. 신용장에 분할선적을 금지하는 문언이 없을 경우에는 분할선적이 허용되는 것으로 간주된다. 그러나 분할선적이 허용되면서 "March and April shipment equally divided"와 같이 할부선적(shipment by instalment)

이 요구되고 있을 경우에는 수익자(매도인)가 그 할부선적분 중 어느 부분에 대하여 소정의 기간 내에 선적을 이행하지 못하면 별도의 약정이 없는 한 그 불이행분은 물론이고 그 이후의 모든 할부분에 대하여도 무효가 되므로 매도인은 가급적 할부선적조건으로 계약하지 아니하는 것이 좋다.

또한 동일운송수단(same means of conveyance), 동일항해(same voyage)에 이루어진 수회의 선적에 대한 분할선적여부의 분제로 해상운송 또는 해상운송을 포함하는 두 가지 이상의 운송방식에 의한 각 선적은 본선적재를 표시하는 운송서류를 상이한 발행일자를 나타내거나 상이한 본선적재항을 표시하고 있을지라도 분할선적으로 간주하지 않는다.

환적(transshipment)에 대한 문제는 신용장통일규칙에서도 신용장상에 환적이 금지되지 않는 한 운송인이 환적할 권리를 유보한다는 문언이 기재되거나 복합운송이 이루어지는 경우 전항로를 단일 및 동일증권이 커버하고 있는 경우 환적된 운송서류를 수리하는 것으로 규정하고 있어 환적여부에 대한 분쟁은 해소되고 있다.

셋째, 선적지연에 따른 면책조항의 설정이다.

매도인이 고의, 과실 또는 태만으로 인하여 약정된 기간 내에 선적불이행이 되거나 선적지연(delayed shipment)이 되었을 경우에는 당연히 매도인이 책임을 부담하여야 한다. 그러나 선적지연의 원인이 천재지변(act of God)이나 전쟁(war) 등 기타 불가항력(force majeure)인 경우에는 수출지에 주재하는 상대방의 공관장이나 상업회의소 등 공공기관의 동 사태에 대한 입증을 통하여 선적을 일시 지연시키거나 선적의무를 완전히 면제받을 수 있다. 이와 같은 불가항력사태가 발생할 경우를 대비하여 매매계약시에는 불가항력조항(force majeure clause)을 설정하여 두는 것이 중요하다.

넷째, 선적일자의 해석기준을 합의한다.

선적일자는 보통 운송서류(transport documents)의 일자를 기준으로 하여 약정된 기간 내에 선적이행이 되었는지, 지연 선적이 되었는지를 판단하게 된다. 운송서류 중 예컨대, 선적해상선화증권(on board marine bill of lading)의 경우에는 본선적재일(loading on board date)과 발행일(date of issue)이 동시에 기재되기 때문에 선적일자에 대한 증명이 선적일인지 발행일인지 그, 해석기준이 문제가 된다. 따라서 무역계약시에는 이를 명확히 하기 위하여 다음과 같이 약정하도록 한다.

[예] "Date of Shipment: The date of Bill of Lading(or transport document) shall be taken as the conclusive proof of the date of shipment and the date issuance of transport document determined in accordance with UCP 600 shall be taken to be date of shipment."

이처럼 선화증권(운송서류)상의 일자는 선적일자의 결정적 증거로 간주된다. 이와 같이 화환신용장통일규칙에 따라 운송서류의 발급일자가 선적일자로 간주되는 관행을 참조하는 것이 좋다.

03-030 Q 무역계약시 대금결제조건에서 검토하고 약정하여야 할 내용은?

A 매매당사자자는 무역계약을 체결할 때 대금결제조건(payment terms)으로 ① 대금결제의 방식, ② 대금결제의 시기, ③ 결제통화 등에 대하여 약정하여야 한다.

첫째, 대금결제의 방식을 선택하는 일이다.

보편적인 무역대금의 결제방식으로는 신용장방식(letter of credit basis)에 의한 결제, 추심방식(collection basis)에 의한 결제 및 송금방식(remittance basis)에 의한 결제로 크게 구분할 수 있다.

먼저 신용장(Letter of Credit: L/C)은 발행의뢰인(수입자)의 거래은행인 신용장 발행은행(issuing bank)이 신용장 조건과 일치하는 서류제시에 대하여 수익자(beneficiary)(수출자)에게 대금지급 할 것을 확약한 것이다. 신용장통일규칙(UCP 600) 제2조에서는 "신용장이라 함은 그 명칭이나 기술에 관계없이 일치하는 제시를 인수·지급하기 위한 발행은행의 취소불능적인 그리고 분명한 확약을 구성하는 모든 약정을 말한다."라고 정의하고 있다. 여기에서 일치하는 제시라 함은 신용장조건, 신용장통일규칙의 적용 가능한 규정 및 국제표준은행관행에 따른 제시를 말한다.

신용장에 의한 결제는 추심방식이나 송금방식에 비하여 금융기능과 지급확약기능을 갖고 있어 금융적 불편이나 신용위험을 대폭 감소시킬 수 있는 편리성과 매매당사자 모두에게 유용성이 있기 때문에 무역거래에서 거액거래 및 일반적인 거래에서 선호되고 있다.

무역계약시 신용장을 결제수단으로 이용하고자 할 경우에는 다음의 예와 같이 약정한다.

> [예] "Payment Terms: Under irrevocable L/C at sight to be issued in favor of Seoul Trading Co., Ltd."
> "Payment Terms: By an irrevocable L/C at 30 days after sight to be issued in our favor."

그 다음으로 추심방식에 의한 결제는 어음지급서류인도조건(Documents against Payment: D/P)과 어음인수서류인도조건(Documents against Acceptance: D/A)이 있다. D/P조건은 수출자가 수입자간의 매매계약에 따라 물품을 선적하고 준비된 서류에 일람출급환어음(sight bill of exchange)을 발행하여 자기거래은행, 즉 추심의뢰은행(remitting bank)을 통하여 수입자의 거래은행인 추심은행(collecting bank) 또는 제시은행(presenting bank)이 수입자에게 환어음을 제시하여 그 환어음금액을 일람출급으로 결제 받는 거래방식을 말하여, D/A 조건은 D/P 거래와 추심경로는 같으나 다른 점은 일람 후 정기 또는 확정일부 환어음을 발행하고 수입자는 그 제시된 환어음을 일람출급함이 없이 인수(acceptance)만 함으로써 서류를 인도받은 후 만기일(maturity)에 대금을 지급하는 거래방식이다.

이처럼 D/P·D/A 거래방식은 은행이 대금지급에 대한 확약은 없으며 오직 수입자의 신용만을 믿고 매매당사자의 계약서만을 근거로 대금을 추심하는 방식이기 때문에 본·지사간 거래나 신용이 있는 거래처 사이에만 이용하는 것이 결제상의 위험을 줄일 수 있다는 점에 유의하여야 한다.

무역계약시 D/P·D/A 거래방식을 결제수단으로 이용하고자 할 경우에는 다음의 예와 같이 약정한다.

[예] "Payment Terms: Under D/P in U.S. Dollars."
"Payment Terms: Under D/A at 30 days sight in U.S. Dollars. Usance interest to be covered by buyer."

마지막으로 송금방식에 의한 결제는 수입자가 수출자 앞으로 물품대금을 송금하여 주는 방식으로 수출자의 입장에서는 수출대금의 회수불능과 같은 위험이 없으므로 좋은 조건이라고 할 수 있으나, 수출자는 대금만 받고 계약물품을 약정기간 내에 선적이행하지 않거나 계약조건을 이행하지 않을 수도 있기 때문에 수입자는 불리한 입장에 있다고 할 수 있다. 송금방식에 의한 결제는 송금수표(Demand Draft: D/D), 우편송금환(Mail Transfer: M/T), 전신송금환(Telegraphic Transfer: T/T) 등을 이용한다.

송금수표는 일람출급송금환을 말하며 은행이 발행하는 수표를 수취인에게 송금인이 직접 보내기 때문에 우송사고의 위험성은 다소 있지만 소액 송금시 많이 이용되고 있다. 수출자가 대금결제수단으로 수표를 받았을 경우에는 신용 있는 은행이 발행한 이른바, 은행수표(banker's check)인지 회사나 개인자격으로 발행한 개인수표(personal check)인지를 잘 검토하되 개인수표는 공신력이 없으므로 무역거래에서는 은행수표를 이용하도록 하는 것이 비교적 안전하다. 또한 우편송금환은 은행이 수취인에 대하여 일정한 금액 지급을 위탁하는 지급지시서(payment order)를 우편에 의해 통지하는 방법으로 지급을 요하지 않는 소액송금시에 이용된다. 그리고 전신송금환은 우편송금환과 비슷하나 지급지시를 우편에 의하지 않고 전신(cable)으로 하는 점이 다르고 금액을 신속하게 송금하고

자 할 경우 이용된다.

이상과 같은 세 가지 송금방식 중 수취인인 수출자에게 가장 안전하고 환율 적용면에서 유리한 것은 전신송금환에 의한 것이다.

무역계약시 송금방식을 결제수단으로 이용하고자 할 경우에는 다음의 예와 같이 약정한다.

[예] "Payment Terms: Under T/T basis in U.S. Dollars."
"Payment Terms: Under Banker's Check basis in U.S. Dollars."

둘째, 대금결제의 시기를 검토하여야 한다.

먼저 신용장방식과 추심결제방식인 D/P·D/A 조건은 보통 환어음(draft)에 의하여 결제가 이루어지므로 수출자는 계약물품을 선적한 후 대금결제를 위하여 요구하는 서류를 준비하고 환어음을 발행한다. 이 때 발행되는 환어음은 일람출급환어음(sight draft; sight bill of exchange)과 기한부환어음(usance draft; usance bill of exchange)이 있다. 환어음의 지급기간(tenor of draft)은 일람출급 또는 기한부환어음에 의해 결정된다.

일람출급환어음이란 매도인이 발행한 어음이 어음지급인(drawee)에게 제시되면 이를 일람함과 동시에 환어음금액을 지급하는 것으로 무역거래에서 결제가 이루어지는 기간은 그 결제기간에 소요되는 우편일수(mail day) 이내이므로 신속히 이루어지게 된다. 일람출급환어음 요구문언은 보통 "… drafts drawn at sight …"과 같이 표현된다.

한편 기한부환어음은 매도인이 발행한 어음이 어음지급인에게 제시되면 지급인이 그 환어음을 인수(acceptance)하여 일정기간 지급유예를 받고 만기일(maturity)에 지급하는 것으로 여기에는 "at 30 days after sight"와 같이 일람 후 30일 되는 날에 지급이 이루어지는 일람후정기출급, "at 30 days from of B/L"과 같이 선화증권일자로부터 만기일에 지급이 이루어지는 일자후정기출급, "on May 30, 2011"처럼 특정일에 지급이 이루어지는 확정일출급(on a fixed date)이 있다.

무역계약시에 주의하여야 할 사항으로 기한부어음을 이용하는 경우 지급을 유예하여 주는 기간 동안의 이자(usance interest)는 매도인과 매수인 사이에 어느 쪽에서 부담하는가를 확인하는 일이다. 예컨대, "Usance interest(or Discount charge) to be covered by buyer"와 같이 약정하여야 수입자가 신용장발행을 의뢰할 때 동 기간의 이자부담자는 자신이라고 신용장에 명시하도록 요청하게 된다.

그 다음으로 지급시기가 선지급(payment in advance)으로 결제되는 경우이다. 선지급이라 함은 물품이 선적 또는 인도되기 전에 미리 대금을 지급하는 조건이다. 선지급방식으로는 주문과 함께 송금수표나 우편송금환 또는 전신송금환 등에 의해 송금되는 단순송금방식(remittance basis), 수출상이 신용장수령과 더불어 미리 대금을 먼저 결제 받을 수 있는 선대신용장(red clause L/C) 방식, 그리고 주문과 동시에 현금결제가 이루어지는 주문시지급(cash with order: CWO) 방식이 있다. 이 경우 수출상은 대금을 미리 받고 물품을 선적하게 되므로 수출상에게는 매우 유리한 지급조건이다.

또한 지급시기가 동시지급(concurrent payment)으로 결제되는 경우이다. 동시지급이라 함은 물품을 인도받거나 물품을 화체한 서류를 인도받음과 동시에 대금지급이 이루어지는 방식이다. 이에는 매도인이 비용과 위험을 부담하고 수입지에서 현품과 교환하여 대금지급이 이루어지는 현품인도지급(cash on delivery: COD), 선화증권을 포함한 기타 계약시 요구된 결제서류와 교환하여 수출지에서 대금지급이 이루어지는 서류상환지금(cash against documents: CAD)이 있는데 COD는 매수인에게 매우 유리한 방식이다. 귀금속거래의 경우 COD 방식을 선호한다. 이와 같이 동시지급이 이루어지기 위해서는 COD방식은 수입지에 매도인의 지점(branch)이나 대리인 또는 지정 은행이 있어야 하고, CAD방식은 수출지에 매수인의 지점이나 대리인 또는 지정은행이 있어야 거래가 가능하기 때문에 계약시에 이와 같이 동시상환지급이 가능한가를 검토하여야 한다.

마지막으로 연지급(deferred payment)으로 결제되는 경우이다. 연지급이라 함은 물품의 선적 또는 서류의 인도 후 일정한 기간이 경과된 이후에 대금지급이 이루어지는, 즉 외상거래방식이 후지급조건이다. 보통 기한부신용장(usance L/C)이나 D/A거래와 같이 1년 이내의 기간에 지급되는 것을 단기연지급, 1년 이상의 거래를 중장기연지급이라고 한다. 연지급의 대표적인 예는 외상판매(sales on credit), 위탁판매(sales on consignment) 및 청산계정(open account)등이 있다.

셋째, 어느 국가의 결제통화로 할 것인지를 분명하게 약정하여야 한다.

앞서 언급한 바와 같이 무역매매가격 산출시에 적용된 국가의 통화를 결제금액에 나타내야 한다. 보통 품목(commodity), 수량(quantity), 단가(unit price), 금액(amount)이 명시될 때에는 단가와 금액란에 "@US$5.30, US$53,000"과 같이 각각 표시하면 되지만, 결제조건(payment terms)을 포괄적으로 약정할 때는 "Payment Terms: Under T/T basis in U.S. Dollars"와 같이 명시하도록 한다.

03-031 Q 무역계약시 보험조건에서 검토하고 약정하여야 할 내용은?

A 무역거래에서는 물품을 운송하는 과정에 선박의 좌초(stranding), 침몰(sinking), 충돌(collision) 등과 같은 해상 고유의 위험(perils of the seas)이나 전쟁 (war) 등과 같은 인위적 위험을 만날 가능성이 있다. 이러한 위험을 담보받기 위해서는 적화보험(cargo insurance)을 부보(cover)하여 만일의 손해발생에 대비하여야 한다.

CIF나 CIP거래규칙을 채택하여 매매계약을 체결할 경우에는 매도인이 적화보험계약을 체결하고 매수인에게 보험서류를 제공하여야 한다. FOB 및 CFR과 같은 거래규칙을 채택할 경우에는 매매계약상의 의무는 아니지만 매수인은 자기 자신을 위하여 적화보험계약을 체결하여 위험을 관리하여야 한다.

무역계약시 보험조건(insurance terms)을 약정할 경우에는 보험부보 금액과 보험을 부보하는 목적물의 성질에 따라 어떠한 담보조건으로 부보할 것인가를 검토하여야 한다.

첫째, 보험부보금액을 약정하는 일이다.

적화보험을 부보하기 위해서는 보험금액(insured amount)을 얼마로 할 것인가를 검토하여야 한다. 보험금액이란 보험사고 또는 특정의 손해가 발생한 경우, 보험자(insurer; assurer)가 지급해야 하는 금액 또는 그 최고한도의 금액으로 보험계약의 체결에 있어 보험자와 피보험자(insured; assurer) 간에 약정된 금액을 말한다.

보험금액을 정하기 위해서는 매도인과 매수인 사이에 무역계약을 체결하면서 "the amount of invoice plus 10%" 또는 "110 percent of the CIF invoice value"와 같이 송장금액에 10%를 가산한 금액으로 부보할 것인가 또는 그 이상을 가산한 금액으로 부보할 것인가를 약정하여야 한다. 가산비율에 따라서 보험료(insurance premium)도 달라지기 때문에 부보금액을 약정할 때는 매수인이 특별히 요구하지 아니하는 한 보통 최소담보금액(minimum coverage)으로 송장금액에 10%를 가산하여 부보하는 것이 일반적이다.

둘째, 담보범위의 선택이다.

적화보험에서의 담보범위는 계약에서 명시한 특정 원인에서 발생한 멸실(less) 및 손상(damage)에 한정되어 있기 때문에 어떠한 멸실이나 손상이 발생되었다 하여도 약관상 특별히 제외되어 있는 경우에는 보상받지 못한다. 해상적화보험(marine cargo insurance)

의 경우에는 런던보험업자협회(Institute of London Underwriters)가 "Lloyd's S.G. Policy"를 기초로 하여 만들어진, 이른바 구약관인 '협회적화약관'(Institute Cargo Clause: ICC)에서는 기본적인 약관으로 전위험담보조건(All Risk: A/R)인 ICC(A/R), 분손담보조건(With Average: WA)인 ICC(WA), 단독해손부담보조건(Free from Particular Average: FPA)인 ICC(FPA) 등 세 종류가 있었으나 1978년에 개최된 제2회 UNCTAD 총회에서 개정검토의 필요성이 제기되어 협회적화약관의 개정을 의뢰한 결과 1982년 약관의 명칭을 ICC(A/R), ICC(WA), ICC(FPA)에서 ICC(A), ICC(B), ICC(C)로 변경함으로써 과거에 약관의 명칭만을 보고 담보위험을 판단하던 문제점을 해소시켰다. 그러나 1982년부터 도입되었던 신협회적화약관은 20여년간 사용되어 오면서 그동안 테러행위(terrorism) 등의 새로운 위험이 등장하고 운송 및 보험 환경의 변화 등에 부응하기 위하여 런던국제언더라이팅협회(International Underwriting Association of London: IUA)는 로이즈보험시장협회(Lloyds Market Association: LMA)와 합동적화위원회를 구성하여 1982년 ICC를 개정 하여 2009년 1월 1일부터 신약관을 사용할 수 있도록 하였다. 2009년 신약관에서는 면책조항의 적용범위의 축소, 담보기간의 운송조항에서 보험기간의 확장, 테러행위의 위험에 대한 정의, 약관의 용어 중 "underwriters" 대신 "insurers", "servants" 대신에 "employees"로 현대적 의미의 용어로 대체하였다. 2009년 협회적화약관도 ICC(A), ICC(B), ICC(C)체제를 유지하고 있다.

현재 ICC의 약관은 보험자의 담보위험과 면책위험이 명확하게 구분되어 있어 비교적 이해하기 쉽게 되어 있다. 매매당사자간에 보험조건을 약정할 경우에는 보험자의 담보위험과 면책위험을 검토하여야 한다. 무역거래에서 위험관리를 하기 위하여 적화보험을 부보할 경우 무조건 ICC(A)로 부보하는 것은 경제성이나 효율적인 측면에서 바람직하지는 않다. 그러나 ICC(B)나 ICC(C) 조건으로 부보할 경우 보험료는 절약되지만 물품의 종류와 성질에 따라 담보되지 않는 것도 있으므로, 보험목적물의 성질과 운송 상의 사정 등을 감안하여 담보범위를 선택하여 부보하여야 한다. 예컨대, 유리그릇이나 도자기는 ICC(B)나 ICC(C) 조건으로 부보하더라도 파손(Breakage) 등과 같은 부가위험(extraneous risk)에 대해서는 추가로 부보하여야 한다.

무역계약시에 해상적화보험부보와 관련한 보험조건을 약정할 경우에는 다음의 예와 같이 한다.

[예] "Insurance Terms: All shipments shall be covered subject to ICC(C) for sum equal to the amount of the invoice plus 10(ten) percent. War risk and/or any other additional insurance required by buyer shall be covered at his own expenses. All policies shall be made out in U.S. Dollars and payable in New York."

03-032

Q 무역계약시 포장조건에서 검토하고 약정하여야 할 내용은?

A 포장(packing)이란 물품의 운송, 보관, 적재 및 양화, 진열, 판매 등을 하는 데 있어 그 물품의 내용 및 외형을 보호하고 상품으로서의 가치를 유지하기 위하여 적절한 재료나 용기로 둘러싸는 기술 작업 및 상태를 말한다. 수출포장은 원격지 운송물의 안전을 위하여 내항성(seaworthiness)이 있고 견고하면서도 경제성이 있으면서 취급하기가 용이하여야 한다.

무역계약에서 포장조건(packing terms)은 ① 포장의 방법(packing method), ② 포장의 종류(kinds of package), ③ 화인(shipping marks)등에 관하여 약정하여야 한다.

첫째, 포장의 방법이다.

포장하는 방법은 소매(retail)의 단위가 되는 개품 또는 최소의 묶음을 개별적으로 하는 소포장인 개장(unitary packing)과 개장물품을 운송 또는 취급하기에 편리하도록 몇 개의 개장을 합하여 내부결속, 충진, 칸막이 등을 하는 내장(inner or interior packing), 그리고 한 개의 포장물의 외부용기에 대한 포장 이를테면, 용기의 종류에 따라 상자 또는 부대에 넣은 것과 같은 외장(outer packing)이 있다.

무역계약시에는 “inner packing”은 어떠한 방법으로 하고 모두 몇 개씩을 담아 “outer packing”을 하도록 할 것인가를 검토하여 약정하여야 한다.

둘째, 포장의 종류를 선택한다.

수출품의 포장은 의류, 완구 등 가벼운 일반잡화인 경우에는 종이상자(carton)를 이용한다. 이처럼 포장의 종류에 따라 상자, 베일(bale), 부대(bag), 등 특수용기의 경우에는 용기포장을, 살물(bulk cargo)의 경우에는 무용기포장으로 하고 있다. 따라서 무역계약을 체결할 경우에는 물품에 따라 적당한 포장종류를 [표 3-3]을 참조하여 약정하여야 한다.

셋째, 화인(shipping marks; cargo marks)을 어떻게 할 것인가에 대하여 약정한다.

화인이라 함은 수출품 매포장의 외장에 특정의 기호, 포장번호, 목적항 등의 표시를 하여 상호간 식별할 수 있도록 하는 것을 말한다. 무역계약을 체결할 경우에 화인은 보통 매수인이 요청하게 되는데 이 경우에는 그 지시대로 이행하여야 하겠지만, 매수인의 별도 요청이 없을 경우에는 매도인의 임의대로 하면 된다.

[표 3-3] 포장의 종류

구분	포장종류	재질	포장명	약호	포장대상물품
용기포장	상자	나무 종이 금속지 투시상자	wooden box; case; chest carton tin-lined case crate; skelton case	W/B C/S; CST C/; CTN C/S CRT	식료품, 손상하기 쉬운 잡화, 홍차 가벼운 일반잡화 통조림 자동차
	베일 (bale)	마 압축베일 가마니	burlap; hessian, cloth pressed bale straw mat	- BL -	면사, 원모 원면 쌀
	부대 (bag)	마대면대 지대 폴리에틸렌	gunny bag sack paper made bag polyethylene bag	BG SK BT BG	미곡, 잡곡 소맥 시멘트, 석회 소금,사료,분말약품
	통	나무통(대) 나무통(중) 나무통(소)	barrel cask keg	BRL CSK KG	술, 간장 염료 못, 볼트
	특수용기	드럽판양철판 용기, 유리 대나무 철제원통	drum tin; can jar; pot; carboy basket; hamper cylinder; iron flask	DR - - BKT -	화공약품, 유지 석유, 통조림 유산, 음료수 과일 탄소
무용기포장	두루마리 다발궤		roll; coil bundle ingot	RL;CL BDL -	철판, 신문지, 철사 철근 철강, 알미늄

무역계약시에 포장(packing)과 화인(shipping marks)에 대한 약정은 다음의 예와 같이 한다.

[예] "Packing and Marking: Packing of the products shall be made in the manner usually effected by the seller in its export of such kind of the products. Each piece to be packed in a polyethylene bag, 20 pieces in an export carton box. Shipping marks shall be as follows: …"

[그림 3-3] 화인의 예

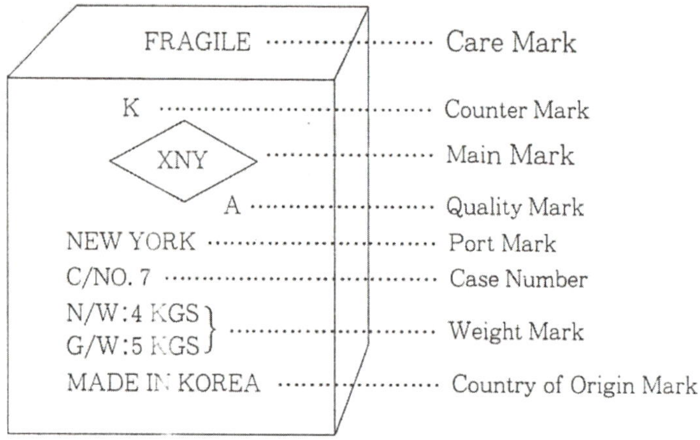

실무상 화인과 관련하여 외장은 가급적 Main mark, Port Mark, case Mark, Country of Origin Mark 정도로 표기하는 것이 수출자에게 유리하다. 왜냐하면 중량을 외장에 표기하게 되면 특히 섬유 잡화 등의 경우 규격별로 혼합포장이 되게 되면 중량이 일정하지 않아 일일이 표기하는 것도 인건비가 추가 발생될 소지가 있기 때문이다. 또한 물품의 종류에 따라 Care Mark를 수출포장 발주시에 인쇄로 표기하여 사용하는 것도 좋다.

03-033 Q 무역계약시 기본조건 외에 일반거래조건에서 약정하여야 할 조건들은 어떠한 것들이 있을까?

A 무역계약을 체결할 때는 물품매매와 관련된 기본적인 조건 외에도 기본조건을 보완할 수 있는 조건과 향후 발생될지도 모르는 분쟁 및 권리구제에 대비한 조건들에 관하여 약정하여 두는 것이 매우 중요하다. 이에 대해서는 적어도 ① 클레임(claim), ② 권리침해(infringement), ③ 완전합의(entire agreement), ④ 불가항력(force majeure), ⑤ 이행곤란(hardship), ⑥ 중재(arbitration), ⑦ 재판관할(jurisdiction), ⑧ 준거법 (governing law; applicable law) 및 무역거래규칙(trade rules) 등에 대하여 약정하여야 한다.

첫째, 클레임 제기기간의 설정이다.

무역거래에서 클레임(claim)이라 함은 매매당사자가 약정된 계약을 위반함으로써 상대방에게 단순한 불평을 넘어서 권리의 회복을 요구하거나 손해배상을 청구하는 것을 말한다. 클레임조건에서는 물품인도 또는 서류 도착 후 몇 일 이내에 클레임제기를 할 것인지 클레임 제기기한을 명시해야 한다. 클레임제기기간을 특약하지 않으면 장기간에 걸쳐 클레임을 제기할 수 있는 빌미를 제공하게 된다. 또한 클레임이 제기되었을 경우 정당성을 입증할 수 있는 공인된 감정인의 감정보고서(Surveyor's Report)를 첨부하도록 클레임 제기기간 설정문언에 언급되어야 한다. 클레임의 제기기한과 입증에 대한 약정은 다음 예문과 같이 한다.

[예] "Claim: No claim shall be entertained before the payment is made or draft is duly honored. Each claim shall be advised by E-mail to seller within fourteen(14) days after the arrival of the goods at destination specified in the relative Bill of Lading and shall be confirmed by registered airmail with surveyor's report within fifteen(15) days thereafter. No claims shall be entertained after the expiration of such fourteen days."

둘째, 권리침해 조항의 설정이다.

무역거래시 매수인이 제시한 규격, 디자인, 상표에 따라 매도인이 물품을 생산하여 매수인에게 인도한 후 특허권, 지적재산권을 침해하는 경우 이에 따른 책임은 매수인이 부담하고 매도인에게 아무런 피해를 주지 않기로 하는 조항을 권리침해조항(infringement clause)이라고 한다. 권리침해조항의 예문은 다음과 같다.

[예] "Infringement: Seller shall not be liable for infringements of patents, designs, trademarks or copyrights involving the goods. If any dispute arises concerning patents, designs, trademarks or copyrights as the result of the sale of the goods by Seller, Buyer shall, at its own expense, take all such steps as may be necessary to protect itself."

셋째, 완전합의 조항의 설정이다.

계약서의 작성에 있어서 기존계약과의 관계를 검토하고 본 계약이 성립한 이상 기존의 서면 또는 구두에 의한 합의, 교섭, 언질 등은 모두 본 계약에 흡수되고 소멸하는 것을 명시하여 두는 것이 완전합의조항(entire agreement clause)이다. 이것은 새로운 계약과 기존계약과의 관계를 명확히 함으로써 먼저 작성한 서식과 나중에 작성한 서식 중 어느 서식이 우선할 것인지에 대한 서식분쟁(battle of form)예방 및 해결에 크게 도움이 된다. 이러한 목적을 위하여 보통 다음 예와 같이 약정한다.

[예] "Entirement Agreement: This agreement constitutes the entire agreement between the parties, all prior representations having been merged herein, and may not be modified except by a writing signed by a duly authorized representatives of both parties."

넷째, 불가항력 조항의 설정이다.

불가항력(force majeure)이라 함은 당사자의 통제를 넘어서는 모든 사건을 말한다. 특히 계약당사자는 계약체결시에 미리 예기하지 못한 사태로 인하여 이행지체나 이행불능이 되는 경우를 대비하여 계약조항 가운데 불가항력조항을 삽입하여 면책을 주장할 수 있도록 하는 것이 실무상 일반화되어 있다. 불가항력조항에는 불가항력사태가 발생하였을 경우 매도인이 그 사실을 매수인에게 지체 없이 통지하고 그 입증자료도 제시하도록 하여야 한다.

특히 유의하여야 할 점은 불가항력조항과 영미법상의 프러스트레이션(frustration)의 법리와는 구별하여야 한다. 프러스트레이션의 법리는 당사자의 책임으로 돌릴 수 없는 사유에 의하여 사정이 현저하게 달라진 경우, 예컨대 전쟁의 발발, 법령의 개정과 폐지에 따른 후발적 위법시에 계약은 소멸된다는 점이다. 그러나 프러스트레이션의 성립여부는 상황에 따라 결정된다. 따라서 당사자가 계약체결시에 미리 일정한 사유가 발생한 경우에 계약상의 책임을 면한다는 취지의 불가항력 조항을 구체적으로 설정하여 두는 것이 바람직하다.

불가항력조항은 다음의 예와 같이 약정할 수 있다.

[예] "Force Majeure: The seller shall not be responsible for the delay of shipment due to force majeure, including mobilization, war, strike, riots, civil commotion, terrorism, hostilities, blockade, requisition of vessels prohibition of export, fires, floods, earthquakes, tempests, and any other contingencies, which prevent shipment within the stipulated period. In the event of any of the aforesaid causes arising, documents proving its occurrence or existence, shall be sent by the seller to the buyer by registered airmail within seven days of occurrence. Immediately after the cause is removed, the affected party shall perform the obligations with all due speed unless the agreement is previously terminated."

다섯째, 이행곤란 조항의 설정이다.

이행곤란(hardship)이라 함은 경제적, 법적, 정치적 또는 기술적 요소 등이 변화하여 계약의 일방당사자에게 심각한 경제적 영향을 주는 사태라고 할 수 있다. 일반적으로 계약체결후 계약의 이행과정에서 이러한 이행곤란이 발생하는 경우에 대비하여 계약에 삽입한 이행곤란조항은 직접 가격을 결정하거나 수정하는 조항은 아니고, 오히려 불가항력조항과 비슷한 것으로 사정변화에 의하여 당사자 의무의 당초의 균형이 근본적으로 변한 경우에 계약의 수정을 규정한 조항이다. 그러나 이 조항은 사정변경의 원칙을 명문화한 것에 지나지 않는다. 차이점은 이 조항의 제1차적 효과는 교섭의 재개로 하고 있다는 것이다. 일반적으로 이행곤란조항은 불가항력조항과 함께 계약에 삽입되어 있는 경우가 보통인데, 이들 조항은 상호보완적인 역할을 한다.

이행곤란의 요건은 대체로 불가항력의 요건보다 엄격하지 않은 편이며, 다음과 같은 세 가지 요건이 충족되어야 한다. 첫째, 이행곤란이라는 장애를 일으키는 사건은 불가항력과 마찬가지로 당사자 통제 불능의 사건이어야 한다. 둘째, 계약체결 시에 양당사자가 예상할 수 없는 사건이어야 한다. 그러나 양당사자들이 전혀 고려하지 않은 사건일 필요는 없다. 셋째, 장애사건의 발생으로 계약의 균형이 근본적으로 변경되어 이행당사자에게 계약적 의무의 이행이 과중한 부담이 되어야 한다. 예컨대 당사자들이 통제 불능하고 예상할 수 없었던 어떠한 장애의 발생으로 처음에 예상하였던 것보다는 비싼 원자재로 대체하여야 하거나 또는 보다 먼 항로로 운송을 하여야만 하는 경우와 같이 이행당사자에게 보다 부담스러운 이행이 될 때에 이행곤란조항의 적용이 가능하다. 이행곤란조항은 특히 장기계약의 경우에 도움이 되는 경우가 많으며 이 조항에 따라 양당사자에게 계약을 재조정할 의무를 부과한다. 그러나 이는 재조정의 합의이지 양당사자에게 합의에 도달하여야 하는 책임을 부과하는 것은 아니다.

무역계약시에 이행곤란조항은 다음의 예와 같이 약정할 수 있다.

> [예] "Hardship: The party shall make a request for revision within a reasonable time from the moment it become inequitable due to factors beyond the control of the parties hereto, including substantial changes in economic circumstances of the present contract. The request for revision does not of itself suspend performance of the contract. If the parties fail to agree on the revision of the contract within a time-limit of 60 days of the request, the contract remains in force in accordance with its original terms."

여섯째, 중재조항의 설정이다.

무역거래에서 계약과 관련하여 클레임이 제기되면 신속히 해결하는 노력이 필요하다. 클레임을 해결하는 단계로는 ① 매수인의 단순경고(warning), ② 매매당사자간의 타협(compromise) 및 화해(amicable settlement), ③ 제3자, 즉 조정인(mediator)이 개입한 조정(conciliation), ④ 중재(arbitration) 또는 소송(litigation)에 의할 수 있다. 분쟁해결은 매매당사자간의 타협 및 화해로 종결되는 것이 가장 바람직하다. 분쟁의 해결은 소송에 의하는 것보다는 중재에 회부하는 것이 더 좋으며 또한 중재보다는 조정이 그리고 조정보다는 분쟁의 예방이 계약당사자 모두에게 유리하다. 그러나 위의 3단계 이내에서 분쟁을 해결 할 수 없을 경우에는 가장 신속하고 경제적인 해결방법으로 중재를 이용하는 것이 바람직하다.

중재라 함은 사법상(私法上)의 분쟁을 법원의 판결에 의하지 아니하고, 당사자간의 합의로 사인인 제3자, 즉 중재인(arbitrator)에게 부탁하여 구속력 있는 판정을 구함으로써 최종적인 해결을 기하는 방법을 말한다. 따라서 중재조항이라 함은 계약과 관련하여 분쟁이 발생되면 중재판정에 의하여 해결하기로 하는 당사자간의 합의를 기재한 조항이다. 대부분의 나라에서 중재조항이 있는 경우에는 소송이 제기되더라도 피고가 중재조항의 존재를 주장(중재의 항변)할 경우 직소금지의 효력에 의하여 소송이 각하되어 결국은 중재를 신청하여야 한다.

중재에 의하여 클레임을 해결하려면 반드시 양당사자의 중재합의(arbitration agreement)가 계약체결 시나 또는 그 이후, 즉 분쟁이 야기되었을 경우에 있어야만 한다. 이러한 중재합의, 즉 중재계약이 없는 경우 일방이 거절하면 중재로 해결할 수 없다. 중재합의에는 중재인 또는 중재기관, 중재지, 중재절차, 준거법이 명시되어야 유효하다. 이와 같이 당사자간에 합의된 중재계약은 국내적으로나 국제적으로 그 효력이 인정되어 중재판정의 결과는 최종적이며 뉴욕협약에 따라 외국에서도 집행이 가능하다.

한국의 경우에는 중재기관으로 대한상사중재원이 설립되어 있으며, 다음과 같은 표준 중재조항을 모든 계약서상에 삽입하여 분쟁발생 시에 대비하도록 하고 있다.

[예] "Arbitration: All dispute, controversies, or differences which may arise between the parties, out of or in relation to or in connection with this contract, or for the breach there of, shall be finally settled by arbitration in Seoul, Korea in accordance with the Commercial Arbitration Rules of the Korean Commercial Arbitration Board and under the Laws of Korea. The award rendered by the arbitrator(s) shall be final and binding upon both parties concerned."

일곱째, 재판관할 조항의 설정이다.

계약에서 중재조항을 규정하지 않은 경우에는 그 계약을 둘러싼 분쟁은 최종적으로 국가가 행하는 재판에 의하여 해결하게 된다. 또한 중재조항이 존재하더라도 중재에 붙일 범위 외의 사항에 대하여는 마찬가지로 재판에 의하게 된다. 그 경우에 소송을 제기할 법원을 당사자간에 미리 약정하여 놓은 것이 재판관할(jurisdiction)이다. 재판관할의 합의가 있는 경우에도 이러한 합의가 관계 당사국에서 유효한지, 선정된 법원이 외국인(또는 외국법인)의 출소권을 인정하는지 또는 선정된 법원은 판결의 집행을 처리하기에 적당한지 등을 검토할 필요가 있다.

한편 법원의 지정을 막연히 한국법원 또는 미국법원이라고 규정하는 것은 장래 한국 또는 미국의 어느 지역의 법원인지 문제가 생길 소지가 있으므로 서울, 뉴욕 등 특정지의 법원을 지정하여야 한다.

다음은 한국의 서울지방법원을 합의관할로 하는 예이다.

[예] "Jurisdiction: Any and all disputes arising from this contract shall amicably be settled as promptly as possible upon consultation between the parties hereto. The parties hereto agree that, should either party has been in a position to resort to a lawsuit, injunction, attachment, or any other acts of litigation, the Seoul District Court shall have the jurisdiction."

여덟째, 준거법 조항 및 무역거래규칙 준거규정의 설정이다.

계약서를 아무리 상세히 작성한다 하더라도 해석상 의문이 전혀 없도록 한다는 것은 사실상 매우 어렵다. 준거법(governing law; applicable law)은 계약에서 해석상의 의문을 가능한 없도록 하기 위하여 계약의 성립, 이행 및 해석이 어느 나라 법률에 따라 행하여 지는가를 지정하는 것이다. 이를테면, 계약서 상에 적용법률을 한국법, 미국법 등으로 지정하여 두는 것이 준거법조항 이다. 준거법의 결정은 준거법에 대하여 당사자의 명시적인 약정이 있는 경우에는 지정된 준거법이 우선적으로 적용된다. 한국 국제사법(제26조)은 "준거법 결정시의 객관적 연결과 관련하여 당사자가 준거법을 선택하지 아니한 경우에 계약은 그 계약과 가장 밀접한 관련이 있는 국가의 법에 의한다"라고 규정하고 있다.

준거법에 대한 묵시적인 선택이 있는 경우 재판관할조항이나 중재조항이 있는 경우 재판소가 소재한 국가의 법이나 중재장소의 법이 준거법이 될 수 있다.[6] 준거법을 지정한 경우라도 그 지정된 법률이 적용되는 것은 계약의 성립, 이행 등의 실정법 측면이며, 소송의 경우 소송절차 등 소송법 측면은 준거법과 관계없이 법정지법에 의하는 것으로 된다.

무역계약시 준거법은 다음 (a)의 예와 같이 약정하고 계약의 성립과 권리구제에 관련된 적용법을 국제물품매매계약에 관한 유엔협약(CISG)으로 하고자 할 경우에는 다음 (b)의 예와 같이 약정한다.

> [예] "Applicable Law: "(a) This contract shall be governed, construed and performed by the laws of the Republic of Korea."
>
> (b) Unless otherwise stipulated in this Contract, United Nations Convention on Contracts for the International Sale of Goods 1980 applies to this contract between parties in case of formation of contract and remedies for breach of contract."

한편 무역계약시 준거법 조항에 추가하여 가격조건(또는 인도조건)으로서 FOB, CIF 규칙 등과 같은 정형거래규칙의 사용은 어느 국제상관습 또는 법규에 의할 것인지에 대하여 무역거래규칙(trade rules)에 대한 준거 규정을 다음의 예와 같이 약정 한다.

> [예] "Trade Rules: The trade rules used under this contract shall be governed and interpreted by the provisions of Incoterms® 2010."

---

6) 준거법의 결정은 계약과 현실적으로 가장 밀접한 관련이 있는 법을 준거법으로 해야 한다는 입법주의, 즉 계약체결지법, 계약이행지법, 중재지법이 될 수 있다는 객관주의(objective view)와 당사자자치의 원칙에 의하여 계약 당사자의 의사에 따라서 유동적으로 결정하는 이른바 계약 자유의 원칙(principle of party autonomy)에 의한다는 주관주의(subjective view)가 있다.

03-034

Q 기본조건과 일반거래조건을 포함한 모범적인 무역계약서를 어떻게 작성할까?

A 모범적인 무역계약서를 서식의 전면과 이면을 이용하여 작성하면 다음과 같다.

[서식 3-8] Sales Contract

SEOUL TRADING CO. LTD.
15, 1-ga, Sogong-dong Joong-gu, Seoul, Korea
Tel. 82-2-753-1200, E-mail : mskang@hanmail.net

SALES CONTRACT

John F. Dolan
President
America International Inc.
350 Fifth Avenue
New York, NY10018, U.S.A.

Date : June 5, 20xx
Ref. No. : 10016

Dear Sirs,
We as Seller confirm having sold you as Buyer the following goods on the terms and conditions as stated below on the back hereof.

Style No.	Description	Quantity	Unit Price	Amount
			CIF New York	Incoterms® 2010
	Men's Split Leather Jackets			
ST-101	....	2,000 pcs	@US$25	US$50,000
ST-102	....	2,000 pcs	@US$25	US$50,000
	Total	4,000 pcs		US$100,000

Payment : Under irrevocable L/C at sight to be issued in favor of Seoul Trading Co., Ltd.
Price Term : CIF New York Incoterms® 2010
Shipment : Within 90 days after the date of Contract Sheet.
Insurance : Covering ICC(B) for 110% of the invoice value.
Packing : Each piece to be packed in a P.E. bag, 20 pcs in an Export Standard Carton Box.
Origin : R.O.K.
Inspection : Seller's inspection to be final.
Documents : 1. Commercial Invoice
2. Packing list
3. Full set of clean on board marine Bills of Lading
4. Cargo Insurance Policy or Certificate

Shipping Marks :
A I I
NEW YORK
C/T NO.1-200
MADE IN KOREA

Buyer,
America International Inc.
John F. Dolan
John F. Dolan
President

Seller,
Seoul Trading Co., Ltd
Gildong Hong
Gil-dong Hong
President

(to be continued)

GENERAL TERMS AND CONDITIONS

1. BASIS: All business hereunder shall be transacted between Buyer and Seller on a principal to principal basis.
2. QUANTITY: Unless otherwise specifically stated on the face hereof, the quantity is subject to variation of five percent(5%) plus or minus at Seller's option.
3. SHIPMENT: The date of the Bill of Lading shall be accepted as the conclusive date of shipment. A grace period of 10 day shall be allowed for shipment earlier or later than time agreed by the parties. Partial shipment and transshipment shall be permitted at the option of Seller unless otherwise stated on the face hereof. Each shipment shall be considered as a separate Contract. Seller shall not be responsible for nonshipment or late shipment of the goods due to failure of Buyer to provide in time the relative letter of credit or other instructions requested by Seller or due to failure of Buyer to comply with the terms and conditions of the Contract in a timely manner.
4. PAYMENT: An irrevocable, without recourse and unrestricted letter of credit at sight in full conformity to this Contract shall be established by Buyer in favor of Seller through a bank acceptable to Seller within 15 days after conclusion of this Contract and such letter of credit shall have the validity of at least 15 days after the last day of the month of shipment.
5. INSURANCE: If this Contract is on CIF Incoterms® 2010 or CIP Incoterms® 2010 basis the insurance shall be effected for one hundred ten percent (110%) of the invoice amount. Any additional premium for insurance coverage over 110% of the invoice amount if so required, shall be born by Buyer and shall be added to the invoice amount, for which the letter of credit shall be worded accordingly. If the war risk insurance or other special insurance is deemed necessary by Buyer or Seller, Seller shall effect such insurance at Buyer's expense. Any changes in insurance rates from the rates available at the time of this Contract shall be for Buyer's account. In this Contract where Buyer is to effect the insurance, he shall give Seller the necessary information thereof in time for the scheduled shipment. All policies shall be made out in U.S. Dollars and payable in Buyer's country.
6. INSPECT1ON: Unless otherwise instructed by Buyer, inspection of the goods performed by Korean surveyor under the laws and regulations of Korea, manufacturer or Seller before shipment shall be considered as final. When Buyer requires a special inspector to perform the inspection of the goods, Buyer must inform Seller of the name of such inspector at the time of acceptance of the Contract and shall bear any and all costs and expenses to be incurred in connection with such special inspection. Inspection performed by such special inspector nominated by Buyer shall be final.
7. PACKING: Packing, packaging and marking shall be done at the Seller's discretion, unless otherwise specifically provided on the face hereof. In the manner customary for the respective merchandise, special arrangements are being subject to Buyer's extra charges.
8. CARRIER: In the event that Buyer nominates a carrier or particular vessel for shipment of the goods, Seller shall not be responsible for late shipment or nonshipment due to delay or cancellation of or any other causes attributable to such carrier. In such case, Buyer shall comply with Seller's request to amend the letter of credit or any other terms. conditions or procedures necessitated thereby or resulting therefrom.
9. NOTICE: Any notice, request, consent, offer and communications under this Contract shall be sent to the parties set forth in the initial paragraph by registered airmail and where circumstances require, all notices must be sent by E-mail, Facsimile, Cable or Telex which shall be confirmed

by registered airmail. All notices must be deemed to have given when received.

10. DEFAULTS: In the event of Buyer neglecting or defaulting his parts in this Contract or becoming insolvent, Seller shall have the option of suspending performance of or cancelling this Contract, reserving the right to claim against Buyer for expenses, charges losses and/or market differences caused by such suspension or cancellation.

11. DISPOSITION OF THE GOODS: In the event of cancellation of this Contract or rejection of the goods, Seller shall be entitled to resell or otherwise dispose of the goods to third parties, regardless of the trademark, design, patent, copyright, utility model etc., thereon Buyer shall not raise any objection to such disposition.

12. TAXES AND DUTIES: All taxes, duties, costs and charges for the goods shall be borne and paid by Buyer.

13. INFRINGEMENTS: Seller shall not be liable for infringements of patents, designs, trademarks or copyrights involving the goods. If any dispute arises concerning patents, designs, trademarks or copyrights as the result of the sale of the goods by Seller, Buyer shall, at its own expense, take all such steps as may be necessary to protect itself.

14. WARRANTY: There are no representations or warranties, whether express or implied, as to the fitness for a particular purpose of the goods sold hereunder other than description on the face of this Contract.

15. NON-WAIVER: No claim or right of either party under this Contract shall be deemed to be waived or renounced in whole or in part unless the waiver or renunciation of such claim or right is acknowledge and confirmed in writing by such party.

16. CLAIM: No claim shall be entertained before the payment is made or draft is duly honored. Each claim shall be advised by E-mail to seller within fourteen(14) days after the arrival of the goods at destination specified in the relative Bill of Lading and shall be confirmed by registered airmail with surveyor s report within fifteen(15) days thereafter. No claims shall be entertained after the expiration of such fourteen days.

17. FORCE MAJEURE: The seller shall not be responsible for the delay of shipment due to force majeure, including mobilization, war, strike, riots, civil commotion, terrorism, hostilities, blockade, requisition of vessels prohibition of export, fires, floods, earthquakes, tempests, and any other contingencies, which prevent shipment within the stipulated period. In the event of any of the aforesaid causes arising, documents proving its occurrence or existence, shall be sent by the seller to the buyer by registered airmail within seven days of occurrence. Immediately after the cause is removed, the affected party shall perform the obligations with all due speed unless the agreement is previously terminated.

18. HARDSHIP: The party shall make a request for revision within a reasonable time from the moment it become inequitable due to factors beyond the control of the parties hereto, including substantial changes in economic circumstances of the present Contract. The request for revision does not of itself suspend performance of the Contract. If the parties fail to agree on the revision of the Contract within a time-limit of 60 days of the request, the Contract remains in force in accordance with its original terms.

19. ARBITRATION: All dispute, controversies, or differences which may arise between the parties, out of or in relation to or in connection with this contract, or for the breach there of, shall be finally settled by arbitration in Seoul, Korea in accordance with the Commercial Arbitration Rules of the Korean Commercial Arbitration Board and under the Laws of Korea. The award rendered by the arbitrator(s) shall be final and binding upon both parties concerned.

20. JURISDICTION: Any and all disputes arising from this Contract shall amicably be settled as

promptly as possible upon consultation between the parties hereto. The parties hereto agree that, should either party has been in a position to resort to a lawsuit, injunction, attachment, or any other acts of litigation, the Seoul District Court shall have the jurisdiction.

21. ENTIRE AGREEMENT: This Contract constitutes the entire agreement between the parties, all prior representations having been merged herein, and may not be modified except by a writing signed by a duly authorized representatives of both parties.

22. TRADE RULES AND APPLICABLE LAW: (a) The trade rules used under this contract shall be governed and interpreted by the provisions of Incoterms® 2010. (b) Unless otherwise stipulated in this Contract, United Nations Convention on Contracts for the International Sale of Goods 1980 applies to this Contract between parties in case of formation of Contract and remedies for breach of Contract. (c) This Contract shall be governed, construed and performed by the laws of the Republic of Korea.

03-035 Q 모범적인 일반무역조건협정서 작성 사례는?

A 모범적인 일반무역조건협정서는 다음과 같이 작성할 수 있다.

[서식 3-9] 일반무역조건협정서

AGREEMENT ON GENERAL TERMS AND CONDITIONS OF BUSINESS

This Agreement entered into between Seoul Trading Co., Ltd., Seoul, Korea, hereinafter called the Sellers, and America International Inc., New York, U.S.A. hereinafter referred to as the Buyers, witnesses as follows:

1. Business: Both sellers and Buyers act as Principals and not as Agents.
2. Goods: Goods in Business, their unit to be quoted, and their mode of packing shall be stated in the attached list.
3. Quotations and Offers: Unless otherwise specified in E-mail or letters, all quotations and offers submitted by either party to this Agreement shall be in U.S. Dollars on a C.I.F. New York Incoterms® 2010 basis.
4. Firm Offers: All firm offers shall be subject to a reply within the period stated in respective E-mail. When "immediate reply" is used, it shall mean that a reply is to be received within three days and in either case, however, Sundays and all public holidays are excepted.
5. Orders: Any orders shall not be cancelled unless by mutual consent.
6. Credit: Banker's Irrevocable Letter of Credit shall be issued in favor of the Seller's immediately upon confirmation of sale; credit shall be made available twenty-one(21) days beyond shipping promises in order to provide for unavoidable delays of shipment.
7. Payment: Drafts shall be drawn under credit at sight, documents attached, for the full invoice amount.
8. Shipment: All goods sold in accordance with this Agreement shall be shipped within the stipulated time. The date of Bill of Lading shall be taken as conclusive proof of the day of the shipment. Unless expressly agreed upon, the port of shipment shall be at the Seller's option.
9. Cargo Insurance: All shipment shall be covered ICC(B) Clauses for a sum equal to the amount of the invoice plus ten(10) percent, if no other conditions are particularly agreed upon. All policies shall be made out in U.S. Dollars and payable in New York.
10. Quality: The Sellers shall guarantee all shipments to confirm to samples, types, or descriptions, with regard to quality and condition.
11. Damage in Transit: The Sellers shall ship all goods in good condition, and buyers shall assume all risk of damage, deterioration, or breakage during transportation.
12. Claims: Claims, if any, shall be submitted by E-mail within fourteen(14) days after arrival of goods at destination. Certificates recognized by surveyors shall be sent by mail without delay. All claims which cannot be amicably settled between Sellers and Buyers shall be submitted to

arbitration in Seoul, the arbitrators are consist of three members, the decision of an umpire selected by the arbitrators shall be final, and the losing party shall bear expenses thereof.

13. Force Majeure: The Sellers shall not be responsible for the delay of shipment in all cases of force majeure, including mobilization, war, riots, civil commotion, terrorism, hostilities, blockade, requisition of vessels, prohibition of export, fires, floods, earthquakes, tempest, and any other contingencies, which prevent shipment within the stipulated period. In the event of any of the aforesaid causes arising, documents proving its occurrence or existence shall be sent by the Sellers to the Buyers without delay.

14. Delayed Shipment: In all cases of force majeure provided in Article 13, the period of shipment stipulated shall be extended for a period of twenty one (21) days. In case shipment within the extended period should still be prevented by a continuance of the causes mentioned in Article 13 or the consequences of any of them, it shall be at the Buyers' option either to allow the shipment of late goods or to cancel the order by giving the Sellers the notice of cancellation by cable.

15. Shipping Notice: Shipment effected against the contract of sale shall be immediately E-mail.

16. Shipment Samples: In case shipment samples be required, the Sellers shall forward them to the Buyers prior to shipment.

17. Marking: All shipments shall be marked as arranged otherwise.

18. Tele-transmission Expenses: Expenses relating to tele-transmission shall be borne by the respective senders.

In witness whereof, Seoul Trading Co., Ltd. have hereunto set their hand on the 1st day of September, 20××, and America International Inc., have hereunto set their hand on the 10th day of October, 20××. This Agreement shall be valid on and from the 1st day of November, 20××, and any of the Articles in the Agreement shall not be changed or modified unless by mutual consent.

Buyer,	Seller,
America International Inc.	Seoul Trading Co., Ltd.
John F. Dolan	Gildong Hong
John F. Dolan	Gil-dong Hong
President	President

일반무역조건협정서

본 협정서는 한국 서울특별시의 A&B 주식회사(이하 매도인이라 칭함) 및 미국 뉴욕의 X&Y 주식회사(이하 매수인이라 칭함) 간에 다음과 같은 사항을 정한다.

1. 거래: 매도인·매수인의 쌍방은 본인으로서 거래하며 대리인으로서 행하는 것이 아니다.
2. 물품: 거래물품, 제시단위 및 포장형태를 별표에 기재한다.
3. 견적 및 청약: 전자우편 또는 서신에 별도의 규정이 없는 한 본 협정 당사자에 의한 견적 및 청약은 모두 Incoterms® 2010에 의한 뉴욕항 운임·보험료포함인도로 하고 미화를 기준으로 한다.
4. 확정청약: 확정청약은 모두 개개의 전자우편에 제시되어 있는 기한 내의 회답을 조건으로 한다. '즉시회답'이라는 용어를 사용하였을 때에는 회답이 3일 내에 도착한다는 것을 뜻한다. 다만 어떠한 경우에도 일요일 및 공유일은 제외한다.
5. 주문: 모든 주문은 당사자 쌍방의 동의에 의하지 않는 한 취소할 수 없는 것으로 한다.

6. 신용장: 매매가 확인되는 즉시 은행은 취소불능신용장이 매도인 앞으로 발행되도록 한다. 신용장은 부득이한 선적지연에 대비하기 위하여 그 유효기간을 선적약정기일보다 21일간 길게 한다.
7. 대금결제: 환어음은 신용장에 의거하여 일람출급으로 하고 서류를 첨부, 송장금액 전액에 대하여 발행되는 것으로 한다.
8. 선적: 본 협정에 의해 매매되는 물품은 모두 약정기한 내에 선적되는 것으로 한다. 선화증권의 일자는 선적일을 최종적으로 입증하는 것으로 간주한다. 별도의 약정이 없는 한 선적항은 매도인이 자유로이 선정한다.
9. 적화보험: 특히 다른 조건을 약정하지 않는 한 모든 물품은 송장금액에 10%를 가산한 것에 ICC(B)조건의 보험을 부보하는 것으로 한다. 모든 보험증권은 미화로써 표시되며 또한 보험금은 '뉴욕'에서 지급되는 것으로 한다.
10. 품질: 매도인은 모든 선적물품의 품질 및 상태에 관하여 견본, 표준 혹은 기술과 일치할 것을 보증한다.
11. 운송중의 손상: 매도인은 모든 물품을 양호한 상태로 선적하고 매수인은 운송도중의 손상·변질 혹은 파손에 관한 모든 위험을 부담하는 것으로 한다.
12. 클레임: '클레임'이 있을 때에는 물품이 목적지에 도착한 후 14일 이내에 전자우편으로 행하고 감정인이 인정한 증명서를 지체없이 우편으로 제시하도록 한다. 매도인과 매수인 간에게 화해할 수 없는 '클레임'은 모두 '서울'에서 중재에 붙여지고 그 중재인은 3명으로 구성되며 중재인의 결정에 최종적으로 따르기로 한다. 패소자는 그 중재비용을 부담하도록 한다.
13. 불가항력: 약정기간 내에 선적을 방해하는 동원, 전쟁, 소요, 폭동, 태러행위, 적대행위, 항만봉쇄, 선박징발, 수출금지, 화재, 홍수, 지진, 폭풍, 기타 예측하기 어려운 사건 등의 불가항력적인 사건이 발생했을 경우에는 매도인은 선적지연에 대하여 책임을 지지 않는다. 전기한 제요인이 발생하였을 때에는 매도인은 이것의 발생 혹은 존재를 증명하는 서류를 지체 없이 매수인에게 송부하여야 한다.
14. 선적지연: 본 협정서 제13조에 규정한 불가항력일 경우에는 약정된 선적기간을 21일간 연장하는 것으로 한다. 유예기간 내의 선적이 제13조에 기재된 제요인의 계속 혹은 그 결과에 의하여 아직 방해되고 있을 경우에는 지연물품의 선적을 용인하든가 아니면 전자우편으로 해약통지를 매도인에게 행함으로써 주문을 취소할 것인가 하는 것은 매수인이 자유로이 결정하도록 한다.
15. 선적통지: 매매계약에 대하여 행한 선적은 즉시 전자우편으로 통지한다.
16. 선적견본: 선적견본을 요구할 때에는 매도인은 그와 같은 견본을 선적 전에 매수인에게 송부하도록 한다.
17. 화인: 모든 선적물품에는 별도 약정한 대로 화인을 표시한다.
18. 전송료: 전송료는 각각의 발신인이 이를 부담한다.

상기 사항의 증거로서 서울무역주식회사는 20××년 9월 1일 이에 서명을 하고 또 아메리카인터네셔널주식회사는 20××년 10월 10일 이에 서명을 하였다. 본 협정은 20××년 11월 1일부터 효력을 발생하며 본 협정서의 조항 어느 것이든 당사자 쌍방의 동의가 없는 한 변경 혹은 수정되지 아니한다.

(매도인) 서울무역주식회사
대표이사 홍길동

(매수인) 아메리카인터내셔널주식회사
대표이사 존 에프 돌란

03-036 Q Incoterms® 2010이란 무엇이며 무역거래시 적용범위는?

A 무역계약은 쌍무계약(bilateral contract)이므로 매도인과 매수인 사이에는 각자 부담해야 할 여러 가지 의무(obligations)가 있다. 따라서 이러한 무역계약 당사자간의 의무를 매 계약시마다 일일이 열거하여 합의하는 것은 계약체결 실무상 번거롭고 비효율적이다. 무역거래에서는 상관습과 제도가 다른 국가간에 이루어지는 특성과 불충분한 지식 등으로 인하여 불리한 조건으로 무역계약을 체결할 가능성도 얼마든지 있다. 따라서 국제상관습의 다양성에서 오는 무역거래규칙에 대한 매매관습의 필요성이 대두되어 표준화내지 통일화 작업이 이루어졌고, FOB나 CIF처럼 간단한 정형을 무역거래에 이용할 수 있게 되었다. 이와 같이 표준화된 거래규칙을 정형거래규칙이라고 한다. Incoterms라는 말은 1936년 국제상업회의소가 제정 당시 "International Commercial Terms"의 첫문자조합의 합성어로 부르게 되고 그 의미는 "무역거래조건의 해석에 관한 국제규칙"(International Rules for the Interpretation of Trade Terms)으로 하였다.

그러나 2010년 개정 인코텀즈, 즉 Incoterms® 2010에서는 전술한 것처럼 "국내 및 국제무역거래조건의 사용에 관한 국제상업회의소 규칙"(ICC rules for the use of domestic and international trade terms)이라는 부제를 달아 국내거래와 국제거래시 이 규칙을 사용할 수 있도록 하고 있다. 이는 미국의 통일상법전, 개정미국무역정의 등에서 FOB나 CIF 등이 국내거래에서 사용되고 있는 점을 감안한 것으로 볼 수 있다. 국제상관습인 Incoterms는 1953년, 1967년, 1976년, 1980년, 1990년, 2000년, 그리고 2010년에 개정되어 2011년 1월1일부터 현재의 11가지 정형거래규칙을 사용하기에 이르렀으며 무역매매가격의 산출근거로 사용되고 있다. Incoterms® 2010은 국제상업회의소의 등록상표로 정형거래 규칙을 표기할 경우 이를 반드시 병행 표기 하도록 하고 있다.

이 규칙에 규정된 정형거래규칙들은 운송수단의 발달과 운송기술의 진보, 정보통신수단의 발달 등 국제무역환경의 변화에 부응하기 위하여 2010년도에 이르기까지 제7차에 걸쳐 약 10년을 주기로 개정이 이루어져 현재 11개의 무역거래규칙(trade rules)이 2011년 1월 1일부터 "Incoterms® 2010"규칙이 적용되고 있다.

인코텀즈의 목적은 외국과의 무역에서 가장 일반적으로 사용되는 무역거래규칙의 해석에 관하여 일련의 국제규칙을 제공하자는 데에 있다. 따라서 인코텀즈의 채택을 통하여 서로 다른 국가간 매매관습에 대한 불확실성이 제거되거나 상당한 정도로 감소될 수 있고 무역거래자들이 겪는 매우 곤란한 세 가지 무역장애요인, 즉 준거법에 대한 불확실성,

불충분한 지식, 그리고 해석상의 상이점 등을 대부분 해소할 수 있다.

그러나 인코텀즈는 매매당사자가 임의로 무역계약시 채택할 수 있도록 최소한의 의무에 대한 해석기준을 통일하여 제공하는 데 지나지 않으며 운송계약이나 보험계약 내용까지 전부 포괄 적용되는 것은 아니다.

인코텀즈는 매도인의 물품을 매수인의 임의 처분상태로 두거나 또는 운송을 위하여 이를 교부하거나 또는 목적지에서 이를 인도할 의무 등 당사자들에게 부과되는 다수의 특정된 의무 및 당사자들간의 위험분담을 다루고 있다. 나아가 인코텀즈는 물품의 수출과 수입 통관의 의무, 물품의 포장, 매수인의 인도수령의 의무뿐만 아니라 각각의 의무를 정히 완수하였다는 증거서류제공의 의무, 안전관련 정보제공의무 등을 다루고 있다. 인코텀즈가 매매계약의 이행을 위하여 극히 중요한 것임에도 불구하고, 그러한 계약에서 발생 할 수 있는 매우 많은 문제들, 예컨대 소유권과 기타 재산권의 이전, 계약의 위반과 그러한 위반으로부터 야기되는 결과뿐만 아니라, 권리구제 및 일정한 사정에서의 의무면제 등은 전혀 다루어지지 아니하고 있다. 이와 아울러 계약위반의 결과와 다양한 장애요인에 기인되는 문제들은 매매계약상의 다른 규정과 준거법에 의하여 해결되어야 한다.

인코텀즈를 적용함에 있어 특정거래나 당시의 사정 또는 개별적 편의에 적합하도록 특정내용을 변경하는 것은 바람직하지 않으나 필요할 경우 매매계약서에 분명하게 명시하여야 한다. 또한 인코텀즈는 강행규정이 아닌, 임의규정으로 매매계약시 계약당사자가 Incoterms® 2010 규칙을 적용하기로 합의하여야만 비로소 구속력을 가지게 된다.

03-037 Q Incoterms® 2010에 반영된 정형거래규칙은 어떠한 것들이 있나요?

A Incoterms® 2010 규칙에서 반영하고 있는 11가지 정형거래규칙은 다음과 같이 모든 운송방식에 적용되는 규칙 7개 규칙과 해상 및 내수로 운송을 위한 규칙 4개 규칙이 있다.

[표 3-6] Incoterms® 2010 규칙의 분류

RULES FOR ANY MODE OR MODES OF TRANSPORT 모든 운송방식을 위한 규칙	
EXW	EX WORKS EXW (insert named place of delivery) Incoterms® 2010 공장인도(지정인도장소 삽입) 인코텀즈 2010
FCA	FREE CARRIER FCA (insert named place of delivery) Incoterms® 2010 운송인인도(지정인도장소 삽입) 인코텀즈 2010
CPT	CARRIAGE PAID TO CPT (insert named place of destination) Incoterms® 2010 운송비 지급인도(지정목적지 삽입) 인코텀즈 2010
CIP	CARRIAGE AND INSURANCE PAID TO CIP (insert named place of destination) Incoterms® 2010 운송비·보험료지급인도(지정목적지 삽입) 인코텀즈 2010
DAT	DELIVERED AT TERMINAL DAT (insert named terminal at port or place of destination) Incoterms® 2010 터미널인도(지정터미널 또는 지정목적지 삽입) 인코텀즈 2010
DAP	DELIVERED AT PLACE DAP (insert named place of destination) Incoterms® 2010 목적지인도(지정목적지 삽입) 인코텀즈 2010
DDP	DELIVERED DUTY PAID DDP (insert named place of destination) Incoterms® 2010 관세지급인도(지정목적지 삽입) 인코텀즈 2010

RULES FOR SEA AND INLAND WATERWAY TRANSPORT
해상 및 내수로 운송을 위한 규칙

FAS FREE ALONGSIDE SHIP
FAS (insert named port of shipment) Incoterms® 2010
선측인도(지정선적항 삽입) 인코텀즈 2010

FOB FREE ON BOARD
FOB (insert named port of shipment) Incoterms® 2010
본선인도(지정선적항 삽입) 인코텀즈 2010

CFR COST AND FREIGHT
CFR (insert named port of destination) Incoterms® 2010
운임포함인도(지정목적항 삽입) 인코텀즈 2010

CIF COST, INSURANCE AND FREIGHT
CIF (insert named port of destination) Incoterms® 2010
운임·보험료포함인도(지정목적항 삽입) 인코텀즈 2010

03-038 Q Incoterms® 2010에 반영된 거래규칙별 매도인과 매수인의 세부 의무에는 어떠한 것들이 있나요?

A Incoterms® 2010 규칙에서는 매 거래조건별로 매도인과 매수인의 10가지 의무에 대하여 다음과 같은 표제어(headings)를 두어 규정하고 있다. 따라서 인코텀즈에 규정된 정형거래규칙에서는 모든 의무를 규정하는 것이 아니고 매도인과 매수인은 다음과 같이 의무에만 한정하기 때문에 기타의 의무들에 대해서는 무역계약시에 별도로 약정하여야 한다.

[표3-4] Incoterms® 2010에서의 매도인과 매수인의 세부의무

매도인의 의무(The seller's obligations)	매수인의 의무(The buyer's obligations)
A1. 매도인의 일반적인 의무 (General obligations of the seller)	B1. 매수인의 일반적인 의무 (General obligations of the seller)
A2. 허가, 승인, 안전통관 및 기타 수속절차 (Licences, authorizations, security clearances and other formalities)	B2. 허가, 승인, 안전통관 및 기타 수속절차 (Licences, authorizations, security clearances and other formalities)
A3. 운송 및 보험계약 (Contracts of carriage and insurance)	B3. 운송 및 보험계약 (Contracts of carriage and insurance)
A4. 인도(Delivery)	B4. 인도의 수령(Taking delivery)
A5. 위험의 이전(Transfer of risk)	B5. 위험의 이전(Transfer of risks)
A6. 비용의 분담(Allocation of costs)	B6. 비용의 분담(Allocation of costs)
A7. 매수인에 대한 통지(Notice to the buyer)	B7. 매도인에 대한 통지(Notice to the seller)
A8. 인도서류(Delivery Document)	B8. 인도서류 (Delivery Document)
A9. 점검, 포장, 화인 (Checking-packaging-marking)	B9. 물품검사(Inspection of goods)
A10. 정보제공에 대한 협조 및 관련 비용 (Assistance with information and related costs)	B10. 정보제공에 대한 협조 및 관련 비용 (Assistance with information and related costs)

03-039 Q Incoterms® 2010에 규정된 EXW 규칙이란 무엇이며 매매당사자의 주요의무는?

A EXW는 Ex Works의 약칭으로 "공장인도"를 말한다.

공장인도(Ex works)[7]는 선택된 운송방식에 관계없이 사용될 수 있으며, 또한 하나 이상의 운송방식인 경우에도 사용될 수 있다. 이 규칙은 국내거래에 적합한 반면에 FCA는 보통 국제무역에 더 적합하다.

공장인도라 함은 매도인의 구내(premises) 또는 기타 지정된 장소(예컨대 작업장, 공장, 창고 등)에서 매수인의 임의처분상태로 둘 때 인도하는 것을 의미한다. 매도인은 물품을 어떤 집화차량(collecting vehicle)에 적재할 필요가 없으며, 수출통관이 필요한 경우에도 수출물품에 대하여 통관할 필요가 없다.

당사자는 지정된 인도장소 내의 지점(point)을 가능한 한 분명하게 명시하도록 하여야 한다. 이 때 그 지점까지의 비용과 위험은 매도인의 부담으로 한다. 매수인은 지정인도장소가 있는 경우 합의된 지점으로부터 물품을 수령하는데 수반되는 모든 비용과 위험을 부담한다.

EXW는 매도인에 대한 최소의무를 나타내며 다음과 같은 사항을 유의하여 사용되어야 한다.

a) 매도인이 비록 실무적으로 물품을 적재하는데 더 유리한 위치에 있다고 할지라도 매도인이 매수인에게 물품을 적재할 의무가 없다. 매도인이 물품을 적재하는 경우 그것은 매수인의 위험과 비용으로 적재하는 것이다. 매도인이 물품을 적재하는데 더 유리한 위치에 있는 경우 매도인이 자신의 위험과 비용으로 적재를 행하는 FCA가 더 적절하다.

b) 수출을 위하여 EXW 에 기초하여 매도인으로부터 물품을 구매하는 매수인은 매수인이 수출을 이행하도록 요구되는 것과 같이 매도인은 오직 필요한 협조를 제공할 의무만 있고 수출통관을 행할 의무가 없다는 점을 알아야 할 필요가 있다. 매도인은 오직 매도인은 매수인이 자신에게 수출통관을 요청할 때 그러한 수출을 위한 협조를 제공하는 의무만을 가지고 있다. 즉 매도인이 반드시 수출통관을 수행할 의무가 없는 것을 주의해야 한다. 그러므로 매수인이 직접 또는 간접으로 수출통관을 행할

7) Ex는 라틴어로 영어의 "from" 또는 "out of"의 의미를 갖는다. Ex Works는 라틴어로 "Loco", 영어의 "Spot"의 의미로 계약물품을 현장에서 인도하는 경우에 사용되며 포괄적으로 현장인도라고 한다.

수 없을 경우 EXW를 사용하지 않는 것이 바람직하다.

c) 매수인은 매도인에게 물품 수출에 관한 모든 정보를 제공하는 의무는 제한되어 있다. 그러나 매도인은 예를 들어 조세 또는 보고를 목적으로 이러한 정보가 필요할 수 있다.

1) 위험의 이전

위험의 이전(transfer of risks)은 매도인이 계약물품을 합의된 일자나 기간 내에 합의된 지점에서 매수인의 임의처분상태로 둘 때가 분기점이 된다. 따라서 EXW 규칙에서 매수인은 계약내용대로 특정된 물품이 자신의 임의처분에 맡겨진 이후에 발생하는 모든 위험을 부담하여야 한다.

2) 비용의 분담

비용의 분담(allocation of costs)은 위험이전의 분기점을 기준으로 하여 매도인은 합의된 지점에서 매수인의 임의처분 상태로 둘 때까지의 제 비용을 부담한다. 즉 물품을 직접 제조하거나 구매·조달하는 데 따른 기본 원가(basic costs), 사업부문별 간접 원가(indirect costs), 포장비(packing costs), 품질·용적·중량·수량의 물품점검업무비용(costs of checking operations) 및 기타 잡비를 부담하여야 한다.

한편 매수인은 운송수단에의 적재비용(loading charges), 수출입 승인비용, 선적전 검사비용(costs of pre-shipment inspection: PSI), 적용 가능한 경우(where applicable) 수출시에 지급되는 모든 관세(all duties), 조세(taxes) 및 기타 부과금(other charges)을 포함한 통관비용(customs clearance charges), 내륙운송비, 해상운임, 적화보험료 등 임의처분상태로 인도된 이후의 제비용을 부담하여야 한다.

3) 매도인의 제공서류

EXW 규칙에서 매도인은 일반적인 의무로 매매계약과 일치하는 상업송장(Commercial Invoice) 및 계약에서 요구하는 일치증명(evidence of conformity)을 제공하여야 한다. 이와 같은 모든 서류는 이에 상응한 전자기록 또는 절차(electronic record or procedure)도 인정된다.

그러나 매도인은 매수인에게 인도서류(delivery document)의 제공의무는 없으나,[8] 매수인의 요청에 따라 매수인의 비용과 위험으로 포장명세서(Packing List), 원산지증명서(Certificate of Origin), 품질 및 수량증명서(Certificate of Quality and Quantity), 중량 및 용적증명서(Certificate of Weight and Measurement), 영사송장(Consular Invoice) 그리고 보험부보를 위한 정보 등 임의서류를 제공할 수 있다.

---

8) Incoterms® 2010, EXW A8.

4) 기타 의무와 정보제공을 위한 협조 및 관련 비용

매도인은 매수인에게 계약과 일치하는 물품을 제공하고, 적용 가능한 경우 매수인의 요청과 위험 및 비용부담으로 수출허가, 공적인 승인, 물품의 안전통관(security clearance)을 위하여 요구되는 매도인이 갖고 있는 모든 정보를 제공하여야 하며, 필요한 제 서류의 취득을 위한 협조를 제공하여야 한다. 또한 계약물품을 매수인이 인도 가능하도록 필요한 모든 통지를 하여야하고, 포장이 필요한 물품의 경우에는 적절한 화인(marking)을 하여야 한다.

한편 매수인은 계약에 정한 바에 따라 대금지급(payment of price)을 하여야 하며, 수출입승인과 수출입통관수속절차를 이행하여야 하고, 물품을 매수인의 임의 처분하는 장소에서 물품 인도의 수령(taking delivery)을 행하여야 한다. 또한 약정기간 내에 물품의 인수시기와 지점을 결정할 권리를 유보할 경우에는 매도인에게 충분한 통지를 하여야 한다.

5) 거래규칙 표기의 예

무역계약을 체결할 때 가격조건(price terms) 또는 인도조건(delivery terms)을 인코텀즈의 공장인도(EXW) 규칙으로 약정하고자 할 경우에는 다음의 예와 같이 표기한다.

* 표기 기준: "EXW (insert named place of delivery) Incoterms® 2010"
"EXW 지정인도장소 삽입 Incoterms® 2010)"

인도장소가 공장일 경우 "EXW Abc Factory Incoterms® 2010"
인도장소가 광산일 경우 "EXW Abc Mine Incoterms® 2010"
인도장소가 경작지일 경우 "EXW Abc Plantation Incoterms® 2010"

03-040 Q Incoterms® 2010에 규정된 FCA 규칙이란 무엇이며 매매당사자의 주요의무는?

A FCA는 Free Carrier의 약칭으로 "운송인인도"를 말한다.

운송인인도(Free Carrier)는 선택된 운송방식에 관계없이 사용될 수 있으며, 또한 하나 이상의 운송방식인 경우에도 사용될 수 있다.

운송인인도라 함은 매도인이 물품을 지정된 장소에서 매수인이 정한 운송인 또는 기타의 자에게 인도하는 것을 의미한다. 당사자는 위험이 그러한 지점(point)에서 매수인에게 이전되는 것과 같이 지정된 인도장소 내의 지점을 가능한 한 분명하게 명시하도록 하여야 한다.

당사자가 매도인의 구내(premises)에서 물품을 인도하고자 하는 경우에는, 당사자는 지정인도장소로서 그 구내의 주소를 특정하여야 하고, 반면에 당사자가 그 밖의 장소에서 물품을 인도하고자 하는 경우에는 다른 구체적인 인도장소를 특정하여야 한다.

FCA는 적용 가능한 경우, 매도인에게 물품에 대한 수출통관을 요구하고 있다. 그러나 매도인은 물품의 수입통관을 할 의무와 모든 수입관세의 지급의무 또는 수입통관 수속절차를 이행할 의무가 없다.

1) 위험의 이전

위험의 이전(transfer of risks)은 매도인이 계약물품을 합의된 일자나 기간 내에 합의된 지점 또는 지정된 장소에서 매수인이 정한 운송인 또는 기타의 자에게 인도할 때가 분기점이 된다.

FCA 규칙에서 위험의 이전시점은 매도인이 적출지에서 다음과 같이 운송인에게 물품인도가 완료되는 때가 된다.

첫째, 지정된 장소가 매도인 구내인 경우에는, 물품이 매수인에 의하여 제공된 운송수단 상에 적재된 때 인도가 완료되는 것이며 이 때 위험도 매도인으로부터 매수인에게 이전된다.

둘째, 그 밖의 경우로, 물품이 매도인의 운송수단 상에서 양화되지 아니하고 매수인이 정한 운송인 또는 기타의 자의 임의처분상태로 둘 때 인도가 완료되는 것이며 이 때 위험도 매도인으로부터 매수인에게 이전된다.

따라서 FCA 규칙에서 매수인은 계약내용대로 특정된 물품에 대하여 지정된 운송인 또는 기타의 자에게 인도된 이후에 발생하는 모든 위험을 부담하여야 한다.

FCA 규칙에서 물품의 인도장소는 매수인이 정하는 것이 원칙이지만 그렇지 않았다면 매도인이 적합한 장소를 선택할 수 있다. 구체적인 예는 철도터미널(railway terminal), 화물터미널(cargo terminal), 컨테이너터미널(container terminal), 내륙컨테이너기지(Inland Container Depot: ICD), 매도인의 작업장 구내(premises) 등이 될 수 있다.

2) 비용의 분담

비용의 분담(allocation of costs)은 위험이전의 분기점을 기준으로 하여 매도인은 지정된 장소에서 매수인이 정한 운송인 또는 기타의 자에게 인도할 때까지의 제 비용을 부담한다. 즉 물품을 직접 제조하거나 구매·조달하는 데 따른 기본 원가(basic costs), 사업부문별 간접 원가(indirect costs), 포장비(packing costs), 품질·용적·중량·수량의 물품점검업무비용(costs of checking operations) 및 기타 잡비를 부담하여야 한다. 또한 인도 지점까지의 내륙운송비(inland freight), 물품인도완료에 따른 통지비용과 물품인도증거서류 취득 비용을 부담하여야 한다. 또한 적용가능한 경우 수출승인이나 기타 정부승인을 얻는 데 소요되는 비용, 수출에 수반되어 부과되는 관세(export duties)와 조세 또는 기타 부과금 및 세관수속절차(customs formalities)에 소요되는 일체의 비용을 부담하여야 한다.

한편 매수인은 매도인이 물품인도의무를 완료한 이후 일체의 비용을 부담하여야 한다. 즉, 운송비, 적화보험료, 적용 가능한 경우(where plicable) 수입시 지급되는 모든 관세(all duties), 조세(taxes) 및 기타 부과금(other charges)을 포함한 통관비용(customs clearance charges) 등 인도된 이후의 제비용이다.

3) 매도인의 제공서류

FCA 규칙에서 매도인은 일반적인 의무로 매매계약과 일치하는 상업송장(Commercial Invoice) 및 계약에서 요구하는 일치증명(evidence of conformity)을 제공하여야 한다. 이와 같은 모든 서류는 이에 상응한 전자기록 또는 절차(electronic record or procedure)도 인정된다.

매도인은 운송인 또는 기타의 자에게 물품인도가 완료되었다는 관례적인 증거(usual proof)를 제공하여야 한다. 이러한 증거가 운송서류가 아닐 경우 매수인의 요청으로 매수인의 위험과 비용부담으로 운송서류를 취득하는 데 따른 협조를 제공하여야 한다.

따라서 매도인은 선택된 운송방식에 따른 운송서류(transport document)를 매수인에게 제공하여야 한다. 즉 복합운송서류(multimodal transport document), 해상선화증권(marine bill of lading), 내수로 운송서류(inland waterway document), 항공화물운송장(air waybill), 철도화물수탁서(rail consignment note), 도로화물수탁서(road consignment note) 등이다.

한편 매수인의 요청에 따라 매수인의 비용과 위험으로 포장명세서(Packing List), 원산지증명서(Certificate of Origin), 품질 및 수량증명서(Certificate of Quality and Quantity), 중량 및 용적증명서(Certificate of Weight and Measurement), 영사송장(Consular Invoice) 그리고 보험부보를 위한 정보 등 임의서류를 제공할 수 있다.

4) 기타 의무와 정보제공을 위한 협조 및 관련 비용

매도인은 매수인에게 계약과 일치하는 물품을 제공하고, 적용 가능한 경우 매도인은 자신의 위험 및 비용부담으로 수출허가 또는 공적인 승인 및 수출통관 수속절차를 이행하여야 한다. 또한 매수인이 요구하는 경우 상관습에 반하지 않는 경우 매수인의 위험 및 비용부담으로 운송계약을 체결하여야 하며, 운송인이 약정된 기간에 물품을 인수하지 않은 때에는 이를 매수인에게 통지하여야 한다. 적용 가능한 경우 매수인의 요청과 위험 및 비용부담으로 모든 서류 및 안전관련 정보(security-related information)를 제공하여야 하며, 필요한 제 서류의 취득을 위한 협조를 제공하여야 한다. 또한 계약물품을 매수인이 인도 가능하도록 필요한 모든 통지를 하여야하고, 포장이 필요한 물품의 경우에는 적절한 화인(marking)을 하여야 한다.

한편 매수인은 계약에 정한 바에 따라 대금지급(payment of price)을 하여야 하며, 수입승인과 수입통관수속절차를 이행하여야 하고, 물품을 지정된 장소에서 매수인이 정한 운송인 또는 기타의 자에게 인도하는 장소에서 물품 인도의 수령(taking delivery)을 행하며, 운송계약을 체결하고 운송비를 부담하여야 한다. 또한 매도인에게운송을 위하여 지정된 운송인 명칭 또는 기타의 자의 명칭, 필요한 경우 인도를 위하여 선택된 시기, 운송방식 그리고 인도의 수령 지점을 통지하여야 한다. 매도인의 요청에 따른 정보 등의 협조를 제공하고 매수인의 요청으로 서류 또는 정보제공에 따라 발생한 모든 비용과 수수료를 매도인에게 지급하여야 한다. 그리고 검사가 수출국 당국에 의하여 강행적으로 이루어지는 경우를 제외하고 선적전검사(pre-shipment inspection: PSI)비용을 부담하여야 한다.

5) 거래규칙 표기의 예

무역계약을 체결할 때 가격조건(price terms) 또는 인도조건(delivery terms)을 인코텀즈의 운송인인도(FCA) 규칙으로 약정하고자 할 경우에는 다음의 예와 같이 표기한다. 특히 FCA 규칙에서 당사자가 매도인의 구내(premises)에서 물품을 인도하기로 약정 할 경우에는 다음 복합운송의 경우에서와 같이 Incoterms®2010 규칙에 따라 매도인의 주소를 FCA 다음에 명시하여야 한다.

* 표기 기준: "FCA (insert named place of delivery) Incoterms® 2010"
"FCA 지정인도장소 삽입 Incoterms® 2010"

복합운송의 경우: "FCA 30, Yangjae-dong, Seocho-gu, Seoul, Korea Incoterms® 2010"

항공운송의 경우: "FCA Incheon Airport Incoterms® 2010"

해상운송의 경우: "FCA Yongdang Container Terminal Incoterms® 2010"

철도운송의 경우: "FCA Gwangmyung Station Incoterms® 2010"

도로운송의 경우: "FCA Seocho Cargo Terminal Incoterms® 2010"

03-041 Q Incoterms® 2010에 규정된 CPT 규칙이란 무엇이며 매매당사자의 주요의무는?

A CPT는 Carriage Paid To의 약칭으로 "운송비지급인도"를 말한다.

운송비지급인도(Carriage Paid To)는 선택된 운송방식에 관계없이 사용될 수 있으며, 또한 하나 이상의 운송방식인 경우에도 사용될 수 있다.

운송비지급인도라 함은 합의된 장소(당사자간 이와 같은 장소가 합의된 경우)에서 매도인이 지정한 운송인 또는 기타의 자에게 물품을 인도하고, 지정 목적지까지 물품 운송에 필요한 운송계약을 체결하고 운송비를 지급하여야 하는 것을 의미한다. CPT, CIP, CFR 또는 CIF가 사용되는 경우, 매도인이 인도에 대한 의무는 물품이 목적지에 도착될 때가 아닌 물품이 운송인에게 교부될 때에 완료된다.

이 규칙은 두 가지의 중요한 분기점이 있다, 즉 위험이 이전되고 비용이 이전되는 지점이 상이한 장소에서 이루어지기 때문이다. 당사자는 매도인으로부터 매수인에게 이전되는 인도장소와 매도인이 운송계약을 체결하여야 하는 지정목적지에 관하여 계약에서 가능한 한 분명하게 특정하도록 하여야 한다. 다수의 운송인이 합의된 목적지까지 운송을 위하여 참여된 경우 및 당사자가 특정한 인도지점에 관하여 합의하지 아니한 경우, 위험이전의 기본적인 장소는 매도인이 매수인의 관여 없이 자신이 선택한 지점에서 물품을 최초의 운송인에게 인도하는 시점이다. 만약 당사자가 위험의 이전시점을 그 이후의 단계(예컨대, 항구 또는 공항에서)로 하고자 하는 경우에는 이를 계약서에 명시할 필요가 있다.

당사자는 매도인이 합의된 목적지 내의 지정 지점까지 비용을 부담하므로 가능한 한 지정 지점을 명확하게 특정하도록 통지하여야 한다. 매도인은 그러한 선택에 명확하게 일치하는 운송계약을 취득하도록 하여야 한다. 매도인이 운송계약에 따라 지정목적지에서 양화와 관련된 비용을 지급하는 경우, 매도인은 당사자 간에 별도 합의가 없는 한 매수인으로부터 그러한 비용을 보상받을 수 없다.

CPT는 적용 가능한 경우, 매도인에게 물품에 대한 수출통관을 요구하고 있다. 그러나 매도인은 물품의 수입통관을 할 의무와 모든 수입관세의 지급의무 또는 수입통관수속절차를 이행할 의무가 없다.

1) 위험의 이전

위험의 이전(transfer of risks)은 매도인이 물품을 합의된 일자 또는 기간 내에 계약된 운송인에게 인도할 때까지 물품의 멸실이나 손상에 대한 위험을 부담하는 때가 분기점이 된다. 여기서 물품의 인도는 합의된 일자 또는 기간 내에 지정 목적지까지의 운송을 위하여 운송계약이 체결된 운송인에게 계약물품을 인도함으로써 이루어진다.

보통 "door to door" 서비스가 이루어질 경우에는 매도인의 공장이나 구내에서 최초의 운송인인 컨테이너 복합운송인에게 물품을 컨테이너에 적재·인도함으로써 인도가 이루어지고 위험도 이전된다.

인도장소는 구체적으로 적출지의 매도인의 구내(premise), 컨테이너 터미널의 컨테이너 화물조작장(container freight station: CFS)이나 컨테이너 야적장(container yard CY), 철도역이나 화물터미널, 공항이나 선적항 또는 내수로 항구, 기타 운송터미널 또는 창고 등이 될 수 있고, 경우에 따라서 철도화차 내 또는 본선 내 또는 부선 내도 될 수 있다.

2) 비용의 분담

CPT 규칙에서 물품인도장소 및 물품에 대한 위험이전 분기점을 보통 적출지인 수출국 내로 하면서도, 운송비(carriage)는 수입국 지정목적지까지 매도인이 부담하도록 함으로써 물품인도장소 및 위험이전과 비용의 분담(allocation of costs)에 대한 분기점을 상이하게 분리하고 있다.

CPT 규칙에서 매도인은 물품을 직접 제조하거나 구매·조달하는 데 따른 기본 원가(basic costs), 사업부문별 간접 원가(indirect costs), 포장비(packing costs), 품질·용적·중량·수량의 물품점검업무비용(costs of checking operations) 및 기타 잡비를 부담하여야 한다. 또한 인도 지점까지의 내륙운송비(inland freight), 약정된 목적지까지의 운임(freight), 물품인도완료에 따른 통지비용과 물품인도증거서류 취득 비용을 부담하여야 한다. 또한 적용 가능한 경우 수출승인이나 기타 정부승인을 얻는 데 소요되는 비용, 수출에 수반되어 부과되는 관세(export duties)와 조세 또는 기타 부과금 및 세관수속절차(customs formalities)에 소요되는 일체의 비용을 부담하여야 한다.

한편 매수인은 최종목적지까지의 적화보험료, 적용 가능한 경우(where applicable) 수입시 지급되는 모든 관세(all duties), 조세(taxes) 및 기타 부과금(other charges)을 포함한 통관비용(customs clearance charges) 등 인도된 이후의 제비용을 부담하여야 한다. 또한 매수인이 물품발송의 시기와 목적지를 매도인에게 통지하지 않음으로써 매도인의 물품인도 장해요인을 야기 시킨 경우 이로 인하여 발생된 추가비용, 선적전 물품검사비용(PSI) 등을 부담하여야 한다.

3) 매도인의 제공서류

CPT 규칙에서 매도인은 일반적인 의무로 매매계약과 일치하는 상업송장(Commercial

Invoice) 및 계약에서 요구하는 일치증명(evidence of conformity)을 제공하여야 한다. 이와 같은 모든 서류는 이에 상응한 전자기록 또는 절차(electronic record or procedure)도 인정된다.

또한 매도인은 운송계약에 따른 운송서류(transport document)를 제공하여야 한다. 운송서류는 유통 가능한 형식(negotiable form)으로 수통의 원본이 발행된 경우 원본 전통(full set)을 매수인에게 제시하여야 한다. 이와 같은 운송서류로는 복합운송서류(multimodal transport document), 해상선화증권(marine bill of lading), 내수로운송서류(inland waterway document), 항공화물운송장(air waybill), 철도화물수탁서(rail consignment note), 도로화물수탁서(road consignment note) 등이다.

한편 매수인의 요청에 따라 매수인의 비용과 위험으로 포장명세서(Packing List), 원산지증명서(Certificate of Origin), 품질 및 수량증명서(Certificate of Quality and Quantity), 중량 및 용적증명서(Certificate of Weight and Measurement), 영사송장(Consular Invoice) 그리고 보험부보를 위한 정보 등 임의서류를 제공할 수 있다.

4) 기타 의무와 정보제공을 위한 협조 및 관련 비용

매도인은 매수인에게 계약과 일치하는 물품을 제공하고, 적용 가능한 경우 매도인은 자신의 위험 및 비용부담으로 수출허가 또는 공적인 승인 및 수출통관 수속절차를 이행하여야 한다. 또한 매도인의 위험 및 비용부담으로 운송계약을 체결하고 목적지까지의 운송비(carriage)를 부담하여야 한다. 적용 가능한 경우 매수인의 요청과 위험 및 비용부담으로 모든 서류 및 안전관련 정보(security-related information)를 제공하여야 하며, 필요한 제 서류의 취득을 위한 협조를 제공하여야 한다. 또한 물품이 인도되었다는 사실 및 매수인이 인도 가능하도록 필요한 모든 통지를 행하여야하고, 포장이 필요한 물품의 경우에는 적절한 화인(marking)을 하여야 한다.

한편 매수인은 계약에 정한 바에 따라 대금지급(payment of price)을 하여야 하며, 수입승인과 수입통관수속절차를 이행하여야 하고, 지정목적지에서 물품 인도의 수령(taking delivery)을 행하여야 한다. 또한 매도인의 요청에 따른 정보 등의 협조를 제공하고 매수인의 요청으로 서류 또는 정보제공에 따라 발생한 모든 비용과 수수료를 매도인에게 지급하여야 한다. 검사가 수출국 당국에 의하여 강행적으로 이루어지는 경우를 제외하고 선적전검사(pre-shipment inspection: PSI)비용을 부담하여야 한다.

5) 거래규칙 표기의 예

무역계약을 체결할 때 가격조건(price terms) 또는 인도조건(delivery terms)을 인코텀즈의 운송비지급인도(CPT) 규칙으로 약정하고자 할 경우에는 다음의 예와 같이 표기한다.

* 표기 기준: "CPT (insert named place of destination) Incoterms® 2010"
"CPT 지정목적지 삽입 Incoterms® 2010"

복합운송의 경우: "CPT Abc Warehouse, Chicago Incoterms® 2010"

항공운송의 경우: "CPT New York Airport Incoterms® 2010"

해상운송의 경우: "CPT New York Incoterms® 2010"

철도운송의 경우: "CPT Chicago Station Incoterms® 2010"

도로운송의 경우: "CPT Abc Cargo Terminal, Chicago Incoterms® 2010"

03-042

Q Incoterms® 2010에 규정된 CIP 규칙이란 무엇이며 매매당사자의 주요의무는?

A CIP는 Carriage and Insurance Paid to의 약칭으로 "운송비·보험료지급인도"를 말한다.

운송비·보험료지급인도(CIP: Carriage and Insurance Paid to)는 선택된 운송방식에 관계없이 사용될 수 있으며, 또한 하나 이상의 운송방식인 경우에도 사용될 수 있다.

운송비·보험료지급인도라 함은 합의된 장소(당사자간 이와 같은 장소가 합의된 경우)에서 매도인이 지정한 운송인 또는 기타의 자에게 물품을 인도하고, 지정 목적지까지 물품 운송에 필요한 운송계약을 체결하고 운송비를 지급하여야 하는 것을 의미한다.

매도인은 또한 운송중 물품의 멸실 또는 손상에 대한 매수인의 위험에 대하여 보험부보계약을 체결한다. 매수인은 CIP 하에서 매도인이 최소담보조건으로 보험을 부보하도록 요구되는 점을 주의하여야 한다. 매수인이 더 많은 보험담보를 원할 경우, 매도인과 특별히 합의하거나 자신이 추가보험계약을 체결할 필요가 있다. CPT, CIP, CFR 또는 CIF가 사용되는 경우, 매도인이 인도에 대한 의무는 물품이 목적지에 도착될 때가 아닌 물품이 운송인에게 교부될 때에 완료된다.

이 규칙은 두 가지의 중요한 분기점이 있다, 즉 위험이 이전되고 비용이 이전되는 지점이 상이한 장소에서 이루어지기 때문이다. 당사자는 매도인으로부터 매수인에게 이전되는 인도장소와 매도인이 운송계약을 체결하여야 하는 지정목적지에 관하여 계약에서 가능한 한 분명하게 특정하도록 하여야 한다. 다수의 운송인이 합의된 목적지까지 운송을 위하여 참여된 경우 및 당사자가 특정한 인도지점에 관하여 합의하지 아니한 경우, 위험 이전의 기본적인 장소는 매도인이 매수인의 관여 없이 자신이 선택한 지점에서 물품을 최초의 운송인에게 인도하는 시점이다. 만약 당사자가 위험의 이전시점을 그 이후의 단계(예컨대, 항구 또는 공항에서)로 하고자 하는 경우에는 이를 계약서에 명시할 필요가 있다.

당사자는 매도인이 합의된 목적지 내의 지정 지점까지 비용을 부담하므로 가능한 한 지정 지점을 명확하게 특정하도록 하여야 한다. 매도인은 그러한 선택에 명확하게 일치하는 운송계약을 체결하도록 하여야 한다. 매도인이 관련된 운송계약에 따라 지정목적지에서의 양화와 관련된 비용을 지급하는 경우, 매도인은 당사자 간에 별도 합의가 없는 한 매수인으로부터 그러한 비용을 보상받을 수 없다.

CIP는 적용 가능한 경우, 매도인에게 물품에 대한 수출통관을 요구하고 있다. 그러나 매도인은 물품의 수입통관을 할 의무와 모든 수입관세의 지급의무 또는 수입통관수속절차를 이행할 의무가 없다.

1) 위험의 이전

위험의 이전(transfer of risks)은 매도인이 물품을 합의된 일자 또는 기간 내에 계약된 운송인에게 인도할 때까지 물품의 멸실 또는 손상에 대한 위험을 부담할 때가 분기점이 된다. 여기서 물품의 인도는 합의된 일자 또는 기간 내에 지정 목적지까지의 운송을 위하여 운송계약이 체결된 운송인에게 계약물품을 인도함으로써 이루어진다.

보통 "door to door" 서비스가 이루어질 경우에는 매도인의 공장이나 구내에서 최초의 운송인인 컨테이너 복합운송인에게 물품을 컨테이너에 적재·인도함으로써 인도가 이루어지고 위험도 이전된다.

인도장소는 구체적으로 적출지의 매도인의 구내(premise), 컨테이너 터미널의 컨테이너 화물조작장(container freight station: CFS)이나 컨테이너 야적장(container yard: CY), 철도역이나 화물터미널, 공항이나 선적항 또는 내수로 항구, 기타 운송터미널 또는 창고 등이 될 수 있고, 경우에 따라서 철도화차 내 또는 본선 내 또는 부선 내도 될 수 있다.

2) 비용의 분담

CIP 규칙에서 물품인도장소 및 물품에 대한 위험이전 분기점을 보통 적출지인 수출국 내로 하면서도, 운송비(carriage) 및 적화보험료(cargo insurance premium)는 수입국 지정목적지까지 매도인이 부담하도록 함으로써 물품인도장소 및 위험이전과 비용의 분담(allocation of costs)에 대한 분기점을 상이하게 분리하고 있다.

CIP 규칙에서 매도인은 물품을 직접 제조하거나 구매·조달하는 데 따른 기본 원가(basic costs), 사업부문별 간접 원가(indirect costs), 포장비(packing costs), 품질·용적·중량·수량의 물품점검업무비용(costs of checking operations) 및 기타 잡비를 부담하여야 한다. 또한 인도 지점까지의 내륙운송비(inland freight), 약정된 목적지까지의 운임(freight) 및 적화보험료, 물품인도완료에 따른 통지비용과 물품인도증거서류 취득비용을 부담하여야 한다. 또한 적용 가능한 경우 수출승인이나 기타 정부승인을 얻는 데 소요되는 비용, 수출에 수반되어 부과되는 관세(export duties)와 조세 또는 기타 부과금 및 세관수속절차(customs formalities)에 소요되는 일체의 비용을 부담하여야 한다.

한편 매수인은 적용 가능한 경우(where applicable), 수입시 지급되는 모든 관세(all duties), 조세(taxes) 및 기타 부과금(other charges)을 포함한 통관비용(customs clearance charges) 등 인도된 이후의 제비용을 부담하여야 한다. 또한 매수인이 물품발송의 시기와 목적지를 매도인에게 통지하지 않음으로써 매도인의 물품인도 장해요인을 야기 시킨 경우 이로 인하여 발생된 추가비용, 선적전 물품검사비용(PSI) 등을 부담하여야 한다.

3) 매도인의 제공서류

CPT 규칙에서 매도인은 일반적인 의무로 매매계약과 일치하는 상업송장(Commercial Invoice) 및 계약에서 요구하는 일치증명(evidence of conformity)을 제공하여야 한다. 이와 같은 모든 서류는 이에 상응한 전자기록 또는 절차(electronic record or procedure)도 인정된다.

또한 매도인은 운송계약에 따른 운송서류(transport document)를 제공하여야 한다. 운송서류는 유통 가능한 형식(negotiable form)으로 수통의 원본이 발행된 경우 원본 전통(full set)을 매수인에게 제시하여야 한다. 이와 같은 운송서류로는 복합운송서류(multimodal transport document), 해상선화증권(marine bill of lading), 내수로운송서류(inland waterway document), 항공화물운송장(air waybill), 철도화물수탁서(rail consignment note), 도로화물수탁서(road consignment note) 등이다.

그리고 LMA/IUA가 제정한 협회적화약관(Institute Cargo Clauses)의 C조건과 같은 최소 담보조건으로 부보(minimum cover)되고 계약에서 약정된 금액에 10%를 가산한 금액으로 부보된 보험증권(insurance policy) 또는 그 밖의 보험부보 증거(evidence of insurance cover)를 제공하여야 한다.

한편 매수인의 요청에 따라 매수인의 비용과 위험으로 포장명세서(Packing List), 원산지증명서(Certificate of Origin), 품질 및 수량증명서(Certificate of Quality and Quantity), 중량 및 용적증명서(Certificate of Weight and Measurement), 영사송장(Consular Invoice) 그리고 보험부보를 위한 정보 등 임의서류를 제공할 수 있다.

4) 기타 의무와 정보제공을 위한 협조 및 관련 비용

매도인은 매수인에게 계약과 일치하는 물품을 제공하고, 적용 가능한 경우 매도인은 자신의 위험 및 비용부담으로 수출허가 또는 공적인 승인 및 수출통관 수속절차를 이행하여야 한다. 또한 매도인의 위험 및 비용부담으로 운송계약을 체결하고 목적지까지의 운송비(carriage)를 부담하여야 한다. 또한 물품인도지점으로부터 적어도 지정목적지까지 담보될 수 있도록 보험자와 적화보험계약을 체결하고 보험료를 부담하여야 한다. 적용 가능한 경우, 매수인의 요청과 위험 및 비용부담으로 모든 서류 및 안전관련 정보(security-related information)를 제공하여야 하며, 필요한 제 서류의 취득을 위한 협조를 제공하여야 한다. 또한 물품이 인도되었다는 사실 및 매수인이 인도 가능하도록 필요한 모든 통지를 행하여야하고, 포장이 필요한 물품의 경우에는 적절한 화인(marking)을 하여야 한다.

한편 매수인은 계약에 정한 바에 따라 대금지급(payment of price)을 하여야 하며,

수입승인과 수입통관수속절차를 이행하여야 하고, 지정목적지에서 물품 인도의 수령(taking delivery)을 행하여야 한다. 또한 매도인의 요청에 따른 정보 등의 협조를 제공하고 매수인의 요청으로 서류 또는 정보제공에 따라 발생한 모든 비용과 수수료를 매도인에게 지급하여야 한다. 검사가 수출국 당국에 의하여 강행적으로 이루어지는 경우를 제외하고 선적전검사(pre-shipment inspection: PSI)비용을 부담하여야 한다.

5) 거래규칙 표기의 예

무역계약을 체결할 때 가격조건(price terms) 또는 인도조건(delivery terms)을 인코텀즈의 운송비·보험료지급인도(CIP) 규칙으로 약정하고자 할 경우에는 다음의 예와 같이 표기한다.

* 표기 기준: "CIP (insert named place of destination) Incoterms® 2010"
"CIP 지정목적지 삽입 Incoterms® 2010"
복합운송의 경우: "CIP Abc Warehouse, Chicago Incoterms® 2010"
항공운송의 경우: "CIP New York Airport Incoterms® 2010"
해상운송의 경우: "CIP New York Incoterms® 2010"
철도운송의 경우: "CIP Chicago Station Incoterms® 2010"
도로운송의 경우: "CIP Abc Cargo Terminal, Chicago Incoterms® 2010"

03-043 Q Incoterms® 2010에 규정된 DAT 규칙이란 무엇이며 매매당사자의 주요의무는?

A DAT는 Delivered At Terminal의 약칭으로 "터미널인도"를 말한다.

터미널인도(Delivered At Terminal)는 선택된 운송방식에 관계없이 사용될 수 있으며, 또한 하나 이상의 운송방식인 경우에도 사용될 수 있다.

터미널인도라 함은 지정 목적항 또는 지정 목적지에 있는 지정터미널에서 도착한 운송수단에서 일단 양화한 물품을 매수인의 임의처분 상태로 둘 때 매도인이 인도하는 것을 의미한다. 터미널은 덮개 유무와 관계없이 부두, 창고, 컨테이너 야드 또는 도로, 철도 또는 항공화물 터미널을 포함한다. 매도인은 지정 목적항 또는 지정 목적지에 있는 지정 터미널까지의 물품운송 및 양화에 따른 모든 위험을 부담한다.

당사자는 매도인이 그 지점까지의 위험을 부담하여야 하는 합의된 항구 또는 목적지의 터미널 내의 특정지점을 가능한 한 분명하게 명시하도록 하여야 한다. 매도인은 그러한 선택에 정확하게 일치하는 운송계약을 체결하여야 한다. 또 당사자가 터미널에서 다른 장소로 물품을 운송 및 취급하는데 따른 위험 및 비용을 매도인이 부담하기로 하는 경우에는 DAP나 DDP 규칙이 사용되어야 한다.

DAT는 적용 가능한 경우, 매도인에게 물품에 대한 수출통관을 요구하고 있다. 그러나 매도인은 물품의 수입통관을 할 의무와 모든 수입관세의 지급의무 또는 수입통관수속절차를 이행할 의무가 없다.

1) 위험의 이전

위험의 이전(transfer of risks)은 매도인이 합의된 일자 또는 기간 내에 목적지의 항구 또는 장소의 지정터미널에서 도착한 운송수단으로부터 양화한 물품을 매수인의 임의처분 상태로 두어 인도 완료할 때까지의 멸실 또는 손상에 대한 위험을 부담할 때가 분기점이 된다.

2) 비용의 분담

DAT 규칙에서 비용의 분담(allocation of costs)에 대한 분기점과 위험의 이전시점은 일치된다. 매도인은 물품을 직접 제조하거나 구매·조달하는 데 따른 기본 원가(basic costs), 사업부문별 간접 원가(indirect costs), 포장비(packing costs), 품질·용적·중량·수량의 물품점검업무비용(costs of checking operations) 및 기타 잡비를 부담하여야 한다. 또한 합의된 목적지 항구 또는 장소에 있는 지정터미널까지 양화비(unloading charges)를 포함한 물품운송비를 부담한다. 또한 매도인의 의무는 아닐지라도 자신을 위하여 적화보험을 부보 하였다면 당연히 적화보험료도 부담하여야 하는 것이다. 또한 매수인은 적용 가능한 경우(where applicable), 자신의 위험과 비용으로 모든 수출허가 기타 공적인 승인 및 물품수출을 위하여 모든 세관수속절차(customs formalities)를 이행하고, 인도 이전 모든 국가에서 물품수출을 위하여 필요한 세관수속절차 및 운송을 위하여 소요되는 일체의 비용을 부담하여야 한다.

한편 매수인은 적용 가능한 경우, 자신의 위험과 비용으로 모든 수입허가 기타 공적인 승인 및 물품수입을 위하여 모든 세관수속절차를 이행하여야한다. 따라서 매수인은 물품수입과 관련된 모든 관세(all duties), 조세(taxes) 및 기타 부과금(other charges)을 포함한 통관비용(customs clearance charges)을 포함하여 인도된 이후의 제비용을 부담하여야 한다.

3) 매도인의 제공서류

DAT 규칙에서 매도인은 일반적인 의무로 매매계약과 일치하는 상업송장(Commercial Invoice) 및 계약에서 요구하는 일치증명(evidence of conformity)을 제공하여야 한다. 이와 같은 모든 서류는 이에 상응한 전자기록 또는 절차(electronic record or procedure)도 인정된다.

또한 매도인은 매수인이 목적지의 항구 또는 장소의 지정터미널에서 도착한 운송수단으로부터 양화한 물품을 인도의 수령이 가능한 인도서류(delivery document)를 제공하여야 한다. 이와 같은 서류들은 합의에 따라 예컨대, 화물인도지시서(Delivery Order: D/O)나 통상의 운송서류가 이용될 수 있다.

한편 매수인의 요청에 따라 매수인의 비용과 위험으로 포장명세서(Packing List), 원산지증명서(Certificate of Origin), 품질 및 수량증명서(Certificate of Quality and Quantity), 중량 및 용적증명서(Certificate of Weight and Measurement), 영사송장(Consular Invoice) 그리고 보험부보를 위한 정보 등 임의서류를 제공할 수 있다.

4) 기타 의무와 정보제공을 위한 협조 및 관련 비용

매도인은 매수인에게 계약과 일치하는 물품을 제공하고, 적용 가능한 경우 매도인은 자신의 위험 및 비용부담으로 수출허가 또는 공적인 승인 및 수출통관 수속절차를 이행하여야 한다. 또한 매도인의 위험 및 비용부담으로 운송계약을 체결하고 목적지까지의 운송비(carriage)를 부담하여야 한다. 또한 매도인은 매수인을 위하여 적화보험 부보 의 의무는 없으나 매수인의 요청이 있을 경우 매수인의 위험과 비용으로 매수인이 보험부보를 할 수 있는 정보를 제공하여야 한다. 적용 가능한 경우, 매수인의 요청과 위험 및 비용부담으로 모든 서류 및 안전 관련 정보(security-related information)를 제공하여야 하며, 필요한 제 서류의 취득을 위한 협조를 제공하여야 한다. 또한 물품이 인도되었다는 사실 및 매수인이 인도 가능하도록 필요한 모든 통지를 행하여야하고, 포장이 필요한 물품의 경우에는 적절한 화인(marking)을 하여야 한다.

한편 매수인은 계약에 정한 바에 따라 대금지급(payment of price)을 하여야 하며, 수입승인과 수입통관수속절차를 이행하여야 하고, 목적지 지정터미널에서 물품 인도의 수령(taking delivery)을 행하여야 한다. 또한 매도인의 요청에 따른 정보 등의 협조를 제공하고 매수인의 요청으로 서류 또는 정보제공에 따라 발생한 모든 비용과 수수료를 매도인에게 지급하여야 한다. 검사가 수출국 당국에 의하여 강행적으로 이루어지는 경우를 제외하고 선적전검사(pre-shipment inspection: PSI)비용을 부담하여야 한다.

5) 거래규칙 표기의 예

무역계약을 체결할 때 가격조건(price terms) 또는 인도조건(delivery terms)을 인코텀즈의 터미널인도(DAT) 규칙으로 약정하고자 할 경우에는 다음의 예와 같이 표기한다.

* 표기 기준: "DAT (insert named terminal at port or place of destination) Incoterms® 2010"
"DAT 목적지 항구 또는 장소의 지정터미널 삽입 Incoterms® 2010"

복합운송의 경우: "DAT Abc Terminal, Chicago Incoterms® 2010"

항공운송의 경우: "DAT Abc Aircargo Terminal, New York Airport Incoterms® 2010"

해상운송의 경우: "DAT Abc Terminal, New York Incoterms® 2010"

철도운송의 경우: "DAT Abc Terminal, Chicago Station Incoterms® 2010"

도로운송의 경우: "DAT Abc Cargo Terminal, Chicago Incoterms® 2010"

03-044 Q Incoterms® 2010에 규정된 DAP 규칙이란 무엇이며 매매당사자의 주요의무는?

A DAP는 Delivered At Place의 약칭으로 "목적지인도"를 말한다.

목적지인도(Delivered At Place)는 선택된 운송방식에 관계없이 사용될 수 있으며, 또한 하나 이상의 운송방식인 경우에도 사용될 수 있다.

목적지인도라 함은 지정 목적지에서 양화를 위하여 준비된 도착 운송수단 상에서 물품을 매수인의 임의처분 상태로 둘 때 매도인이 인도하는 것을 의미한다. 매도인은 지정 장소까지의 물품운송에 포함된 모든 위험을 부담한다.

당사자는 매도인이 그 지점까지의 위험을 부담하여야 하는 합의된 목적지내의 특정지점을 가능한 한 분명하게 명시하도록 하여야 한다. 매도인은 그러한 선택에 정확하게 일치하는 운송계약을 체결하여야 한다. 매도인이 운송계약에 따라 지정목적지에서 양화와 관련된 비용을 지급하는 경우, 매도인은 당사자 간에 별도 합의가 없는 한 매수인으로부터 그러한 비용을 보상받을 수 없다.

DAP는 적용 가능한 경우, 매도인에게 물품에 대한 수출통관을 요구하고 있다. 그러나 매도인은 물품의 수입통관을 할 의무와 모든 수입관세의 지급의무 또는 수입통관수속절차를 이행할 의무가 없다.

당사자가 매도인이 물품에 대한 수입통관을 하고 모든 수입관세의 지급 및 모든 수입통관수속절차를 이행하기를 원할 경우, DDP 규칙이 사용되어야 한다.

2) 위험의 이전

위험의 이전(transfer of risks)은 매도인이 합의된 일자 또는 기간 내에 목적지의 합의된 지점에서 양화를 위하여 준비된 도착 운송수단 상에서 물품을 매수인의 임의처분 상태로 두어 인도 완료할 때까지의 멸실 또는 손상에 대한 위험을 부담할 때가 분기점이 된다.

3) 비용의 분담

DAP 규칙에서 비용의 분담(allocation of costs)에 대한 분기점과 위험의 이전시점은 일치된다. 매도인은 물품을 직접 제조하거나 구매 조달하는 데 따른 기본 원가(basic costs), 사업부문별 간접 원가(indirect costs), 포장비(packing costs), 품질·용적·중량·수량의 물품점검업무비용(costs of checking operations) 및 기타 잡비를 부담하여야 한다. 또한 목적지의 합의된 지점에서 양화하지 아니한 상태로 준비된 도착 운송수단 상에서 물품을 매수인의 임의처분 상태로 두어 인도 완료할 때까지의 물품운송비를 부담한다(그러나 운송계약에서 매도인이 부담하기로 할 경우에는 매도인이 부담한다).[9] 또한 매도인의 의무는 아닐지라도 자신을 위하여 적화보험을 부보 하였다면 당연히 적화보험료도 부담하여야 하는 것이다. 또한 매수인은 적용 가능한 경우(where applicable), 자신의 위험과 비용으로 모든 수출허가 기타 공적인 승인 및 물품수출을 위하여 모든 세관수속절차(customs formalities)를 이행하고, 인도 이전 모든 국가에서 물품수출을 위하여 필요한 세관수속절차 및 운송을 위하여 소요되는 일체의 비용을 부담하여야 한다.

한편 매수인은 적용 가능한 경우, 자신의 위험과 비용으로 모든 수입허가 기타 공적인 승인 및 물품수입을 위하여 모든 세관수속절차를 이행하여야한다. 따라서 매수인은 물품수입과 관련된 모든 관세(all duties), 조세(taxes) 및 기타 부과금(other charges)을 포함한 통관비용(customs clearance charges)을 포함하여 인도된 이후의 제비용을 부담하여야 한다. 또한 양화비가 운송계약에 따라 매도인이 부담하지 아니하였을 경우, 매수인은 지정 목적지에서 도착 운송수단으로부터 물품인도 수령을 위하여 필요한 모든 양화비를 지급하여야 한다.[10]

4) 매도인의 제공서류

DAP 규칙에서 매도인은 일반적인 의무로 매매계약과 일치하는 상업송장(Commercial Invoice) 및 계약에서 요구하는 일치증명(evidence of conformity)을 제공하여야 한다. 이와 같은 모든 서류는 이에 상응한 전자기록 또는 절차(electronic record or procedure)도 인정된다.

또한 매도인은 매수인이 목적지의 합의된 지점에서 양화를 위하여 준비된 도착 운송수단 상에서 물품을 매수인의 임의처분 상태로 두어 인도의 수령이 가능한 인도서류(delivery document)를 제공하여야 한다. 이와 같은 서류들은 합의에 따라 예컨대, 화물인도지시서(Delivery Order: D/O)나 통상의 운송서류가 이용될 수 있다.

한편 매수인의 요청에 따라 매수인의 비용과 위험으로 포장명세서(Packing List), 원산지증명서(Certificate of Origin), 품질 및 수량증명서(Certificate of Quality and Quantity), 중량 및 용적증명서(Certificate of Weight and Measurement), 영사송장(Consular Invoice) 그리고 보험부보를 위한 정보 등 임의서류를 제공할 수 있다.

5) 기타 의무와 정보제공을 위한 협조 및 관련 비용

매도인은 매수인에게 계약과 일치하는 물품을 제공하고, 적용 가능한 경우 매도인은

9) Incoterms® 2010, DAP, A6-b).
10) Incoterms® 2010, DAP, B6-b).

자신의 위험 및 비용부담으로 수출허가 또는 공적인 승인 및 수출통관 수속절차를 이행하여야 한다. 또한 매도인의 위험 및 비용부담으로 운송계약을 체결하고 지정 목적지까지의 운송비(carriage)를 부담하여야 한다. 또한 매도인은 매수인을 위하여 적화보험 부보의 의무는 없으나 매수인의 요청이 있을 경우 매수인의 위험과 비용으로 매수인이 보험부보를 할 수 있는 정보를 제공하여야 한다. 적용 가능한 경우, 매수인의 요청과 위험 및 비용부담으로 모든 서류 및 안전 관련 정보(security-related information)를 제공하여야 하며, 필요한 제 서류의 취득을 위한 협조를 제공하여야 한다. 또한 물품이 인도되었다는 사실 및 매수인이 인도 가능하도록 필요한 모든 통지를 행하여야하고, 포장이 필요한 물품의 경우에는 적절한 화인(marking)을 하여야 한다.

한편 매수인은 계약에 정한 바에 따라 대금지급(payment of price)을 하여야 하며, 수입승인과 수입통관수속절차를 이행하여야 하고, 지정 목적지에서 물품 인도의 수령(taking delivery)을 행하여야 한다. 또한 매도인의 요청에 따른 정보 등의 협조를 제공하고 매수인의 요청으로 서류 또는 정보제공에 따라 발생한 모든 비용과 수수료를 매도인에게 지급하여야 한다. 검사가 수출국 당국에 의하여 강행적으로 이루어지는 경우를 제외하고 선적전검사(pre-shipment inspection: PSI)비용을 부담하여야 한다.

6) 거래규칙 표기의 예

무역계약을 체결할 때 가격조건(price terms) 또는 인도조건(delivery terms)을 인코텀즈의 목적지인도(DAP) 규칙으로 약정하고자 할 경우에는 다음의 예와 같이 표기한다.

* 표기 기준: "DAP (insert named place of destination) Incoterms® 2010"
"DAP 지정목적지 삽입 Incoterms® 2010"
복합운송의 경우: "DAP Abc Warehouse, Chicago Incoterms® 2010"
항공운송의 경우: "DAP New York Airport Incoterms® 2010"
해상운송의 경우: "DAP New York Incoterms® 2010"
철도운송의 경우: "DAP Chicago Station Incoterms® 2010"
도로운송의 경우: "DAP Abc Cargo Terminal, Chicago Incoterms® 2010"

03-045

Q Incoterms® 2010에 규정된 DDP 규칙이란 무엇이며 매매당사자의 주요의무는?

A DDP는 Delivered Duty Paid의 약칭으로 "관세지급인도"를 말한다.

관세지급인도(DDP: Delivered Duty Paid)는 선택된 운송방식에 관계없이 사용될 수 있으며, 또한 하나 이상의 운송방식인 경우에도 사용될 수 있다.

관세지급인도라 함은 지정 목적지에서 양화를 위하여 준비된 도착 운송수단 상에서 수입 통관된 물품을 매수인의 임의처분 상태로 둘 때 매도인이 인도하는 것을 의미한다. 매도인은 목적지까지의 물품운송에 포함된 모든 비용 및 위험을 부담하고 물품의 수출통관 뿐만이 아니라 수입통관 의무를 부담하고 수출 및 수입에 대한 모든 관세를 부담하고 모든 통관수속절차를 이행할 의무가 있다.

DDP는 매도인의 최대의무(maximum obligation)를 나타낸다.

당사자는 매도인이 그 지점까지의 위험을 부담하여야 하는 합의된 목적지내의 특정지점을 가능한 한 분명하게 명시하도록 하여야 한다. 매도인은 그러한 선택에 정확하게 일치하는 운송계약을 체결하여야 한다. 매도인이 운송계약에 따라 지정목적지에서 양화와 관련된 비용을 지급하는 경우, 매도인은 당사자 간에 별도 합의가 없는 한 매수인으로부터 그러한 비용을 보상받을 수 없다.

매도인이 직접적으로 또는 간접적으로 수입통관을 할 수 없는 경우, 당사자는 DDP를 사용하지 아니하는 것이 좋다. 당사자가 매수인이 수입통관에 따른 모든 위험 및 비용 부담하는 것을 원할 경우, DAP 규칙이 사용되어야 한다.

매매계약에서 별도의 명시적 합의가 없는 한 수입시에 지급되는 모든 부가가치세 또는 기타 조세는 매도인이 부담한다.

1) 위험의 이전

위험의 이전(transfer of risks)은 매도인이 합의된 일자 또는 기간 내에 지정 목적지에서 양화를 위하여 준비된 도착 운송수단 상에서 수입 통관된 물품을 매수인의 임의처분 상태로 두어 인도를 완료할 때까지의 멸실 또는 손상에 대한 위험을 부담할 때가 분기점이 된다.

2) 비용의 분담

DDP 규칙에서 비용의 분담(allocation of costs)에 대한 분기점과 위험의 이전시점은 일치된다. 매도인은 물품을 직접 제조하거나 구매·조달하는 데 따른 기본 원가(basic costs), 사업부문별 간접 원가(indirect costs), 포장비(packing costs), 품질·용적·중량·수량의 물품점검업무비용(costs of checking operations) 및 기타 잡비를 부담하여야 한다. 또한 목적지의 합의된 지점에서 양화하지 아니한 상태로 준비된 도착 운송수단 상에서 물품을 매수인의 임의처분 상태로 두어 인도 완료할 때까지의 물품운송비를 부담한다(그러나 운송계약에서 매도인이 부담하기로 할 경우에는 매도인이 부담한다).[11] 또한 매도인의 의무는 아닐지라도 자신을 위하여 적화보험을 부보 하였다면 당연히 적화보험료도 부담하여야 하는 것이다. 또한 매수인은 적용 가능한 경우(where applicable), 자신의 위험과 비용으로 모든 수출입허가 기타 공적인 승인 및 물품수출입을 위하여 모든 세관수속절차(customs formalities)를 이행하고, 인도 이전 모든 국가에서 물품수출입을 위하여 필요한 세관수속절차 및 운송을 위하여 소요되는 일체의 비용을 부담하여야 한다.

한편 매수인은 적용 가능한 경우, 매도인의 위험과 비용으로 모든 수입허가 기타 공적인 승인 및 물품수입을 위하여 모든 세관수속절차에 대하여 매도인에게 협조를 제공하여야한다. 또한 양화비가 운송계약에 따라 매도인이 부담하지 아니하였을 경우, 매수인은 지정 목적지에서 도착 운송수단으로부터 물품인도 수령을 위하여 필요한 모든 양화비를 지급하여야 한다.[12]

3) 매도인의 제공서류

DDP 규칙에서 매도인은 일반적인 의무로 매매계약과 일치하는 상업송장(Commercial Invoice) 및 계약에서 요구하는 일치증명(evidence of conformity)을 제공하여야 한다. 이와 같은 모든 서류는 이에 상응한 전자기록 또는 절차(electronic record or procedure)도 인정된다.

또한 매도인은 매수인이 목적지의 합의된 지점에서 양화를 위하여 준비된 도착 운송수단 상에서 물품을 매수인의 임의처분 상태로 두어 인도의 수령이 가능한 인도서류(delivery document)를 제공하여야 한다. 이와 같은 서류들은 합의에 따라 예컨대, 화물인도지시서(Delivery Order: D/O)나 통상의 운송서류가 이용될 수 있다.

한편 매수인의 요청에 따라 매수인의 비용과 위험으로 포장명세서(Packing List), 원산지증명서(Certificate of Origin), 품질 및 수량증명서(Certificate of Quality and Quantity), 중량 및 용적증명서(Certificate of Weight and Measurement), 영사송장(Consular Invoice) 그리고 보험부보를 위한 정보 등 임의서류를 제공할 수 있다.

---

11) Incoterms® 2010, DDP, A6-b).
12) Incoterms® 2010, DDP, B6-b).

4) 기타 의무와 정보제공을 위한 협조 및 관련 비용

매도인은 매수인에게 계약과 일치하는 물품을 제공하고, 적용 가능한 경우 매도인은 자신의 위험 및 비용부담으로 수출입허가 또는 공적인 승인 및 수출입통관 수속절차를 이행하여야 한다. 또한 매도인의 위험 및 비용부담으로 운송계약을 체결하고 지정 목적지까지의 운송비(carriage)를 부담하여야 한다. 또한 매도인은 매수인을 위하여 적화보험 부보 의 의무는 없으나 매수인의 요청이 있을 경우 매수인의 위험과 비용으로 매수인이 보험부보를 할 수 있는 정보를 제공하여야 한다. 적용 가능한 경우, 매수인의 요청과 위험 및 비용부담으로 모든 서류 및 안전 관련 정보(security−related information)를 제공하여야 하며, 필요한 제 서류의 취득을 위한 협조를 제공하여야 한다. 또한 물품이 인도되었다는 사실 및 매수인이 인도 가능하도록 필요한 모든 통지를 행하여야하고, 포장이 필요한 물품의 경우에는 적절한 화인(marking)을 하여야 한다.

한편 매수인은 계약에 정한 바에 따라 대금지급(payment of price)을 하여야 하며, 수입승인과 수입통관수속절차를 이행하여야 하고, 지정 목적지에서 물품 인도의 수령(taking delivery)을 행하여야 한다. 적용 가능한 경우, 매도인의 요청에 따른 정보 등의 협조를 제공하고 매수인의 요청으로 서류 또는 정보제공에 따라 발생한 모든 비용과 수수료를 매도인에게 지급하여야 한다. 검사가 수출국 당국에 의하여 강행적으로 이루어지는 경우를 제외하고 선적전검사(pre−shipment inspection: PSI)비용을 부담하여야 한다.

5) 거래규칙 표기의 예

무역계약을 체결할 때 가격조건(price terms) 또는 인도조건(delivery terms)을 인코텀즈의 관세지급인도(DDP) 규칙으로 약정하고자 할 경우에는 다음의 예와 같이 표기한다.

* 표기 기준: "DDP (insert named place of destination) Incoterms® 2010"
"DDP 지정목적지 삽입 Incoterms® 2010"

복합운송의 경우: "DDP Abc Warehouse, Chicago Incoterms® 2010"
항공운송의 경우: "DDP New York Airport Incoterms® 2010"
해상운송의 경우: "DDP New York Incoterms® 2010"
철도운송의 경우: "DDP Chicago Station Incoterms® 2010"
도로운송의 경우: "DDP Abc Cargo Terminal, Chicago Incoterms® 2010"

03-046 Q Incoterms® 2010에 규정된 FAS 규칙이란 무엇이며 매매당사자의 주요의무는?

A FAS는 Free Alongside Ship의 약칭으로 "선측인도"를 말한다.

선측인도(Free Alongside Ship)는 해상운송 및 내수로 운송에만 사용될 수 있다.

선측인도라 함은 물품이 지정된 선적항에서 매수인이 정한 본선(예컨대, 부두 또는 부선 상)의 선측에 둘 때 매도인이 인도하는 것을 의미한다. 물품이 본선 선측에 있을 때 물품의 멸실 또는 손상의 위험이 이전되며 매수인은 그 시점으로부터 모든 비용을 부담한다.

당사자는 지정 선적항에서 그 지점까지의 비용 및 위험이 매도인이 부담하는 것으로 한다는 것과 같이 가능한 한 적재 지점을 명확하게 명시하여야 한다. 그리고 이러한 비용 및 관련되는 취급수수료는 항구의 관습에 따라 다를 수 있다.

매도인은 본선 선측에서 물품을 인도하거나 또는 선적을 위하여 이미 그와 같이 인도된 물품을 조달(procure)하여야 한다. 참고로 여기에서 "조달"은 상품무역에 있어서 흔히 발생하는 다수의 판매사슬(연속판매)에 부응하기 위한 것이다.

물품이 컨테이너에 적재되는 경우, 매도인이 본선의 선측이 아닌 터미널에서 운송인에게 물품을 교부하는 것이 전형적인 것이다. 이러한 경우 FAS 규칙은 부적절하며, FCA 규칙이 사용되어야 한다.

FAS는 적용 가능한 경우, 매도인에게 물품에 대한 수출통관을 요구하고 있다. 그러나 매도인은 물품의 수입통관을 할 의무와 모든 수입관세의 지급의무 또는 수입통관수속절차를 이행할 의무가 없다.

1) 위험의 이전

위험의 이전(transfer of risks)은 매도인이 계약물품을 합의된 일자나 기간 내에 적재 지점에서 매수인이 정한 본선 선측(alongside the ship)에 두어 인도할 때가 분기점이 된다. 매수인이 특정 적재 지점을 정하지 아니한 경우, 매도인은 지정선적항 내에서 가장 적합한 지점을 선택할 수 있다.

따라서 위험부담의 장소적 분기점은 본선이 부두에 접안되어 있을 경우에는 선적을 위한 적양화 장비, 즉 양화기(winch) 등 선적용구(tackle)가 도달할 수 있는 부두상(on the quay)이 되고, 또한 해상에 정박하여 있을 경우에는 부선 내(in lighter)가 된다.

2) 비용의 분담

FAS 규칙에서 비용의 분담(allocation of costs)에 대한 분기점과 위험의 이전시점은 일치된다. 비용의 분담은 위험이전의 분기점을 기준으로 하여 매도인은 적재 지점에서 매수인이 정한 본선 선측(alongside the ship)에 인도할 때까지의 제 비용을 부담한다. 즉 물품을 직접 제조하거나 구매·조달하는 데 따른 기본 원가(basic costs), 사업부문별 간접 원가(indirect costs), 포장비(packing costs), 품질·용적·중량·수량의 물품점검 업무비용(costs of checking operations) 및 기타 잡비를 부담하여야 한다. 또한 인도 지점까지의 내륙운송비(inland freight), 물품인도완료에 따른 통지비용과 물품인도증거 서류 취득 비용을 부담하여야 한다. 또한 적용가능한 경우, 수출승인이나 기타 정부승인을 얻는 데 소요되는 비용, 수출에 수반되어 부과되는 관세(export duties)와 조세 또는 기타 부과금 및 세관수속절차(customs formalities)에 소요되는 일체의 비용을 부담하여야 한다. 또한 항구세(port dues), 부두사용료(wharfage), 창고료(go- down rent), 보관료(storage), 본선이 부두에 접안된 경우의 본선선측까지의 물품운반비용(porterage), 본선이 해상에 정박된 경우 부두인부임(stevedorage) 및 부선비(lighterage)를 부담하여야 한다.

한편 매수인은 매도인이 물품인도의무를 완료한 이후 일체의 비용을 부담하여야 한다. 즉, 적재비(loading charges)와 적부비(stowage; stowing charges) 등 선적 작업비용, 최종 목적항까지의 해상운임(ocean freight), 적화보험료(cargo insurance premium), 목적항에서의 양륙비(unloading charges), 수입통관비용 및 제세와 공과금, 적용 가능한 경우(where applicable) 수입시 지급되는 모든 관세(all duties), 조세(taxes) 및 기타 부과금(other charges)을 포함한 통관비용(customs clearance charges) 등 인도된 이후의 제비용이다.

3) 매도인의 제공서류

FAS 규칙에서 매도인은 일반적인 의무로 매매계약과 일치하는 상업송장(Commercial Invoice) 및 계약에서 요구하는 일치증명(evidence of conformity)을 제공하여야 한다. 이와 같은 모든 서류는 이에 상응한 전자기록 또는 절차(electronic record or procedure)도 인정된다.

매도인은 본선 선측에 인도가 완료되었다는 관례적인 증거(usual proof)를 제공하여야 한다. 이러한 증거가 운송서류가 아닐 경우 매수인의 요청으로 매수인의 위험과 비용부담으로 운송서류를 취득하는 데 따른 협조를 제공하여야 한다.

관례적인 증거의 예는 항만당국이 발행하는 부두수령증(Dock's Receipt: D/R), 선박대리인이 발행하는 선박수령증(Ship's Receipt) 또는 수령선화증권(Received for Shipment B/L) 또는 선측수령증(Alongside Receipt) 등을 들 수 있다. 매수인이 요청할 경우 매도인은 해상선화증권(marine bill of lading)과 같은 운송서류를 제공할 수 있다.

한편 매수인의 요청에 따라 매수인의 비용과 위험으로 포장명세서(Packing List), 원산지증명서(Certificate of Origin), 품질 및 수량증명서(Certificate of Quality and Quantity), 중량 및 용적증명서(Certificate of Weight and Measurement), 영사송장(Consular Invoice) 그리고 보험부보를 위한 정보 등 임의서류를 제공할 수 있다.

4) 기타 의무와 정보제공을 위한 협조 및 관련 비용

매도인은 매수인에게 계약과 일치하는 물품을 제공하고, 적용 가능한 경우 매도인은 자신의 위험 및 비용부담으로 수출허가 또는 공적인 승인 및 수출통관 수속절차를 이행하여야 한다. FAS 규칙에서 매도인이 운송계약의무는 없지만, 매수인이 요청하는 경우 상관습에 따라 매수인의 위험 및 비용부담으로 보통의 운송계약을 체결할 수도 있으며, 운송인이 약정된 기간에 물품 인도의 수령을 하지 않은 때에는 이를 매수인에게 통지하여야 한다. 적용 가능한 경우, 매수인의 요청과 위험 및 비용부담으로 모든 서류 및 안전관련 정보(security-related information)를 제공하여야 하며, 필요한 제 서류의 취득을 위한 협조를 제공하여야 한다. 또한 계약물품을 매수인이 인도 가능하도록 필요한 모든 통지를 하여야하고, 포장이 필요한 물품의 경우에는 적절한 화인(marking)을 하여야 한다.

한편 매수인은 계약에 정한 바에 따라 대금지급(payment of price)을 하여야 하며, 수입승인과 수입통관수속절차를 이행하여야 하고, 물품인도 장소에서 인도의 수령(taking delivery)을 행하며, 운송계약을 체결하고 운송비를 부담하여야 한다. 매도인의 요청에 따른 정보 등의 협조를 제공하여야 하며, 매수인의 요청으로 서류 또는 정보제공에 따라 발생한 모든 비용과 수수료를 매도인에게 지급하여야 한다. 그리고 검사가 수출국 당국에 의하여 강행적으로 이루어지는 경우를 제외하고 선적전검사(pre-shipment inspection: PSI)비용을 부담하여야 한다.

5) 거래규칙 표기의 예

무역계약을 체결할 때 가격조건(price terms) 또는 인도조건(delivery terms)을 인코텀즈의 선측인도(FAS) 규칙으로 약정하고자 할 경우에는 다음의 예와 같이 표기한다.

* 표기 기준: "FAS (insert named port of shipment) Incoterms® 2010"
"FAS 지정선적항 삽입 Incoterms® 2010"
해상운송의 경우: "FAS Busan Incoterms® 2010"

03-047 Q Incoterms® 2010에 규정된 FOB 규칙이란 무엇이며 매매당사자의 주요의무는?

A FOB는 Free On Board의 약칭으로 "본선인도"를 말한다.

본선인도(Free On Board)는 해상운송 및 내수로 운송에만 사용될 수 있다.

본선인도라 함은 매도인이 지정 선적항에서 매수인이 정한 본선상에 물품을 인도하거나 또는 이미 인도된 물품을 조달하는 것을 의미한다. 물품이 본선 상에 있을 때 물품의 멸실 또는 손상의 위험이 이전되며 매수인은 그 시점으로부터 모든 비용을 부담한다.

매도인은 본선 상에서 물품을 인도하거나 또는 선적을 위하여 이미 그와 같이 인도된 물품을 조달(procure)하여야 한다. 참고로 여기에서 "조달"은 상품무역에 있어서 흔히 발생하는 다수의 판매사슬(연속판매)에 부응하기 위한 것이다.

FOB는 물품이 본선 상에 두기 전 전형적으로 터미널에서 인도되는 컨테이너 물품의 예와 같이 운송인에게 물품이 교부되어지는 경우에는 적절하지 아니하다. 이러한 경우에는 FCA 규칙이 사용되어야 한다.

FOB는 적용 가능한 경우, 매도인이 물품의 수출통관을 할 것을 요구한다. 그러나 매도인은 물품의 수입통관을 할 의무와 모든 수입관세의 지급의무 및 수입통관수속절차를 이행할 의무가 없다.

1) 위험의 이전

위험의 이전(transfer of risks)은 매도인이 계약물품을 합의된 일자나 기간 내에 지정 선적항에서 매수인이 정한 본선상에 물품을 인도하거나 또는 이미 인도된 물품을 조달할 때가 분기점이 된다. 매수인이 특정 적재 지점을 정하지 아니한 경우, 매도인은 지정선적항 내에서 가장 적합한 지점을 선택할 수 있다.

2000년 인코텀즈의 FOB 조건에서 위험분기점을 본선의 난간(ship's rail)으로 하던 관습은 새로운 Incoterms® 2010 FOB 규칙에서는 미국 통일상법전 및 개정미국무역정의의 규정과 같은 취지로 본선 상(on board the vessel)으로 변경되었다.

2) 비용의 분담

FOB 규칙에서 비용의 분담(allocation of costs)에 대한 분기점과 위험의 이전시점은 일치된다. 비용의 분담은 위험이전의 분기점을 기준으로 하여 매도인은 지정 선적항에서 매수인이 정한 본선 상에 물품을 인도할 때까지의 제 비용을 부담한다. 즉 매도인은 물품을 직접 제조하거나 구매·조달하는 데 따른 기본 원가(basic costs), 사업부문별 간접원가(indirect costs), 포장비(packing costs), 품질·용적·중량·수량의 물품점검업무비용(costs of checking operations) 및 기타 잡비를 부담하여야 한다. 또한 인도 지점까지의 내륙운송비(inland freight), 물품인도완료에 따른 통지비용과 물품인도증거서류 취득 비용을 부담하여야 한다. 적용 가능한 경우, 수출승인이나 기타 정부승인을 얻는 데 소요되는 비용, 수출에 수반되어 부과되는 관세(export duties)와 조세 또는 기타 부과금 및 세관수속절차(customs formalities)에 소요되는 일체의 비용을 부담하여야 한다. 또한 적재비(loading charges)와 적부비(stowage; stowing charges) 등 선적 작업 비용, 항구세(port dues), 부두사용료(wharfage), 창고료(go-down rent), 보관료(storage), 본선이 해상에 정박된 경우 부두인부임(stevedorage) 및 부선비(lighterage)를 부담하여야 한다.

한편 매수인은 매도인이 물품인도의무를 완료한 이후 일체의 비용을 부담하여야 한다. 즉, 최종 목적항까지의 해상운임(ocean freight), 적화보험료(cargo insurance premium), 목적항에서의 양륙비(unloading charges), 수입통관비용 및 제세와 공과금, 적용 가능한 경우(where plicable) 수입시 지급되는 모든 관세(all duties), 조세(taxes) 및 기타 부과금(other charges)을 포함한 통관비용(customs clearance charges) 등 인도된 이후의 제비용이다.

3) 매도인의 제공서류

FOB 규칙에서 매도인은 일반적인 의무로 매매계약과 일치하는 상업송장(Commercial Invoice) 및 계약에서 요구하는 일치증명(evidence of conformity)을 제공하여야 한다. 이와 같은 모든 서류는 이에 상응한 전자기록 또는 절차(electronic record or procedure)도 인정된다.

매도인은 본선 선측에 인도가 완료되었다는 관례적인 증거(usual proof)를 제공하여야 한다. 이러한 증거가 운송서류가 아닐 경우 매수인의 요청으로 매수인의 위험과 비용부담으로 운송서류를 취득하는 데 따른 협조를 제공하여야 한다.

보통의 증명서로는 항만당국이 발행하는 부두수령증(Dock's Receipt : D/R), 선박대리인이 발행하는 선박수령증(Ship's Receipt) 또는 수령선화증권(Received for Shipment B/L) 또는 선측수령증(Alongside Receipt) 등을 들 수 있다. 매수인이 요청할 경우 매도인은 해상선화증권(marine bill of lading)과 같은 운송서류를 제공할 수 있다.

한편 매수인의 요청에 따라 매수인의 비용과 위험으로 포장명세서(Packing List), 원산지증명서(Certificate of Origin), 품질 및 수량증명서(Certificate of Quality and Quantity), 중량 및 용적증명서(Certificate of Weight and Measurement), 영사송장(Consular Invoice) 그리고 보험부보를 위한 정보 등 임의서류를 제공할 수 있다.

4) 기타 의무와 정보제공을 위한 협조 및 관련 비용

매도인은 매수인에게 계약과 일치하는 물품을 제공하고, 적용 가능한 경우 매도인은 자신의 위험 및 비용부담으로 수출허가 또는 공적인 승인 및 수출통관 수속절차를 이행하여야 한다. FOB 규칙에서 매도인이 운송계약의무는 없지만, 매수인이 요청하는 경우 상관습에 따라 매수인의 위험 및 비용부담으로 보통의 운송계약을 체결할 수 있다. 또한 운송인이 약정된 기간에 물품 인도의 수령을 하지 않은 때에는 이를 매수인에게 통지하여야 한다. 적용 가능한 경우, 매수인의 요청과 위험 및 비용부담으로 모든 서류 및 안전관련 정보(security-related information)를 제공하여야 하며, 필요한 제 서류의 취득을 위한 협조를 제공하여야 한다. 또한 계약물품을 매수인이 인도 가능하도록 필요한 모든 통지를 하여야하고, 포장이 필요한 물품의 경우에는 적절한 화인(marking)을 하여야 한다.

한편 매수인은 계약에 정한 바에 따라 대금지급(payment of price)을 하여야 하며, 수입승인과 수입통관수속절차를 이행하여야 하고, 물품인도 장소에서 인도의 수령(taking delivery)을 행하며, 운송계약을 체결하고 운송비를 부담하여야 한다. 매도인의 요청에 따른 정보 등의 협조를 제공하여야 하며, 매수인의 요청으로 서류 또는 정보제공에 따라 발생한 모든 비용과 수수료를 매도인에게 지급하여야 한다. 그리고 검사가 수출국 당국에 의하여 강행적으로 이루어지는 경우를 제외하고 선적전검사(pre-shipment inspection: PSI)비용을 부담하여야 한다.

5) 거래규칙 표기의 예

무역계약을 체결할 때 가격조건(price terms) 또는 인도조건(delivery terms)을 인코텀즈의 본선인도(FOB) 규칙으로 약정하고자 할 경우에는 다음의 예와 같이 표기한다.

* 표기 기준: "FOB (insert named port of shipment) Incoterms® 2010"
"FOB 지정선적항 삽입 Incoterms® 2010"
해상운송의 경우: "FOB Busan Incoterms® 2010"

03-048

Q Incoterms® 2010에 규정된 CFR 규칙이란 무엇이며 매매당사자의 주요의무는?

A CFR은 Cost And Freight의 약칭으로 "운임포함인도"를 말한다.

운임포함인도(Cost And Freight)는 해상운송 및 내수로 운송에만 사용될 수 있다.

운임포함인도라 함은 매도인이 본선상에 물품을 인도하거나 또는 이미 인도된 물품을 조달하는 것을 의미한다. 물품이 본선 상에 있을 때 물품의 멸실 또는 손상의 위험이 이전된다. 매도인은 운송계약을 체결하고 지정 목적항까지 물품을 운송하는데 필요한 비용 및 운임을 지급하여야 한다.

CPT, CIP, CFR 또는 CIF가 사용되는 경우, 매도인이 인도에 대한 의무는 물품이 목적지에 도착될 때가 아닌 선택된 규칙에 명시된 방법으로 물품이 운송인에게 교부될 때에 완료된다.

이 규칙은 두 가지의 중요한 분기점이 있다, 즉 위험이 이전되고 비용이 이전되는 지점이 상이한 장소에서 이루어지기 때문이다. 보통 계약서에는 목적항을 명시하고 있으나 위험이 매수인에게 이전되는 선적항을 명시하고 있지 않다. 선적항이 매수인에게 특정의 이해 관계가 있는 경우, 당사자들이 가능한 한 계약서에 이를 명확하게 특정하는 것이 바람직하다.

당사자는 매도인이 합의된 목적항의 지정 지점까지 비용을 부담하므로 가능한 한 그 지점을 명확하게 특정하여야 한다. 매도인은 그러한 선택에 명확하게 일치하는 운송계약을 체결하여야 한다. 매도인이 운송계약에 따라 목적항의 명시된 지점에서 양화와 관련된 비용을 지급하는 경우, 매도인은 당사자 간에 별도 합의가 없는 한 매수인으로부터 그러한 비용을 보상받을 수 없다.

매도인은 본선 상에서 물품을 인도하거나 또는 목적항까지 선적을 위하여 이미 그와 같이 인도된 물품을 조달(procure)하여야 한다. 게다가 매도인은 운송계약 체결 또는 이와 같은 계약을 이행하는 것이 요구된다. 참고로 여기에서 "조달"은 상품무역에 있어서 흔히 발생하는 다수의 판매사슬(연속판매)에 부응하기 위한 것이다.

CFR은 물품이 본선 상에 두기 전 전형적으로 터미널에서 인도되는 컨테이너 물품의 예와 같이 운송인에게 물품이 교부되어지는 경우에는 적절하지 아니하다. 이러한 경우에는 CPT 규칙이 사용되어야 한다.

CFR은 적용 가능한 경우, 메도인이 물품의 수출통관을 할 것을 요구한다. 그러나 매도인은 물품의 수입통관을 할 의무와 모든 수입관세의 지급의무 및 수입통관수속절차를 이행할 의무가 없다.

1) 위험의 이전

CFR 규칙에서 물품에 대한 위험이전의 분기점은 전술한 FOB 규칙의 경우와 동일하다. 즉 위험의 이전(transfer of risks)은 매도인이 계약물품을 합의된 일자나 기간 내에 지정 선적항에서 매도인이 정한 본선상에 물품을 인도하거나 또는 이미 인도된 물품을 조달할 때가 분기점이 된다.

2) 비용의 분담

CFR 규칙에서 비용의 분담(allocation of costs)에 대한 분기점은 위험이전의 분기점과는 일치하지 않는다. 물품에 대한 위험이전의 분기점은 선적항 본선상이지만, 비용분담의 분기점은 지정 목적항까지 확장된다.

CFR 규칙에서 물품인도장소 및 물품에 대한 위험이전 분기점을 보통 적출지인 수출국 내로 하면서도, 해상운임(ocean freight)은 수입국 지정목적지까지 매도인이 부담하도록 함으로써 물품인도장소 및 위험이전과 비용의 분담(allocation of costs)에 대한 분기점을 상이하게 분리하고 있다.

CFR 규칙에서 매도인은 물품을 직접 제조하거나 구매·조달하는 데 따른 기본 원가(basic costs), 사업부문별 간접 원가(indirect costs), 포장비(packing costs), 품질·용적·중량·수량의 물품점검업무비용(costs of checking operations) 및 기타 잡비를 부담하여야 한다. 또한 인도 지점까지의 내륙운송비(inland freight), 약정된 목적지까지의 해상운임(ocean freight), 물품인도완료에 따른 통지비용과 물품인도증거서류 취득 비용을 부담하여야 하며, 운송계약체결시에 정기선(regular shipping line; liner)에 의하여 부과될 수 있는 양화항(port of discharge)에서의 양화비(unloading charge)를 부담하여야 한다. 또한 적용 가능한 경우(where applicable), 수출승인이나 기타 정부승인을 얻는 데 소요되는 비용, 수출에 수반되어 부과되는 관세(export duties)와 조세 또는 기타 부과금 및 세관수속절차(customs formalities)에 소요되는 일체의 비용을 부담하여야 한다.

한편 매수인은 최종목적지까지의 적화보험료, 적용 가능한 경우, 수입시 지급되는 모든 관세(all duties), 조세(taxes) 및 기타 부과금(other charges)을 포함한 통관비용(customs clearance charges) 등 인도된 이후의 제비용을 부담하여야 한다. 또한 매수인이 물품발송의 시기와 목적지를 매도인에게 통지하지 않음으로써 매도인의 물품인도 장해요인을 야기 시킨 경우 이로 인하여 발생된 추가비용, 선적전 물품검사(PSI)비용을 부담하여야 한다.

3) 매도인의 제공서류

CFR 규칙에서 매도인은 일반적인 의무로 매매계약과 일치하는 상업송장(Commercial Invoice) 및 계약에서 요구하는일치증명(evidence of conformity)을 제공하여야 한다.

이와 같은 모든 서류는 이에 상응한 전자기록 또는 절차(electronic record or procedure)도 인정된다.

또한 매도인은 운송계약에 따른 운송서류(transport document)를 제공하여야 한다. 운송서류는 유통 가능한 형식(negotiable form)으로 수통의 원본이 발행된 경우 원본 전통(full set)을 매수인에게 제시하여야 한다. 이와 같은 운송서류로는 해상선화증권(marine bill of lading), 내수로 운송서류(inland waterway document) 등이다.

한편 매수인의 요청에 따라 매수인의 비용과 위험으로 포장명세서(Packing List), 원산지증명서(Certificate of Origin), 품질 및 수량증명서(Certificate of Quality and Quantity), 중량 및 용적증명서(Certificate of Weight and Measurement), 영사송장(Consular Invoice) 그리고 보험부보를 위한 정보 등 임의서류를 제공할 수 있다.

4) 기타 의무와 정보제공을 위한 협조 및 관련 비용

매도인은 매수인에게 계약과 일치하는 물품을 제공하고, 적용 가능한 경우 매도인은 자신의 위험 및 비용부담으로 수출허가 또는 공적인 승인 및 수출통관 수속절차를 이행하여야 한다. 또한 매도인의 위험 및 비용부담으로 운송계약을 체결하고 목적지까지의 운임(freight)을 부담하여야 한다. 적용 가능한 경우 매수인의 요청과 위험 및 비용부담으로 모든 서류 및 안전관련 정보(security-related information)를 제공하여야 하며, 필요한 제 서류의 취득을 위한 협조를 제공하여야 한다. 또한 물품이 인도되었다는 사실 및 매수인이 인도 가능하도록 필요한 모든 통지를 행하여야하고, 포장이 필요한 물품의 경우에는 적절한 화인(marking)을 하여야 한다.

한편 매수인은 계약에 정한 바에 따라 대금지급(payment of price)을 하여야 하며, 수입승인과 수입통관수속절차를 이행하여야 하고, 지정목적지에서 물품 인도의 수령(taking delivery)을 행하여야 한다. 또한 매도인의 요청에 따른 정보 등의 협조를 제공하고 매수인의 요청으로 서류 또는 정보제공에 따라 발생한 모든 비용과 수수료를 매도인에게 지급하여야 한다. 검사가 수출국 당국에 의하여 강행적으로 이루어지는 경우를 제외하고 선적전검사(pre-shipment inspection: PSI)비용을 부담하여야 한다.

5) 거래규칙 표기의 예

무역계약을 체결할 때 가격조건(price terms) 또는 인도조건(delivery terms)을 인코텀즈의 운송포함인도(CFR) 규칙으로 약정하고자 할 경우에는 다음의 예와 같이 표기한다.

* 표기 기준: "CFR 지정목적항 삽입 Incoterms® 2010"
해상운송의 경우: "CFR New York Incoterms® 2010"

03-049 Q Incoterms® 2010에 규정된 CIF 규칙이란 무엇이며 매매당사자의 주요의무는?

A CIF는 Cost, Insurance and Freight의 약칭으로 "운임·보험료포함인도"를 말한다. 운임·보험료포함인도(Cost, Insurance and Freight)는 해상운송 및 내수로 운송에만 사용될 수 있다.

운임·보험료포함인도라 함은 매도인이 본선상에 물품을 인도하거나 또는 이미 인도된 물품을 조달하는 것을 의미한다. 물품이 본선 상에 있을 때 물품의 멸실 또는 손상의 위험이 이전된다. 매도인은 운송계약을 체결하고 지정 목적항까지 물품을 운송하는데 필요한 비용 및 운임을 지급하여야 한다.

매도인은 또한 운송중 물품의 멸실 또는 손상에 대한 매수인의 위험에 대하여 보험부보계약을 체결한다. 매수인은 CIF 하에서 매도인이 최소담보조건으로 보험을 부보하도록 요구되는 점을 주의하여야 한다. 매수인이 더 많은 보험담보를 원할 경우, 매도인과 특별히 합의하거나 자신이 추가보험계약을 체결할 필요가 있다.

CPT, CIP, CFR 또는 CIF가 사용되는 경우, 매도인이 인도에 대한 의무는 물품이 목적지에 도착될 때가 아닌 선택된 규칙에 명시된 방법으로 물품이 운송인에게 교부될 때에 완료된다.

이 규칙은 두 가지의 중요한 분기점이 있다, 즉 위험이 이전되고 비용이 이전되는 지점이 상이한 장소에서 이루어지기 때문이다. 보통 계약서에는 목적항을 명시하고 있으나 위험이 매수인에게 이전되는 선적항을 명시하고 있지 않다. 선적항이 매수인에게 특정의 이해 관계가 있는 경우, 당사자들이 가능한 한 계약서에 이를 명확하게 특정하여야 한다.

당사자는 매도인이 합의된 목적항의 지정 지점까지 비용을 부담하므로 가능한 한 그 지점을 명확하게 특정하여야 한다. 매도인은 그러한 선택에 명확하게 일치하는 운송계약을 체결하여야 한다. 매도인이 운송계약에 따라 목적항의 명시된 지점에서 양화와 관련된 비용을 지급하는 경우, 매도인은 당사자 간에 별도 합의가 없는 한 매수인으로부터 그러한 비용을 보상받을 수 없다.

매도인은 본선 상에서 물품을 인도하거나 또는 목적항까지 선적을 위하여 이미 그와 같이 인도된 물품을 조달(procure)하여야 한다. 게다가 매도인은 운송계약 체결 또는 이와 같은 계약을 이행하는 것이 요구된다. 참고로 여기에서 "조달"은 상품무역에 있어서 흔히 발생하는 다수의 판매사슬(연속판매)에 부응하기 위한 것이다.

CIF는 물품이 본선 상에 두기 전 전형적으로 터미널에서 인도되는 컨테이너 물품의 예와 같이 운송인에게 물품이 교부되어지는 경우에는 적절하지 아니하다. 이러한 경우에는 CIP 규칙이 사용되어야 한다.

CIF는 적용 가능한 경우, 매도인이 물품의 수출통관을 할 것을 요구한다. 그러나 매도인은 물품의 수입통관을 할 의무와 모든 수입관세의 지급의무 또는 수입통관수속절차를 이행할 의무가 없다.

1) 위험의 이전

CIF 규칙에서 물품에 대한 위험의 이전(transfer of risks)에 대한 분기점은 전술한 FOB 규칙의 경우와 동일하다. 즉 위험의 이전은 매도인이 계약물품을 합의된 일자나 기간 내에 지정 선적항에서 매도인이 정한 본선 상에 물품을 인도하거나 또는 이미 인도된 물품을 조달할 때가 분기점이 된다.

2) 비용의 분담

CIF 규칙에서 비용의 분담(allocation of costs)에 대한 분기점은 위험이전의 분기점과는 일치하지 않는다. 물품에 대한 위험이전의 분기점은 선적항 본선상이지만, 비용분담의 분기점은 지정 목적항까지 확장된다.

CIF 규칙에서 물품인도장소 및 물품에 대한 위험이전 분기점을 보통 적출지인 수출국 내로 하면서도, 해상운임(ocean freight)은 수입국 지정목적지까지 매도인이 부담하도록 함으로써 물품인도장소 및 위험이전과 비용의 분담(allocation of costs)에 대한 분기점을 상이하게 분리하고 있다.

CIF 규칙에서 매도인은 물품을 직접 제조하거나 구매·조달하는 데 따른 기본 원가(basic costs), 사업부문별 간접 원가(indirect costs), 포장비(packing costs), 품질·용적·중량·수량의 물품점검업무비용(costs of checking operations) 및 기타 잡비를 부담하여야 한다. 또한 인도 지점까지의 내륙운송비(inland freight), 약정된 목적지까지의 해상운임(ocean freight), 최종목적지까지의 적화보험료(cargo insurance premium), 물품인도완료에 따른 통지비용과 물품인도증거서류 취득 비용을 부담하여야 하며, 운송계약체결시에 정기선(regular shipping line; liner)에 의하여 부과될 수 있는 양화항(port of discharge)에서의 양화비(unloading charge)를 부담하여야 한다. 또한 적용 가능한 경우(where applicable), 수출승인이나 기타 정부승인을 얻는 데 소요되는 비용, 수출에 수반되어 부과되는 관세(export duties)와 조세 또는 기타 부과금 및 세관수속절차(customs formalities)에 소요되는 일체의 비용을 부담하여야 한다.

한편 매수인은 적용 가능한 경우, 수입시 지급되는 모든 관세(all duties), 조세(taxes) 및 기타 부과금(other charges)을 포함한 통관비용(customs clearance charges) 등 인도된 이후의 제비용을 부담하여야 한다. 또한 매수인이 물품발송의 시기와 목적지를 매도인에게 통지하지 않음으로써 매도인의 물품인도 장해요인을 야기 시킨 경우 이로 인하여 발생된 추가비용, 선적전 물품검사(PSI)비용을 부담하여야 한다.

3) 매도인의 제공서류

CIF 규칙에서 매도인은 일반적인 의무로 매매계약과 일치하는 상업송장(Commercial Invoice) 및 계약에서 요구하는 일치증명(evidence of conformity)을 제공하여야 한다. 이와 같은 모든 서류는 이에 상응한 전자기록 또는 절차(electronic record or procedure)도 인정된다.

또한 매도인은 운송계약에 따른 운송서류(transport document)를 제공하여야 한다. 운송서류는 유통 가능한 형식(negotiable form)으로 수통의 원본이 발행된 경우 원본 전통(full set)을 매수인에게 제시하여야 한다. 이와 같은 운송서류로는 해상선화증권(marine bill of lading), 내수로 운송서류(inland waterway document) 등이다.

한편 매수인의 요청에 따라 매수인의 비용과 위험으로 포장명세서(Packing List), 원산지증명서(Certificate of Origin), 품질 및 수량증명서(Certificate of Quality and Quantity), 중량 및 용적증명서(Certificate of Weight and Measurement), 영사송장(Consular Invoice) 등 임의서류를 제공할 수 있다.

4) 기타 의무와 정보제공을 위한 협조 및 관련 비용

매도인은 매수인에게 계약과 일치하는 물품을 제공하고, 적용 가능한 경우 매도인은 자신의 위험 및 비용부담으로 수출허가 또는 공적인 승인 및 수출통관 수속절차를 이행하여야 한다. 또한 매도인의 위험 및 비용부담으로 운송계약을 체결하고 목적지까지의 운임(freight)을 부담하여야 한다. 그리고 매도인은 LMA/IUA가 제정한 협회적화약관(Institute Cargo Clauses)의 C조건과 같은 최소 담보조건으로 부보(minimum cover)되고 계약에서 약정된 금액에 10%를 가산한 금액으로 부보된 보험증권(insurance policy) 또는 그 밖의 보험부보의 증거(evidence of insurance cover)를 제공하여야 한다. 보험부보의 증거로는 보험증명서(Insurance Certificate)와 통지서(Declaration)이다. 적용 가능한 경우, 매수인의 요청과 위험 및 비용부담으로 모든 서류 및 안전관련 정보(security-related information)를 제공하여야 하며, 필요한 제 서류의 취득을 위한 협조를 제공하여야 한다. 또한 물품이 인도되었다는 사실 및 매수인이 인도 가능하도록 필요한 모든 통지를 행하여야하고, 포장이 필요한 물품의 경우에는 적절한 화인(marking)을 하여야 한다.

한편 매수인은 계약에 정한 바에 따라 대금지급(payment of price)을 하여야 하며, 수입승인과 수입통관수속절차를 이행하여야 하고, 지정목적지에서 물품 인도의 수령(taking delivery)을 행하여야 한다. 또한 매도인의 요청에 따른 정보 등의 협조를 제공하고 매수인의 요청으로 서류 또는 정보제공에 따라 발생한 모든 비용과 수수료를 매도인에게 지급하여야 한다. 검사가 수출국 당국에 의하여 강행적으로 이루어지는 경우를 제외하고 선적전검사(pre-shipment inspection: PSI)비용을 부담하여야 한다.

5) 거래규칙 표기의 예

무역계약을 체결할 때 가격조건(price terms) 또는 인도조건(delivery terms)을 인코텀즈의 운송포함인도(CIF) 규칙으로 약정하고자 할 경우에는 다음의 예와 같이 표기한다.

* 표기 기준: "CIF (insert named port of destination) Incoterms® 2010"
"CIF 지정목적항 삽입 Incoterms® 2010"
해상운송의 경우: "CIF New York Incoterms® 2010"

03-050

Q Incoterms® 2010과는 달리 미국의 관습과 법제에서 반영되고 있는 정형거래규칙은 어떤 것들이 있으며 무역거래에서의 영향은 어떠한지요?

A 본선인도조건인 FOB거래관습은 섬나라인 영국을 중심으로 해상매매를 위하여 비롯되었으나 미국과 같은 대륙국가에 전해지면서 운송수단이 선박뿐만이 아니라 철도화차, 부선, 화물자동차 등 일반 운송인에게 화물을 인도하거나 또는 지정 운송용구에 적입함으로써 매도인의 인도, 제공이 이뤄지는 매매에서 이 용어가 사용되게 되었다. 예컨대 "FOB Chicago", "FOB Mill PIttsburgh"와 같이 내륙의 출화지나 매도인의 공장 적출지를 나타내는 용법이 일반화 되었다. 혹은 "FOB Car New York"과 같이 약정품을 적재할 화차가 지정항구에 도착할 때까지의 위험과 비용을 매도인이 부담하고 그 지정장소에 도착한 화차에 적재된 상태에서 약정품을 매수인에게 인도한다고 하는 내용의 화차인도조건도 생겨났다. 이처럼 FOB조건이 국내외를 막론하고 다양하게 사용됨으로 인하여 미국의 무역거래자와의 무역거래에서 무역거래규칙의 사용이나 해석에 있어 혼란 및 분쟁이 야기되기도 한다.

미국은 1919년에 제정하고 1990년에 개정한 전미국무역협회(National Foreign Trade Council)의 '개정무역정의'(Revised American Foreign Trade Definition 1990)가 공표되었다. 이 정의에서는 ① EXW(Ex Works-named place), ② FOB, ③ FAS, ④ CFR, ⑤ CIF, ⑥ DEQ Delivered의 6조건을 규정하고 종전과 같이 FOB는 미국적인 특성을 감안하여 그 적용 유형을 6가지로 세분하고 있다. 1990년 개정미국무역정의에서 규정하고 있는 거래규칙은 다음과 같다.

1) EXW

① EXW(Ex Works-named place) (지정장소 공장인도)

2) FOB

① FOB(named inland carrier at named at named inland point of departure) (지정국 내 적출지에서 지정국 내 운송인에의 인도)

② FOB(named inland carrier at named at named inland point of departure) Freight Prepaid to(named point of exportation)(지정국 내 적출지에서 지정국 내 운송인에의 인도, 단 지정수출지까지의 운임지급)

③ FOB(named inland carrier at named at named inland point of departure)

Freight Allowed to(named point)(지정국 내 적출지에서 지정국 내 운송인에의 인도, 단 지정지점까지의 운임공제)

④ FOB(named inland carrier at named at named point of exportation)(지정국 내 수출지에서 지정국 내 운송인에의 인도)

⑤ FOB Vessel(named port of shipment)(지정선적항에서 본선적재인도)

⑥ FOB(named inland point of in the country of importation)(수입국지정 내륙 지점까지의 반입인도)

3) FAS

① FAS Vessel(named port of shipment)(지정선적항 선측인도)

4) CFR

① CFR(named point of destination)(지정목적지까지의 운임포함 인도)

5) CIF

① CIF(named point of destination)(지정목적지까지의 운임·보험료 포함 인도)

6) DEQ Delivered

① Ex Quay(Duty paid)(관세지급 부두인도)

미국의 관습인 개정미국무역정의도 '인코텀즈'처럼 무역거래관습의 해석기준에 불과하다. 이 개정 정의는 특별법으로 규제를 하거나 또는 법정의 판결로 확인되지 않는 한, 법적지위를 갖지 않는다. 그러므로 매매당사자가 이것은 매매계약의 일부로서 받아들이는 데 동의를 할 경우에 한하여 법적으로 구속을 받게 된다.

한편 미국의 통일상법전(Uniform Commercial Code)은 미국법협회(American Law Institute)와 통일주법위원회 전국회의(National Conference of Commissioners on Uniform State Laws)에서 기초한 성문법으로 현재 모두 11편으로 구성되고 있다. 제2편에는 매매(sales)에 관하여 규정하고 매매계약의 형식, 매매계약의 성립 및 조정, 일반적 의무 및 계약의 구성, 권원·채무자 및 선의의 구매자, 계약이행, 계약위반, 이행거절 및 면책사유, 구제방법 등에 관하여 규정하고 있으며, 거래규칙으로는 FOB, FAS, CIF, C&F 및 Ex-ship에 대하여 규정하고 있다.

특히 미국 통일상법전상의 FOB는 다음과 같이 3가지 유형의 FOB로 구분하고 있다. ① FOB(place of shipment)는 적출지매매로 이는 개정미국무역정의의 A), B), C)가 이에 속하여, ② FOB(place of destination)는 양륙지매매로 이는 역시 D), F)가 속하고 그리고 ③ FOB(vessel, car or other vehicle)는 적출지매매로 이는 E)가 여기에 속한다고 할 수 있다.

[표3-5] FOB매매 관습 및 법제의 다양성

Incoterms® 2010	Revised American Foreign Trade Definition 1990	Uniform Commercial Code
	A) FOB(named inland carrier at named inland point of departure) B) FOB(named inland carrier at named inland point of departure) Freight Prepaid to(named point of exportation) C) FOB(named inland carrier at named inland point of departure) Freight Allowed to(named point of exportation)	① FOB place of shipment
	D) FOB(named inland carrier at named point of exportation)	② FOB place of destination
① FOB(insert named port of shipment)	E) FOB Vessel(named port of shipment)	③ FOB Vessel, Car or other vehicle
	F) FOB (named inland point in country of importation)	② FOB place of destination
국제적으로 일반화된 관습	미국의 관습	미국의 법제

따라서 미국의 무역거래자와 매매계약을 체결할 경우에는 이와 같은 미국의 관습 및 법제를 고려하여 국제상관습으로 정착된 Incoterms® 2010규칙 적용한다는 준거규정(applicable provision)을 계약시에 약정하는 것이 매우 중요하다.

신용장과 기타 무역결제 방식

Chapter 4

04-051 Q 신용장이란 무엇이며 무역거래시 신용장의 유용성은 무엇인가?

A 신용장(Letter of Credit: L/C)은 발행의뢰인(수입자)의 거래은행인 신용장 발행은행(issuing bank)이 신용장 조건과 일치하는 서류제시에 대하여 수익자(beneficiary)(수출자)에게 대금지급 할 것을 확약(undertaking)한 것이다. 신용장통일규칙(UCP 600) 제2조에서는 "신용장이라 함은 그 명칭이나 기술에 관계없이 일치하는 제시를 인수·지급하기 위한 발행은행의 취소불능적인 그리고 분명한 확약을 구성하는 모든 약정을 말한다."(Credit means any arrangement, however named or described, that is irrevocable and thereby constitutes a definite undertaking of the issuing bank to honour a complying presentation)라고 정의하고 있다. 여기에서 일치하는 제시라 함은 신용장조건, 신용장통일규칙의 적용 가능한 규정 및 국제표준은행관행에 따른 제시를 말한다.

신용장은 보증서(Letter of Guarantee)와 구별하여야 한다. 신용장을 은행의 대금지급에 대한 보증서로 이해하면 아니 된다. UCP 상의 신용장 정의를 보아도 은행의 보증서라고 언급하지 아니하고 은행의 확약이라는 표현을 하고 있다. 신용장이나 보증서는 매매계약 또는 보증계약에 관련한 보증채무라는 점에서는 공통점이 있다. 보증채무는 주된 채무와 동일한 내용을 가지는 종된 채무이며, 주된 채무를 담보하는 작용을 한다. 신용장은 매매당사자의 주된 채무와 독립된 채무인 데 반하여, 보증서는 주채무에 부종된 채무이다. 따라서 보증서는 주채무자가 그 채무를 이행하지 않은 때에 비로소 채무를 이행하면 되지만, 신용장은 독립된 채무이기 때문에 신용장조건에 따라 지급의무를 독립적으로 이행하여야 하는 것이다. 이는 발행의뢰인(수입자)이 대금을 지급하지 않으면 신용장발행은행이 대신 지급을 행하는 것이 아니라, 일단 신용장이 발행되면 신용장조건과 제시서류가 일치하면 발행은행이 독립적으로 지급을 이행하게 된다는 의미이다.

한편 신용장은 국제매매당사자간에 공신력이 있는 은행이 개입하여 신용을 바탕으로 한 지급확약 기능과 금융 기능을 수행함으로써 국제무역을 원활하게 수행할 수 있도록 하고 있다. 신용장은 무역거래시 대금결제수단으로 매매당사자간에 다음과 같은 여러 가지 이점이 있기 때문에 그 유용성은 매우 크다고 할 수 있다.

먼저 수출자의 이점으로는 첫째, 수입지의 대금지급약속에 대한 신용위험(credit risk)이 발행은행의 신용으로 대체되기 때문에 대금회수의 확실성이 보장된다. 둘째, 신용장을 담보로 수출품을 제조·가공하는 데 따른 원자재조달을 위한 금융을 은행측으로부터 수혜할 수 있다. 셋째, 신용장의 발행 및 수령으로 수출자의 계약이행을 확실하게 보장하여 준다. 넷째, 물품을 선적한 후 신용장조건에 합치되는 서류의 제공 및 환어음의 할인으로 수출대금을 즉시 회수할 수 있다.

그 다음 수입자의 이점으로는 첫째, 은행의 신용을 이용하기 때문에 수출자와 매매계약시 가격·결제조건 등 계약을 유리하게 체결할 수 있다. 둘째, 수입대금을 선적시에 지급하지 않고 수입어음 및 수입관련서류가 도착한 후에 지급하거나 금융을 이용하여 수입어음을 결제할 수 있는 등 은행측으로부터 금융수혜가 용이하다. 셋째, 신용장상에 선적기일(shipping date)과 유효기일(expiry date)이 명시되어 있어 계약물품의 인도시기를 예상할 수 있다.

04-052 Q 신용장의 특성과 거래원칙은 무엇인가?

A 신용장거래에서는 독립·추상성의 원칙이라는 본질적인 특성이 있으며, 완전성과 정확성의 원칙, 엄밀일치원칙과 국제표준은행관행 및 서류거래의 원칙 등 주요한 거래 원칙과 관행이 존중되고 있다. 이는 은행으로 하여금 보다 적극적인 신용장의 기능, 즉 지급확약기능과 금융기능을 수행하게 함으로써 원활한 거래를 도모할 수 있도록 하기 위함이다.

첫째, 독립·추상성의 원칙이 적용된다.

신용장의 독립성(independence)이라 함은 신용장은 매매당사자간의 근거계약(underlying contract)이나 기타 거래와는 별개의 독립된 거래로 간주한다는 원칙을 말한다. 신용장통일규칙(제4조)에서는 "신용장은 그 성질상 그것이 근거가 되는 매매계약 또는 기타 계약과는 별개의 거래이다. 은행은 그러한 계약에 관한 어떠한 참조사항이 신용장에 포함되어 있다 하더라도 그러한 계약과는 아무런 관계가 없으며 또한 구속되지 아니한다. 따라서 신용장에 의하여 인수·지급, 매입하거나 또는 모든 기타 의무를 이행한다는 은행의 확약은 발행의뢰인이 발행은행 또는 수익자와의 관계로부터 야기되는 클레임 또는 항변에 지배받지 아니하는 조건으로 한다. 수익자는 어떠한 경우에도 은행 상호간 또는 발행의뢰인과 발행은행간에 존재하는 계약관계를 원용할 수 없다"고 규정하고 있다. 신용장의 독립성은 신용장의 본질을 규정하는 가장 중요한 조건으로 간주되고 있으며, 신용장거래가 매매계약으로부터 독립성이 있기 때문에 은행은 제시된 서류를 발행한 운송회사·검사소·수출자 등에 직접 가서 일일이 확인을 하지 않더라도 지급·인수·매입을 함으로써 국제상거래가 원활하게 되는 것이다.

따라서 신용장 문면에 만일 물품의 명세(description of goods)가 "as per Sales Contract No.15 dated May 15" 등과 같이 매매계약서의 일자나 번호가 명시되어 있다 하더라도 은행은 계약서를 검토 하는 등 실질적인 조사의무는 없으며, 제시된 서류의 문면에 이러한 문언을 증명하는 내용의 문언을 기재하면 족하다고 할 수 있다.

또한 신용장의 추상성(abstraction)이라 함은 매매계약서에 언급된 물품이야 어떠하든, 또한 실제로 매수인에게 노착된 물품이야 어떻게 되었든 간에 은행은 신용장에서 요구하는 서류만을 가지고 대금지급 여부를 판단하는 것이다.

신용장통일규칙(제5조)에 의하면 "은행은 서류로 거래하는 것이지, 그 서류와 관련될 수 있는 물품, 서비스 또는 이행으로 거래하는 것이 아니다"라고 규정하고 있다. 은행은 매매계약물품에 대해 요구되는 전문적인 지식이 사실상 부족하기 때문에 신용장내용과 서류상의 문면을 기준으로 그 일치성 또는 정당성 여부를 판단하여 지급이행을 행하게 되는 것이다.

둘째, 완전·정확성의 원칙이 적용된다.

신용장의 완전성과 정확성의 원칙이라 함은 신용장발행을 위한 지시 및 신용장 그 자체 그리고 신용장에 대한 여하한 조건변경 지시 및 그 조건변경 자체는 완전하고 정확하지 않으면 안 된다는 것이다. 완전성이란 신용장 자체로서 효력발생에 결격사유가 없어야 함을 뜻한다. 따라서 신용장은 너무 지나치게 상세한 명세를 삽입하는 것은 혼란과 오해를 초래할 염려가 있으므로 신용장발행은행은 발행의뢰인을 설득하여 이를 억제하도록 하고 있다.

신용장거래에 따른 분쟁은 기본적으로 신용장 자체의 완전성과 정확성이 결여된 상태로 발행된 신용장에 기인되는 경우가 많다. 먼저 신용장발행의뢰인은 발행은행에 대해서 완전한 지시를 할 필요가 있다. 발행의뢰인의 불완전하고 부정확한 지시로 인하여 발생하는 문제 가운데, 특히 신용장조건상에 수익자가 제시하여야 할 서류를 구체적으로 명시를 하지 않아 발생되는 비서류적 조건(non-documentary conditions)에 대한 문제가 야기된다. 예를 들면 신용장에서 요구서류 이외의 조건에 "출항일과 지정된 운송선박은 송화인에 의하여 전신으로 발행의뢰인에게 통지되어야 한다"는 사항이 있을 경우 발행은행의 입장에서는 이러한 표현을 사용한 것은 수익자로부터 운송선박명과 출항일을 통지한 것을 증명하는 선적통지서와 같은 내용의 서류를 요구하는 것이라고 주장할 수도 있으나 수익자 또는 매입은행의 입장에서는 신용장통일규칙(제14조)에서 "신용장에서 신용장이 조건과의 일치성을 표시하기 위하여 서류를 명기하지 아니하고 조건(condition)만을 포함하고 있는 경우, 은행은 그러한 조건이 명시되지 아니한 것으로 보고 이를 무시하여야 한다"라는 규정이 있으므로 추가적인 서류를 제시하지 아니하였다고 항변하게 되는 경우 분쟁이 야기될 수 있다. 따라서 이와 같은 분쟁발생을 예방하기 위해서는 신용장발행은행은 발행의뢰인의 신용장발행신청서나 당해 물품의 거래관습을 검토하여 정확하고 완전한 신용장이 발행되도록 하여야 한다.

또한 신용장 발행의뢰인은 신용장의 서류거래성으로부터 오는 특정불이익을 방지하려는 의도 때문에 실제로 과도한 명세를 신용장이나 조건변경서에 삽입하려고 발행은행에 대하여 지시하는 경우가 종종 있다. 이에 대하여 신용장통일규칙(제4조)에서는 "발행은행은 신용장의 구성요소 부분으로서, 근거계약의 사본, 견적송장 및 기타 유사한 것을 포함시키고자 하는 모든 시도를 제지하여야 한다"라고 규정하고 있다. 이와 같이 발행의뢰인이 신용장상에 과도한 명세를 포함시킨다고 해서 반드시 그의 경제적 목적을 달성할 수 있다고 장담할 수 없고, 오히려 신용장거래에 있어 오해와 혼란을 발생시키게 될 수 있으므로 신용장을 발행할 경우 물품명세는 간결하게 그리고 요구서류에 대해서는 해당란에 명확하고 완전하게 명시하는 것이 중요시 된다.

셋째, 엄밀일치의 원칙을 존중하되 국제표준은행관행에 의하여 서류심사기준으로 삼는다.

신용장거래시 은행이 서류를 심사하고 수리여부를 결정하는 데 있어 논란대상이 될 수 있는 것은 제시된 서류에 대하여 은행이 어떤 기준에 의하여 어느 정도의 주의를 기울여 검토해야 될 것인가 하는 점이다. 은행의 서류수리원칙에 관해서는 전통적으로 법원의 판례에 의해 형성된 법률원칙으로 엄밀일치의 원칙(doctrine of strict compliance)과 상당일치의 원칙(doctrine of substantial compliance)이 양분되어 왔다. 엄밀일치의 원칙이라 함은 은행은 신용장의 조건에 엄밀히 일치하지 않는 서류를 거절할 수 있는 권리를 가지고 있다는 법률원칙이다. 다시 말하면 은행은 제시된 서류가 신용장조건의 문언에 합치된 것으로 판명된 서류에 한하여 지급이행할 수 있다는 원칙을 말한다. 또한 상당일치의 원칙은 서류가 신용장조건과 문언대로 엄밀하게 합치되어야 한다고 하여 문구 하나도 틀리지 않게 완전히 일치하여야 한다는 뜻은 아니고, 또 신용장조건을 전혀 해하는 것이 아닐 경우에는 신용장조건과 합치하는 것으로 보아야 한다는 견해를 말한다. 이와 같은 신용장조건과 제시서류의 일치성 판단기준은 법원의 판례에서도 일관성이 없고 신용장통일규칙에서도 2002년 이전까지는 구체적인 지침이 마련되지 아니하여 신용장거래당사자에게 종종 혼란스러운 문제가 되어 왔으나 신용장 서류심사를 위한 국제표준은행관행(International Standard Banking Practice for the Examination of Documents under Documentary Credits: ISBP)이 마련됨으로 인하여 2007년 7월 1일 환어음, 상업송장, 운송서류, 보험서류 및 원산지증명서에 대한 등 서류의 심사기준을 185개 항목으로 업데이트하여 제시되고 있다. 신용장 서류심사는 지정은행, 확인은행(있는 경우) 및 발행은행은 서류가 문면상 일치하는 제시(complying presentation)를 구성하는지 여부를 결정하기 위하여 서류만을 기초로 하여 제시를 심사하도록 하고 있다. 여기에서 일치하는 제시란 신용장조건, 신용장통일규칙의 적용 가능한 규정 및 국제표준은행관행에 따른 제시를 의미한다. 서류심사기간은 제시가 일치하는 경우 제시기일과 관계없이 제시일 다음날로부터 최대 제5 은행영업일을 갖는다. 신용장 문맥을 읽을 때, 서류의 데이터, 서류의 자체 및 국제표준은행관행은 서류의 데이터 또는 신용장과 동일성을 요하지 않지만 서류의 데이터, 모든 기타 규정된 서류 또는 신용장과 상충되어서는 아니 된다고 하여 서류상호간 동일성을 요하지 않으나 모순이 있어서는 아니 됨을 강조하고 있다.

이와 같이 국제표준은행관행의 도입은 신용장발행은행의 입장에서는 서류상 본질적인 중요한 하자사항이 아님에도 불구하고 자구 하나하나의 엄밀일치만을 고집하여 서류상의 하자만을 지적하고, 지급거절 또는 지급유보상태임을 먼저 통지하는 바람직하지 못한 관행을 예방할 수 있음은 물론 사소한 시비를 모두 법정의 판결로 해결하려는 시도를 감소시킬 수 있다.

넷째, 서류거래의 원칙을 관행으로 한다.

신용장거래의 대상은 물품이나 서비스 그 자체나 계약의 이행이 아니고 서류(document)이다. 따라서 신용장통일규칙(제5조)에서는 "은행은 서류로 거래하는 것이지, 그 서류와 관련될 수 있는 물품, 서비스 또는 이행으로 거래하는 것이 아니다"라고 규정하고 있다.

은행이 신용장조건에 일치하는 서류와 상환으로 대금을 지급하여야 할 의무는 해당 물품이나 서비스 또는 계약이행이 실제 내용과 일치하지 않는다는 통지에도 아무런 영향을 받지 않는다. 또한 발행은행이 서류접수 후 즉시 그것이 문면상 신용장조건에 일치하지 않는 경우에 그러한 서류를 수리할 것인가, 아니면 이를 거절하고 문면상 신용장의 조건과 일치하지 않는다는 클레임을 제기할 것인가의 여부는 서류만을 기초로 하여 결정하여야 한다. 서류의 수리(accept) 또는 거절(reject) 여부를 결정하는 데 있어 '서류만을 근거로 하여'(on the basis of documents a1one)라는 말은 발행은행이 신용장발행의뢰인에게 그 불일치에 관한 권리포기 여부를 교섭할 수는 있으나 독자적으로 결정하여야 한다는 의미를 가진다.

은행은 서류가 일반적 상태성의 형식을 구비하고 있는지 여부, 또는 그 서류는 발행의뢰인의 요구대로 내용을 기재하였는지 여부에 대한 서류심사는 어디까지나 형식적 심사의 의무를 지는 것이지 그 서류가 과연 법률상 완전 유효한 것이라든지, 위조·변조가 없다는 등에 관해서까지 보장할 수는 없다. 따라서 신용장거래에서 은행은 서류의 이면에 있는 물품을 알 수 없기 때문에 오직 서류의 문면만을 점검하고 서류거래를 행하고 있는 점에 유의하여야 한다.

04-053 Q 신용장거래에서 독립·추상성의 원칙적용에 따라 사기 및 서류위조의 경우에도 발행은행이 대금지급을 이행해야 할까?

A 앞에서 살펴본 것처럼 신용장거래는 본질적으로 매매계약 및 기타계약과는 별개의 독립된 거래이며, 관계은행은 신용장내용과 서류상의 문면만을 통하여 지급여부를 결정하게 된다. 은행은 어떠한 경우에도 매매계약 또는 기타 신용장에 근거가 되는 계약상의 이유에 의한 항변으로 권리침해를 당하거나 책임과 의무를 지지 아니한다. 그러므로 신용장조건과 일치하여 지급·인수·매입한 은행은 발행은행으로부터 독립·추상성원칙 적용에 따른 보호를 받게 되며, 수익자의 경우에도 신용장조건에 일치하는 서류를 제시하여야만 신용장의 권리를 주장할 수 있다.

더욱이 신용장통일규칙(제34조)은 면책약관에서 "은행은 서류 자체에 관하여 모든 서류의 형식, 충분성, 정확성, 진정성(genuineness), 위조 또는 법적 효력에 대하여 또한 서류상에 명기되거나 부기된 일반 및 특별조건에 대하여 아무런 의무나 책임을 지지 아니한다"고 규정하고 있다.

따라서 거래상의 내용이야 어떠하든 수익자는 신용장내용에만 일치되는 서류를 가령 사기 및 위조에 의하여 제시하였다 하더라도 이를 모르는 매입은행은 동 서류를 매입할 것이고, 발행은행도 지급할 수 있다는 결론이 나온다. 신용장거래의 독립·추상성이라는 특성을 악용하여 부당하게 대금을 편취하는 파렴치한 신용장수익자의 사기 및 기망의 경우 은행에게 취소불능의 책임을 지울 수 없도록 하는 거래상의 사기에 대하여 영미법에서 일찍부터, 이른바 사기에 대한 예외 적용 원칙(fraud exeption rule; fraud rule)이 인정되어 왔다. 이 원칙에 의하면 발행은행은 서류가 신용장조건과 일치한다 하더라도 수익자의 사기 및 위조라는 것이 대금지급 이전에 입증될 경우 대금지급이 거절이 될 수 있다는 점이다.

국제상관습인 신용장통일규칙 상에는 사기의 예외적용 원칙이 반영되고 있지 않지만 미국 통일상법전(Uniform Commercial Code: UCC) 신용장 편 제5-109조에 의하면 요구된 서류가 위조(forged) 또는 중대한 사기(materially fraudulent)가 있거나 또는 제시서류에 대한 지급이 수익자에 의하여 발행인 또는 발행의뢰인에게 중대한 사기를 조장할 경우에는 관할법원의 금지명령(injunction)을 통하여 법적 구제받을 수 있음을 분명히 하고 있다. 디시 말하면 신용장 서류상의 사기(fraud in the documents)와 신용장 거래상의 사기(fraud in the transactions)에 대하여 독립·추상성의 원칙 적용 예외를 인정하여 지급거절 권리를 부여하고 있다. 이는 곧 신용장거래시 신용장의 독립·추상성의 원칙과 사기의 예외적용 원칙간 충돌이 야기될 소지가 있는 것이다.

사기의 유형으로는 예컨대 신용장 상의 물품명세로 시멘트를 요구하였으나 모래를 선적하는 거래상의 사기, 신용장에 명시된 물품을 선적하지 아니하고 신용장에 요구된 선화증권(bill of lading) 등의 서류를 위조하여 제시하는 서류상의 사기로 대별할 수 있고, 심지어는 발행의뢰인과 발행은행이 공모하여 신용장 자체를 허위로 발행하는 사기도 있다.

신용장거래와 관련하여 신용장의 문면과 제시된 서류가 일치되지만, 수익자의 사기로부터 매도인을 보호하기 위하여 신용장대금을 지급하지 않는다면 신용장거래의 특성인 독립·추상성의 원칙이 침해되는 결과가 되어 궁극적으로는 신용장의 유용성은 상실되고 말 것이다.

한편 신용장거래의 독립·추상성만을 고집하여 사기행위임에도 불구하고 은행의 지급약속에 따른 이행만을 강행한다면, 파렴치한 매도인의 사기를 조장하게 되어 이를 확대적용할 수 없는 문제에 봉착하게 된다. 발행은행의 입장에서도 발행은행에 제시된 서류는 수익자에게 지급한 대금의 담보가 됨으로 은행은 수익자가 제시한 서류가 사기에 의하여 아무런 가치가 없음에도 불구하고 대금을 지급하게 되는 위험에 빠지게 되어 막대한 손실을 입을 우려가 있다. 이러한 문제가 자주 발생하게 되면 발행은행은 발행의뢰인으로 하여금 충분한 담보 등을 요구하게 되어 결국은 발행의뢰인의 과중한 금융상의 부담을 주게 되는 문제가 있다.

이와 같은 사기를 예방하기 위해서는 신용장 발행의뢰인은 수익자에 대한 신용조사를 통하여 신뢰성 있는 거래처와 거래를 행하도록 하는 것이 선행되어야 한다. 또한 선적전에 수출지에서 수입자가 물품검사를 직접행하거나 그러하지 못 할 경우에는 대리인 또는 공인검사기관을 지정하여 행하도록 한다. 선적통지를 받은 수입자는 물품을 운송하는 선박회사(본지점)에 연락하여 선적 통지된 물품이 실제 선적되었는지 여부를 전화 등으로 조회하여볼 필요가 있다. 만일 사기행위 시에는 대금결제가 이루어지기 이전에 사기에 대한 입증자료를 준비하여 신속하게 관할 법원에 지급금지명령(injunction)을 신청하여 발행은행의 대금지급을 유보하도록 하여야 한다.

이와 같이 신용장의 본질적 특성인 독립·추상성의 원칙 적용은 국제무역결제의 원활화를 도모하기 위하여 신용장거래관행으로 받아들여지고 있기 때문에 신용장은 그 유용성이 크다고 할 수 있다. 그러나 발행은행은 어디까지나 신용장조건을 충족할 경우에 지급이행 한다는 소위 조건부지급확약을 하고 있다는 점과 거래상 또는 서류상의 사기행위가 있게 되면 선의의 피해자가 발생할 수 있기 때문에 신용장은 절대적인 지급수단이 될 수는 없는 무역결제수단으로서의 한계성을 가지고 있다.

04-054 Q 신용장거래의 당사자는 누구인가?

A 신용장거래에 관계되는 자를 총칭해서 당사자(parties) 또는 관계당사자(parties concerned)라고 한다. 신용장당사자는 모든 신용장에 일정하게 등장하는 것이 아니고 신용장의 종류별 또는 발행은행의 사정에 따라 다르다. 여기에서는 신용장의 조건변경 또는 취소에 관계되는[1] 기본당사자인 발행은행, 확인은행, 수익자와 기타 당사자인 발행의뢰인, 발행은행, 통지은행, 매입은행, 지급은행, 인수은행, 상환은행에 대하여 살펴보기로 한다.

첫째, 발행은행(issuing bank)이다.

신용장발행의뢰인의 요구에 응해서 수익자 앞으로 신용장을 발행하는 은행을 발행은행이라고 한다. 발행은행은 보통 발행의뢰인의 주거래은행이 되며 수익자에 대하여 지급 등을 확약하는 자로 환어음지급에 있어서 최종적인 책임, 즉 상환의무를 부담하게 된다. 발행은행은 개설은행(opening bank) 또는 신용공여은행(grantor)이라고도 칭하지만, UCP상에는 "issuing bank", 즉 발행은행이라고 칭하고 있고 또한 미국통일상법전(UCC)상에는 "issuer", 즉 발행자라는 용어를 사용하고 있음을 유의하여야 한다. 미국은 은행 이외의 금융기관이나 경우에 따라 기업에서도 신용장을 발행할 수 있기 때문에 발행인, 즉 "issuer"라는 용어를 사용하고 있다. 현대의 신용장은 스위프트(SWIFT) 메시지를 통하여 전자적으로 발행되고 있고 신용장통일규칙의 용어의 정의 등을 고려하여, "개설은행"이라는 용어는 "발행은행"으로 사용되어야 한다.

둘째, 확인은행(confirming bank)이다.

발행은행으로부터 수권되었거나 요청받은 제3은행(주로 통지은행)이 신용장에 의해 발행된 어음의 지급·인수 또는 매입을 추가로 확약하는 은행을 확인은행(confirming bank)이라고 한다. 신용장의 확인은 발행은행에 대한 확인은행의 여신행위라고 할 수 있지만 독립적 채무를 부담하는 입장에 서게 됨으로 발행은행의 확인요구에 대하여 반드시

1) UCP에는 발행은행·확인은행(필요시)·수익자만을 신용장조건변경 또는 취소할 수 있는 당사자로 규정하고 있다. 그러나 발행의뢰인이 당사자에서 제외된 것 같지만, 발행의뢰인의 요청에 따라 발행은행이 일단 신용장을 발행하게 되면 발행은행은 발행의뢰인의 의사가 포함되어 있는 것으로 보아야 할 것이다.

응할 필요는 없다. 수출자는 수입자의 거래은행이 정치·경제적으로 결제상의 위험이 있다고 판단되면 보통 수출자 소재지의 제3은행을 확인은행으로 하는 이른바 확인신용장(Confirmed L/C) 발행을 요청하게 된다. 실무상 유의할 점은 무역계약시 수출자가 유리하다고 하여 무턱대고 확인신용장을 요구하게 되면 수입자는 발행은행과 확인수수료 부담문제나 또는 신용위험국에 속하지 아니할 경우 거래관계가 결렬될 소지도 있다.

셋째, 수익자(beneficiary)이다.

발행은행으로부터 신용장을 수령하여 신용장조건에 따른 권한과 이익을 얻는 수출자를 특히 신용장거래에서는 수익자(beneficiary)라고 한다. 수익자는 매도인(seller), 수출자(exporter) 이외에도 신용장의 사용자이므로 사용자(user), 환어음을 발행할 수 있으므로 환어음발행인(drawer), 신용을 수혜하고 있기 때문에 신용수령인(accreditee), 신용장을 수익자 앞으로 발행된다는 점에서 수신인(addressee) 또는 물품을 선적하는 송화인(shipper)이라고 할 수 있지만, 신용장거래에서는 "beneficiary"로 통용되고 있다.

넷째, 발행의뢰인(applicant)이다.

수입자는 매매계약조건에 따라 자기의 거래은행에게 신용장발행을 의뢰하게 된다. 이 경우 수입자를 신용장거래에서는 발행의뢰인(applicant)이라고 한다. 발행의뢰인은 매수인(buyer)·수입상(importer)이란 명칭 외에도 지급의무가 있다는 점에서 채무자(accountee; for account of), 종전에는 신용장개설을 하여 주는 자로서 개설인(opener)이라고도 하였다.

다섯째, 통지은행(advising bank)이다.

신용장발행은행이 신용장을 발행하게 되면 그 내용을 수출자인 수익자에게 알리기 위하여 수익자 소재지에 있는 발행은행의 본·지점이나 환거래은행(correspondent bank)을 경유하여 통지하게 되는데, 이 때 통지를 행하는 은행을 통지은행(advising bank; notifying bank; transmitting bank)이라고 한다. 발행은행이 통지은행 앞으로서의 신용장통지는 발행의뢰인의 요청에 따라 전송(tele-transmission)이나 우편(mail) 중 어느 한 가지 방법을 이용하게 된다.

여섯째, 매입은행(negotiating bank)이다.

수익자가 신용장조건에 따라 선적을 완료한 후 결제서류를 준비하고 수출환어음을 발행하여 자기의 거래은행에 환어음의 매입을 의뢰하게 되는데, 이 때 환어음 매입은행을 매입은행(negotiating bank)이라고 한다. 매입은행은 발행은행 등으로부터 상환 받을 수 있는 기간까지의 환가료(exchange commission)를 공제하기 때문에 어음금액을 할

인하여 수익자에게 지급하는 격이 된다. 따라서 매입은행은 곧 할인은행이라고도 할 수 있다. 특히 환어음의 매입을 수익자 거래은행 이외의 특정은행으로 지정되어 있는 매입제한신용장(restricted credit)의 경우에는 수익자의 거래은행은 매입제한은행에 재매입(renegotiation)을 의뢰하게 된다. 이 때의 매입은행을 특히 재매입은행(renegotiating bank)이라고 한다.

일곱째, 지급은행(paying bank)이다.

수익자가 제시한 서류에 대해서 직접 대금을 지급하여 주는 은행으로서 대금을 지급하도록 수권받은 은행을 지급은행(paying bank)이라고 한다. 지급은행은 발행은행의 예치환거래은행(depositary correspondent bank)으로서 예치환거래약정을 체결하고 발행은행의 예금계정(deposit account)을 설정하여 신용장조건과 일치되는 서류에 응하여 지급시마다 발행은행의 예금계정에서 당해 금액을 차감하면서 지급을 행하기 때문에 지급과 동시에 상환을 받게 된다. 그러나 지급에 대한 최종적 책임은 지급은행이 아니고 발행은행이 지게 된다.

여덟째, 인수은행(accepting bank)이다.

수익자가 발행하는 환어음이 기한부환어음(usance bill of exchange)일 경우에는 은행이 지급에 앞서 인수(acceptance)를 하게 된다. 이 때에 은행은 환어음의 만기일에 가서 그 환어음을 지급하게 되는데, 이처럼 기한부환어음을 인수하는 은행을 인수은행(accepting bank)이라고 한다. 일단 은행에서 인수한 환어음은 은행의 무조건 지급보증이 추가되므로 국제금융시장에서 유리하게 유통된다.

아홉째, 상환은행(reimbursing bank)이다.

신용장의 결제통화가 수출 또는 수입 양국통화가 아니고 제3국 통화인 경우, 제3국에 소재하는 은행 중 발행은행의 예치환거래은행이 신용장조건에 따라 대금을 결제하게 되는데, 이 은행을 결제은행(settling bank)이라 하고 수익자가 발행한 어음을 매입한 매입은행과도 환거래계약을 체결하고 있으므로 매입은행에 어음대금을 상환해 주는 은행이라고 해서 상환은행(reimbursing bank)이라고 한다. 보통 발행은행에 대한 결제은행이 매입은행에 대해서는 상환은행이 된다.

04-055 Q 신용장거래의 과정은 어떻게 진행될까?

A 신용장거래의 과정을 신용장당사자를 중심으로 [그림 4-1]을 참조하여 번호순서에 따라 설명하면 다음과 같다.

[그림 2-1] 신용장 거래의 과정

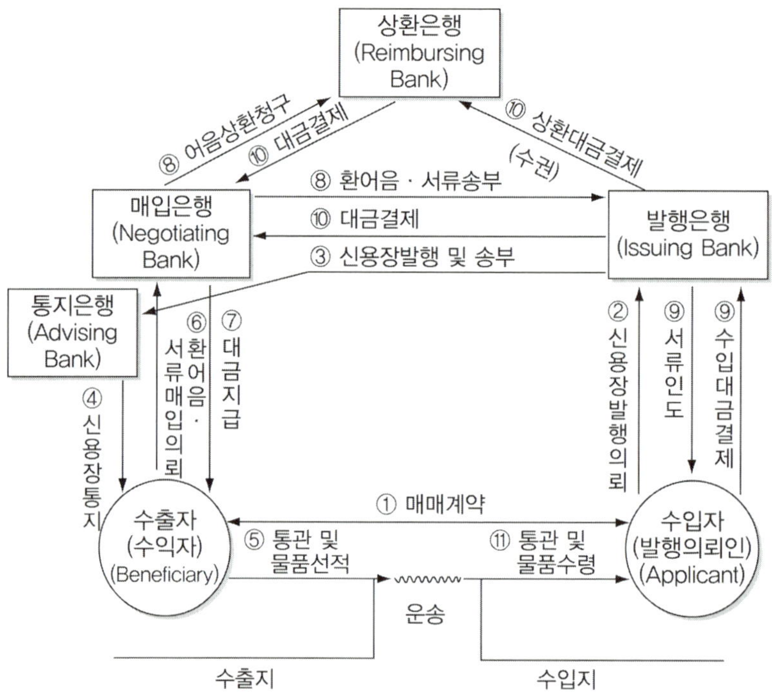

① 거래당사자인 수출자(수익자)와 수입자(발행의뢰인)간에 매매계약을 체결한다. 이때 계약내용 중 대금결제조건은 취소불능화환신용장 방식을 채택하는 것으로 한다.

② 발행의뢰인은 자기가 거래하는 은행에 신용장발행을 의뢰한다.

③ 발행은행은 발행의뢰인의 요청과 지시에 따라 신용장을 발행하고 전송(teletransmission) 또는 우편(mail)으로 통지은행 앞으로 송부하면서 수출자, 즉 수익자에게 통지해 줄 것을 요청한다.

④ 통지은행은 수익자에게 신용장도착을 통지하고 이를 전달한다.

⑤ 수익자는 계약물품을 제조·가공하거나 완제품을 공급받아 수출통관수속을 마치고

지정운송인(carrier)에게 물품을 인도완료하거나 선적완료하고 운송서류(transport documents)를 발급받는다.[2)]

⑥ 수익자는 신용장에서 요구하는 서류를 준비하고 환어음(Bill of Exchange; Draft)을 발행하여 매입은행(negotiating bank)에 수출환어음매입(Negotiation: NEGO)을 의뢰한다.

⑦ 매입은행은 신용장조건과 수익자가 제시한 서류를 심사하고 수익자에게 대금을 지급한다.[3)]

⑧ 매입은행은 매입한 환어음과 서류를 신용장상의 지시에 따라 보통 발행은행 앞으로 송부하여 대금결제를 요청하지만 경우에 따라 상환은행(reimbursing bank) 앞으로 어음상환청구를 하고, 서류는 발행은행 앞으로 송부하도록 하라는 지시가 있을 경우에는 이에 따른다.

⑨ 발행은행은 발행의뢰인에게 수입관련서류를 인도함과 동시에 대금을 결제 받는다.

⑩ 발행은행은 매입은행에 대금결제를 직접 하거나, 상환은행에 수권하였을 경우에는 상환청구에 응하여 상환은행이 대금결제를 한다. 이 경우 발행은행은 상환에 따른 상환대금을 결제하게 된다.

⑪ 발행의뢰인은 발행은행으로부터 인도받은 수입관련서류를 가지고 수입지의 세관에서 통관수속을 완료하고 계약물품을 수령하게 된다.

---

2) 가격(인도)조건이 CIF나 CIP 규칙인 경우에는 매도인이 적화보험을 부보하고 매수인에게 보험서류를 제공하여야 한다.

3) 수익자가 받는 대금은 선적 이후에 신용장상의 서류를 담보로 한 매입은행의 여신행위이다.

04-056 Q 신용장의 종류에는 어떠한 것들이 있을까?

A 신용장은 그 분류상 국제적으로 통일된 기준이 없다. 하나의 신용장이라 하더라도 관점에 따라 여러 가지로 말 할 수 있기 때문에 보편적인 분류방법이라고 단정하기는 어렵다. 가령 한 개의 화환신용장(documentary credit)이라 하더라도 취소불능신용장(irrevocable credit)·미확인신용장(unconfirmed credit)·일람불신용장(sight credit)·자유매입신용장(freely negotiable credit)·양도가능신용장(transferable credit) 등과 같이 얼마든지 거래성격에 따라 다르게 다양한 명칭을 붙일 수 있다.

신용장의 종류를 일반신용장, 특수신용장 및 유사신용장으로 대별하여 거래관점에 따라 분류하면 다음과 같다.

[표 4-1] 신용장의 종류

구 분	관 점	신 용 장 의 종 류
일 반 신용장	1. 신용장의 용도에 따라	• 상업신용장(commercia1 credit) • 여행자신용장(traveller's credit)
	2. 요구서류 유무에 따라	• 화환신용장(documentary credit) • 무화환신용장(clean credit)
	3. 취소가능 여부에 따라	• 취소가능신용장(revocable credit) • 취소불능신용장(irrevocable credit)
	4. 제3은행의 확인유무에 따라	• 확인신용장(confirmed credit) • 미확인신용장(unconfirmed credit)
	5. 양도허용 여부에 따라	• 양도가능신용장(transferable credit) • 양도불능신용장(non-transferable credit)
	6. 매입·지급 허용여부에 따라	• 매입신용장(negotiation credit) • 지급신용장(straight credit)
	7. 대금지급기간에 따라	• 일람불신용장(sight credit) • 기한부신용장(usance credit)
	8. 매입은행지정 유무에 따라	• 자유매입신용장(freely negotiable credit) • 매입제한신용장(restricted credit)
	9. 상환청구권 유무에 따라	• 상환청구가능신용장(with recourse credit) • 상환청구불능신용장(without recourse credit)

	10. 국내외 거래용도에 따라	• 원신용장(master credit) • 내국신용장(local credit)
	11. 상환지급지시에 따라	• 수령증상환지급신용장(payment on receipt) • 서류상환지급신용장(Payment against document credit)
	12. 대금상환방법에 따라	• 단순신용장(simple credit) • 상환신용장(reimbursement credit)
	13. 금융이용의 직·간접 여부에 따라	• 직접금융신용장(direct financing credit) • 간접금융신용장(indirect financing credit)
	14. 통지방법에 따라	• 우편신용장(mail credit) • 전송신용장(tele-transmission credit)
특 수 신용장	15. 특수목적과 용도에 따라	• 보증신용장(stand-by credit) • 전대신용장(red clause credit) • 회전신용장(revolving credit) • 구상무역신용장(back to back credit)
유 사 신용장	16. 어음매입·지급수권 여부에 따라	• 어음매입수권서(authority to purchase) • 어음지급수권서(authority to pay) • 어음매입지시서(letter of instruction)

04-057 Q 화환신용장과 무화환신용장은 어떠한 신용장인가?

A 화환신용장(documentary credit)이라 함은 신용장발행은행이 수익자가 발행한 환어음(draft)에 신용장조건과 일치하는 운송서류(transport document)·보험서류(insurance document)·상업송장(commercial invoice)·포장명세서(packing list) 등을 첨부할 것을 조건으로 하여 지급·인수·매입할 것을 확약하는 신용장을 말하며, 국제물품매매와 관련한 대부분의 신용장이 여기에 속한다. 은행은 이러한 서류를 소지하게 됨으로써 물품에 대한 담보권을 가지게 되므로 안심하고 어음에 대하여 지급·인수 또는 매입할 수 있게 된다. 이 때 권리증권(document of title)으로서의 선화증권은 유통증권(negotiable instrument) 형식으로 발행되어야만 담보물(collateral)로서 효력을 갖게 된다.

한편 무화환신용장(clean credit)이라 함은 결제서류의 제시 없이도 대금지급을 확약하는 신용장으로[4] 여행자신용장(traveller's credit)·입찰보증(bid bond)·계약이행보증(performance bond)·은행의 지급보증서(letter of guarantee)·보증신용장(stand-by credit) 등이 여기에 속한다. 또한 운임(commission)·보험료(insurance premium)·수수료(commission) 등 무역외거래에 대한 지급확약시에도 사용된다.

4) "clean credit"와 구별하여 "documentary clean credit"이라는 것이 있는데, 이는 해외 본·지점 간이나 서로 이해하고 신용있는 거래처와 거래시에 수출자가 물품을 선적하고 물품인수에 필요한 결제서류를 먼저 직접 송부하고 그 발송증빙과 무담보로 발행된 어음만을 가지고 결제가 이루어지도록 확약하는 신용장을 말한다.

04-058 Q 취소가능신용장과 취소불능신용장은 어떠한 신용장인가?

A 취소가능신용장(revocable credit)이라 함은 신용장을 발행한 후 수익자에게 미리 통지하지 않고 언제든지 일방적으로 신용장을 취소하거나 그 조건을 변경할 수 있는 신용장을 말한다. 이와 관련하여 UCP 600(제3조)에서는 "신용장은 취소불능의 표시가 없는 경우에도 취소불능이다"라고 규정하고 있다. 그러나 취소가능신용장이라 하더라도 발행은행은 신용장의 취소 또는 변경의 통지를 접수하기 이전에 신용장의 조건에 일치하는 지급, 인수 또는 매입을 하였거나, 또는 연지급(deferred payment)을 목적으로 서류를 인수한 은행에 대하여는 상환할 의무를 진다.

한편 취소불능신용장(irrevocable credit)이라 함은 신용장발행은행이 일단 신용장을 발행하여 수익자에게 통지하게 되면 신용장유효기간 내에는 발행은행이나 확인은행이 개입할 경우에는 확인은행 및 수익자 전원이 합의 없이는 취소하거나 조건변경을 할 수 없는 신용장을 말한다.

04-059 Q 확인신용장과 미확인신용장은 어떠한 신용장인가?

A 확인신용장(confirmed credit)이라 함은 발행은행 이외의 제3의 은행이 수익자가 발행하는 어음의 지급·인수·매입을 확약하고 있는 신용장을 말한다. 확인은행으로는 보통 수익자가 소재하고 있는 지역의 발행은행의 예치환거래은행(depositary correspondent bank)을 정하게 된다.

확인은행의 확인(confirmation)은 발행은행과는 별개의 독립된 것으로 수익자의 입장에서는 발행은행과 확인은행으로부터 이중으로 결제에 대한 확약을 받는 셈이 되지만, 확인은행이 연대보증인이라고는 할 수 없다.

확인신용장에서의 확인문언의 예는 다음과 같다.

"We confirm the credit and thereby undertake that all drafts drawn and presented as above specified will be duly honored by us."

"We hereby add our confirmation to this credit."

한편 미확인신용장이라 함은 신용장을 통지할 대 제3의 은행이 위와 같은 확약문언이 없는 신용장을 말한다.

스위프트(SWIFT) MT700 형식으로 신용장을 발행할 경우 ":49 confirmation instructions: WITHOUT"이라고 명시되어 있으면 확인 지시문언이 없음(without)이라는 명시가 있으므로 이는 미확인신용장(unconfirmed credit)을 의미한다.

그러나 "CONFIRM" 또는 "MAY ADD"라는 명시가 있으면 수신은행(보통 제1통지은행)에게 확인을 요청하는 것이므로 확인을 거절하지 않는 한 수신은행은 위의 예와 같은 확인문언을 신용장 여백에 명시하게 된다. 따라서 이와 같은 확인문언이 있는 신용장은 확인신용장(confirmed credit)이다.

04-060

Q 양도가능신용장과 양도불능신용장은 어떠한 신용장인가?

A 양도가능신용장(transferable credit)이라 함은 신용장상에 "transferable"이란 표시가 있어 최초의 수익자(first beneficiary)가 신용장금액의 전부 또는 그 일부를 제3자에게 양도할 수 있도록 허용하고 있는 신용장을 말한다.

신용장양도의 필요성은 최초의 신용장수익자가 ① 무역업을 직접적으로 수행할 수 없거나, ② 거래은행에 무역금융수혜를 위한 거래한도가 부족하거나, ③ 쿼타(quota) 보유상사 앞으로 부득이 신용장을 넘겨 줄 필요가 있거나, ④ 기타 업무수행상의 번거로움을 덜기 위한 이유에서 발생된다.

양도가능신용장은 단 1회에 한하여 양도가 허용되며, 분할선적이 금지되어 있지 않는 한 최초의 수익자는 다수의 제 2수익자에게 분할양도(partial transfer)할 수 있다. 단, 제 2수익자 즉 양수인은 제 3자에게 재양도가 금지된다. 따라서 양도권은 최초의 수익자만이 갖는권리이다. 또한 신용장의 양도는 원신용장에 명시된 조건에 의해서만 가능하지만, 예외적으로 ① 신용장금액과 ② 단가의 감액, ③ 유효기일 및 서류제시기간이 정하여져 있을 경우에는 서류제시최종일의 단축, ④ 선적기일의 단축, ⑤ 보험금액은 원신용장에서 요구되는 금액을 한도로 증액을 허용하고 있다. 또한 최초의 수익자는 신용장에 표시된 금액을 초과하지 않는 한 자기의 송장으로 제 2수익자의 송장을 대체(substitution of invoices)할 권리를 가지며, 송장금액의 차액을 향유할 수 있다.

한편 양도불능신용장(non-transferable credit)이라 함은 신용장상에 "transferable" 이란 표시가 없는 신용장을 말하며, 이와 같은 신용장은 양도사유가 발생하여도 신용장양도는 할 수 없는 것이다.

04-061 Q 매입신용장과 지급신용장은 어떠한 신용장인가?

A 매입신용장(negotiation credit)이라 함은 신용장에 기초하여 발행된 환어음이 매입(negotiation)되는 것을 예상하여 매입을 허용하고, 환어음의 발행인(drawer)뿐만이 아니라 환어음의 배서인(endorser), 환어음의 선의의 소지인(bona-fide holder)에 대해서도 지급을 확약하고 있는 신용장을 말한다. 매입신용장에서 특히 매입은행이 지정되면 매입제한신용장(restricted credit)이고, 지정되지 않으면 자유매입신용장(freely negotiable credit; open credit; general credit)이다.

매입신용장은 수출지의 매입은행이 발행은행의 무예치환거래은행인 경우에 사용되며, 서류매입의뢰시에 어음을 제시하여야 하고, 일람출급 또는 기한부신용장으로 사용된다. 또한 서류매입은행은 어느 은행이나 자유이나 예외적으로 통지은행이 매입을 담당할 수도 있으며, 발행은행이 서류 부도반환을 하더라도 환어음발행인에게 상환청구권을 행사할 수 있다.

일반적으로 매입신용장의 지급확약문언과 신용장유효기간에 대한 표시 예를 보면 다음과 같다.

스위프트(SWIFT) 메시지에 의한 신용장에서 매입신용장은 ":41D available with by name, address: ANY BANK BY NEGOTIATION"이라고 표기된다. 이는 모든 은행에서 사용(매입)가능한 매입신용장을 의미한다.

한편 지급신용장(straight credit; payment credit)이라 함은 신용장에 의한 환어음의 매입여부에 대하여 명시가 없고 신용장조건에 부합되게 발행된 서류가 신용장발행은행 또는 그가 지정하는 은행에 제시되면 지급할 것을 확약한 신용장을 말한다. 지급신용장의 경우에도 신용장에 의해 발행된 환어음의 매입이 불가능한 것이 아니므로 수익자의 거래은행이 매입을 할 수는 있지만, 이 경우에는 수익자의 신용도에 따라 매입은행의 계산과 위험부담으로 환어음매입이 이루어진다.

지급신용장의 특징은 대부분의 경우 수출지의 지급은행이 발행은행의 예치환거래은행일 때 사용되며, 영국과 같이 신용장발행시 어음을 반드시 필요로 하는 나라 이외에는 어음발행을 요구하지 않으며, 일람출급 또는 기한부신용장으로 사용되는데, 이 신용장하에서는 통지은행만이 지급업무를 담당할 수 있다. 또한 지급은행은 서류가 발행은행에 의해 부도반환 되더라도 수익자에게 매입대금의 반환을 요구할 수 없다.

스위프트(SWIFT) 메시지에 의한 신용장에서 지급신용장은 ":41D available with by

name, address: ADVISING BANK BY PAYMENT"라고 표기된다. 이는 통지은행에서 사용(매입)가능한 지급신용장을 의미한다.

[서식 4-1] 매입신용장(negotiation credit)

(MT 700) ISSUE OF A DOCUMENTARY CREDIT
From: BANK OF AMERICA, NEW YORK
To: KOREA EXCHANGE BANK
SEOUL, KOREA

:27 sequence of total : 1/1
:40A form of documentary credit : IRREVOCABLE
:20 documentary credit number : 78910
:31C date of issue : 15 JUNE 2011
:31D date and place of expiry : 10 SEPTEMBER 2011 KOREA
:50 applicant : AMERICA INTERNATIONAL INC.
310 FIFTH AVE, NEW YORK, NY10118, U.S.A.
:59 beneficiary : SEOUL TRADING CO., LTD.
15, 1-GA, SOGONG-DONG, JOONG-GU, SEOUL 100-070, KOREA
:32B currency code amount : USD100,000
:39A pct credit amount tolerance : 0/0
:41D available with by name, address : ANY BANK
BY NEGOTIATION
:42C drafts at : SIGHT
:42A drawee : BANK OF AMERICA, NEW YORK, NY10015, U.S.A.
U.S.A.
:43P partial shipment : ALLOWED
:43T transshipment : NOT ALLOWED
:44A loading on board/dispatch/taking in charge : BUSAN, KOREA
:44B for transportation to : NEW YORK, U.S.A.
:44C latest date of shipment : 31 AUGUST 2011
:45A description of goods and/or services and/or performance
4000 PCS OF MEN'S SPLIT LEATHER JACKETS OTHER DETAILS AS PER SALES NOTE NO. 10016 DATED JUNE 5, 2011 CIF NEW YORK Incoterms® 2010
:46A documents required
+SIGNED COMMERCIAL INVOICE IN TRIPLICATE
+PACKING LIST IN TRIPLICATE
+FULL SET OF CLEAN ON BOARD OCEAN BILL OF LANDING MADE OUT TO THE ORDER OF BANK OF AMERICA MARKED FREIGHT PREPAID AND NOTIFY ACCOUNTEE
+MARINE INSURANCE POLICIES AND CERTIFICATES IN DUPLICATE ENDORSED IN BLANK FOR 110PCT OF INVOICE VALUE. INSURANCE POLICES OR CERTIFICATES MUST EXPRESSLY STIPULATE THAT CLAIMS ARE PAYABLE IN THE CURRENCY OF THE DRAFTS AND MUST ALSO INDICATE A CLAIM SETTLING AGENT IN NEW YORK. INSURANCE MUST INCLUDE INSTITUTE CARGO CLAUSES(B)
+CERTIFICATE OF ORIGIN IN DUPLICATE
:47A additional conditions
ALL DOCUMENTS MUST BEAR OUR CREDIT NUMBER

	T/T REIMBURSEMENT NOT ALLOWED
:48	period for presentation : DOCUMENTS MUST BE PRESENTED WITHIN 3 DAYS AFTER THE DATE OF BILL OF LADING BUT WITHIN THE CREDIT VALIDITY
:71B	charges: ALL BANKING COMMISSIONS AND CHARGES INCLUDING REIMBURSEMENT CHARGES OUTSIDE U.S.A. ARE FOR ACCOUNT OF BENEFICIARY
:49	confirmation instructions : WITHOUT
:53A	reimbursement bank : BANK OF KOREA, NEW YORK, NY10015, U.S.A.
:78	instructions to the paying/accepting/negotiating bank DRAFTS MUST BE SENT TO DRAWEE BANK FOR YOUR REIMBURSEMENT AND ALL DOCUMENTS TO US BY COURIER SERVICE IN ONE LOT
:72	sender to receiver information: THIS CREDIT IS SUBJECT TO UCP(2007 REVISION) ICC PUBLICATION NO. 600

[서식 4-2] 지급신용장(payment credit)

(MT 700) ISSUE OF A DOCUMENTARY CREDIT
From: BANK OF AMERICA, NEW YORK
To: KOREA EXCHANGE BANK
SEOUL, KOREA

:27	sequence of total : 1/1
:40A	form of documentary credit : IRREVOCABLE
:20	documentary credit number : 78910
:31C	date of issue : 15 JUNE 2011
:31D	date and place of expiry : 10 SEPTEMBER 2011 KOREA
:50	applicant : AMERICA INTERNATIONAL INC. 310 FIFTH AVE, NEW YORK, NY10118, U.S.A.
:59	beneficiary : SEOUL TRADING CO., LTD. 15, 1-GA, SOGONG-DONG, JOONG-GU, SEOUL 100-070, KOREA
:32B	currency code amount : USD100,000
:39A	pct credit amount tolerance : 0/0
:41D	available with by name, address : ADVISING BANK BY PAYMENT
:43P	partial shipment : ALLOWED
:43T	transshipment : NOT ALLOWED
:44A	loading on board/dispatch/taking in charge : BUSAN, KOREA
:44B	for transportation to : NEW YORK, U.S.A.
:44C	latest date of shipment : 31 AUGUST 2011
:45A	description of goods and/or services and/or performance 4000 PCS OF MEN'S SPLIT LEATHER JACKETS OTHER DETAILS AS PER SALES NOTE NO. 10016 DATED JUNE 5, 2011 CIF NEW YORK Incoterms® 2010
:46A	documents required +SIGNED COMMERCIAL INVOICE IN TRIPLICATE +PACKING LIST IN TRIPLICATE +FULL SET OF CLEAN ON BOARD OCEAN BILL OF LANDING MADE OUT TO THE ORDER OF BANK OF AMERICA MARKED FREIGHT PREPAID AND NOTIFY ACCOUNTEE

	+MARINE INSURANCE POLICIES AND CERTIFICATES IN DUPLICATE ENDORSED IN BLANK FOR 110PCT OF INVOICE VALUE. INSURANCE POLICES OR CERTIFICATES MUST EXPRESSLY STIPULATE THAT CLAIMS ARE PAYABLE IN THE CURRENCY OF THE DRAFTS AND MUST ALSO INDICATE A CLAIM SETTLING AGENT IN NEW YORK. INSURANCE MUST INCLUDE INSTITUTE CARGO CLAUSES(B) +CERTIFICATE OF ORIGIN IN DUPLICATE
:47A	additional conditions ALL DOCUMENTS MUST BEAR OUR CREDIT NUMBER T/T REIMBURSEMENT NOT ALLOWED
:48	period for presentation : DOCUMENTS MUST BE PRESENTED WITHIN 3 DAYS AFTER THE DATE OF BILL OF LADING BUT WITHIN THE CREDIT VALIDITY
:71B	charges : ALL BANKING COMMISSIONS AND CHARGES OUTSIDE U.S.A. ARE FOR ACCOUNT OF BENEFICIARY
:49	confirmation instructions : WITHOUT
:78	instructions to the paying/accepting/negotiating bank PAYMENT WILL BE DULY MADE AGAINST DOCUMENTS PRESENTED IN CONFORMITY OF THE TERMS OF CREDIT AND ALL DOCUMENTS TO US BY COURIER SERVICE IN ONE LOT
:72	sender to receiver information : THIS CREDIT IS SUBJECT TO UCP(2007 REVISION) ICC PUBLICATION NO. 600

04-062 Q 일람불신용장과 기한부신용장은 어떠한 신용장인가?

A 일람불신용장(sight credit)이라 함은 신용장에 의하여 발행되는 어음이 지급인(drawee)에게 제시되면 즉시 지급되어야 하는 일람불환어음(sight draft) 또는 요구불환어음 (demand draft)을 발행할 수 있는 신용장을 말한다.

스위프트(SWIFT) 메시지에 의한 신용장에서 일람불환어음을 발행할 수 있도록 허용하는 일람불신용장의 환어음문언의 예는 다음과 같다.

```
:41D  available with by name, address: ANY BANK
      BY NEGOTIATION
:42C  drafts at: SIGHT
```

한편 기한부신용장(usance credit)이라 함은 신용장에 의해 발행되는 어음이 지급인에게 제시된 후 일정기간이 경과한 후에 지급받을 수 있도록 어음지급기일이 특정기일로 된 기한부어음(usance draft)을 발행할 수 있는 신용장을 말한다.

기한부신용장에서는 어음의 지급기일에 따라 일람후정기출급(at ××days after sight)·일부후정기출급(at ××days after date of draft)·확정일후정기출급(at ××days after date of B/L) 등으로 발행할 수 있도록 하고 있다.

기한부신용장에 의한 거래는 위의 특정기간 동안의 대금결제에 따른 유예는 결과적으로 수입자인 신용장발행의뢰인이 받을 수 있으므로 보통 수입자가 요청하게 된다. 무역계약시에 매매당사자는 기한부어음기간 동안의 이자(interest; exchange commission) 부담은 누가 할 것인가를 명시해 두어야 한다. 예컨대 "Usance interests(or Discount charges) are to be covered by applicant"와 같이 약정하되 만약 언급이 없다면 매도인(seller)부담이라는 점을 유의하여야 한다.

기한부신용장은 환어음발행과 지급확약방식에 따라 ① 기한부매입신용장(usance negotiation credit), ② 연지급신용장(deferred payment credit), ③ 인수신용장(acceptance credit) 등으로 구분할 수 있다.

기한부매입신용장은 기한부어음발행을 허용하고 신용장조건에 따라 발행되는 환어음매입을 전제로 하여 발행은행이 만기일에 지급하는 방식이다. 스위프트(SWIFT) 메시지에 의한 기한부신용장에서 매입을 허용하는 문언과 기한부환어음 표시방법은 다음과 같다.

:41D available with by name, address : ADVISING BANK
BY NEGOTIATION
:42C drafts at : 90 DAYS AFTER SIGHT

또한 연지급신용장은 환어음발행지시가 없는 것이 특징이다. 연지급신용장이라 함은 수출자(수익자)가 수입자(applicant)의 신용을 믿고 물품대금지급을 일정기간 유예하는 신용장을 말한다. 이는 수익자의 서류제시 후 일정기간이 지나야 대금지급이 이루어지도록 “sellers usance”를 근거로 발행되고 있다. 플랜트(plant) 수출시 할부방식에 의해 장기간에 걸쳐 분할로 결제하는 방식의 거래에 사용되는 경우가 많다.

스위프트(SWIFT) 메시지에 의한 연지급신용장에서 연지급을 허용하는 문언과 연지급을 표시하는 예는 다음과 같다.

:41D available with by name, address: ADVISING BANK
BY PAYMENT AT 90 DAYS AFTER B/L DATE AGAINST
PRESENTATION OF THE DOCUMENTS REQUIRED

그리고 인수신용장은 기한부어음발행을 지시하고 동 어음을 인수하여 만기일에 지급하는 방식이다. 발행은행이 예치환거래은행에서 인수편의(acceptance facility)를 사용할 때 발행되며,[5] 어음이 발행되어 기한부신용장으로만 사용된다. 또한 이 신용장 하에서는 동지은행민이 인수업무를 담당할 수 있으며, 인수은행은 서류가 발행은행에 의하여 부도반환 되더라도 소구권을 행사할 수 없다.

스위프트(SWIFT) 메시지에 의한 인수신용장에서 인수를 허용하는 문언과 기한부환어음 표시방법은 다음과 같다.

:41D available with by name, address: ADVISING BANK
BY ACCEPTANCE
:42C drafts at: 90 DAYS AFTER SIGHT

5) 인수편의란 수입자가 기한부수입을 하고자 하는 경우 해외에 있는 예치환거래은행이 발행은행을 위해서 신용장대금을 대신 지급하여 주고, 어음의 만기에 대금을 발행은행으로부터 받는 신용공여 형태를 말한다.

이상에서 언급한 지급·인수 및 매입신용장을 비교하면 [표4-2]와 같다.

[표 4-2] 지급·인수 및 매입신용장의 비교

신용장의 종류	수 출 지 상대은행	매입은행 지정유무	서류매입 은 행	매입인정 여 부	어음지급 기 간
지급신용장	예치환거래 은 행	지 정	통지은행	불 인 정	일람출급, 기 한 부*
인수신용장	예치환거래 은 행	지 정	통지은행	불 인 정	기 한 부
매입신용장	무예치환 거래은행	제한 또는 자유매입	원칙적으로 자 유	인 정	일람출급, 기 한 부

* 연지급신용장의 경우.

[서식 4-3] 인수신용장(acceptance credit)

(MT 700) ISSUE OF A DOCUMENTARY CREDIT
From: BANK OF AMERICA, NEW YORK
To: KOREA EXCHANGE BANK
SEOUL, KOREA
:27 sequence of total : 1/1
:40A form of documentary credit : IRREVOCABLE
:20 documentary credit number : 78910
:31C date of issue : 15 JULY 2011
:31D date and place of expiry : 10 SEPTEMBER 2011 KOREA
:50 applicant : AMERICA INTERNATIONAL INC.
310 FIFTH AVE, NEW YORK, NY10118, U.S.A.
:59 beneficiary : SEOUL TRADING CO., LTD.
15, 1-GA, SOGONG-DONG, JOONG-GU, SEOUL 100-070, KOREA
:32B currency code amount : USD100,000
:39A pct credit amount tolerance : 0/0
:41D available with by name, address : ADVISING BANK
BY ACCEPTANCE
:42C drafts at : 30 DAYS AFTER SIGHT
:42A drawee : BANK OF AMERICA, NEW YORK, NY10015, U.S.A.
:43P partial shipment : ALLOWED
:43T transshipment : NOT ALLOWED
:44A loading on board/dispatch/taking in charge : BUSAN, KOREA
:44B for transportation to : NEW YORK, U.S.A.
:44C latest date of shipment : 31 AUGUST 2011
:45A description of goods and/or services and/or performance

4000 PCS OF MEN'S SPLIT LEATHER JACKETS OTHER DETAILS AS PER SALES NOTE NO. 10018 DATED JUNE 5, 2011 CIF NEW YORK Incoterms® 2010

:46A documents required

+SIGNED COMMERCIAL INVOICE IN TRIPLICATE

+PACKING LIST IN TRIPLICATE

+FULL SET OF CLEAN ON BOARD OCEAN BILL OF LANDING MADE OUT TO THE ORDER OF BANK OF AMERICA MARKED FREIGHT PREPAID AND NOTIFY ACCOUNTEE

+MARINE INSURANCE POLICIES AND CERTIFICATES IN DUPLICATE ENDORSED IN BLANK FOR 110PCT OF INVOICE VALUE. INSURANCE POLICES OR CERTIFICATES MUST EXPRESSLY STIPULATE THAT CLAIMS ARE PAYABLE IN THE CURRENCY OF THE DRAFTS AND MUST ALSO INDICATE A CLAIM SETTLING AGENT IN NEW YORK. INSURANCE MUST INCLUDE INSTITUTE CARGO CLAUSES(B)

+CERTIFICATE OF ORIGIN IN DUPLICATE

:47A additional conditions

ALL DOCUMENTS MUST BEAR OUR CREDIT NUMBER

T/T REIMBURSEMENT NOT ALLOWED

:48 period for presentation : DOCUMENTS MUST BE PRESENTED WITHIN 3 DAYS AFTER THE DATE OF BILL OF LADING BUT WITHIN THE CREDIT VALIDITY

:71B charges : ALL BANKING COMMISSIONS AND CHARGES INCLUDING REIMBURSEMENT CHARGES OUTSIDE U.S.A. ARE FOR ACCOUNT OF BENEFICIARY

:49 confirmation instructions : WITHOUT

:53A reimbursement bank : BANK OF KOREA, NEW YORK, NY10015, U.S.A.

:78 instructions to the paying/accepting/negotiating bank

DRAFTS MUST BE SENT TO DRAWEE BANK FOR YOUR REIMBURSEMENT

AND ALL DOCUMENTS TO US BY COURIER SERVICE IN ONE LOT

:72 sender to receiver information : THIS CREDIT IS SUBJECT TO UCP(2007 REVISION) ICC PUBLICATION NO. 600

04-063 Q 자유매입신용장과 매입제한신용장은 어떠한 신용장인가?

A 자유매입신용장(freely negotiable credit)이라 함은 신용장에 의해서 발행되는 어음의 매입을 특정은행에 제한시키지 않고 어느 은행에서나 매입할 수 있는 매입신용장을 말한다. 이와 같은 신용장은 수익자가 환어음매입시에 거래은행이나 유리한 은행을 자유로 선택할 수 있기 때문에 편리하다. 그러나 한국에서는 주거래은행이나 원신용장을 근거로 다른 내국신용장 또는 수입신용장 발행 또는 무역금융수혜가 이루어진 은행에서 매입을 하여야 한다.

매입제한은행의 명시가 없으면 자유매입신용장으로 볼 수 있지만, 스위프트(SWIFT) 메시지에 의한 신용장에서 자유매입을 허용하는 문언의 표시방법은 다음과 같다.

:41D available with by name, address: ANY BANK
BY NEGOTIATION

한편 매입제한신용장(restricted credit)이라 함은 신용장발행은행이 그 신용장에 의하여 발행된 어음의 매입을 특정은행으로 한정시키는 경우의 신용장을 말한다. 또한 수출지에서 서류매입이 통지은행에 지정된 신용장을 지정신용장(nominated credit)이라 하여 매입은행이 지정 또는 제한되는 신용장과 같다고 볼 수 있다.

매입제한을 두는 이유는 발행은행이 해외의 본·지점에 환어음매입수수료 수익증대를 위한 정책적인 점과 환거래은행간의 약정 등 편의성 때문이다.

스위프트(SWIFT) 메시지에 의한 신용장에서 매입제한을 허용하는 문언의 표시방법은 다음과 같다.

:41D available with by name, address: ADVISING BANK
BY NEGOTIATION

04-064 Q 상환청구가능신용장과 상환청구불능신용장은 어떠한 신용장인가?

A 상환청구가능신용장(with recourse credit)이라 함은 수익자가 어음을 발행은행이나 확인은행 이외의 타은행에서 매입하였을 경우 매입은행은 그 어음의 지급인이 지급불능이 되었을 때에 수익자, 즉 어음발행인에 대하여 어음금액을 상환청구할 수 있는 신용장을 말한다.

어음발행인에 대한 상환청구권유무는 그 나라의 어음법에 의해 결정된다. 한국의 경우에는 상환청구가능 또는 불능에 관계없이 상환청구권을 인정하고 있으나, 영미법에서는 어음상에 "without recourse"의 표시가 있는 것은 원칙적으로 상환청구권을 인정하지 않는 것으로 하고 있다. 국제상업회의소(ICC)에서도 "without recourse"의 문언이 기재되어 있는 어음은 매입하지 말 것을 권고하고 있다.

한편 상환청구불능신용장(without recourse credit)이라 함은 어음소지인의 상환청구에 대하여 어음발행인이 상환의무를 부담하지 않는 신용장을 말한다. 상환청구불능신용장에는 "without recourse"의 표시가 반드시 있어야 한다.

04-065 Q 원신용장과 내국신용장은 어떠한 신용장인가?

A 원신용장(master credit; original credit)이라 함은 최초의 신용장수익자가 국외에서 수령한 수출신용장을 말한다. 즉 1차 내국신용장 발급의 근거가 되는 신용장을 의미한다.

한편 내국신용장(local credit)이라 함은 수익자인 수출자가 받은 수출신용장 등을 근거로 하여 국내에서 수출물품 또는 수출용 원자재를 조달하기 위하여 물품공급자를 수익자로 하여 수출자의 거래은행이 발급하는 신용장을 말한다.[6] 내국신용장은 은행의 지급확약기능 외에도 물품공급자에게 물품을 제조·가공하는 데 따른 무역금융도 수혜됨으로 국내에서의 물품공급자에게 유용성이 있다. 그러나 내국신용장은 원신용장과는 독립적으로 완전별개로 보기 때문에 내국신용장의 지급확약은 원신용장 발행은행의 확약과는 별개이며, 단순히 원신용장 수익자에게 수출국 내에서 물품조달이나 금융편의를 위한 수단으로 사용되고 있다.

---

6) 내국신용장은 local credit 외에도 secondary credit, subsidiary credit, domestic credit, back to back credit, baby credit 등으로도 부른다. 미국에서는 back to back credit처럼 내국신용장의 기능을 가진 matching credit이라는 것도 있다.

04-066 Q 상환신용장은 어떠한 신용장인가?

A 상환신용장(reimbursement credit)이라 함은 수출지의 서류매입은행이 발행은행의 무예치환거래은행(non-depositary correspondent bank)인 경우에는 발행은행이 결제계정을 가지고 있는 예치환거래은행 앞으로 대금상환을 청구하여야 하는데, 이처럼 매입은행이 별도로 상환청구를 하는 신용장을 말한다. 이와 같은 은행을 상환은행(reimbursing bank) 또는 결제은행(settling bank)이라고 한다. 예를 들면 일본의 A은행이 한국의 B은행 앞으로 신용장을 발행하고 미국의 C은행 앞으로 상환청구를 수권하는 경우 신용장 상에 "reimbursement instruction clause"가 있는 신용장이다.

04-067 Q 우편신용장과 전송신용장은 어떠한 신용장인가?

A 우편신용장(mail credit)이라 함은 발행은행이 신용장을 발행하여 수익자 소재지 통지은행 앞으로 송부할 때 우송에 의하여 송부되는 신용장을 말한다. 우편신용장은 전송에 의해 통지되는 것보다 신용장발행은행의 위임서명권자에 의한 서명을 확인할 수 있어 신용장의 진정성을 검토하는 데 유리하다.

한편 전송신용장(tele–transmission credit)이라 함은 신용장을 발행하여 송부방법을 우편 대신에 스위프트(SWIFT)와 같은 전송방식을 이용하여 통지되는 신용장을 말한다. 전송신용장은 신용장발행 사실을 전신(cab1e), 스위프트(SWIFT), 모사전신(facsimile) 또는 가입전신(telex)과 같은 전송방법을 이용하여 통지할 수 있지만 안전성과 정확성을 고려하여야 한다. 신용장을 발행하여 긴급히 통지할 경우에는 신용장의 형식상 적격성과 구성요소가 갖추어진 이른바 "full cab1e"이나 "SWIFT" 방법에 의한 통지방법을 이용하게 된다.

04-068 Q 보증신용장은 어떠한 신용장인가?

A 보증신용장(stand-by credit)이라 함은 신용장발행은행이 지급보증상대 은행으로 하여금 특정인에게 금융지원 등 여신행위를 하도록 하고, 채무의 상환을 이행하지 않을 경우에 지급을 이행하겠다는 약속증서로서, 현지금융조달을 위한 담보 또는 지급보증수단으로 사용되는 채무보증신용장을 의미한다.

보증신용장은 일반적인 물품대금의 직접적 결제를 목적으로 하는 화환신용장이 아니고 일종의 무화환신용장(clean credit)이다. 이에는 보통 해외현지법인이나 지점 또는 거래처의 대본사 물품수입과 관련하여 현지은행에 현지금융 담보조나 건설·용역 및 플랜트수출과 관련한 입찰보증(bid bond)·계약이행보증(performance bond)·하자보증(maintenance bond)·선수금환급보증(advance payment bond) 등에 대한 지급보증서(letter of guarantee)로 사용되는 경우가 많다.

보증신용장은 화환신용장과 유사하다고 할 수 있으나 본질적인 차이점은 화환신용장은 수익자가 기본적인 거래관계를 이행하였다는 사실을 선화증권 등의 서류를 기초로 하여 대금지급이 이루어지는 것이 일반적이나, 보증신용장은 차입자나 수익자가 거래은행으로부터 채무를 불이행하였다는 사실을 증명하는 서류에 기초하여 대금지급을 확약하고 있다는 점에서 차이가 있다.

04-069

Q 전대신용장은 어떠한 신용장인가?

A 전대신용장(red clause credit)이라 함은 수익자가 수출에 따른 물품의 생산·가공 등에 필요한 자금을 미리 융통해 주기 위하여 물품의 선적과 관련선적서류 발행 전에 신용장금액을 수익자 앞으로 전대하여 줄 것을 수권하고 있는 신용장을 말한다. 발행의뢰인, 즉 수입자의 입장에서는 전대신용장이라 하고, 수익자의 입장에서는 선수금신용장(advance payment credit)이라고 할 수 있다. 전대신용장은 자금의 선지급 수권조항을 적색으로 표시하였다는 기원에서 적색신용장(red clause credit) 또는 선대자금으로 상품을 집화·포장한다는 뜻에서 "packing credit," 자금을 선지급 받는다고 하여 "advance payment credit"이라고도 한다. 따라서 수익자가 신용장을 받으면 우선 대금을 수령하였다는 영수증에 환어음을 발행하여 매입은행에 제시하면 미리 대금을 결제 전 받기 때문에 결제상의 위험은 전혀 없게 된다. 신용장조건에 따라 후에 물품선적 후 요구하는 서류들은 송부하여 주어야 수입자가 현지에서 물품을 통관할 수 있다.

전대신용장은 수입자가 수출자의 신용을 믿지 못하면 발행해 주지 않게 되며, 발행해 주더라도 선대하여 주는 조건으로 선대기간중의 이자(interest)는 보통 수익자가 부담하는 것이 일반적이다.

전대신용장을 받은 수입자는 전대금액에 해당하는 무화환어음(clean draft)과 영수증(simple receipt)을 가지고 지정은행에서 매입을 하게 된다.

전대신용장의 자금선대 표시문언에 대한 예는 다음과 같다.

"We authorize the negotiating bank to pay US$1,000,000 to the beneficiary against presentation of the following documents:

1. Beneficiary's clean draft drawn at sight on accountee.
2. Beneficiary's receipt stating that the beneficiary have duly received US $1,000,000 for the delivery of LED Television sets from Busan, Korea to New York, U.S.A."

04-070 Q 회전신용장은 어떠한 신용장인가?

A 회전신용장(revolving credit)이라 함은 동일한 거래처에 동일종류의 물품으로 매매당사자간에 계속적인 거래관계가 이루어질 경우에 거래시마다 신용장을 발행한다는 것은 비능률적이고 비경제적이다. 반면 거래예상금액에 대하여 전액 한꺼번에 신용장을 발행한다면, 일시에 많은 자금이 필요하여 과중한 자금부담이 된다. 이와 같은 경우에 일정한 기간 동안 일정한 금액의 범위 내에서 신용장금액이 자동적으로 갱신될 수 있도록 발행되는 신용장을 회전신용장이라고 한다.

신용장회전방법으로는 ① 환어음에 대한 지급통지가 있으면 회전되는 방법, ② 환어음이 결제되는 일정일수를 정하여 그 기간 내 지급거절통지가 없으면 회전되는 방법, ③ 일정한 기간, 즉 1년 후에 다시 그 금액이 회전되는 방법이 있다.

신용장금액을 갱신하는 경우에는 ① 누적적 방법(cumulative method), ② 비누적적 방법(non-cumulative method)이 있다. 전자는 갱신되기 전에 미사용잔액이 있을 경우에는 그 잔액이 그대로 누적되는 방법이고, 후자는 그 잔액이 누적되지 않는 방법이다.

회전신용장에서의 회전문언의 예는 다음과 같다.

"The amount of drawing made under this credit become automatically reinstated on payment by us. Draft drawn under this credit must not be exceeded to US$300,000 in any calendar month"

회전신용장에서 누적방법(a)과 비누적방법(b)의 표시문언은 각각 다음과 같다.

ⓐ "Any shipment not to exceed invoice value of US$50,000 per container. After a draft has been paid under this credit, the credit reverts to its original amount of US$50,000. Any unused portion of monthly availment may be used during any subsequent month."

ⓑ "Upon receipt by the beneficiary of notice from the Tokai Bank that a draft has been paid under this credit, a sum equal to the amount of such draft again becomes available under this credit. Notwithstanding anything contained in the foregoing clause, drawings under this credit are limited to US$50,000 in any calendar month."

04-071 Q 신용장발행신청과 관련하여 검토되어야 할 점은 무엇이며 화환신용장 발행신청서는 어떻게 작성할까?

A 신용장은 신용장발행의뢰인(수입자)과 수익자(수출자)와의 매매계약에 근거하여 발행의뢰인의 요청에 따라 발행은행이 수익자 앞으로 발행하게 되고, 이에 따라 발행은행은 대금지급의무를 부담하게 된다. 그러나 매매당사자의 계약에 근거하여 발행된 신용장이라 하더라도 신용장의 독립추상성의 원칙에 따라 매매계약과 독립된 청구권을 갖게 되므로 신용장조건에 부합되는 서류제시로 수익자는 발행은행의 지급·인수·매입에 대한 이행을 보장받게 되는 것이다. 신용장발행은 발행은행의 입장에서는 발행의뢰인을 위한 일종의 여신행위라 할 수 있으므로 신용장조건에 따라 지급·인수·매입은행에 대하여 장차 대금지급에 따른 자금운용계획도 세워야 된다. 실제 신용장발행과 관련하여 발행은행은 발행의뢰인의 신용상태와 담보능력 등을 고려하여 신용장발행에 따른 거래약정서를 발행의뢰인과 체결하고 신용장을 발행하고 있다.

신용장을 발행신청할 경우에는 과도한 명세의 삽입을 제지하여야 하고, 애매한 뜻을 가진 용어사용상의 제한, 국제적인 법률 및 관습의 적용을 받게 되는 점을 유의하면서 신용장발행의뢰서의 기재내용을 심사·검토하여야 한다.

한편 신용장발행의뢰인은 신용장발행에 따른 신용장발행수수료(L/C issuing charge),[7] 전신료(cab1e charge) 또는 코레스비용(corres charge) 등을 부담한다. 코레스비용은 신용장의 발행 및 조건변경과 관련하여 해외거래은행이 청구하여 오는 일체의 수수료를 말하며, 이에는 통지수수료(advising commission), 상환수수료(reimbursement commission), 지급수수료(payment commission), 확인수수료(confirmation commission) 등이 있다. 신용장거래에 관련하여 은행이 신용장발행의뢰인의 지시를 이행할 목적으로 타은행의 서비스를 이용할 때는 발행의뢰인의 비용과 위험으로 행하게 된다.

---

7) 한국의 외국환은행에서는 3개월분의 기간수수료로 "term charge"를 징수하고 있다.

[서식 4-4] 신용장발행신청서

취소불능화환신용장발행신청서
(Application for Irrevocable Documentary Credit)

1. Transfer : 2 (1: Allowed / 2: Not-Allowed)
2. Credit Number : M0604-106ES-23456
3. Advising Bank : Korea Exchange Bank, Tokyo Branch
4. Expiry Date (YY-MM-DD) : 2011-06-25
5. Applicant : Seoul Trading Co. Ltd.
   15, 1-ga, Sogong-dong Joong-gu, Seoul 100-070, Korea
6. Beneficiary : Marubeni Corp.
   4-2, Ohtemachi 1-chome, Chiyoda-ku, Tokyo 100-8088, Japan
7. Amount : USD6,000 (± %)
8. Drafts at : Sight
   - Usance인 경우: __(1: Bankers / 2: Shippers / 3: Domestic)
   - Settling Bank(:)
9. Partial Shipment : 2 (1: Allowed / 2: Not-Allowed)
10. Transshipment : 2 (1: Allowed / 2: Not-Allowed)
11. Loading Port/Airport : Tokyo, Japan
12. Discharging Port/Airport : Busan, Korea
13. Latest Shipment Date (YY-MM-DD) : 2011-06-20
14. Documents Required :
   ①Signed Original Commercial Invoice in 3 Fold
   ② Packing List in 2 Fold
   ③ Full set of Clean on Board Ocean Bills of Lading made out to the order of Korea Exchange Bank marked Freight 2 (1.Collect/2. Prepaid) and notify 1(1.Applicant/2. Other :)
   ④ Air Waybill consigned to marked Freight __ (1. Collect / 2. Prepaid) and notify __ (1. Applicant / 2. Other :)
   ⑤ Insurance Policy or Certificate, endorsed in blank for 110 % of the invoice value, expressly stipulating that claims are payable in Korea and it must include 2 (1. All Risk /2. Other: ICC(B))
   ⑥ Certificate of Origin in Fold
   ⑦ Certificate of Analysis in Fold
   ⑧ Other Document(s) Required :
15. Additional Conditions :
16. Description of Goods/Services/Performance :
   ① Price Terms : CIF Busan Incoterms® 2010
   ② Country of Origin : Japanese
   ③ Commodity Description 4,080 pcs of #8 Plastic Zipper
17. All banking charges outside Korea and reimbursement charges are for account of 2 (1. Beneficiary / 2. Applicant)
18. Documents to be presented within 2 days after the date of shipment but within the validity of the credit.
19. Confirmation : 2 (1. With / 2. Without / 3. May Add) at the expense of (1: Beneficiary / 2: Applicant)

Reimbursements under this Credit are subject to the Uniform Rules for Bank-to-Bank Reimbursements under Documentary Credits, ICC Publication No.525. This Documentary Credit is subject to the Uniform Customs and Practice for Documentary Credits(2007 Revision, ICC Publication No.600)

위와 같이 신용장 발행을 신청함에 있어서 따로 제출한 외국환 거래약정서의 해당조항에 따를 것을 확약하며, 아울러 위 수입물품에 관한 모든 권리를 은행에 양도하겠습니다.

2011 년 6 월 17 일

한국외환은행 앞

신 청 인 서울무역주식회사
대표이사 홍 길 동
주 소 서울특별시 중구 소공동 1가 15번지

04-072 Q 화환신용장의 내용구성과 기재사항에는 어떠한 것들이 있을까?

A 신용장의 형식은 국제상업회의소가 권고한 '화환신용장발행을 위한 표준양식(Standard Forms for Issuing of Documentary Credit)'에 기본을 두어 발행되고 있었으나 오늘날에는 스위프트(Society for Worldwide Interbank Financial Telecommunication: SWIFT) 시스템의 발전에 따라 현재의 신용장은 스위프트 "MT700"형식에 따라 발행되고 있으므로 이 형식에 따른 신용장의 내용구성과 기재내용을 검토할 필요가 있다.

무역거래에서 일반적으로 많이 사용되고 있는 취소불능화환신용장을 중심으로 그 구성내용과 기재사항을 ① 신용장 자체에 관한 사항, ② 환어음에 관한 사항, ③ 물품명세에 관한 사항, ④ 요구서류에 관한 사항, ⑤ 운송에 관한 사항, ⑥ 특별지시에 관한 사항, ⑦ 기타의 기재사항 등으로 구분하여 살펴보기로 한다. [서식 4-5]에 예시된 스위프트 메시지에 의한 신용장 서식 상의 원문자(일련번호 숫자)는 다음에 설명하는 일련번호와 일치된다.

첫째 신용장 자체에 관한 사항이다.

① 신용장발행은행(issuing bank) From : xxx Bank

스위프트 메시지 형식(MT 700)에 의하여 발행 및 통지되는 신용장은 국제적으로 그 형식이 통일되어 있다. 일반적으로 메시지 형식 발신자는 발행은행이 되고 수신자는 통지은행이 된다. 따라서 신용장의 "we, our, us"는 발행은행을 가리키고, "you, your"는 수익자(beneficiary)를 의미한다. 그러나 전신으로 통지되는 신용장상의 "we"나 "you" 등은 인용내용 전후 관계를 참조하여 발행은행·통지은행·수익자를 구별하여야 한다.

② 신용장의 발행일자(date of issue) :31C

발행일자는 신용장 본문에 표시되며, 통지은행이 전송으로 수신된 메시지를 인용하여 통지하는 경우 신용장 본문의 발행일자 이외의 통지은행에서 기재한 일자는 통지일자(date of advice)가 된다.

③ 신용장의 종류(form of documentary credit) :40A

취소불능화환신용장(irrevocable documentary credit) 또는 취소불능매입신용장(irrevocable negotiation credit)과 같이 신용장의 종류를 표시하는 란으로 대부분의 신용장은 "irrevocable"이란 문언이 기재되어 있다. 이런 명시가 없어도 취소불능(irrevocable)으로 간주된다. 취소불능신용장은 신용장 관계당사자의 합의가 있어야만 신용장취소나 조건변경을 할 수 있다.

④ 신용장번호(credit number) :20

발행은행이 기준에 따라 부여한 번호이다. 수출신용장의 경우에는 신용장번호를 관련 서류상에 기재할 것을 요구하는 경우가 많다. 한국의 경우 신용장을 발행할 경우에, 즉 수입시에 신용장번호는 한국은행이 정하여 각 외국환은행이 공통으로 시행하고 있는 수입승인서 및 신용장 등의 번호기재요강에 따라 다음과 같이 기재하고 있다.

신용장 등의 번호기재요령에 따라 수입승인서번호 및 수입신용장번호를 부여한다. 예를 들어 2011년 6월 들어 K은행 본점에서 15번째 일람불조건의 수출용원자재수입을 승인하고 동 월 17번째로 신용장을 발행하였다면, 수입승인서번호는 I0601-106-ES-00159, 수입신용장번호는 M0601-106-ES-00179와 같이 부여할 수 있다.[8)]

⑤ 유효기일 및 유효장소 (date and p1ace of expiry) :31D

신용장의 지급·인수·매입을 위하여 서류를 제시하는 유효기일(expiry date)을 명시하여야 한다. 제시되는 유효장소의 표시는 신용장의 지급확약방식, 즉 일람지급(sight payment), 연지급(deferred payment), 인수(acceptance) 및 매입(negotiation)이 이루어지는 소재지를 기재하는 곳으로 "September 10, 2011 at the counters of Bank of America, New York"이나 "September 10, 2011 in New York"과 같이 표시되었다면 이 경우에는 특히 주의가 요망된다. 신용장유효기일의 의미는 동 기간 이내에서 지급확약의 효력이 있고 제시장소가 특정되었을 때는 당해 은행에, 그 외에는 수익자의 거래은행에 신용장에서 요구하는 서류의 제시(presentation)가 이루어져야 한다.

⑥ 신용장발행의뢰인(applicant) :50

신용장발행을 발행은행에 의뢰한 자의 상호·주소를 기재한다. 보통 "for account of ABC Inc." 또는 "accountee ABC Inc."처럼 신용장상에 표시되는 경우가 많다.

⑦ 수익자(beneficiary) :59

신용장을 받게 되는 수신인(addressee)으로 상호·주소를 명확하게 기재해야 신용장송달이 신속·정확하게 이뤄진다. 신용장발행의뢰시에 수익자의 전화번호를 함께 주소란에

8) 문서의 종류별 표시기호는 다음과 같다. ① 수출승인서: E, ② 수출신용장통지서: A, ③ 내국신용장: L, ④ 선수출계약서 P, ⑤ 외화표시물품공급계약서: F, ⑥ 수출실적확인서: X, ⑦ 수입승인서: I, ⑧ 수입신용장: M, ⑨ 수출입승인서: C, ⑩ 수입원자재구입승인서: R.

기재한다면, 통지은행에서 매우 편리하게 수익자에게 직접 신용장통지를 할 수 있다.

⑧ 통지은행(advising bank) TO : xxx Bank

통지은행은 발행은행에서 보내는 신용장을 수익자에게 통지하여 주는 중간은행이다. 보통 발행은행의 수익자소재지의 환거래은행(correspondent bank)이 되는 경우가 많다.

⑨ 통화코드(curreney code) 신용장금액(amount of credit) :32B

신용장금액은 신용장사용의 한도금액으로 동 금액 이내에서 수익자가 환어음을 발행할 수 있다. 신용장 통화코드 및 금액은 USD$200,000와 같이 ISO가 정한 통화코드에 금액을 표시하지만 표준형식을 사용하지 않을 때 일반적으로 사용되는 문언은 다음과 같다.

"up to an aggregate amount of …"

"to the extent of not exceeding a total of …"

"for a sum or sums not exceeding a total of …"

둘째, 환어음에 관한 사항이다.

⑩ 신용장 사용가능은행 :41D

신용장의 사용가능은행을 표시한다.

⑪ 신용장의 확약방식 :41D

신용장의 확약방식은 일람지급(sight payment), 연지급(deferred payment), 인수(acceptance) 또는 매입(negotiation) 중에서 허용되는 방식을 기재한다.

⑫ 환어음 발행 :42C

일람불일 경우에는 SIGHT로 기한부일 경우에는 xx DAYS AFTER SIGHT 등을 기재한다.

환어음 발행인(drawer)은 수익자가 되며, 환어음 발행통수는 2장을 1조로 조어음(set bill)을 발행한다. 이는 수출환어음을 매입(negotiation)할 경우 매입은행이 신용장에 요구된 서류와 함께 1번권 환어음과 2번권 환어음을 각각 두 개의 봉투에 담아 첫 번째 및 두 번째 우편물로 시차를 두고 송달함으로써 분실사고 등을 예방하기 위한 송달 관행이다.

⑬ 신용장금액의 과부족 허용 비율 :39A

신용장금액의 과부족 허용비율을 표시한다.

⑭ 환어음 지급인(drawee) :42A

환어음의 지급인은 "…drafts drawn on…" 다음에 표시된다. 보통 발행은행이나 지정은행 등 은행명이 기재된다. UCP 600에서는 은행 앞으로 발행하도록 규정하고 있다. 스위프트(SWIFT) 메시지에 의한 신용장에서는 환어음 지급인으로 ":42A drawee : ABC Bank"와 같이 명시되는데 이 경우 ABC Bank가 지급인이 된다.

셋째, 물품명세에 관한 사항이다.

⑮ 물품 및/또는 서비스 및/또는 이행의 명세(description of goods and/or services and/or performance) :45A

물품명세는 물품명(name of commodity), 수량(quantity), 규격(specification), 단가(unit price), 가격조건(price terms), 원산지(country of origin) 등을 다음과 같은 요령으로 표시한다.

"4,000 PCs. of Men's Split Leather Jackets as per Sales Note No. 10018 dated June 5, 2011 @US$25 CIF New York Incoterms® 2010, U.S.A. Origin"

상업송장상의 물품, 서비스 또는 이행의 명세는 신용장에 보이는 것과 일치하여야 하며 가격조건은 "Incoterms® 2010"에 정하고 있는 11가지 정형거래규칙 중에서 선택하여 올바르게 기재하여야 한다.

넷째, 요구서류에 관한 사항이다.

⑯ 상업송장(commercial invoice) :46A

상업송장은 매수인에 대한 청구서, 거래명세서, 출화안내서, 견적서이며 수익자가 작성한다. 상업송장에 기재된 물품명세는 신용장의 물품명세와 일치되어야 한다. 상업송장은 대금결제의 필수적 서류로 예외 없이 요구하고 있다. 상업송장상에 특정내용을 명시할 것을 요구할 경우에는 반드시 지시사항대로 상업송장상에 기재하여야 하며, 상업송장 요구통수를 제공하여야 한다. 보통 "Signed Commercial Invoice in triplicate"처럼 요구 통수를 표시를 하는데, "original(1 fold), duplicate(2 fold), triplicate(3 fold), quadruplicate(4 fold), quintuplicate(5 fold), sextuplicate(6 fold), septuplicate(7 fold), octuplicate(8 fold)" 등과 같이 요구한다.

신용장거래에서는 신용장상의 물품명세와 상업송장상의 물품명세가 상이하다는 이유로 지급거절하는 사례가 많으므로 수익자는 한 단어 또는 한 문자도 누락되지 않고 엄밀히 일치되도록 상업송장을 작성하여야 한다.

⑰ 운송서류(transport document) :46A

운송서류는 물품의 선적·발송·수탁을 명시하는 인도의 증거서류를 포괄적으로 말하는 것으로 해상선화증권, 항공화물운송장, 복합운송증권 등 운송방식에 따라 요구되는 운송서류의 종류가 다양하다. 예시된 신용장처럼 해상선화증권을 요구할 경우에는 보통 무사고선적 해상선화증권(clean on board ocean bills of lading) 전통(full set)을 제시하도록 하고 있다.

무사고(clean)란 선적된 물품 및 포장이 깨어지거나 젖거나 포장 개수가 부족하지 아니하고 외관상 완전한 상태로 선적되었음을 나타내는 것으로 사고문언(remarks)이 없는 것을 말하며, 전통(full set)이란 만일 선화증권의 원본 3통(original, duplicate, triplicate)이 1조로 발행되었다면 3통 모두를 갖춘 것을 말하며, 3통은 각각 정식의 선화증권으로서 독립된 효력을 가지므로 그 중 1통이 사용되면 나머지는 자동 무효가 된다.[9] 경우에 따라서는 4통이 원본 1조로 구성되었다면 4통이 전통이 되는 점을 유의하여야 한다.

또한 선화증권의 발행방식으로 수화인(consignee)을 지정하게 되는데, 예시의 신용장은 "to the order of Bank of America"와 같이 "뱅크 오브 아메리카의 지시식"으로 발행할 것을 요구하고 있다. 이 방식 이외에도 수화인은 단순지시식으로 "to order," 송화인의 지시식으로 "to the order of shipper," 수입자의 지시식으로 "to the order of ABC Inc."와 같이 기재하도록 신용장상에서 지시한다. 보통 선화증권 최초의 소지인이며 송화인인 신용장 수익자는 '단순지시식'이나 '송화인의 지시식'의 경우에 선화증권원본 이면에 무기명배서(blank endorsement)를 하여 운송서류를 양도하고 있다.

운임지급에 관하여 정형거래규칙이 Incoterms® 2010에 의거 CFR, CIF, CPT, CIP 중 어느 하나라면 운임선지급(freight prepaid)으로, FCA, FAS, FOB 중 어느 하나라면 운임후지급(freight collect)이라고 운송서류상에 표시하게 된다. 해상운임은 전자는 매도인이, 후자는 매수인이 부담하여야 한다.

화물 도착통지처(notify party)는 화물이 목적항에 도착하였을 때 선박회사로부터 화물도착통지서(arrival notice)를 통지하여야 할 곳으로 보통 신용장발행의뢰인인 수입자나, 그 대리인명의의 상호와 주소를 기재하게 된다.

한편 항공운송의 경우에는 예시의 신용장처럼 수화인은 ××은행으로 발행한 '항공화물운송장(Air Waybill)'을 요구하게 되는 것이 일반적이다. 이는 비유통운송서류(non-negotiable transport document)이기 때문에 신용장거래에서는 보통 신용장발행은행을 수화인(consignee)으로 정하여 발행한다. 기타 운임지급표시나 화물도착통지처 등은 해상선화증권의 그것과 같다.

---

9) 선박회사에서 선화증권을 발급하여 줄 경우에는 원본(original) 전통은 보통 3통을 1조로 발행하고 원본과 함께 사본(copy)은 non-negotiable로 10여 통을 발행하여 주며, 원본은 수출환어음 매입(negotiation)을 위하여 사용되지만, 사본은 은행이나 수출자의 보관 및 참조용으로 사용되고 있다.

⑱ 보험서류(insurance document)　:46A

보험서류라 함은 보통 보험증권(insurance policy), 보험증명서(insurance certificate), 통지서(declaration)를 총칭하는 것이다.[10] 보험증권은 확정보험(definite insurance)에 대하여 발행되는 증권이며, 보험증명서는 포괄예정보험(open cover)에 대하여 발행되는 부보증명서로 신용장거래에서는 대부분 두가지 서류 중 어느 한 가지를 제시하도록 하고 있다. 그러나 보험중개업자(brokers)가 발행하는 보험인수증인 "Cover Note"는 신용장에서 특별히 허용하지 않는 한 수리 거절된다.

예시된 신용장상의 보험서류는 송장금액에 대하여 110%를 부보하도록 부보범위(coverage)를 정하고 있으며 최소의 담보범위로 송장금액에 10%를 가산하여 부보할 것을 요구하고 있다. 또한 보험금 청구시 지급지와 통화는 신용장 금액에 명시된 동일한 통화로 기재하고 '신협회적화약관'(New Institute Cargo Clauses: ICC)을 참조하여 보험부보범위는 물품의 성질과 운송방식 등을 고려한 적화보험조건, 즉 ICC(A), ICC(B), ICC(C)중 어느 조건으로 부보할 것이며, 부가 담보조건을 추가로 부보할 것인지에 대해서도 고려하여야 한다.

⑲ 포장명세서(packing list)　:46A

포장명세서는 선적화물의 포장 및 포장단위별 명세와 단위별 순중량(net weight), 총중량(gross weight), 용적(measurement), 화인(shipping marks) 및 포장의 일련번호 등을 기재한 명세서이다. 포장명세서는 상업송장의 기재사항과 부합되어야 한다. 또한 수출서류를 매입하기 위해서는 중량이나 용적 등은 운송서류상의 용적 및 중량과도 반드시 일치하여야 한다.

신용장에서 요구하는 기본서류 이외의 서류로 보통 ⑳ 원산지증명서(certificate of origin), ㉑ 검사증명서(inspection certificate), ㉒ 중량 및 용적증명서(certificate of weight and measurement), 포장명세서(packing list) 등을 요구하는 경우가 많다.

다섯째, 운송에 관한 사항이다.

㉓ 분할선적(partial shipment)　:43P

운송물품에 대하여 분할선적의 허용 여부는 신용장에 지시하게 되는데, 보통 허용(allowed), 금지(not allowed)를 명시하고 있다. 분할선적에 대하여 신용장상에 아무런 명시가 없으면 분할선적이 허용되는 것으로 간주된다.

통일선박(same vessel)과 통일항로(same voyage)에 의한 선적은 본선선적을 증명하는 운송서류가 비록 다른 일자나 항구가 표시되어 있어도 분할선적으로 간주되지 않는

10) 보험서류는 무역계약조건이 CIF Incoterms® 2010나 CIP Incoterms® 2010일 경우에 한하여 요구되며, 매도인은 적화물품에 대한 보험을 부보하고 보험서류를 제공할 의무를 지게 된다.

다. 또한 5월, 6월, 7월에 각 얼마씩 일정기간의 할부선적(shipment by instalment)이 규정된 신용장의 경우에는 그 선적분이 허용된 기간 내에 선적되지 아니하면 당해 할부선적분은 물론 그 이후의 모든 선적분에 대해서도 신용장은 무효가 됨을 유의하여야 한다.

㉔ 환적(transshipment) :43T

환적은 운송물품을 다른 운송방법으로 이전 및 재적재하는 것을 의미한다. 환적의 표시방법도 분할선적처럼 허용·금지로 표시된다. 그러나 신용장상 환적이 금지되더라도 운송인의 환적유보 인쇄약관이 있는 서류나 전항로가 단일운송증권으로 커버되는 경우 등 복합운송이 이뤄지는 대부분의 경우에는 환적이 발생할 가능성이 있으므로 은행은 그러한 운송서류를 수리하도록 함으로써 환적문제에 대한 시비는 많이 줄어들고 있다.

㉕ 선적지(place of shipment) :44A

신용장에서 별도 명시가 없으면 선적(shipment)이란 표현은 본선적재(loading on board), 발송(dispatch), 운송을 위한 인수(accepted for carriage), 우편수령일(date of post receipt), 접수일(date of pick-up) 또는 복합운송을 요구하는 신용장의 경우에는 수탁(taking in charge)의 뜻이 포함되어 있는 것으로 해석된다. 따라서 적재지가 부산항이라면 "from Busan, Korea"로, 발송지가 김포공항이라면 "from Gimpo Airport"로, 수탁지가 ABC화물운송터미널이라면 "from ABC Cargo Transport Terminal"로 표시하면 된다.

㉖ 선적기일(shipping date) :44C

선적기일은 물품의 최종선적, 즉 적재, 발송, 수탁 등을 위하여 최종적으로 허용되는 일자를 뜻한다. "latest date of shipment August 31, 2011"이라면 인도조건에 따라 8월 31일까지는 적재, 발송 또는 수탁을 완료하여야 한다는 의미이다. 만일 8월 31일이 공휴일이더라도 공휴일을 불문하고 적재, 발송 또는 수탁을 완료하여야 한다.

㉗ 운송목적지(for transportation to) :44B

선적물품의 최종도착지를 기재하여야 한다. 즉 해상운송의 경우에는 "to New York, U.S.A," 항공운송의 경우에는 "to New York Airport," 복합운송의 경우에는 "to ABC Cargo Transport Terminal, New York"과 같이 표시한다.

여섯째, 부가조건에 관한 사항이다. :47A

부가조건(additional conditions)에 대해서는 신용장에 따라 다르지만, 신용장표준양식에 기재되지 못한 부가조건에 대하여 언급하게 된다. 즉 예를 들면 ㉘ 특정선박편의 지정(nomination)은 "Shipment must be effected by S.S. Arirang of ABC Line on1y," ㉙ 신용장양도의 허용은 "This credit is transferable", ㉚ 서류상에 신용장번호 등 기재사항의 지시는 "Each documents of presentation must be indicated the credit number of the issuing bank and the number of the advising bank", ㉛ 대금 상환과 관련하여 전신환(Telegraphic Transfer: T/T)에 의한 상환은 금지된다는 지시는 "T/T reimbursement not allowed" 등과 같이 요구할 수 있다.

일곱째, 기타의 기재사항이다.

㉜ 은행수수료의 부담 :71B

신용장발행지 이외에서 은행업무와 관련하여 발생하는 수수료와 요금은 누가 부담하는가를 기재한다.

㉝ 서류의 송달방법 :78

서류의 분실 등에 대비하기 위하여 항공등기우편으로 두 번에 나누어(in two lots by registered airmail) 송부할 것인가, 아니면 한번으로 송부할 것인가를 기재한다.

㉞ 상환지시(reimbursing instructions) :53A

신용장발행은행은 상환(reimbusement)을 위하여 대금결제은행 및 대금결제방법에 대하여 다음 예와 같이 기재한다.

"P1ease reimburse yourselves for your payment and charges on ABC Bank, New York, under advise to us."

"P1ease debit our head office A/C with you at maturity."

"We shall remit the proceeds according to your instructions."

㉟ 신용장통일규칙 준거문언 :72

신용장상에는 화환신용장통일규칙을 적용한다는, 이른바 다음과 같은 준거문언이 명시된다. 신용장 통일규칙이 명시된 신용장을 사용하는 관계당사자는 신용장통일규칙에 따른 법적 구속력을 가지게 된다.

"This documentary credit is subject to the Uniform Customs and Practice for Documentary Credits (2007 Revision) International Chamber of Commerce Publication No.600"

이 밖에 종이신용장을 이용할 경우, 서류 등을 위조·변조하여 같은 신용장을 가지고 이중으로 수출환어음을 매입할 가능성에 대비하여 매입은행은 신용장원본 이면에 각각의 매입일자 및 금액을 기재 하도록 지시하고 있는데, 보통 다음과 같은 이중매입 방지문언이 기재된다.

"The amount and date each negotiation must be endorsed on the back hereof by the negotiating bank."

[서식 4-5] 신용장의 구성내용

(MT 700) ISSUE OF A DOCUMENTARY CREDIT

Advice Number : A0604-106-00123
From: BANK OF AMERICA, NEW YORK ①
To: KOREA EXCHANGE BANK ⑧
SEOUL, KOREA

:27	sequence of total : 1/1
:40A	form of documentary credit : IRREVOCABLE ③
:20	documentary credit number : 78910 ④
:31C	date of issue : 15 JUNE 2011 ②
:31D	date and place of expiry : 10 SEPTEMBER 2011 KOREA ⑤
:50	applicant : AMERICA INTERNATIONAL INC. 310 FIFTH AVE, NEW YORK, N.Y.10118, U.S.A. ⑥
:59	beneficiary : SEOUL TRADING CO., LTD. 15, 1-GA, SOGONG-DONG, JOONG-GU, SEOUL 100-070, KOREA ⑦
:32B	currency code amount : USD100,000 ⑨
:39A	pct credit amount tolerance : 0/0 ⑬
:41D	available with by name, address : ANY BANK BY NEGOTIATION ⑩⑪
:42C	drafts at : SIGHT ⑫
:42A	drawee : BANK OF AMERICA, NEW YORK, NY10015, U.S.A. ⑭
:43P	partial shipment : ALLOWED ㉓
:43T	transshipment : NOT ALLOWED ㉔
:44A	loading on board/dispatch/taking in charge : BUSAN, KOREA ㉕
:44B	for transportation to : NEW YORK, U.S.A. ㉗
:44C	latest date of shipment : 31 AUGUST 2011 ㉖
:45A	description of goods and/or services and/or performance ⑮ 4000 PCS OF MEN'S SPLIT LEATHER JACKETS OTHER DETAILS AS PER SALES NOTE NO. 10016 DATED JUNE 5, 2011 CIF NEW YORK Incoterms® 2010
:46A	documents required +SIGNED COMMERCIAL INVOICE IN TRIPLICATE ⑯ +PACKING LIST IN TRIPLICATE ⑲ +FULL SET OF CLEAN ON BOARD OCEAN BILL OF LANDING MADE OUT TO THE ORDER OF BANK OF AMERICA MARKED FREIGHT PREPAID AND NOTIFY ACCOUNTEE ⑰

+MARINE INSURANCE POLICIES AND CERTIFICATES IN DUPLICATE ENDORSED IN BLANK FOR 110PCT OF INVOICE VALUE. INSURANCE POLICES OR CERTIFICATES MUST EXPRESSLY STIPULATE THAT CLAIMS ARE PAYABLE IN THE CURRENCY OF THE DRAFTS AND MUST ALSO INDICATE A CLAIM SETTLING AGENT IN NEW YORK. INSURANCE MUST INCLUDE INSTITUTE CARGO CLAUSES(B) ⑱

+CERTIFICATE OF ORIGIN IN DUPLICATE ⑳

+INSPECTION CERTIFICATE IN DUPLICATE ㉑

+CERTIFICATE OF WEIGHT AND MEASUREMENT IN DUPLICATE ㉒

:47A additional conditions

SHIPMENT MUST BE EFFECTED BY STAR LINE ONLY ㉘

THIS CREDIT IS TRANSFERABLE ㉙

ALL DOCUMENTS MUST BEAR OUR CREDIT NUMBER ㉚

T/T REIMBURSEMENT NOT ALLOWED ㉛

:48 period for presentation : DOCUMENTS MUST BE PRESENTED WITHIN 3 DAYS AFTER THE DATE OF BILL OF LADING BUT WITHIN THE CREDIT VALIDITY

:71B charges : ALL BANKING COMMISSIONS AND CHARGES INCLUDING REIMBURSEMENT CHARGES OUTSIDE U.S.A. ARE FOR ACCOUNT OF BENEFICIARY ㉜

:49 confirmation instructions : WITHOUT ③

:53A reimbursement bank : BANK OF AMERICA, NEW YORK, NY10015, U.S.A. ㉟

:78 instructions to the paying/accepting/negotiating bank

DRAFTS MUST BE SENT TO DRAWEE BANK FOR YOUR REIMBURSEMENT AND ALL DOCUMENTS TO US BY COURIER SERVICE IN ONE LOT ㉝

:72 sender to receiver information : THIS CREDIT IS SUBJECT TO UCP(2007 REVISION) ICC PUBLICATION NO. 600 ㉞

04-073 Q 신용장거래에서 확인요청의 실행과 거절에 대하여 알고 싶어요.

A 신용장의 확인(confirmation)이라 함은 발행은행의 확약에 추가하여 일치하는 제시를 인수·지급 또는 매입하겠다는 확인은행의 분명한 확약을 말한다. 신용장의 확인은 확인은행이 수익자에 대하여 독립적인 채무를 지는 것을 말하며, 이는 기존의 채무인 발행은행의 채무를 확인은행이 인수한다는 것을 의미하기 때문에 병존적 채무인수라고 할 수 있다.

확인은 발행은행의 신용상태가 좋지 않거나 발행은행 소재국의 정치·경제적 위험(country risk)이 있을 경우에 수익자(수출자)의 요청에 따라 신용장 발행의뢰인(수입자)이 신용장발행을 의뢰할 때 발행은행보다 신용상태가 양호한 제3의 은행의 확약을 추가할 것을 지시함으로써 이루어진다. 따라서 발행은행은 이 지시에 따라 자기의 환거래은행에게 자기가 발행한 신용장에 확인을 추가할 권한을 부여하거나 또는 확인을 의뢰한다. 확인은 일반적으로 수출자소재지의 신용장통지은행에서 하는 것이 보통이다. 이 경우 확인은행은 수출자가 소재하는 가까운 곳에 위치하고 또한 자기가 잘 알고 있는 은행이기 때문에 안심할 수 있다. 수익자는 확인은행으로부터 지급받은 자금의 반환 내지 어음상환청구를 받지 아니하는 매우 유리한 입장에 놓이게 되는 것이다.

신용장의 확인과 관련하여 주요한 특성, 확인의 요청과 실행 및 거절에 대하여 알아야 할 필요가 있다.

첫째, 신용장의 확인에는 다음과 같은 세 가지 특성이 있다.

확인은 취소불능신용장에 대하여 제3의 은행이 독자적으로 지급이나 인수 또는 매입을 확약하는 것이다. 그러므로 반드시 취소불능신용장만 확인의 대상이 된다.

확인은 제3의 은행에 책임과 의무를 부과하는 것이므로, 이것은 반드시 발행은행의 요청이나 의뢰에 따라 이루어진다.

확인은행은 어음의 발행인에 대하여 어음거래상 인정되는 상환청구권(소구권)을 행사하지 않고 어음의 매입을 확약한다.

따라서 확인신용장은 발행은행과 확인은행이 공히 지급 등을 확약하게 되는 셈인데, 이들의 확약은 일차적인 것이므로 수익자에 대하여 별개의 직접적인 확약이며 수익자로서는 발행은행과 확인은행으로부터 이중의 보호를 받게 되는 유리한 입장에 서게 된다. 확인은행은 발행은행과는 별도로 확약을 했기 때문에 만약 발행은행이 지급불능이 되었을 경우에도 어음의 지급, 인수 또는 매입대금의 지급의무를 이행하여야 한다. 또한 확인신용장을 이용할 경우 확인수수료(confirming fee) 부담은 누가 할 것인가에 대하여도 매매계약을 체결할 때 당사자간에 미리 약정하여 두어야 한다.

둘째, 확인의 요청과 실행이다.

신용장의 확인에 대한 요청은 일차적으로 발행은행이 발행의뢰인으로부터 받게 되며, 발행의뢰인이 처음부터 취소불능확인신용장을 발행하는 경우에는 신용장발행 신청서상에 그 뜻을 명기하면 된다. 국제상업회의소에서는 확인의뢰를 "We request you to notify the credit, □ without adding your confirmation, □ adding your confirmation, □ and authorize you to add confirmation"과 같이 세 가지 방법 중에서 하나를 선택하도록 권고하고 있다. 전통적인 신용장에서 실무적으로 신용장의 확인을 요청할 때는 보통 "Please advise this credit to the beneficiary adding your confirmation"이라고 표시한다. 그러나 스위프트 메시지 형식의 신용장에서는 비확인신용장의 경우에는 ":49 confirmation instructions: WITHOUT"과 같이 , 확인신용장의 경우에는 이 위치에 "WITH"(confirm), "MAY ADD"와 같이 명시되고 있다.

확인의 실행과 관련하여 발행은행으로부터 확인요청을 받은 은행은 확인을 일종의 여신행위로 볼 수 있기 때문에 발행은행으로부터 현금예치 등의 충분한 담보를 제공받거나 환거래계약(correspondent agreement)에 의하여 신용장거래에 관한 약정이 포함되어 있지 않으면 은행은 신용장확인지시에 응하지 않게 된다. 일반적으로 발행은행과 확인은행간의 환거래계약 중에는 신용장의 확인에 관한 사항이 약정되어 있으며, 신용장확인에 대한 신용한도(credit line)를 설정하고 있으므로, 확인은행은 ① 발행은행의 지급능력에 대한 이상 여부, ② 발행은행의 소재국에 있어서 불가항력적인 사태가 발생하여 발행은행의 지급의무를 곤란하게 하는 위험성의 존재 여부, ③ 확인에 관한 약정유무, ④ 확인한도가 설정되어 있는 경우 한도 내 금액여부, ⑤ 한도초과의 경우 임시허용의 여부, ⑥ 상환자금공탁조건부약정인 경우 공탁실행의 여부 등을 고려하여야 한다.

이상과 같은 조건을 검토한 후 확인은행에 의한 확인의 실행은 신용장상에 확인문언을 부기하거나 또는 별도의 확인통지서에 확인문언을 기재하여 수익자에게 통지한다.

셋째, 확인요청에 대한 거절 또는 조건부 확인이 가능하다.

통지은행은 발행은행으로부터 신용장을 확인하도록 요청 또는 수권을 받았으나, 동 은행과의 환거래계약관계나 기타 거래사항에 의하여 확인할 의사가 없는 경우에는 즉시 발행은행에 이 사실을 통보하여야 한다. 그리고 발행은행이 확인의 요청 또는 수권에 별도의 지시가 없는 경우에는 수익자에게 확인을 추가하지 않은 미확인신용장(unconfirmed credit)을 통지할 수 있다. 확인을 할 용의가 없는 경우에는 반환지시나 어느 특정은행으로 송부요청이 있으면 이에 따르되, 그렇지 않으면 수익자에게 확인 없이 단순한 통지를 하면 된다.

본래 신용장의 확인은 무조건 지급이나 인수 또는 매입에 대한 확인이라 하겠으나, 연지급조건의 거래나 회전신용장(revolving credit)과 같은 경우 신용장유효기일이 장기간이 되기 때문에 이러한 신용장에 대한 확인은 조건부로 하는 경우가 대부분이다. 예컨대 일정기간에 대해서나 또는 일정금액에 대해서만 확인하는 방법으로, 확인은행으로서 채무부담행위를 최소로 줄이기 위하여 조건부로 확인하는 것이다.

지급·인수신용장이거나 매입신용장이라도 매입제한신용장(restricted credit)인 때에는 매입이 자동적으로 제한 또는 지정되나, 통상의 매입신용장인 경우에는 확인을 할 때 매입을 제한할 권리가 있다고 하겠다. 확인은행은 어떤 의미에서는 발행은행보다 더 큰 보증채무를 부담하므로 매입을 제한하는 것이 일반적이다.

04-074 Q 신용장의 양도란 무엇이며 신용장 양도는 어떻게 할까?

A 신용장의 양도(transfer)라 함은 양도가능신용장(transferable credit)상의 권리의 전부 또는 일부를 최초의 수익자, 즉 제1수익자(first beneficiary)가 지시하는 자인 제2수익자(second beneficiary)에게 양도하는 것을 말한다. 양도가능신용장이라 함은 "양도가능(transferable)"이라고 특별히 명시하고 있는 신용장을 말한다. 양도가능신용장은 수익자("제1수익자")의 요청에 의하여 전부 또는 일부가 다른 수익자("제2수익자")에게 사용가능하게 할 수 있는 신용장이다.

양도가능신용장을 수령한 수익자라 하더라도 반드시 양도의무를 부담하는 것이 아니고 수익자의 자유재량에 따라 양도권을 행사할 수 있는 것이다. 양도는 제1수익자가 단독으로 직접 제2수익자에게 양도하는 것은 인정되지 않으며, 반드시 거래은행이나 특정은행을 통하여 양도수속을 행하여야 한다.

신용장 양도와 관련하여 양도의 필요성, 양도의 요건, 양도의 방법과 실행에 대하여 알아둘 필요가 있다.

첫째, 양도가 필요한 경우이다.

무역실무상 신용장양도가 필요한 경우는 신용장을 받은 최초의 수익자가 수출대행계약에 의해 대행자 앞으로 신용장을 양도하고자 하거나, 거래은행에 충분한 담보력이나 신용한도가 부족하거나, 쿼타품목(quota item)으로 쿼타보유상사 명의로 수출해야 할 경우나, 기타 번거로움을 피하기 위할 때이다.

둘째, 양도의 요건이다.

신용장을 양도하기 위해서는 다음과 같은 요건이 충족되어야 한다.

① 발행은행에 의하여 신용장상에 "transferable"이란 문언이 명확하게 표시되어 있어야 한다. ② 신용장의 양도는 1회에 한한다. 분할선적(partial shipment)이 금지되어 있지 않는 경우에는 분할양도가 가능하다. 1회란 뜻은 제1수익자가 제2수익자를 다수로 하여 양도하는 것은 가능하되 양수자(transferee)가 이를 다시 제3자 앞으로 양도하는 재양도는 금지됨을 의미한다. 따라서 양도의 권리는 제1수익자만이 갖게 되는 것이다. ③ 신용장양도는 원신용장(original L/C)의 조건과 동일하게 이루어져야 한다. 다만 신용장의 금액, 단가, 유효기일, 서류제시를 위한 기간의 단축, 선적기간 및 원신용장에서 요

청된 부보금액을 담보하기 위하여 증가될 수도 있는 부보비율에 대해서는 예외로 변경이 가능하다. 예컨대 원신용장금액이 CIF가격으로 US$100,000에 대한 부보비율을 110%로 한다면, 부보금액은 US$110,000 된다. 그러나 신용장양도시 원신용장금액을 같은 가격조건으로 US$80,000로 한 경우, 후보금액은 US$88,000이 되기 때문에 수입상의 피보험이익금액이 적게 된다. 따라서 원수익자는 신용장양도시 부보금액을 US$110,000까지 하기 위하여 부보비율을 "Invoice value plus 137.5%"까지 변경요청을 할 수 있다. ④ 제1수익자는 발행의뢰인의 명의 대신에 자신의 명의를 기재하여 신용장을 양도할 수 있다.

셋째, 양도의 방법과 실행이다.

또한 신용장양도의 방법으로 신용장의 양도는 신용장의 금액을 한 사람 또는 여러 사람에게 양도하느냐에 따라 전액양도와 분할양도의 방법으로 나눌 수 있다.

전액양도(total transfer)는 원신용장상의 제1수익자가 받은 신용장금액을 제2수익자에게 전액을 양도하여 주는 방법이다. 원신용장수익자로부터 양도·양수합의에 의거 신용장전액 양도의뢰를 받으면 양도은행은 원신용장 뒷면에 다음과 같이 양도사실을 기재하고 서명한다.

"This credit is totally transferred to ABC Co. Ltd.[11] for US$300,000[12] on May 20, 2011[13] by CDE Bank FGH Branch.[14]"

한편 분할양도(partial transfer)는 원신용장 최초의 수익자가 받은 신용장 금액을 여러 사람을 제2수익자로 하여 분할하여 양도하여 주는 방법이다. 분할양도는 예컨대 제1수익자가 최초로 받은 원신용장의 금액이 US$100,000이라면 그 중 US$50,000은 제1수익자가 이행하고 나머지 US$50,000은 제2수익자인 A에게 양도하거나, 제1수익자가 받은 금액 US$100,000 중에서 제2수익자인 A에게 US$50,000, B에게 US$30,000, C에게 US$20,000을 각각 분할하여 양도하는 것을 말한다. 이 때 A·B·C는 제2·제3·제4수익자가 아니고 모두 제2수익자로만 간주되며, 모두 1회의 양도로 보는 것이다. 원신용장 수익자로부터 양도·양수합의에 의거 신용장분할양도의뢰를 받으면 분할양도취급은행은 신용장 원본 뒷면에 다음과 같이 기재하고 양도취급은행의 서명을 한다.

"This credit is partially transferred to ABC Co., Ltd. for US$100,000 on May 20, 20×× by CDE Bank××Branch."

---

11) 제2수익자, 즉 양수자이다.
12) 양도금액.
13) 양도취급일자.
14) 양도취급은행.

또한 신용장양도의 절차는 ① 양도가능신용장 수령 → ② 제1수익자와 제2수익자간 양도합의서 작성 → ③ 지정양도은행에 양도신청 → ④ 양도수수료 납부 → ⑤ 양도통지서 발급 및 교부 → ⑥ 관련은행(발행은행 · 결제은행 · 통지은행)에 통보의 순으로 이루어진다.

04-075

Q 신용장양도자가 가지는 권리에는 어떠한 것들이 있을까?

A 신용장양도자는 다음과 같은 권리를 가지고 있으므로 실무 수행을 하면서 이를 참고 하여야 한다.

첫째, 양도지시권이다.

양도가능신용장에서 수익자의 권리는 양도지시권이지 양도권은 아니기 때문에 신용장 양도는 어음이나 선화증권처럼 배서만으로 양도의 효력이 발생하는 것이 아니고, 원수익자가 양도지시권을 행사하여 은행으로 하여금 양도의 수속을 완료시켜야만 양도가 성립되는 것이다.

신용장에 “transferable”이란 표시가 있어도 원수익자에게 신용장을 양도하지 않으면 안 될 의무가 부과되어 있는 것은 아니다. 따라서 원수익자는 양도의 필요가 없으면 스스로 신용장에 의거하여 지급, 인수 또는 매입을 받을 수 있다. 또한 은행은 오직 수익자와 발행의뢰인의 지시에 의해서 행동하기 때문에 은행으로 하여금 임의로 양도를 강요할 수 없다.

둘째, 양도방법의 선택권이다.

원신용장의 조건에 따라 1회 또는 분할선적이 허용되는 신용장의 경우에는 수회에 분할하여 제2수익자에게 신용장양도의 권리를 갖는다. 이 경우 특히 신용장금액, 단가의 감액 또는 유효기일, 서류제시기간, 선적기일 등은 단축할 수 있고, 각 양도부분의 보험금액은 원신용장의 부보비율 만큼 증액할 수 있다. 신용장에서 별도로 규정하지 않는 한 양도가능신용장은 1회에 한하여 양도할 수 있다. 신용장은 제2수익자의 요청이었다 하더라도 그 이후의 어떤 제3수익자에게 양도될 수 없다. 따라서 신용장의 재양도는 금지된다. 실무적으로 제3수익자에게 양도하기 위해서는 제1수익자와 당초 양수자인 제2수익자 사이에 양도취소동의를 하고 당초 양도승인 받은 은행에서 제2수익자에 대한 양도내용을 취소시키고 제3수익자가 결국은 제2수익자 위치에서 양도수속을 받아야한다. 왜냐하면 양도권리는 제1수익자가 갖기 때문이다.

셋째, 송장 및 환어음의 대체권이다.

제1수익자는 신용장에 규정된 금액을 초과하지 아니하는 금액에 대하여 제2수익자의 송장 및 환어음을 자신의 송장 및 환어음(있는 경우)으로 대체할 권리를 갖는다.

제1수익자가 신용장발행의뢰인 대체권리에 따라 신용장발행의뢰인이 되면, 제2수익자는 송장을 제1수익자(신용장발행의뢰인) 앞으로 작성하게 되므로 제1수익자가 이 송장 및 환어음을 회수하고 자기가 원신용장발행의뢰인 앞으로 작성한 송장 및 환어음으로 대체하는 것을 '송장 및 환어음의 대체'(substitution of invoices and drafts)라고 한다. 신용장의 단가나 금액을 낮추어 양도할 경우에는 차액이 생기게 되는데, 이 차액에 대하여 제1수익자는 어음을 발행할 수 있다. 이렇게 하는 것은 원수익자로 하여금 중개이익을 보장받게 하려는 것이다.

그러나 신용장이 양도되고 또한 제1수익자가 제2수익자의 송장 및 환어음과 대체하여 자기의 송장 및 환어음을 제시하여야 함에도 불구하고 이러한 요구를 받고도 즉각적으로 이에 응하지 않은 경우, 지급, 인수 또는 매입은행은 제1수익자에 대하여 이후 하등의 책임을 부담하지 아니하고, 제2수익자의 송장 및 환어음을 포함하여 신용장에 의거 제시된 서류를 발행은행에 인도할 권리를 갖는다. 그러나 송장 및 환어음의 대체권은 한국내에서는 인정이 되지 않고 있음을 참고할 필요가 있다.

넷째, 양도지에서의 지급 또는 매입요구권이다.

제1수익자는 자신의 양도요청으로 신용장이 양도된 장소에서 신용장의 유효기일을 포함한 기일까지 제2수익자에게 인수·지급 또는 매입이 이루어져야 한다는 것을 표시할 수 있다. 이 경우에 있어서도 차후에 자기가 작성한 송장과 환어음(제시되는 경우)을 제2수익자가 작성한 송장과 환어음(제시되는 경우)과 대체하고, 자기에게 귀속된 모든 차액을 청구할 권리를 침해받지 아니한다.

다섯째, 양도비용의 부담의무이다.

양도실행에 있어서 양도수수료·요금 등 양도비용의 지급은 별도로 합의되지 않은 한 양도실현의 전제조건이므로 원칙적으로 비용의 부담자는 제1수익자이다. 그러나 발행의뢰인 또는 제2수익자의 부담으로 정하는 것을 금하는 것이 아니므로, 그러한 경우에는 신용장에 그 취지가 명기되어 있으면 된다.

그러한 명시가 없는 경우에도 원수익자가 양도비용부담을 제2수익자에게 전가하려고 할 때에는 양도의뢰서에 제2수익자가 지급할 것이라는 문언을 기재할 수 있다. 단, 양도취급은행이 동의하지 않은 경우에는 원수익자가 양도비용을 지급하지 않는 한 양도는 실행되지 않으며, 제2수익자가 양도비용부담을 동의하더라도 제2의 수익자로부터 현실적으로 그 지급이 없는 한 은행은 양도통지를 하지 않는다.

04-076 Q 신용장양도의 취소 및 조건변경은 어떻게 할까?

A 양도된 신용장의 취소에 관하여는 신용장통일규칙에 아무런 규정이 없으나, 관계당사자인 발행은행, 수익자, 확인은행(있는 경우) 전원의 동의가 있으면 양도의 취소나 변경이 가능한 것으로 해석된다. 즉 원신용장의 취소나 조건변경은 관계당사자 전원의 동의가 있으면 이의 취소가 가능하므로, 양도된 신용장도 취소할 수 있다고 보는 것이다.

실무적으로는 신용장의 양도를 취소하기 위하여 제2의 수익자가 원수익자에게 직접 "transfer back"하는 방법도 생각할 수는 있으나, 이는 신용장의 양도는 1회에 한한다는 규정에 위배되는 것이므로 이 점에 유의해야 한다. 그러므로 제 1수익자와 제2의 수익자 간에 합의된 양도취급동의서(application for cancellation of transfer)를 제시받아 당초 양도취급은행에서 동 사실에 관한 승인을 받은 후 제1수익자에게 재양도 취급하여야 한다.

양도를 위한 모든 요청은 조건변경이 제2수익자에게 통지될 수 있는지 여부 및 어떤 조건 하에 통지될 수 있는지를 표시하여야 한다. 양도된 신용장은 그러한 조건을 명확하게 표시하여야 한다. 양도은행이 이와 같은 양도를 이행할 때에는 그 변경에 관련한 제1수익자의 지시를 제2수익자에게 통지하여야 한다. 또한 신용장이 2인 이상의 제2수익자에게 양도된 경우, 1인 또는 2인 이상의 제2수익자가 조건변경을 거절한다하더라도 양도된 신용장이 조건변경 되어지는 기타 모든 제2수익자에 의한 승낙이 무효화되지는 아니한다. 조건변경을 거절한 제2수익자에 대하여는, 양도된 신용장은 조건변경 없이 존속한다.

04-077 Q 신용장통일규칙이란 무엇이며 어떠한 경우에 신용장통일규칙이 적용되나요?

A 무역거래에서 대금결제의 주요 수단인 신용장거래관습도 국가마다 상이하기 때문에 당사자간 신용장조건의 해석기준이 달라 대금결제관련분쟁이 증가되어 필요 이상의 경제적 손실을 입게 되었다.

이에 국제상업회의소는 1933년 이른바 신용장통일규칙(Uniform Customs and Practice for Documentary Credits: UCP)을 제정하게 되었고, 그 후 약 70여 년간 6차의 개정으로 오늘에 이르고 있다. 신용장통일규칙은 국제상업회의소의 범세계화 노력에 힘입어 이제는 전세계 대부분의 국가에서 채택하고 있는 국제적으로 필수불가결한 규칙으로 발전하였으며, 오늘날 거의 모든 신용장거래는 신용장통일규칙의 적용 없이는 무역거래를 수행할 수 없게 되었다. 이처럼 신용장통일규칙은 신용장거래당사자에게 신용장의 해석기준과 준거법을 제공함으로써 분쟁예방은 물론 국제무역대금결제를 원활히 수행할 수 있도록 하고 있다.

신용장통일규칙은 국제상거래를 행하는 당사자들 사이의 사적 계약을 거래상의 규칙으로 받아들인 것으로서 법률과 같이 그 적용을 원하는 자나 원하지 않는 자를 막론하고 그 규칙에 따르게 하는 보편적인 강제력을 가지는 것은 아니다.

따라서 신용장통일규칙은 그 적용에 대해서 "2007년 개정 국제상업회의소 간행물 제600호의 화환신용장통일규칙 및 관례(UCP 600)는 본 규칙이 신용장 문언에 본 규칙에 따른다고 분명히 명시하고 있는 경우 모든 화환신용장("신용장")(적용가능한 범위 내에서 모든 보증신용장을 포함하여)에 적용되는 규칙이다. 본 규칙은 신용장에 분명히 수정되거나 또는 배제되지 아니하는 한 모든 관계당사자를 구속한다"라고 규정하여 법적 구속력을 갖기 위해서는 소위 준거문언을 신용장에 삽입하도록 하고 있다.

이처럼 통일규칙이 법규성을 인정한다 하더라도 이는 강행법규가 아니고 임의법규이기 때문에 관계당사자간에 이와 다른 특약이 있을 경우에는 그 특약에 따라야 한다. 따라서 신용장통일규칙은 법률(law)은 아니지만 이를 사용한 경우에는 당사자를 구속하는 것이다.

04-078 Q 신용장통일규칙(UCP 600)에 규정된 주요 용어 및 해석기준은?

A UCP는 지금까지 일부 용어의 개념을 제외하고 신용장거래 당사자 및 주요 용어에 대하여 별도의 조항을 두어 정의되거나 설명되지 아니하였으나 UCP 600에서는 다음과 같이 제2조 용어의 정의(definitions)와 제3조 해석(interpretations)에 관한 조항을 신설하였다. 정의조항은 UCP 600에 새롭게 반영된 것이 대부분이고, 해석조항은 UCP 500의 잡칙 등에 산재되었던 것을 한 개의 조항으로 정리하여 설명되고 있다.

첫째, 용어의 정의이다.

본 규칙을 위하여 제2조에서 정의하고 있는 용어들은 다음과 같다.

① 통지은행(Advising Bank)이라 함은 발행은행의 요청으로 신용장을 통지하는 은행을 말한다.

② 발행의뢰인(Applicant)이라 함은 신용장이 발행되도록 요청하는 당사자를 말한다.

③ 은행영업일(Banking day)이라 함은 본 규칙에 따라 업무가 이행되어 지는 장소에서 은행이 정규적으로 영업을 하는 일자를 말한다.

④ 수익자(Beneficiary)라 함은 신용장이 발행되어 수혜를 받는 당사자를 말한다.

⑤ 일치하는 제시(Complying presentation)라 함은 신용장조건, 본 규칙의 적용 가능한 규정 및 국제표준은행관행에 따른 제시를 말한다.

⑥ 확인(Confirmation)이라 함은 발행은행의 확약에 추가하여 일치하는 제시를 인수·지급 또는 매입하겠다는 확인은행의 분명한 확약을 말한다.

⑦ 확인은행(Confirming Bank)이라 함은 발행은행의 수권 또는 요청에 따라 신용장에 확인을 추가하는 은행을 말한다.

⑧ 신용장(Credit)이라 함은 그 명칭이나 기술에 관계없이 일치하는 제시를 인수·지급하기 위한 발행은행의 취소불능적인 그리고 분명한 확약을 구성하는 모든 약정을 말한다.

⑨ 인수·지급(Honour)이라 함은 다음을 말한다.

a. 신용장이 일람지급에 의하여 사용가능한 경우 일람지급 하는 것.

b. 신용장이 연지급에 의하여 사용가능한 경우 연지급을 확약하고 만기일에 지급하는 것.

c. 신용장이 인수에 의하여 사용가능한 경우 수익자가 발행한 환어음("어음")을 인

수하고 만기일에 지급하는 것.

⑩ 발행은행(Issuing Bank)이라 함은 발행의뢰인의 요청에 따라 또는 자기 자신을 위하여 신용장을 발행하는 은행을 말한다.

⑪ 매입(Negotiation)이라 함은 상환이 지정은행에게 행해져야 하는 은행영업일 또는 그 이전 수익자에게 대금을 선지급 또는 선지급 하기로 약정함으로써 일치하는 제시에 대한 환어음(지정은행이 아닌 은행을 지급인으로 하여 발행된) 및/또는 서류를 지정은행이 매입하는 것을 말한다.

⑫ 지정은행(Nominated Bank)이라 함은 신용장이 사용가능한 은행 또는 모든 은행에서 사용가능한 신용장의 경우 모든 은행을 말한다.

⑬ 제시(Presentation)라 함은 발행은행 또는 지정은행에게 신용장에 의한 서류인도 또는 그와 같이 인도된 서류를 말한다.

⑭ 제시인(Presenter)이라 함은 제시를 하는 수익자, 은행 또는 기타 당사자를 말한다.

둘째, 해석 기준이다.

본 규칙을 위하여 제3조 해석에 관한 조항을 두고 다음과 같이 설명하고 있다.

① 적용 가능한 경우, 단수형의 단어는, 복수형을 포함하고, 복수형에는 단수형을 포함한다.

② 신용장은 비록 취소불능이라는 표시가 없다 하더라도 취소불능이다.

③ 서류는, 수기, 모사 서명, 천공 서명, 스템프, 상징 또는 모든 기타의 기계적 또는 전자적 인증방법에 의하여 서명될 수 있다.

④ 공인, 사증, 증명 또는 유사한 서류의 요건은 그러한 요건을 충족하는 것으로 보이는 서류상의 모든 서명, 표지, 스템프 또는 부전에 의하여 충족된다.

⑤ 다른 국가에 있는 어떠한 은행의 지점은 독립된 은행으로 본다.

⑥ 서류의 발행인을 설명하기 위하여 사용되는 "일류의(first class)," "저명한(well known)," "자격 있는(qualified)," "독립적인(independent)," "공인된(official)," "유능한(competent)," 또는 "국내의(local)"와 같은 용어는 서류발행을 위한 수익자 이외의 모든 발행인에게 허용한다.

⑦ 서류에 사용되는 것으로 요구되지 아니하는 한, "신속히(prompt)", "즉시(immediately)" 또는 "가능한 빨리(as soon as possible)"와 같은 단어는 무시된다.

⑧ "~에 또는 ~경에" 또는 이와 유사한 표현은 어떠한 일이 명시된 일자 이전 역일(calendar days) 5일부터 명시된 일자 이후 역일 5일까지의 기간 동안에 발행되도록 약정하는 것으로 해석되며 초일 및 종료일이 포함되는 것으로 한다.

⑨ 선적기간을 결정하기 위하여 사용된 경우 "to", "until", "till", "from" "between"이라는 단어는 언급된 일자 및 일자들을 포함하며, "before" 및 "after"라는 단어

는 언급된 일자를 제외한다.

⑩ 만기일을 결정하기 위하여 사용된 경우 “from” 및 “after”라는 단어는 언급된 일자를 제외한다.

⑪ 어느 개월의 “전반” 및 “후반”이라는 용어는 모든 일자를 포함하여 당월의 1일부터 15일까지, 그리고 16일부터 말일까지로 각각 해석된다.

⑫ 어느 개월의 “상순”, “중순” 및 “하순”이라는 용어는 양쪽 일자를 포함하여 당월의 1일부터 10일까지, 11일부터 20일까지, 그리고 21일부터 말일까지로 각각 해석된다.

04-079 Q SWIFT 시스템이란 무엇인가?

A 스위프트(SWIFT)는 '세계은행간 금융데이터통신협회(Society for Worldwide Interbank Financial Telecommunication: SWIFT)로 국제간의 대금결제 등에 관한 데이터통신의 연결망(network)을 기획하고 운영하는 것을 목적으로 1973년 벨기에법(Belgium Law)에 의하여 설립되었다. 가맹은행은 국제간의 지급, 각종 거래에 따른 확인 및 국제은행업무에 관련하는 기타 통신을 상호간에 교신함으로 신속 정확하게 처리할 수 있고, 신뢰성이 높아 은행이 고객에 대하여 보다 좋은 서비스를 제공할 수 있는 장점을 가지고 있다. SWIFT의 네트워크를 이용하게 되면 외국환은행간 외화자금매매, 해외거래은행의 계정잔액 및 대차내역을 쉽게 확인할 수 있고 우편송금·전신송금송금수표 등의 송금 및 추심 업무와 신용장발행, 환어음 통지업무 등을 할 수 있다.

따라서 스위프트 시스템은 은행간에 통신상의 효율성을 제고시킬 수 있으며 기존의 우편·전신·텔렉스보다 편리하고 신뢰성이 높고 통신비가 저렴하기 때문에 그 이용이 증대되고 있다. 이와 같은 스위프트 시스템은 가맹회원이 쉽게 이해할 수 있는 메시지 형태에 기초를 두고 있다.

무역거래에서 많은 국제관행들이 발전되어 온 것처럼 UCP도 정보화시대에 부응하기 위하여 서류를 기본으로 하는 전통적 관행에서 전자식으로 변화되는 추세를 반영하고 있다. 특히 2002년 UCP 500의 추록으로 제정된 eUCP는 전자기록의 전자적 제시와 심사 등 전자신용장의 거래관행에 대한 국제상관습으로서의 제도적 인프라가 구축되었다고 볼 수 있다.

그러나 스위프트 시스템은 은행간 금융데이터의 통신시스템으로 신용장거래에 참여하는 발행의뢰인이나 수익자 또는 운송인이나 보험자 또는 제3자간에는 연결 시스템이 구축되어 있지 않다. 따라서 명실상부한 eUCP 전자신용장으로의 기능을 수행하기 위해서는 스위프트 시스템은 은행만이 아닌 고객과 제3자간에도 메시지가 전송될 수 있도록 안전성과 신뢰성 있는 네트워크가 개발 및 전자적 제시환경이 성숙되어야 한다.

04-080 Q 화환신용장거래와 관련하여 SWIFT 서비스 내용과 SWIFT 시스템을 이용한 MT700 형식의 신용장발행 사례는?

A 화환신용장거래와 관련하여 스위프트가 제공하는 서비스는 [표4-3]과 같다.

[표4-3] 화환신용장 관련 SWIFT 서비스 내용

메시지 포맷	서비스 내용
MT700/701	화환신용장의 발행
MT705	화환신용장의 사전통지
MT707	화환신용장의 조건변경
MT710/711	제3은행의 화환신용장 통지
MT720/721	화환신용장의 양도
MT730	화환신용장의 수령확인
MT732	하자서류의 접수통지
MT734	거절통지
MT740	상환수권서의 발행
MT742	대금상환청구
MT747	상환수권서의 조건변경
MT750	하자통지
MT752	지급·인수·매입의 수권
MT754	지급·인수·매입의 통지
MT756	대금상환 또는 지급의 통지

또한 SWIFT 시스템을 이용한 MT700 형식의 화환신용장 발행(issue of documentary credit)의 예를 swift.com의 표준형식을 참조하면 다음과 같다.

[표 4-4] MT700에 의한 화환신용장 발행

M/O	Tag	Field Name
M	27	Sequence of Total
M	40A	Form of Documentary Credit
M	20	Documentary Credit Number
O	23	Reference to Pre-Advice
O	31C	Date of Issue
M	31D	Date and Place of Expiry
O	51a	Applicant Bank
M	50	Applicant
M	59	Beneficiary
M	32B	Current Code, Amount
O	39A	Percentage Credit Amount Tolerance
O	39B	Maximum Credit Amount
O	39C	Additional Amounts Covered
M	41a	Available With ... By ...
O	42C	Drafts at ...
O	42a	Drawee
O	42M	Mixed Payment Details
O	42P	Deferred Payment Details
O	43P	Partial Shipments
O	43T	Transshipment
O	44A	Loading on Board/Dispatch/Taking in Charge at/from
O	44B	For Transportation to ...
O	44C	Latest Date of Shipment
O	44D	Shipment Period
O	45A	Description of Goods and/or Services and/or performance
O	46A	Documents Required
O	47A	Additional Conditions
O	71B	Charges
O	48	Period for Presentation
M	49	Confirmation Instructions
O	53a	Reimbursing Bank
O	78	Instructions to the Paying/Accepting/Negotiating Bank
O	57a	"Advise Through" Bank
O	72	Sender to Receiver Information

M: 필수사항 O: 선택사항

SWIFT 메시지 형식에 따라 화환신용장발행 사례는 다음 [서식4-6]과 같다.

[서식 4-6] MT700에 의한 화환신용장 발행 사례

(MT 700) ISSUE OF A DOCUMENTARY CREDIT		(메시지 형식 700) 화환신용장발행
Advice Number : A0604-106-00123		(신용장 통지번호)
From: BANK OF AMERICA, NEW YORK		(송신자, 즉 발행은행)
To: KOREA EXCHANGE BANK SEOUL, KOREA		(수신자, 즉 통지은행)
:27	sequence of total : 1/1	(일련의 총 메시지 중 본 메시지 수)
:40A	form of documentary credit : IRREVOCABLE	(화환신용장 형식)
:20	documentary credit number : 78910	(화환신용장 번호)
:31C	date of issue : 15 JUNE 2011	(발행일자)
:31D	date and place of expiry : 10 SEPTEMBER 2011 KOREA	(유효기일 및 유효장소)
:50	applicant : AMERICA INTERNATIONAL INC. 310 FIFTH AVE, NEW YORK, NY, 10118, U.S.A.	(신용장발행의뢰인)
:59	beneficiary : SEOUL TRADING CO., LTD. 15, 1-GA, SOGONG-DONG, JOONG-GU, SEOUL 100-070, KOREA	(수익자)
:32B	currency code amount : USD100,000	(통화코드 및 금액)
:39A	pct credit amount tolerance : 0/0	(신용장 금액의 과부족허용 비율)
:41D	available with by name, address : ANY BANK BY NEGOTIATION	(신용장 사용가능 은행 및 확약방식)
:42C	drafts at : SIGHT	(환어음의 지급기일)
:42A	drawee : BANK OF AMERICA, NEW YORK, NY10015, U.S.A.	(환어음 지급인)
:43P	partial shipment : ALLOWED	(분할선적)
:43T	transshipment : NOT ALLOWED	(환적)
:44A	loading on board/dispatch/taking in charge : BUSAN, KOREA	(본선적재/발송/수탁 장소)
:44B	for transportation to : NEW YORK, U.S.A.	(운송목적지)
:44C	latest date of shipment : 31 AUGUST 2011	(최종 선적기일)
:45A	description of goods and/or services and/or performance 4000 PCS OF MEN'S SPLIT LEATHER JACKETS OTHER DETAILS AS PER SALES NOTE NO. 10016 DATED JUNE 5, 2011 CIF NEW YORK Incoterms® 2010	(물품 및/또는 서비스 및/또는 이행의 명세)
:46A	documents required +SIGNED COMMERCIAL INVOICE IN TRIPLICATE +PACKING LIST IN TRIPLICATE +FULL SET OF CLEAN ON BOARD OCEAN BILL OF LANDING MADE OUT TO THE ORDER OF BANK OF AMERICA MARKED FREIGHT PREPAID AND NOTIFY ACCOUNTEE +MARINE INSURANCE POLICIES AND CERTIFICATES IN DUPLICATE ENDORSED IN BLANK FOR 110PCT OF INVOICE VALUE. INSURANCE POLICES OR CERTIFICATES MUST EXPRESSLY STIPULATE THAT CLAIMS ARE PAYABLE IN THE CURRENCY OF THE DRAFTS AND MUST ALSO INDICATE A CLAIM SETTLING AGENT IN NEW YORK. INSURANCE MUST INCLUDE INSTITUTE CARGO CLAUSES(B) +CERTIFICATE OF ORIGIN IN DUPLICATE +INSPECTION CERTIFICATE IN DUPLICATE +CERTIFICATE OF WEIGHT AND MEASUREMENT IN DUPLICATE	(요구 서류)
:47A	additional conditions SHIPMENT MUST BE EFFECTED BY STAR LINE ONLY THIS CREDIT IS TRANSFERABLE	(부가 조건)

ALL DOCUMENTS MUST BEAR OUR CREDIT NUMBER
T/T REIMBURSEMENT NOT ALLOWED

:48 period for presentation : DOCUMENTS MUST BE PRESENTED WITHIN 3 DAYS AFTER THE DATE OF BILL OF LADING BUT WITHIN THE CREDIT VALIDITY (서류제시기간)

:71B charges : ALL BANKING COMMISSIONS AND CHARGES INCLUDING REIMBURSEMENT CHARGES OUTSIDE U.S.A. ARE FOR ACCOUNT OF BENEFICIARY (비용)

:49 confirmation instructions : WITHOUT (확인 지시)

:53A reimbursement bank : BANK OF AMERICA, NEW YORK, NY10015, U.S.A. (상환은행)

:78 instructions to the paying/accepting/negotiating bank (지급/인수/매입은행에 대한 지시)
DRAFTS MUST BE SENT TO DRAWEE BANK FOR YOUR REIMBURSEMENT AND ALL DOCUMENTS TO US BY COURIER SERVICE IN ONE LOT

:72 sender to receiver information : THIS CREDIT IS SUBJECT TO UCP(2007 REVISION) ICC PUBLICATION NO. 600 (송신자가 수신자에게 보내는 정보)

Q 04-081 D/A 결제방식이란 무엇이며 이 결제방식의 유용성 및 신용장에 의한 결제방식과 차이점은 무엇일까?

A D/A라 함은 어음인수서류인도조건, 약칭하면 인수인도조건(Documents against Acceptance: D/A)으로 수출자가 일람후정기 또는 확정일출급환어음을 발행하고 수입자거래은행인 추심은행은 수입자에게 이를 제시하여 그 제시된 환어음을 일람지급함이 없이 인수만 함으로써 서류를 인도받은 후 만기일에 대금을 지급하는 결제방식이다.

D/A거래를 주로 추심결제방식 또는 선수출계약서에 의한 거래라고 부르고 있다. 추심이라 함은 환어음·약속어음·수표 등의 금융서류 또는 송장·운송서류 등의 상업서류를 지급 또는 인수받기 위하여, 지급인도 또는 인수인도로 상업서류를 취급함을 의미 한다. D/A거래방식은 수출자에게는 대금결제에 대한 보장이 없으므로 결제상의 위험이 따르는 거래이지만, 수입자에게는 다음과 같이 자기의 담보력 등이 부족한 경우 매우 편리한 제도이다.

첫째, 신용장발행수수료를 절약할 수 있다.

둘째, 신용장발행시 발행은행에 담보제공에 따른 어려움을 덜 수 있다.

셋째, 장기간에 걸쳐 거래실적이 많고 상호신뢰를 가지고 있는 거래처간의 대금결제에 적합하다.

넷째, 본지점간·자회사간·합병기업간 무역거래에 이용하는 데 있어서는 융통성이 많아 매우 편리하다.

다섯째, 위탁판매방식, 위탁가공무역방식의 거래에서는 제품·원재료 공급 등이 편리하다.

여섯째, 무역보험제도를 통하여 수출자는 자신의 귀책사유가 없는 경우 결제상의 손실을 보상받을 수 있다.

또한 이 방식과 유사한 결제방식인 D/P라 함은 어음지급서류인도조건, 약칭하면 지급인도조건(Documents against Payment: D/P)으로 수출자가 수입자와의 매매계약에 따라 물품을 선적하고 구비된 서류에 일람출금환어음(sight bill of exchange)을 발행하여 자기거래은행(추심의뢰은행)을 통하여 수입자거래은행인 수입국의 은행 앞으로 환어음대금을 추심의뢰하면, 추심의뢰를 받은 수입국의 은행(추심은행)이 수입자에게 환어음을 제시하여 일람지급을 받고 서류를 인도하는 결제방식을 말한다. 실무적으로 D/P방식은 결제기간이 단기에 이루어지므로 수입자가 D/A 방식에 비하여 선호하지 않는다.

신용장에 의한 거래는 준거규칙으로 화환신용장통일규칙(Uniform Customs and

Practice for Documentary Credits: UCP)의 적용을 받음에 비하여, D/A · D/P거래는 별도로 명백한 합의가 없거나 국가, 주 또는 지방의 법률 또는 규정에 위배되지 않는 한 국제상업회의소가 제정한 추심에 관한 통일규칙(Uniform Rules for Collections: URC 522)의 적용을 받는다.

그러나 수출자의 경우 D/A·D/P방식은 현지법인 또는 해외 본지점 간 거래에서는 매우 융통성이 많고 은행수수료 등이 절감될 수 있으나 그 외의 거래처와는 무역보험 등으로 담보 받는 등 결제에 대한 확신이 서지 아니하는 한 대금결제 위험부담이 매우 크기 때문에 사용하지 않는 것이 좋다.

신용장방식과 화환추심에 의한 D/A·D/P방식을 비교하면 다음의 표와 같다.

[표4-5] 신용장방식과 D/A·D/P방식의 비교

구 분	신용장방식	D/A·D/P방식
1. 대금지급확약 여부	은행의 지급확약 있음	은행의 지급확약 없음
2. 은행의 개입 여부	개입함	개입함
3. 은행거래에 따른 담보제공 관계	신용장발행시 담보제공	환어음추심 전 매입시 담보제공
4. 거래에 따른 부대비용	많음	적음
5. 대금결제기간	일람불, 기한부	일람불(D/P), 기한부(D/A)
6. 환어음발행시의 지급인	은행	수입상
7. 매매당사자간의 유리성	매도인 매수인 모두 유리	매수인 유리
8. 거래상의 융통성	없음	많음
9. 결제수단의 안전성	안전	불안
10. 거래상의준거법	신용장통일규칙	추심에 관한 통일규칙

Q D/A·D/P 거래의 당사자는 누구이며 거래과정은 어떠한가?

A D/A·D/P거래의 당사자에는 의뢰인(principal)·추심의뢰은행(remitting bank)·추심은행(collecting bank) 및 제시은행(presenting bank)이 있다.

첫째, 추심의뢰인(principal)은 거래은행에 추심을 의뢰하는 수출자를 말하며, "seller," "exporter," "drawer," "consignor" 또는 "customer"를 의미한다.

둘째, 추심의뢰은행(remitting bank)은 의뢰인으로부터 추심을 의뢰받은 수출국의 은행을 말한다.

셋째, 추심은행(collecting bank)은 추심의뢰은행 이외의 추심과정에 참여하는 은행을 말한다.

넷째, 제시은행(presenting bank)은 지급인에게 제시를 하는 수입국의 추심은행을 말한다.

다섯째, 지급인(drawee)은 추심지시서(collection instruction)에 따라 제시를 받아야 할 자, 즉 수입자를 말하며, "buyer," "importer," "consignee"를 의미한다.

추심지시서에는 추심의뢰은행, 환어음지급인, 제시은행(있는 경우)의 명세 및 추심금액, 통화, 동봉서류의 목록과 통수, 지급 및/또는 인도조건, 기타 조건, 추심수수료, 추심이자, 지급방법과 지급통지형식, 지급·인수거절 및 불일치의 경우에 대한 지시, 환어음지급장소의 주소 등 추심과 관련된 정보자료가 포함되어야 한다.

[그림4-1] D/A·D/P거래의 과정

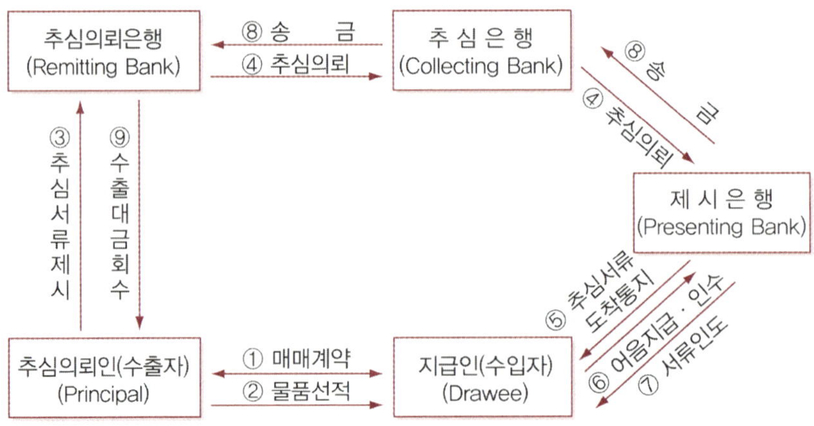

Q 04-083 송금환에 의한 결제방식에서 T/T, M/T, D/D는 무엇이며 이 중 대금결제의 위험부담 및 적용환율 면에서 수출자에게 가장 유리한 결제방식은 무엇일까?

A 송금환(remittance)이라 함은 외국환에 의한 결제방법 중의 하나로 국내의 송금인이 외국의 수취인이나 채권자에게 자금을 송금할 목적으로 당방은행에 송금대금을 원화 또는 외화로 지급하고, 외국에 있는 수취인이나 채권자에게 송금하여 줄 것을 청구하는 외국환을 말한다. 송금환은 지급지시방법에 따라 전신송금환(Telegraphic Transfer: T/T), 우편송금환(Mail Transfer: M/T) 및 송금수표(Demand Draft: D/D)가 있다.

일반적으로 송금환방식에 의한 거래는 물품선적 전에 외화수표 등 대외지급수단에 의하여 미리 대금을 영수하고, 일정기일 내에 상응하는 물품을 선적하는 거래로 수출자의 입장에서는 매우 유리한 조건이라고 할 수 있다.

1) 전신송금환

전신송금환(Telegraphic Transfer: T/T)이라 함은 고객의 의뢰에 의하여 외국환은행이 자행의 해외지점 또는 환거래은행에 대해 일정의 금액을 수취인에게 지급해 줄 것을 전신으로 지시하는 방식의 외국환을 말한다. 전신송금환의 지급방법은 지급은행이 수취인의 지급청구에 의해서 지급하는 청구지급(pay on application: P/A) 방법과 수취인으로부터 청구가 없어도 지급은행으로부터 수취인에게 통지하여 지급하는 통지지급(advice and pay: A/P) 방법의 두 가지가 있다. 전신송금환은 거액을 송금할 경우나 지급을 요하는 송금 등에 많이 이용되고 있다.

전신송금환에 의한 결제에 있어서 전신은 지급지시서(payment order) 역할을 하게 되므로 전신지급지시서 취급시에 기재사항이나 전신내용의 진정성 등을 잘 파악하는 등 세심한 주의가 필요하다. 또한 전신송금환은 송금방향에 따라 당발 전신송금환과 타발 전신송금환으로 구분할 수 있다. 전신송금환을 이용할 때 수출자의 입장에서는 신속하게 대금을 수취할 수 있으며 또한 가장 유리한 환율인 대고객 전신환 매입률을 적용받게 되고, 가장 확실한 결제방법이 되지만 수입상은 전신료부담이 증가하게 된다.

2) 우편송금환

우편송금환(Mai1 Transfer: M/T)이라 함은 송금의뢰를 받은 은행이 송금수표를 의뢰인에게 교부하는 대신에 일정금액을 수취인에게 지급하여 줄 것을 지급은행 앞으로 지시하는 지급지시서(payment order)를 작성하여 이것을 지급은행에 직접 우편으로 지시하는 방식의 외국환을 말한다.

전신송금환은 지급지시를 전신으로 하는 데 비하여 우편으로 하는 점이 근본적인 차이점이 있다. 우편송금환의 지급방법도 청구지급방법과 통지지급방법의 두 가지가 있고, 환의 방향에 따라 당발 우편송금환과 타발 우편송금환으로 구분할 수 있다.

우편송금환은 시간상 신속을 요하지 않는 송금 및 소액의 송금에 이용된다.

3) 송금수표

송금수표(Demand Draft: D/D)라 함은 본래의 의미로는 일람불 송금환을 말한다. 송금수표는 송금의뢰를 받은 은행이 해외본·지점 포는 환거래은행을 지급은행으로 하는 송금수표를 발행하여 송금인에게 주면 송금인은 수취인에게 수표를 보내고, 수취인은 수표를 받아서 지급은행에 제시하면 지급은행은 송금은행에서 미리 보내 온 수표발행통지서와 대조하고 수취인에게 지급하는 방법의 외국환을 말한다.

따라서 송금수표는 지급은행 앞으로 직접 송부되어 오는 것이 아니고 송금인이 직접 수취인에게 보내면 지급지의 수취인에 의하여 제시되게 된다. 송금수표는 보통 은행수표(Banker's Check: B/C)를 많이 사용하고 있다. 실무적으로 일반회사 또는 개인자격으로 발행한 개인수표(Personal Check: P/C)도 사용되는 경우가 있는데, 개인수표는 발행자의 신용상 문제가 있는 경우가 많으므로 무역대금결제수단으로 사용하는 것은 수출자의 입장에서 볼 때 지급거절에 따른 위험이 따를 수도 있다. 따라서 무역대금 결제를 송금수표에 의할 때에는 개인수표보다는 은행수표를 이용하는 것이 안전하다. 송금수표를 수출자가 수입자로부터 직접 받고 보통은 수출자의 거래은행에서 추심전 매입을 하였다 하더라도 지급은행(paying bank)에 제시되어 지급이 종결되어야 결제가 완결된 것으로 보아야 함을 유의하여야 한다.

이와 같이 수출자의 입장에서 T/T, M/T, D/D 결제 방식 중 대금결제의 위험부담 및 적용환율 면에서 가장 유리한 결제방식은 T/T방식이다.

04-084 Q COD 및 CAD 방식이란 무엇이며 이 방식 사용시 유의하여야 할 점은 무엇인가?

A 물품의 인도와 동시 또는 서류와 상환으로 무역대금을 결제하는 동시지급방식에는 현품인도지급과 서류상환지급 방식이 있는 데 이를 대금교환도조건이라고도 한다.

1) 현품인도지급방식

현품인도지급방식(Cash on Delivery: COD)이라 함은 수출자가 수출물품을 선적하고 선적서류를 수출자의 해외지점이나 대리인 또는 거래은행에 송부하고, 수출물품이 목적지에 도착하면 수입자가 직접 물품의 품질 등을 검사한 후 수출대금은 물품과 상환하여 현금으로 영수하는 거래방식으로서 국내의 일반물품매매에서도 볼 수 있는 유형이다.

이 방식의 수출은 주로 보석 등 귀금속류와 물품가격이 고가이며, 동일물품일지라도 물품의 색상, 가공방법, 순도 등에 따라서 가격의 차이가 많이 발생하는 물품의 거래인 경우 활용되는 것으로 수입상이 대금결제 전에 물품을 충분히 검토한 후 수입여부를 결정할 수 있는 장점이 있다.

현품인도지급방식의 거래는 일반적으로 수입지에 수출자의 해외지점 등 대리인이 있어서 수출자가 송부하는 서류를 수령하고, 수입자가 물품검사시 입회하여 검사완료 후 대금결제와 함께 현품을 인도하는 방식을 취하고 있으나 거래외국환은행 등을 활용하여 거래가 이루어질 수도 있다. 즉 수출자는 물품을 선적한 후 서류 등을 거래은행을 통하여 수입자거래은행에 송부하면 수입자는 도착된 물품을 대금결제 전에 사전검사한 후 거래은행에서 대금결제와 함께 서류 등을 찾아 물품을 통관하는 절차를 취할 수 있다. 특히 이 경우 수출자는 서류작성시 수화인(consignee)을 수입자의 거래은행으로 하고, 통지처(notify party)를 수입자로 하여 수입자가 대금을 지급하지 않고는 운송인으로부터 물품을 인수받지 못하도록 함으로써 대금미회수의 위험을 방지하고, 대금결제가 되지 않는 경우 물품이 반송될 수 있도록 하여야 한다.

2) 서류상환지급방식

서류상환지급방식(Cash against Document: CAD)이라 함은 수출자가 물품을 수출하고 선적을 증명할 수 있는 선화증권·상업송장·포장명세서 등의 서류를 수입자에게 직접 또는 수입자의 대리점이나 거래은행에 제시하여 서류와 상환으로 대금을 지급받는 방식으로서 COD방식과 비교할 때 서류를 수령하는 입장에서는 반대되는 형태이다.

이 방식에 의한 수출은 원칙적으로 수출국에 수입자를 대신하여 대금을 결제해 줄 대리인이나 은행이 있을 경우 가능하다. 그러나 이 거래방식도 거래은행을 통하여 서류 등을 수입자의 거래은행에 보낸 뒤 수입자의 거래은행에서 서류와 상환하여 대금을 결제하는 방법으로 이루어질 수 있다.

COD와 CAD방식이 본래의 형태를 벗어나 외국환은행을 통하여 이루어질 경우는 그 구분이 불명확하나 실질적으로는 거래의 대상이 되는 객체가 현품이면 COD로 보고, 서류이면 CAD로 보면 될 것이다. 또한 CAD방식이 외국환은행을 통하여 이루어지면, 형식적으로는 D/P방식에 의한 거래와 거의 다름이 없다.

이 경우 특히 주의하여야 할 사항은 수입자가 거래은행으로부터 서류를 고의로 찾아가지 않을 경우 수출자의 입장에서는 대금회수가 지연될 수 있으므로 수출자는 계약 전에 수입자의 신용상태를 충분히 확인한 후 거래를 하여야 할 것이며, 특별한 경우가 아니면 수입자의 지점이나 대리인이 국내에 있어서 대금회수에 문제가 없는 경우에 거래를 하는 것이 가장 안전하다.

04-085 Q 포페이팅이란 무엇이며 포페이팅의 당사자와 거래절차는?

A 포페이팅(forfaiting)이라 함은 현금을 대가로 채권을 포기 또는 양도한다는 불어의 "a'forfait"에서 유래된 용어로, 물품 또는 서비스 무역거래에서 수출환어음, 약속어음과 같은 일련의 신용수단을 상환청구권 없이(without recourse), 즉 무소구 조건으로 고정이자율로 할인/매입하는 수출무역금융의 한 형태를 말한다.

포페이팅의 경우 이를 취급하는 금융기관, 즉 포페이터(forfaiter)가 이러한 소구권[15]을 포기하는 조건부로 채권을 수출상으로부터 매입하므로 배서인, 즉 수출자는 소구당할 염려가 없으며 최종소지인이 모든 손실을 부담한다. 바로 이 점에서 포페이팅은 수출환어음매입(negotiation)과 크게 다르다. 즉 은행의 수출환어음매입은 일반적으로 소구조건(with recourse)이어서 수입상인, 신용장발행의뢰인이 만기에 대금지급을 이행하지 않거나 지급지연이 발생하면 모든 손실에 대하여 매입은행은 수출상에게 소구권을 행사하게 됨으로 인하여 자금부담가중으로 인한 경영상의 어려움을 당할 가능성 이 크다. 이와 같이 포페이팅은 소구권을 포기한다는 점과, 고정금리로 할인한다는 두 가지 점에서 보통의 무역금융기법과 차이가 있다.

1) 포페이팅의 특징

포페이팅은 다음과 같은 특징을 가지고 있다.

첫째, 수출자가 제시하는 환어음 또는 약속어음을 매입하는 포페이터(forfaitcr)는 공급자신용임으로 어음을 매도한 수출자 또는 어음배서인에 대하여 소구권이 없다.

둘째, 포페이터가 수입자의 신뢰성을 인정하지 못하는 어음의 경우에는 은행지급보증이나 "aval," 즉 어음상의 지급보증을 요구하게 된다.

셋째, 어음을 할인하여 매입할 경우 고정금리가 적용된다.[16]

넷째, 환어음 또는 약속어음이 거래대상이므로 거래절차가 간편하며 신속한 처리가 가능하다.

---

15) 소구(遡求; Recourse)란 약속어음 또는 환어음 발행인(또는 인수인)이 만기에 지급을 이행하지 않을 경우에 어음의 최종소지인은 어음의 배서인에게 어음금액의 대지급을 요구하는 것을 말하며, 이러한 권리를 행사하는 것을 소구권이라고 한다.

16) 포페이팅 거래시 적용되는 기준 이자율은 기준금리인 런던은행간금리(Libor)에 국가별 위험도(country risk) 또는 신용장발행은행 위험에 대한 가산금리(spread)를 더한 수준에서 결정된다.

다섯째, 연지급기간은 통상 1개월~10년, 건당 거래금액은 미화10만~2억, 거래통화는 모든 주요 통화가 가능하다.

여섯째, 포페이팅은 신용장 거래의 인수(acceptance)와 유사하나 인수에 비해 기간이 장기이다. 대상어음은 1~7년의 자본재 수출에 따른 연지급 수출어음이 대부분이다. 또한 포페이터의 채권만기선정은 해당거래의 위험과 시장조건에 따라 결정된다.

2) 포페이팅의 당사자

포페이팅의 당사자로는 수출자, 수입자, 포페이터, 그리고 보증은행이 있다.

첫째, 수출자는 채권자로서 환어음의 경우 어음을 발행하는 자가 되며 포페이팅 금융의 수혜자가 된다.

둘째, 수입자는 채무자이며 환어음의 인수자가 된다.

셋째, 포페이터는 연지급어음을 할인 매입하는 금융기관을 말하는데, 주로 수출자의 은행으로서 채권을 수출자로부터 매입한다.

넷째, 보증은행은 보통 수입자의 은행으로서 관련 채권에 대해 보증한다. 별도의 보증서를 발급하거나 어음면에 보증하는 형식을 취한다.

3) 포페이팅의 일반적인 거래절차

포페이팅의 일반적인 거래절차는 다음과 같다.

① 수출자는 포페이팅 방식에 의한 결제를 고려할 경우 수출계약 체결 전에 우선 포페이터와 협의하여 포페이팅 가능 여부 및 할인 조건에 따른 비용을 고려하여 수출계약금액을 검토한다.

② 수출자는 수입자와 포페이팅 방식의 무역계약을 체결한다.

③ 수입자는 자기 거래은행에게 기한부 신용장 발행을 지시한다.

3a.수입자의 은행, 즉 발행은행은 신용장을 발행한다.

3b. 수출자의 은행은 수출자에게 신용장발행을 통지한다.

④ 수출자는 수입자에게 계약물품을 인도한다.

⑤ 수출자는 자기 거래은행에게 어음인수를 위한 관련 서류를 제시한다.

5a. 수출자의 은행은 발행은행에게 서류를 송부한다.

5b. 수출자는 어음할인을 위하여 포페이터가 요구한 서류를 포페이터에게 제시한다.

⑥ 포페이터와 수입자의 거래은행, 즉 발행은행은 양도승낙(acknowledgment of assignment)을 한다.

⑦ 포페이터는 수출자의 은행에게 어음할인을 한다.

7a. 수출자의 은행은 어음할인된 금액을 수출자에게 지급한다.

⑧ 수입자의 은행, 즉 발행은행은 어음만기일에 포페이터에게 대금을 지급한다.

8a. 수입자는 발행은행에게 어음만기일에 대금을 지급한다.

[그림4-2] 포페이팅의 일반적인 거래절차

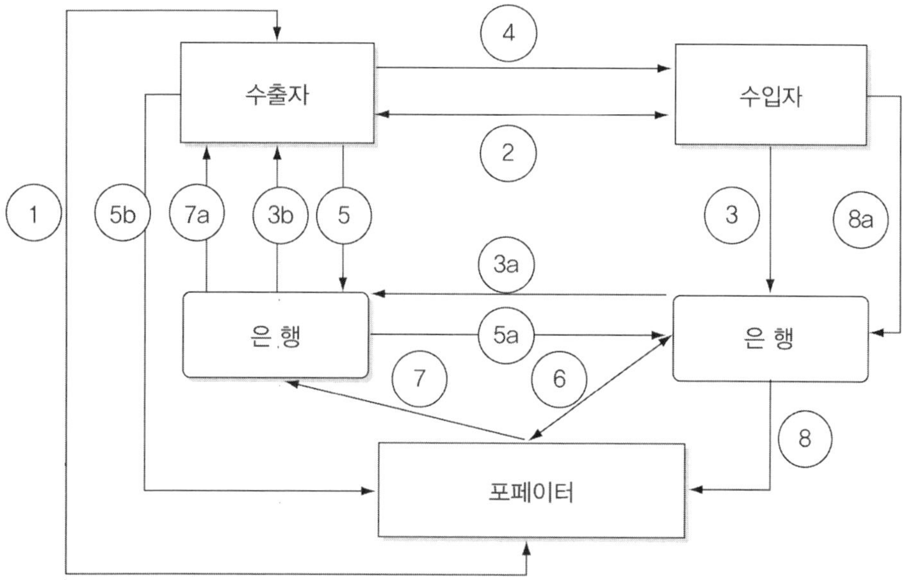

자료: http://www.globalfinanceonline.com/trade-finance-forfaiting-guide.html

물품의 확보와 무역금융

Chapter 5

05-086 Q 수출물품을 확보하기 위해서는 어떠한 방법을 이용할까?

A 수출물품을 확보하는 방법은 수출자가 자가공장이나 하청공장에서 수출물품을 제조·가공하여 생산하는 경우와 다른 회사에서 생산한 수출용 완제품을 국내에서 구매하는 경우가 있다. 수출자가 직접 또는 하청공장에서 물품을 생산하기 위해서는 소요되는 원자재를 국내에서 구매하거나 외국에서 수입하여야 한다. 소요 원자재를 국내에서 확보하는 방법은 내국신용장(local letter of credit; local L/C)을 발행하거나 구매확인서를 발행한다. 또한 소요 원자재를 외국에서 확보하는 방법은 수입신용장(import letter of credit)을 발행하거나 어음인수 서류인도조건(D/A) 또는 송금환을 이용할 수 있으나 수입신용장을 이용하는 경우가 일반적이다.

만일 수출자가 의류생산시설을 갖추고 의류가 전문 수출품목이라면 위와 같은 방법으로 조달된 원자재를 가지고 자가공장에서 직접 생산하거나 자가공장에서 생산능력이 부족할 경우에는 하청공장에 원자재를 투입시켜 수출품을 생산하여 수출하게 된다.

그러나 수출자가 해외로부터 수주능력이 있어 의류가 아닌 예컨대, 신발을 수주 받았을 경우 수출자는 신발을 생산하는 시설이 없으므로 이 경우에는 타사, 즉 신발을 생산하는 국내업자에게 동 수출품인 신발을 공급하여 주도록 완제품 내국신용장을 발행하거나 구매확인서에 의하여 수출품을 공급받을 수 있다. 이와 같이 국내에서 원자재나 완제품을 공급받는 방법은 내국신용장과 구매확인서에 의한 방법이 있다.

여기에서 원자재 또는 완제품의 구분은 외국으로 수출을 이행하는 수출자 입장에서 볼 때 국내에서 공급되는 물품이 수출품과 같으면 완제품이고, 다르면 원자재(실은 공급자는 완제품이라 할지라도)라고 할 수 있다.

수출물품이나 수출용 원자재를 물품을 국내에서 구매할 경우 위의 내국신용장 또는 구매확인서에 의한 방법에 의하지 아니하고 그냥 현금으로 국내에서 구매할 수도 있으나 그렇게 하게 되면 특히 물품공급자는 물품공급에 의한 수출실적 인정을 받을 수 없을 뿐더러 부가세법상의 영세율 적용을 받을 수 없는 등 불이익이 초래된다는 점을 유의하여야 한다.

[그림 5-1] 수출물품의 확보방법

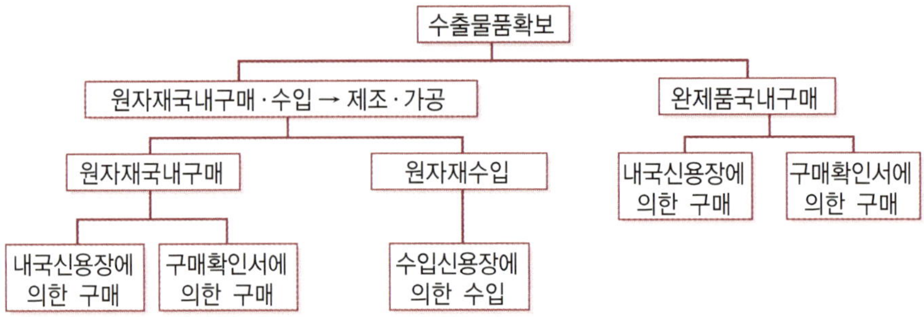

05-087 Q 수출자가 국내에서 수출물품이나 수출용 원자재를 공급받기 위하여 내국신용장을 이용할 경우 내국신용장의 유형, 내국신용장 발행요건 및 내국신용장에 의한 대금결제에 대하여 알고 싶어요.

A 내국신용장(local letter of credit; local credit)이라 함은 수익자인 수출자가 수령한 원신용장(master credit; original credit)을 근거로 국내에서 수출물품 또는 수출용 원자재를 조달하기 위하여 수출자의 거래은행이 물품공급자를 수익자로 하여 발행하는 신용장을 말한다.[1] 원신용장은 내국신용장 발행의 근거가 되는 신용장이지만 내국신용장과는 독립적이다. 내국신용장제도는 수출용 원자재나 완제품 국내구매를 촉진시킬 수 있다. 수출자는 수출용원자재나 완제품을 내국신용장에 의하여 조달하게 되면 구매물품의 대금을 우선 자기자금 부담 없이 은행을 통하여 원자재구매자금 또는 완제품 구매자금 융자를 통하여 결제할 수 있게 되며 구매물품에 대한 부가가치세 영세율도 적용받게 되어 물품공급자와 유리하게 공급가격을 협상할 수도 있다. 한편 물품공급자인 내국신용장 수익자는 대금회수의 안전성을 보장 받게 되며, 동 신용장을 근거로 물품의 생산에 소요되는 자금을 융자받을 수 있으며, 관세가 포함된 원재료에 대해서는 관세환급이 가능하고, 물품공급실적을 수출실적으로 인정받을 수 있다.

1) 내국신용장의 종류

내국신용장은 공급대상물품, 발행단계 및 표시통화에 따라 다음과 같이 구분된다.

첫째, 공급대상 물품에 따라 ① 원자재 내국신용장, ② 완제품 내국신용장, ③ 임가공 내국신용장이 있다. 원자재내국신용장이라 함은 수출용 원자재를 국내에서 구매하기 위하여 발행된 내국신용장으로서 발행신청인은 동 원자재자금 결제를 목적으로 원자재자금 융자를 받을 수 있는 신용장을 말한다. 완제품 내국신용장이라 함은 수출물품을 구매자가 직접 제조·가공하지 아니하고 타 업체로부터 동 수출물품(완제품)을 구매하기 위하여 발행되는 내국신용장으로서 완제품구매자금 결제를 목적으로 완제품구매자금 융자를 받을 수 있는 신용장을 말한다. 그리고 임가공 내국신용장이라 함은 생산시설이 없거나 부족한 업체가 생산시설을 보유한 업체와 임가공 계약을 체결하고, 수출용 원자재 또는 수출용 완제품을 위탁 가공하는 데 소요되는 가공임을 대상으로 하여 발행되는 내국신용장을 말한다. 국내업자간 매매계약에 따라 국외에서 어획물을 수집하여 직접 수출하는 경우 동 거래의 특수성에 비추어 내국신용장을 발행할 수 있다. 그러나 내국신용장 발행

---

1) 내국신용장은 local credit 외에도 secondary credit, subsidiary credit, domestic credit, back to back credit, baby credit 등으로도 부른다.

이전에 이미 물품공급이 완료된 분에 대하여는 당해 물품대금 결제를 위한 내국신용장을 발행할 수 없다는 점을 유의하여야 한다.

둘째, 발행단계별로 ① 제1차 내국신용장, ② 제2차 내국신용장, ③ 제3차 내국신용장이 있다.

셋째, 표시통화에 따라 ① 순수 원화표시 내국신용장, ② 외화표시 내국신용장, ③ 외화표시 원화부기 내국신용장이 있다. 원화표시 내국신용장이라 함은 내국신용장 금액표시를 외화부기 없이 순수 원화로만 표시한 내국신용장을 말하며, 외화표시 내국신용장이라 함은 내국신용장 금액표시를 외화로만 표시한 내국신용장을 말하고, 외화표시 원화부기 내국신용장이라 함은 내국신용장 금액표시를 원화로 표시하고 외화로 부기한 내국신용장을 말한다.

2) 내국신용장의 발행자격 및 요건

수출자가 국내에서 내국신용장을 이용하여 수출용원자재나 수출물품을 공급받기 위해서는 신용장발행의뢰인으로서 내국신용장 방식에 따라 구매(또는 임가공 위탁)하는 것이므로 발행의뢰인은 원칙적으로 무역금융의 융자대상자로, 즉 수출신용장 등을 보유한 자, 자사제품 또는 타사제품 수출실적을 보유하고 있어야 한다. 이에 대하여 수출용원자재 또는 물품 공급자인 내국신용장 수익자는 공급대상 물품을 제조, 생산(또는 임가공 수탁)하여 발행의뢰인에게 공급할 수 있는 자격이 있어야 한다.

이와 같은 자격요건을 갖춘자 간, 즉 물품구매자와 공급자간 물품매도확약서(offer sheet)를 갖추어 수출자의 거래은행에 소정의 서식으로 내국신용장발행을 의뢰하게 되면 원자재구매를 위한 내국신용장 또는 완제품구매를 위한 내국신용장은 수출신용장 등의 금액(신용장기준) 또는 외국환은행에서 정하는 원자재자금 및 완제품구매자금의 융자한도 범위내(실적기준)에서 내국신용장을 발행할 수 있다.

내국신용장을 발행하기 위해서는 다음과 같은 요건이 충족되어야 한다.

① 양도가 불가능한 취소불능 내국신용장이어야 한다.

② 표시통화는 원화표시, 외화표시 또는 원화표시 외화부기로 한다. 다만, 원화표시 외화부기인 경우에는 해당 원화금액에 개설당시 매매기준율(1회차 고시 기준환율)로 환산한 외화(원수출신용장 등의 표시통화 또는 미 달러화) 금액을 부기한다.

③ 내국신용장의 발행금액은 물품대금 전액으로 하며, 원화표시 외화부기 내국신용장인 경우 결제 요청되는 원화금액은 부기 외화금액을 내국신용장 어음 등의 매입일(추심시는 추심의뢰일) 현재의 매매기준율(1회차 고시 기준환율)로 환산한 금액이 된다.

④ 물품인도기일은 대응수출 또는 물품공급이 원활히 이행되는데 지장이 없도록 책정된 것일 것이어야 한다.

⑤ 유효기일은 물품의 인도기일에 최장 10일을 가산한 기일 이내이어야 한다. 다만, 원수출신용장 등을 근거로 하여 발행되는 내국신용장의 유효기일은 대응되는 원수출 신용장 등의 선적 또는 인도기일 이전이어야 한다.

⑥ 서류제시기간은 물품수령증명서 발급일로부터 최장 5영업일 범위 내에서 책정된 것이어야 한다. 다만, 개설의뢰인과 수혜자의 소재지가 원격지인 경우(전자문서 교환방식 내국신용장을 판매 대금추심의뢰서로 결제하는 경우에는 제외)에는 물품수령증명서 발급일로부터 7영업일까지로 할 수 있다.

⑦ 어음의 형식은 발행의뢰인을 지급인으로 하고, 발행은행을 지급장소로 하는 일람출급환어음이어야 한다.

⑧ 어음의 발행조건은 원수출신용장 매입조건부 결제 등 수익자에게 불리한 조건이 아니어야 한다. 다만, 선박 또는 대외무역법에서 정하는 산업설비의 수출을 위하여 발행되는 완제품 내국신용장의 경우에는 원수출신용장 등의 대금결제조건에 따른 제조공정별 분할지급조건으로 할 수 있다.

⑨ "무역업무 자동화촉진에 관한 법률"에서 정하는 전자문서교환방식(EDI)에 의한 내국신용장의 경우에는 동 법률에서 정하는 "정당하게 발급된 문서 표시의무"를 준수하여야 한다.

⑩ 상기 '①'호 내지 '⑨'에서 정하는 사항 이외의 조건에 관하여는 국제상업회의소(ICC) 제정 "화환신용장에 관한 통일규칙 및 관례"를 준용한다는 문언이 기재된 것이어야 한다.

3) 내국신용장에 의한 환어음 매입과 결제

내국신용장 수익자는 내국신용장조건에 따라 내국신용장발행의뢰인, 즉 물품 구매자에게 물품을 공급한 후 물품수령증명서를 발급받아 물품공급자발행 세금계산서 사본 및 환어음을 발행하여 내국신용장발행은행인 수익자 거래은행에 환어음 매입의뢰를 한다. 여기에서 물품수령증명서는 공급자발행 세금계산서 건별로 대응하여 발급되어야 한다. 다만, 내국신용장에 명시된 조건에 따라 수출용원자재를 분할 공급받는 경우에는 매 반월 또는 동일 역 월을 단위로 하는 경우에 한하여 동 기간 중 분할 공급시마다 교부된 세금계산서상의 공급가액을 일괄하여 하나의 물품수령증명서를 발급할 수 있다.

공급자발행 세금계산서 사본은 세금계산서의 교부대상과 내국신용장의 발행의뢰인은 일치하여야 한다. 다만, 예외적으로 완제품내국신용장의 수익자가 수출위탁자인 경우 등 부가가치세법에 의한 세금계산서 발급대상이 아닌 경우에는 물품명세가 기재된 송장으로 갈음할 수 있다.

그러나 선박 또는 대외무역법에서 정하는 산업설비의 수출을 위하여 발행되는 완제품 내국신용장의 경우에는 ① 환어음, ② 발행은행이 발급한 원화수출신용장 등의 대금입금

증명서, ③ 발행의뢰인이 발급한 공정 또는 제조확인서, ④ 공급자발행 세금계산서 사본(단, 계약체결시에 수령하는 금액에 대하여는 ②, ③ 서류제시를 면제하되, 물품인도시에 수령하는 금액에 대하여는 ①,②,③의 서류를 징구함)

전자문서교환방식 내국신용장의 경우에는 ①~④ 준비서류 이외에 내국신용장 사본 및 물품공급자발행 물품매도확약서 사본을 추가로 준비하여야 한다.

환어음의 결제는 발행은행이 다음과 같은 지급거절 사유가 있는 경우를 제외하고(다만, 지급거절 사유가 있는 경우 발행은행은 발행의뢰인이 동의하는 경우에는 동 어음을 결제할 수 있다) 지급제시를 받은 날로부터 3영업일 이내에 결제하여야 한다.

4) 내국신용장에 의한 환어음의 지급거절 사유

내국신용장발행은 제시된 서류와 신용장조건에 부합되지 아니할 경우 지급거절 할 수 있다. 환어음의 지급거절사유는 다음과 같다.

① 어음의 형식 불비 또는 지급지가 상이한 경우

② 제시된 어음이 사고신고서가 접수된 어음이거나 위조, 변조된 경우

③ 어음의 제급지시일(내국신용장 수익자의 매입 또는 추심의뢰일)이 내국신용장의 유효기일을 경과한 경우

④ 물품수령증명서상의 수령인의 인감 또는 서명(물품매도확약서상의 것을 기준으로 함)과 상이한 경우. 다만, 수익자의 요청에 의하여 개설의뢰인이 교부받은 전자문서교환방식 내국신용장에 의하여 발행된 어음을 결제할 때에는 물품수령증명서상의 수령인의 인감 또는 서명이 내국신용장(사본 포함) 및 물품매도확약서(사본 포함)상의 인감 또는 서명과 상이한 경우

⑤ 물품수령증명서상의 물품명세가 내국신용장의 물품명세와 불일치한 경우. 다만, 전자문서교환방식 내국신용장에 의하여 발행된 어음을 결제할 때에는 물품수령증명서상의 물품명세가 물품매도확약서(사본 포함)상의 물품명세와 불일치한 경우

⑥ 제시된 어음의 위조, 변조된 내국신용장에 의하여 발행된 경우

⑦ 전자문서교환방식 내국신용장이 "정당하게 발급된 문서 표시의무"를 준수하지 않을 경우

⑧ 제시된 어음이 기타 내국신용장의 기타조건과 불일치한 경우

[서식 5-1] 취소불능내국신용장

<table>
<tr><td colspan="2">한국외환은행</td><td colspan="3">발행일자 : 20xx 6월 17일</td></tr>
<tr><td colspan="2">취 소 불 능 내 국 신 용 장</td><td colspan="3">신용장번호</td></tr>
<tr><td colspan="2">발행신청인(상호, 주소, 대표자, 전화)

서울무역주식회사
서울시 중구 소공동 1가 15
대표이사 홍길동</td><td colspan="3" rowspan="2">결제통화 및 금액

□ 원 화

□ 외 화 (통화표시)

☑ 원 화 66,035,200원 (외화금액USD60,032 @ USD1,100)
다만, 환어음 매입시 매매기준율이 개설시와 다를 경우 원화금액은 동 매매기준율로 환산한 금액으로 함</td></tr>
<tr><td colspan="2" rowspan="2">수혜자(상호, 주소, 대표자, 전화)
서울시 강남구 일원동 1
주식회사 한국피혁
대표이사 이수남</td></tr>
<tr><td colspan="3">물품인도기일 June 25, 20xx 유효기일 June 30, 20xx</td></tr>
<tr><td colspan="5">당행은 귀하(사)가 위 금액의 범위내에서 다음의 서류를 첨부하여 당행을 지급장소로 하고 신청인을 지급인으로 한 물품대금전액의 일람출급환어음을 발행할 수 있는 취소불능 내국신용장을 개설합니다. 이 신용장에 의하여 발행된 환어음은 “20xx년 6월 17일 한국외환은행 내국신용장번호 L0604-106-12345 에 의함”이라고 표시하여야 합니다.

제출서류 :
□ 물품수령증명서 1 통
□ 공급자발행 세금계산서 사본 1 통
□ 기타</td></tr>
<tr><td colspan="5">공 급 물 품 명 세</td></tr>
<tr><td>H S 부 호</td><td>품명 및 규격</td><td>단위 및 수량</td><td>단 가</td><td>금 액</td></tr>
<tr><td>4102-0201</td><td>Cow Split Leather</td><td>85,760 SF</td><td>@USD0.70</td><td>USD60,032</td></tr>
<tr><td colspan="2">분할인도
☑ 허용함 □ 불허함</td><td colspan="3">서류제시기간
물품수령증명서발급일로부터 3 영업일 이내</td></tr>
<tr><td colspan="2">기 타</td><td colspan="3">용 도</td></tr>
<tr><td>개 설 근 거</td><td colspan="4">☑ 수출L/C, □ D/A , □ D/P, □ 외화표시물품공급계약서
□ 기타 수출관련계약서, □ 내국신용장
□ 과거 수출실적</td></tr>
<tr><td>신용장(계약서) 번호</td><td colspan="4">78910</td></tr>
<tr><td colspan="3">1. 이 신용장에 의하여 발행된 환어음을 매입한 은행은 반드시 매입일자와 동 금액을 이 신용장 뒷면에 기재하여야 합니다.
2. 물품수령증명서상의 수령인의 서명 또는 인감은 물품매도확약서상의 서명 또는 인감과 일치하여야 합니다.
3. 이 신용장에 관한 사항은 다른 특별한 규정이 없는 한 국제상공회의소 제정 화한신용장통일규칙 및 관례에 따릅니다.</td><td colspan="2">당행은 이 신용장에 의하여 발행되고 또한 이 신용장조건에 일치하는 환어음이 당행에 제시된 때에는 이를 이의없이 지급할 것을 환어음의 발행인, 배서인, 기타 정당한 소지인에게 확약합니다.

한국외환은행 종로지점장
책임자 서명날인 :</td></tr>
</table>

05-088

Q 수출자가 국내에서 수출물품이나 수출용 원자재를 공급받기 위하여 내국신용장 대신 구매확인서를 이용할 경우 구매확인서의 발급근거, 구매확인서의 발급신청과 대금결제에 대하여 알고 싶어요.

A 구매확인서라 함은 내국신용장에 의하지 아니하고 국내에서 생산된 외화획득용원료 또는 물품을 공급하는 경우에 외국환은행의 장이 내국신용장에 준하여 발급하는 증서이다. 구매확인서제도는 내국신용장과는 달리 은행의 대금지급확약 기능이 없고 수출금융의 융자대상이 되지 못한다. 그러나 수출실적인정(무역금융한도 산정을 위한 수출실적으로는 인정되지 않음)이나 부가가치세 영세율 적용, 관세환급, 외화획득용 원료의 사후관리 등에 사용되는 점은 내국신용장제도와 동일하다. 실무적으로는 구매확인서보다 용도가 더 다양하고 혜택이 많은 내국신용장을 많이 이용하고 있으나 내국신용장발행 한도가 부족하거나 무역금융 수혜에 다른 연체 또는 대지급 등의 사유로 인하여 내국신용장을 발행할 수 없는 경우에 구매확인서를 이용하고 있다.

구매확인서의 발급근거로는 ① 수출신용장, ② 수출계약서(D/A, D/P등), ③ 외화매입(예치)증명서(외화획득 이행관련 대금에 한함), ④ 내국신용장, ⑤ 구매확인서, ⑤ 수출신고필증(사후발급 신청한 경우만 해당), ⑥ 대외무역법 시행령에 따른 외화획득에 제공되는 물품(수출, 주한 국제연합군이나 그 밖의 외국군 기관에 대한 물품 등의 매도, 관광, 용역 및 건설의 해외 진출, 국내에서 물품 등을 매도하는 것으로서 지식경제부장관이 정하여 고시하는 기준에 해당하는 것) 등을 생산하기 위한 경우임을 입증할 수 있는 서류가 있어야 한다.

구매확인서 발급신청은 ① 외화획득용 원료·물품등 구매(공급) 확인(신청)서, ② 승인신청 근거서류, ③ 외화획득용 원료(물품 등) 공급계약서 또는 물품 등 매도확약서, ④ 구매확인 신청자의 인감(서명감)신고서, ⑤ 물품수령확인서 및 세금계산서 사본(사후발급 시)을 구비하여 거래 외국환은행에 신청하면 된다.

구매확인서의 발급은 ① 물품의 공급이 이루어지기 전에 신청 및 발급이 이루어져야 한다. 다만 세금계산서상의 물품공급일자 및 발행일자가 부가가치세법에서 정하는 과세기간 종료 후 20일 이내인 경우에는 사후발급이 가능하다. ② 물품구매자가 보유한 수출신용장 등의 발급근거서류의 금액 범위 내에서 발급할 수 있으며 외화획득용 원료 또는 물품의 제조, 가공, 유통(완제품의 유통포함)과정이 여러 단계인 경우 각 단계별로 순차적으로 발급 차수의 제한 없이 발급할 수 있다. ③ 표시통화는 원화, 외화 또는 원화표시외화부기 (구매확인서 발급일 현재의 매매기준율로 환산한 외화금액을 부기)로 할 수 있다. 구매확인서에 의한 대금결제방법과 대금결제기간은 계약자유의 원칙에 따라 공급자와 구매자가 체결하는 물품공급계약서에서 정하는 바에 따른다.

[표5-1] 내국신용장제도와 구매확인서제도의 비교

구 분	내국신용장제도	구매확인서제도
1. 관련법규	무역금융규정	대외무역법
2. 발급기관	외국환은행	좌 동
3. 거래대상물품	수출용원자재 및 수출용완제품	좌 동
4. 발급조건	당해업체의 무역금융 융자 한도 내에서만 발급	업체가 거래증빙서류 구비하여 신청하면 제한 없이 발급
5. 발급비용	소정 발급수수료	없 음
6. 공급실정의 수출 실적 인정여부	무역금융 취급세칙 및 대외무역관리 규정상의 수출실적으로 인정	좌 동
7. 공급실적에 대한 무역금융 융자여부	무역금융 융자대상	무역금융 융자대상에서 제외
8. 부가가치세 적용 여부	부가가치세 영세율 적용	좌 동
9. 외화획득용원료 사후관리	사후관리시 수출실적으로 인정	좌 동
10. 관세환급여부	가 능	좌 동
11. 대금지급확약 및 결제	은행이 대금지급확약, 물품공급업자가 환어음을 발행하여 외국환 은행에서 어음매입	거래당사자의 문제일 뿐 은행이 대금지급확약을 하지 않음. 공급자와 구매자간 대금결제

[서식 5-2] 구매확인서

외화획득용원료 · 물품등구매(공급)확인(신청)서

처리기간
3 일

발급번호 KEB1234

① 구매확인신청자(상호, 주소, 성명) 서울특별시 중구 소공동 1가 15번지 서울무역주식회사 대표이사 홍 길 동 (서명 또는 인)	③ 공급자(상호, 주소, 성명) 서울특별시 강남구 일원동 25번지 주식회사 제일섬유 대표이사 강 영 수
② 구매확인신청자 사업자등록번호 214-23-56789	④ 공급자 사업자등록번호 214-12-45678

1. 구매(공급)원료·물품등의 내용

⑤ HS부호	⑥ 품명 및 규격	⑦ 단위 및 수량	⑧ 구매(공급)일	⑨ 단가	⑩ 금액	⑪ 비고
5104-0201	100% Nylon Taffeta 190 T 44/45" Width	6,400M	20xx, 6. 20.	@USD1.5625	USD10,000 (₩11,000,000)	

2. 근거서류의 내용

(⑫ 구매확인서를 근거로 다시 구매확인서를 발급하는 경우에는 근거서류 발급은행 기재 : 은행 지점)

⑬ 근거서류 및 번호	⑭ HS부호	⑮ 품명 및 규격	⑯ 금액	⑰ 선적기일
78910	4203	Men's Split Leather Jackets	USD100,000	20xx, 8. 31.

⑱구매(공급)원료·물품등의 용도명세 :
(원자재구매, 원자재 임가공위탁, 완제품 임가공위탁, 완제품구매, 수출대행등 *해당용도를 표시하되 위탁가공무역에 소요되는 국산원자재를 구입하는 경우는 "(위탁가공)" 문구를 추가표시)
* 한국은행 총액한도대출관련 무역금융 취급절차상의 용도표시 준용

위의 신청사항을 대외무역관리규정 제4-2-7조의 규정에 의하여 확인합니다.

20xx 년 6 월 17 일
한국외환은행장 (인)

※ 완제품에 대한 구매확인서 발급시 ⑯의 기재사항은 생략할 수 있습니다.

210㎜ × 297㎜
일반용지 60g/㎡

05-089 Q 수출자가 수출품을 생산하기 위하여 수출용 원자재를 외국에서 수입할 경우 수입신용장에 의한 물품조달은 어떻게 할까?

A 수출자가 자가공장이나 하청공장에서 수출품을 생산하는 데 소요되는 원자재를 외국에서 수입하기 위해서는 수출자가 물품공급자인 외국의 수출자와 수입계약을 체결하거나 국내의 오퍼발행 대리업자(offer agent)를 통하여 청약을 받고 승낙을 하여야 한다. 국내의 수출자는 이 경우 소요되는 수출용 원재재를 수입하는 자이므로 수입자가 되는 것이므로 청약과 승낙에 의하여 계약이 성립되더라도 수입자의 입장에서 물품선적(인도) 기일이나 물품명세 등 수입계약서에 반영될 조건들을 망라 하여 정식의 계약서를 작성하여 두어야 한다. 특히 오퍼발행 대리업자를 통하여 청약과 승낙이 이루어진다 하더라도 실제 물품 공급자는 외국의 수출자이기 때문에 물품의 품질이나 하자담보 등 계약 이행과 관련된 책임부담에 대하여 수출자의 의무로 또는 대리업자의 의무로 할 것인지에 대하여 별도로 이를 명확하게 약정하여야 한다. 이는 이후 만일의 분쟁에 대비하기 위한 것이다.

외화획득용원료 수입시에는 수출입공고 등에서 제한품목이라 하더라도 수입이 허용되지만 통합공고상 요건확인이 필요한 경우에는 해당기관의 추천을 받아야 한다. 신용장 방식에 의하여 수입하고자 할 경우 수입자는 거래은행에 수입거래약정서 및 담보제공 서류 등을 제공하고 계약서 또는 물품매도확약서(offer sheet)와 함께 발행은행 소정의 수입신용장 발행신청서에 신용장조건 등을 기재하여 신용장발행 신청을 한다. 발행은행은 이를 검토하여 발행한 신용장을 수출지의 통지은행을 통하여 외국의 수출자, 즉 수익자(beneficiary) 앞으로 통지하게 된다. 수익자는 신용장을 수령하고 신용장 조건에 따라 물품을 선적(인도)하고 자신의 거래은행에 수출환어음을 매입하게 되고 은행을 통하여 운송서류 등 신용장에 요구된 서류를 보내오면 신용장발행은행은 제시된 서류가 신용장 조건과 일치하는지 여부를 심사하고 일치하는 서류에 대하여 인수·지급(honor)을 행하고 신용장발행의뢰인인 수입자에게 서류를 인도하게 된다. 수입자는 발행은행에 수입신용장 대금결제를 행하고 은행으로부터 서류를 수령하게 된다. 수입자는 관세사를 통하여 수입통관 수속을 의뢰하여 세관에 수입신고를 행하고 관세를 납부하게 되면 수입신고필증을 교부받게 된다. 수입자는 이와 같이 발행은행으로부터 수령한 선화증권 원본을 선박회사에 제시하고 화물을 인도받음으로써 수입물품을 조달하게 되는 것이다.

05-090 Q 수출물품을 생산하거나 원자재를 국내구매 또는 수입하는데 지원되는 무역금융은 어떤 것들이 있으며 융자대상, 융자한도 및 융자금액은 얼마나 될까?

A 무역금융이라 함은 수출을 촉진하기 위하여 수출자가 수출물품의 생산, 원자재 및 완제품 구매에 필요한 자금을 지원하는 단기무역금융 지원제도이다. 이와 같은 무역금융제도를 통하여 수출에 필요한 수출자의 소요자금을 적기에 지원, 수출물품을 공급할 수 있게 함으로써 국제경쟁력을 강화하고 수출증대에 기여할 수 있다.

1) 융자대상

무역금융은 다음과 같이 직접 수출입뿐만이 아니라 수출용원자재나 수출용완제품을 국내에서 제조·공급하는 업체도 융자받을 수 있다.

① 수출신용장(L/C), 지급인도(D/P) 인수인도(D/A),기타 수출관련 계약서에 의하여 물품 및 용역을 수출하고자 하는 기업

② 내국신용장(Local L/C) 또는 구매확인서에 의하여 수출용 완제품 또는 원자재를 제조, 가공하여 공급(수탁가공 포함)하고자 하는 기업

③ 신용장 또는 내국신용장 방식에 의한 수출실적 보유기업으로서 과거 수출실적을 기준으로 융자를 받고자 하는 기업

그러나 중계무역 방식에 의한 수출은 융자대상에서 제외된다.

2) 융자대상 수출실적

융자대상 수출실적으로는 해당기업이 직접 제조, 가공하여 수출 또는 국내 공급한 실적을 자사제품 수출실적으로 보며, 국내에서 생산된 수출용 완제품을 내국신용장 또는 현금으로 구매하여 수출한 실적을 타사제품 수출실적으로 본다.

3) 융자금의 구분

무역금융은 자금용도에 따라 용도별금융과 자금용도의 구분 없이 일괄하여 취급하는 포괄금융으로 대별할 수 있다.

첫째, 용도별금융은 다음과 같다.

① 생산자금 : 국내에서 수출용 완제품 또는 원자재를 제조 가공하거나 개발하는데 소요되는 자금

② 원자재자금: 수출용 원자재를 해외로부터 수입하거나 내국신용장에 의하여 구매하

는데 소요되는 자금

③ 완제품구매자금: 국내에서 생산된 수출용 완제품을 내국신용장에 의하여 구매하는데 소요되는 자금

둘째, 포괄금융은 다음과 같다.

전년도(1월1일부터 12월31일까지를 기준으로 한다) 또는 과거 1년간 수출실적이 미화 5천만 달러 미만인 업체에 대하여 취급할 수 있다.

4) 융자한도 및 기간

융자한도는 당해 업체의 과거 자사 또는 타사 수출실적 등을 감안하여 산정하고 있다.

① 신용장기준: 수출신용장 금액 범위 내 270일 이내(L/C 유효기일 이내)
완제품, 수출용 중고품 등의 경우 90일 이내

② 실적기준 생산자금: 과거 1년간 수출실적 × 가득율 180일 이내

③ 실적기준 원자재자금: 과거 1년간 수출실적 × 원자재의존율 180일 이내

④ 실적기준 완제품구매자금: 과거 6개월간 타사제품 수출실적 또는 과거 1년간 타사제품 수출실적 × 1/2 90일 이내

⑤ 실적기준 포괄금융: 과거 1년간 자사제품 수출실적 180일 이내

5) 융자금액

① 생산자금: 융자한도 외화금액(가득 외화액) × 전월 평균 매매기준율

② 원자재자금: 수입대금 또는 내국신용장 등의 외화금액 × 전월 평균 매매기준율

③ 완제품구매자금: 내국신용장 등의 외화금액 × 전월 평균 매매기준율

④ 포괄금융: 융자한도금액(수출신용장 등의 금액) × 전월 평균 매매기준율

생산자금은 수출금액(FOB가액 기준) 중 소요원자재금액 "원자재수입액(CIF가액 기준) 및 원자재 국내구입액"을 제외한 부분, 즉 가득액(또는 부가가치액)을 대상으로 지원되는 자금이므로 가득액 금융이라고도 한다. 또한 생산자금은 수입신용장 및 내국신용장에 의한 원자재구매 결제자금을 직접 충당되는 원자재자금과는 달리 대출금이 차주에게 직접 현금으로 지급된다는 점에 그 특징이 있다.

* 가득외화액＝수출금액(FOB 기준)－소요원자재액(소요량계산서 등에 의함)

5) 융자시기

무역금융은 금융의 요용소지를 없애기 위하여 자금별로 다음과 같이 융자시기를 달리

하여 운용하고 있다.

① 생산자금 및 포괄금융은 필요시 수시로 융자할 수 있다.

② 원자재자금은 서류나 물품의 인수와 동시에 수입어음을 결제하거나 수입대금을 지급할 때 또는 내국신용장어음 등을 결제할 때 융자한다. 다만, 수입화물운임을 따로 지급하는 경우 동 운임은 이를 지급할 때 융자할 수 있다.

③ 완제품구매자금은 내국신용장어음 등을 결제할 때 융자한다.

국제물품운송 Chapter 6

06-091

Q 해상운송의 운항형태는 어떠한 방법이 있을까?

A 무역거래에서 매매당사자간의 계약이행을 위해서는 필연적으로 국제물품운송이 수반된다. 국제물품운송은 국제간에 재화의 위치변화를 통하여 가치형성에 기여하는 서비스로 그 기본적 기능은 인적·물적 자원의 이동을 통하여 자원의 효율성을 높이는 데 있다. 전통적으로 국제물품운송을 주도해오고 있는 운송형태는 해상운송이다.

해상운송(carriage by sea)이라 함은 해상에서 선박을 이용하여 사람 또는 재화를 장소적·공간적으로 이전하는 현상을 말한다. 해상운송은 선박의 운항형태에 따라 정기선 운송, 부정기선 운송, 특수전용선 운용으로 대별할 수 있다.

정기선(liner)은 정해진 항로를 따라 규칙적으로 반복운항하는 선박을 말한다. 정기선은 주로 일반화물(general cargo)을 운송화는 데 이용된다. 정기선 운송의 특징은 운항일정(sailing schedule) 및 운임요율표(freight tariff)가 공시되고 화물의 다소에 관계없이 고정된 항로를 규칙적으로 운항하며 다수 화주의 소량화물 및 컨테이너화물, 여객, 우편물 등을 운송대상으로 한다. 정기선 운송은 선박자체도 부정기선에 비하여 고가이고 화물도 완제품 내지 반제품인 2차 상품이 대종을 이루기 때문에 운임이 높고 운송계약형태도 개품운송계약(contract of affreightment in a general ship)에 의존하게 되어 해운동맹(shipping conference)이 결성되어 있는 것이 일반적이다. 해상운송 초기에는 부정기선 운송의 형태를 취했으나 국제무역량의 증대와 컨테이너의 출현과 발달에 따라 정기선 운송은 해상운송의 주류를 이루고 있다.

이에 반하여 부정기선(tramper)은 운송 수요자의 요구에 따라 수시로 어느 곳에나 운항하는 선박을 말한다. 부정기선은 정기적으로 일정한 항로를 운항하는 정기선과 달리 항로나 화물 또는 항해에 관한 아무런 제한을 받지 않고 집화가 가능한 곳을 찾아 어느 곳이거나 회항하기도 한다. 정기선의 경우에는 화물이 선박을 찾아오는 데 비하여 부정기선의 경우에는 선박이 화물을 찾아다닌다고 할 수 있다. 부정기선 운송의 특징은 운송수요가 급증하는 화물과 운임 부담력이 약한 대량의 살물(bulk cargo), 즉 광석, 곡물, 원당, 원면, 원목, 비료 등을 주운송 대상으로 하며, 운임도 정기선이 공정운임률과 개품운송계약에 따라 결정되는 것과는 달리 그 당시의 수요와 공급에 의하여 결정되고 용선계약(charter party)에 의하는 것이 보통이다. 정기선에 비하여 부정기선은 고정된 항로가 없고, 운임도 낮은 요율을 적용하며 운임변동폭이 심하다. 그러나 부정기선 운송은 정기선 운송의 한계성을 보완하는 특징적인 활동분야를 갖고 있기 때문에 해상운송의 형태로 병존할 수 밖에 없다.

그리고 특수전용선(specialized carrier)이라 함은 특정한 화물만을 운송할 목적으로 건조된 선박이다. 광의로는 부정기 운송의 일종이나 화물의 성질에 따라 특수한 시설이 갖추어져 있어 산업운송 서비스를 담당하고 있기 때문에 다른 운송과 특별히 구별될 수 있다. 그러나 탱커운송은 정유회사들이 해운회사를 가지고 화물의 선적항과 양화항 사이를 계속적으로 취항하기 때문에 화물의 성격상으로는 부정기선이나 항로면에서는 정기선 운송이기 때문에 정기선과 부정기선의 중간 형태라고 할 수 있다.

특수전용선의 종류로는 유류를 운송화는 유조선(oil tanker), 수산물이나 청과물을 운송하는 냉동선(refrigerated carrier), 철광석과 원유를 선택해서 운송할 수 있는 O/o선(ore of oil carrier), 목재전용선(log carrier), 자동차전용선(car carrier), 가스전용선(LPG tanker carrier; LNG tanker carrier) 등이 있다.

특수전용선 운송은 일반화물의 운송이나 단순한 살물의 운송만으로는 담당하지 못할 특수한 화물에 대하여 편리하고 안전한 운송을 담당할 수 있을 뿐만이 아니라 플랜트(plant)수출 등과 관련하여 산업사회의 다양한 운송수요를 담당할 수 있다.

06-092 Q 선복을 확보하기 위한 개품운송계약체결은 어떻게 할까?

A 해상으로 물품을 운송하기 위해서는 목적항으로 운항하는 선박회사의 선복(ship's space)을 미리 예약(booking)하여 두어야 한다. 화물의 성질에 알맞은 선복을 확보하기 위하여 선박회사와 운송계약을 잘 체결하는 것은 무역계약의 이행에서 중요한 일이다. 선복을 확보하기 위해서는 화물의 성질, 수량, 포장상태 또는 거래의 특성을 감안하여 개품운송계약을 체결하여야 한다.

개품운송계약(contract of affreightment in general ship)이라 함은 개개의 물품을 대상으로 선박회사와 화주 간에 물품운송계약을 개별적으로 체결하는 것을 말한다.

컨테이너 운송의 경우 특히 선박회사는 다수의 화주로부터 물품을 인수화여 혼재(consolidation)하는 경우가 많다. 정기선(liner)에 의한 운송은 보통 개품운송계약방식에 의한다. 개품운송계약은 불요식 계약이므로 계약체결에 있어서 특정한 형식이 요구되지 않으나 대개 송화인(shipper) 또는 그 대리인이 선박회사나 대리점에 물품운송을 위한 선복예약(space booking) 요청서, 즉 선적요청서(shipping request: S/R)를 제출하고 선박회사가 이를 승낙함으로써 성립된다.

만약 정형거래규칙을 Incoterms® 2010에 의한 CFR, CIF 또는 CPT, CIP 규칙으로 매매계약을 체결하였다면 매도인이 운송인과 운송계약을 체결해야 하기 때문에 선박회사의 배선표(shipping schedule)에 의한 출항예정일(expected time of departure: ETD)과 도착예정일(expected time of arrival: ETA) 등을 참조하고 운임·서비스 등이 유리한 곳을 선택하여 운송계약을 체결한다. 만일 Incoterms® 2010에 의한 FCA, FAS, FOB 규칙이라면 매수인이 선박을 지정하게 되는데 선박이 지정되지 않았다면 매도인이 임의로 선박회사를 선택할 수 있다. 그러나 이와 같은 정형거래규칙에서는 해상운임을 매수인이 부담하기 때문에 운임을 협상한 선박지정을 매수인이 하지 아니하고 그냥 매도인에게 임의의 선박을 이용하도록 묵인한다는 것은 특수한 관계가 아닐 경우 납득하기 어려운 일이다. 이 경우에는 매도인이 임의로 선적요청서에 의한 운송계약은 매수인을 대리하여 매도인, 즉 송화인이 체결한다. 물품을 운송선박에 선적 또는 운송인에게 인도하게 되면 운송인은 운송계약의 증거로 선화증권(Bill of Lading: B/L)이 발행된다.

선적요청서는 나음과 같은 서식을 이용하되 운송물품의 출고(인노)가능 일자 및 상소, 운송구간, 운송형태, 물품포장 종류 및 개수 등을 명시하고 선박회사가 선화증권을 발행할 때참고될 수 있도록 신용장상에서 요구하고 있는 선화증권 조항을 참조하여 선화증권을 발행정보를 기재하여야 한다. 이 때 송화인은 선박회사로부터 예약번호 및 일자를 확인하여 두어야 한다.

[서식 6-1] 선적요청서

Shipping Request

shipper Seoul Trading Co., Ltd. 15, 1-ga, Sogong-dong, Joong-gu Seoul, Korea		
consignee To the order of Bank of America		
Notify party America International Inc. 350 Fifth Avenue, New York N.Y.10118, U. S. A.	S/O No.	B/L No.

Vessel Silver Star	Voyage No. 5W	Shipment expiring date on L/C August 31, 20xx
Port of Loading Busan, Korea	Port of Discharge	Final destination New York, U.S.A.
B/L to be issued at Seoul, Korea	Bill of Lading required original 3 copy 20	

Marks and Numbers	No.& Kind of Pkgs.	Description of goods	Gross weight	Measurement
AII NEW YORK C/NO.1-200 MADE IN KOREA	200 CTNS	Men's Split Leather Jackets	2,580Kgs	48.000CBM

Freight & Charge	Revenue tons	Rate	Per	Collect

Accepted By Korea Shipping Co., Ltd. *YonggilKim* Yong-gil Kim Manager Phone No. 02-456-1234 Booking No. 01725 Date : August 5, 20xx	Please arrange to ship cargoes as described above Applicant Address: 15, 1-ga, Sogong-dong, Joong-gu Seoul, Korea Name : Seoul Trading Co., Ltd. *GildongHong* Gil-dong Hong President Date : August 5, 20xx Phone No. 02-753-1200 Delivery Date and Place of Cargo: August 30, 20xx, Yangje Factory, Seoul Phone No. 02-582-2345

06-093 Q 용선운송계약이란 무엇이며 항해용선계약에서 선적비와 양화비의 부담 조건은?

A 용선운송계약(contract of carriage by charter party)이라 함은 화주가 선박회사로부터 선복의 전부 또는 일부를 빌려 물품을 운송할 경우에 체결하는 계약을 말한다. 용선운송계약에 의하여 운송되는 물품은 주로 1회의 적화가 다량의 석탄, 광석, 원목, 곡물과 같은 살물(bulk cargo)이며 부정기선(tramper)을 이용하는 것이 일반적이다.

용선운송계약은 전부용선과 일부용선으로 구분된다. 전부용선(whole charter)이란 용선계약시에 선복의 전부를 빌리는 것으로 정기용선과 항해용선 및 선체용선으로 구별된다. 한편 일부용선(partial charter)이란 용선계약시에 선복의 일부만을 빌리는 경우 체결되는 용선계약을 말한다. 용선운송계약시에는 개품운송계약과는 달리 표준화된 용선계약서(charter party: C/P)에 의하여 정식으로 운송계약을 체결하고 있다.

- 용선운송계약
  - 전부용선(whole charter)
    - 정기용선계약 (time charter)
    - 항해용선계약 (voyage charter ; trip charter)
    - 선체용선계약 (bareboat charter ; demise charter)
  - 일부용선(partial charter)

정기용선계약(time charter)이라 함은 선박을 일정 기간을 정하여 용선하는 것으로 기간용선계약이라고도 하는데 선주는 선박에 부속용구 및 항해에 필요한 장비를 갖추고 선장 및 선원을 승선시킨 상태에서 선박의 내항성(seaworthiness)을 유지하여 용선주에게 임대하여 주는 계약을 말한다. 선주는 용선기간 중에 선박의 선원비, 선용품비, 수리비, 검사비 등의 직접비(direct cost)와 선박의 감가상각비, 금리, 보험료 등의 간접비(indirect cost)를 부담하여야 하며, 용선주는 정기용선료(time charter hire) 외에 항만사용료, 연료비, 적양화비,운반비를 부담하여야 한다. 정기용선주는 자기의 화물을 운송화는 경우도 있으나 용선된 선박으로 타인의 화물을 운송하여 얻은 운임에서 용선비와 전술한 제비용을 공제한 차액을 취하는 용선주도 있다.

또한 항해용선계약(voyage charter; trip charter)이라 함은 어느 항구에서 어느 항구까지의 일 항차 또는 수개 항차에 걸쳐 물품운송을 의뢰하는 화주, 즉 용선주(charterer)와 선박회사 사이에 체결한 용선계약을 말한다. 항해용선계약에서의 운임은 '화물의 톤당 얼마'로 표시되는 경우가 일반적이다. 그러나 항해용선계약의 변형으로 운임은 한 항해에 얼마로 포괄운임을 내는 선복용선계약(lump sum charter)과 1일 얼마로 용선요율을 정하는 일부용선계약(daily charter)이 있다.

한편 항해용선계약에서 선적비 및 양화비 부담조건으로 선내인부임(stevedorage)을 선주와 화주 중에 누가 부담할 것인가에 대하여 다음 중 어느 한 가지를 선택하여 명확하게 약정하여야 한다.

① Berth Terms(Liner Terms): 선적 및 양화시 선내인부임은 모두 선주가 부담하는 조건이다. 이 조건은 오늘날 특히 정기선에 의한 운송의 경우에도 많이 이용되고 있다.

② F.I.O.(Free In and Out): Berth Terms와 반대로 선적 및 양화시 선내인부임은 모두 화주가 부담하는 조건이다. 이는 용선운송의 경우에 많이 이용된다.

③ F.I.(Free In): 선적시의 선내인부임은 화주가 부담하고 양화시는 선주가 부담하는 조건이다.

④ F.O.(Free Out): F.I.와 반대로 선적시의 선내인부임은 선주가 부담하고 양화시는 화주가 부담하는 조건이다.

⑤ F.I.O.S.T.(Free In, Free Out, Stowed, Trimmed): 선적·양륙·본선 내의 적부·선창 내 화물정리비는 모두 화주가 부담하는 조건이다. 즉 F.I.O.조건에 적부비(stowage) 및 화물정리비(trimming charge)가 추가되는 것이다.

그리고 정박기간(laydays; laytime)이라 함은 화주가 용선한 선박에 계약물품을 선적 또는 양륙하기 위하여 그 선박을 선적항 또는 양륙항에 정박할 수 있는 기간을 말한다. 그러나 화주가 약정한 기일 내에 선적 또는 양륙을 끝내지 못하면 초과된 정박기간에 대하여 체선료(demurrage)를 지급하여야 하며 만일 약정기일 이전에 선적 또는 양륙이 완료되면 선주가 화주에게 조출료(dispatch money)를 지급하여야 한다.

정박기간을 약정하는 방법으로는 다음과 같은 것이 있다.

① 관습적 조속하역(customary quick dispatch: C.Q.D.): 이는 관습적 선적 또는 양화 방법 및 능력에 따라 가능한 한 빨리 선적 또는 양화하는 조건을 말한다. 이 경우 불가항력에 의한 선적 또는 양화 불능은 정박기간에서 공제되지만 일요일, 공휴일 및 야간 선적 또는 양화를 약정된 선적 또는 양화 일에 포함시키느냐 여부는 특약이 없는 한 그 항구의 관습에 따른다.

② Running Laydays: 선적 또는 양화 개시일로부터 종료시까지의 경과일수를 계산

하는 방법이다. 따라서 우천, 파업 및 기타 불가항력 등 어떠한 원인에도 관계없이 선적 또는 양화 개시 이후 종료시까지의 일수를 모두 정박기간에 계산하는 방법이다. 일요일이나 공휴일에 대해서도 이것을 제외한다는 특약이 없는 한 정박기간에 포함한다. 1일 몇 톤 등과 같이 1일에 책임하역수량을 표시하는 것이 일반적이다.

③ 호천하역일(Weather Working Days: W.W.D.): 선적 또는 양화 가능한 좋은 일기상태의 날만 정박기간에 산입하는 것으로 현재 가장 많이 사용하고 있는 조건이다. 선적 또는 양화 가능한 상태여부는 화물의 종류에 따라 차이가 있으므로 선장과 화주가 그 때마다 협의하여 결정한다. 일요일과 공휴일 처리방법에 대해서는 "Sunday and holidays excepted"(SHEX)라고 부기되면 일요일이나 공휴일에 작업하였더라도 정박기간에 계산하지 않고, "Sunday and holiday excepted unless used"라고 부기되면 일요일·공휴일 선적 또는 양화시에는 정박기간에 산입된다. "unless used"에 있어서도 시간수만 계산하느냐 1일로 계산하느냐 하는 문제가 발생하므로 실제 작업시간만 산입하고자 할 때에는 "unless used, but only time actually used to count"라고 약정하여야 한다.

정박기간의 기산시점은 선적 또는 양화 준비완료통지서(notice of readiness: N/R)가 통지된 후 일정시간이 경과되면 개시되지만 당해항구의 관습에 따른다.

또한 선적 또는 양화가 완료되면 정박일수를 기재한 정박일 계산서(laydays statement)를 작성하여 선장 및 화주가 서명한다. 만일 약정된 대로 선적 또는 양화가 이행되지 않았다면 체선료나 조출료를 물게 된다.

한편 선체용선계약(bareboat charter; demise charter)이라 함은 선주가 내항성(seaworthiness)이 있는 선체선박 운송업을 영위하는 선사에 용선하는 것으로 용선주가 선박 이외의 선원·장비·소모품 및 운항에 관한 모든 감독·관리에 대한 책임을 진다. 선박을 소유하고 있는 선주는 임대인이 되고 선박으로 해상 운송업을 영위하는 선주는 임차인이 되는 것이다. 따라서 선체용선은 임대차용선(demise charter)이라고도 한다. 선주는 용선주로부터 매월 또는 상호 합의한 시기에 선체용선료(bareboat charter hire)를 받는다. 또한 한국의 운송업자가 외국선박을 나용선하여 한국의 선원과 장비 등을 갖추어 다시 외국에 재용선(sub-charter)하여 외화를 벌기도 한다.

06-094 Q 해상운임 중 정기선운임은 어떠한 것으로 구성될까?

A 일반적으로 운임은 항해거리, 항만사정, 화물의 성격, 보험조건, 왕복항로의 적취율, 타선사와의 경쟁요인, 정책적 요인 등이 영향을 미치게 된다. 정기선운임은 일반적으로 다음과 같이 기본운임, 할증료 및 수수료로 구성되어 있다.

첫째, 기본운임(basic freight)이다.

기본운임은 화물의 중량(weight), 용적(measurement), 가격(price) 등을 기준으로 하여 산정된다. 여기에는 품목에 관계없이 중량 또는 용적을 기준으로 하여 일정하게 부과하는 품목별 무차별운임(freight all kinds: FAK rate) 품목별 운임(commodity freight), 최저운임(minimum freight), 소화물운임(parcel freight) 등으로 나눌 수 있다. 컨테이너 화물운송에서는 "40 footer container 당 얼마"처럼 운임을 품목구분 없이 부과하는 "FAK rate" 적용이 보편화되고 있다.

둘째, 할증료(surcharge)이다.

할증료는 정기항로의 운임을 일단 공표하게 되면 운임을 긴급히 인상해야 할 사정이 있을 때 수시 변경하는 것이 용이하지 않기 때문에 탄력적으로 부과하는 것이다. 할증료의 종류로는 통화할증료(currency adjustment factor: CAF), 유가할증료(bunker adjustment factor: BAF), 중량할증료(heavy lift surcharge), 장척할증료(bulky or lengthy cargo surcharge), 체선할증료(congestion surcharge), 운하할증료(canal surcharge) 등이 있다.

셋째, 부가수수료(additional charge)이다.

부가수수료는 기본운임 및 할증료 이외의 부대비용을 말한다. 수수료에 해당되는 것으로는 양륙항 선택으로 본선 출항시까지 화물의 양륙항을 지정하지 못하거나 수개의 항구를 선택하였을 때 항구수 등에 비례하여 부과되는 양륙항선택료(optional charge), 양륙지변경 수수료(diversion charge), 선내인부임(stevedorage), 환적비(transshipment charge), 컨테이너화물적입비(container stuffing charge),[1] 부두사용료(wharfage),

---

1) CFS charge라고도 한다.

반송운임(back freight)이 있고 초과정박일수에 대해 용선주가 선주에게 지급하는 일종의 벌과금(penalty)에 해당되는 체선료(demurrage)가 있다.

06-095 Q 해상운임의 산정기준은?

A 해상운임의 산정기준은 화물의 성질과 종류에 따라 용적, 중량, 가격 등을 기준으로 하고 있지만 일반화물의 경우 대부분은 용적기준으로 산정하고 있으며 컨테이너화물은 '컨테이너 1대당 얼마'와 같이 컨테이너 박스 운임률(box rate)을 적용하기도 한다.

첫째, 용적 기준에 의한 산정이다.

의류, 전자제품 등 일반화물은 주로 용적톤(measurement ton)을 운임률로 적용하며 $1M^3$(Cubic Meter: CBM)를 1용적톤으로 한다.[2)] 용적운임이 적용되는 화물을 용적화물(measurement cargo)이라고 한다.

둘째, 중량 기준에 의한 산정이다.

보통 철강·금속제품이나 기계류 등은 중량(weight)을 기준으로 하여 운임을 산정한다. 무역거래에서는 일반적으로 1,000kg을 1톤으로 하는 중량톤(metric ton: M/T)이 많이 사용되며 영국톤(1ong ton: L/T), 미국톤(short ton: S/T)은 용선계약에 따른 일부품목을 제외하고는 별로 사용되지 않는다.[3)] 이와 같이 중량을 기준으로 할 때의 화물을 중량화물(weight cargo)이라고 한다. 운임산정기준에서 중량톤과 용적톤 구별이 모호하거나 경합될 때에는 운임톤(revenue ton: R/T)을 적용하는데, 용적과 중량으로 계산된 운임 중 더 많은 쪽의 운임이 부과된다.

셋째, 가격 기준에 의한 산정이다.

보석 등 귀금속이나 고가품은 보관 및 취급상 특별한 주의가 요구되고 보상시에도 문제가 되기 때문에 물품의 송장(invoice)가격을 기준으로 종가운임률(ad valorem rates)이 적용된다.

---

2) 그러나 영국, 일본 등에서는 "40cubic feet"를 1용적톤으로 산정하기도 한다.
3) M/T=2,204lbs, L/T=2,240lbs ,S/T=2,000lbs.

넷째, 컨테이너박스 기준에 의한 산정이다.

컨테이너박스 기준에 의한 운임은 '컨테이너 1대당 얼마'와 같이 산정하는 것을 말한다. 이에는 물품 종류에 관계없이 적용하는 품목별 무차별운임(freight all kinds: FAK Rate), 물품을 몇 가지 등급으로 분류 적용하는 등급별 박스운임(class box rate), 품목별로 분류 적용하는 품목별 박스운임(commodity box rate: CBR) 등으로 분류할 수 있다.

06-096 Q 컨테이너화물은 수출지 및 수입지에서 어떻게 인도될까?

A 수출물품을 컨테이너로 운송하고자 할 경우에는 우선 수출자인 송화인(shipper)은 컨테이너화물 선복예약서(booking note)를 컨테이너 야적장(container yard: CY)의 운영자(operator) 등 관련부서에 송부한다. 선사의 지시에 따라 "CY operator"는 약정된 시간과 장소에 공컨테이너(empty container)를 대출하고 화주로부터 기기수령증(equipment receipt: E/R)을 교환한다. 단일 송화인만으로 1대의 컨테이너 속에 송화인의 생산 공장 등에서 채워진 컨테이너만재화물(full container load: FCL)에 대해서는 이 시점에 복합운송인에게 인도되었으므로 복합운송선화증권(multimodal transport bill of lading)을 발행할 수 있다. 이 후 FCL 화물은 CY로 입고시키고 컨테이너내적치표(container load plan: CLP)도 CY operator에게 전하여 준다.

한편 컨테이너 1대에 미달되는 소량화물(less than container load: LCL)은 컨테이너화물조작장(container freight station: CFS)[4]으로 반입하여 다른 송화인의 화물들과 함께 혼재(consolidation)하고 CFS operator가 CLP를 작성하여 CY operator에게 인도한다.

수출신고가 수리된 FCL화물에 대해서는 CY에서 부두수령증(dock receipt: D/R)을 화주에게 발행하고 운송회사의 선적지시서(shipping order: S/0)에 의하여 본선적재작업을 한다.

만일 내륙컨테이너기지(inland container depot: ICD)가 있는 국가에서는 송화인의 화물을 컨테이너 터미널(container terminal: CT)로 직접 반입하지 않고 ICD로 집결·경유하여 철도나 도로를 통하여 컨테이너 터미널로 입고 되는 경우가 일반적이다.

CY로 반입된 화물에 대해서는 D/R을 화주에게 발행하여 주고 운송회사는 D/R에 근거하여 선화증권(Bill of Lading: B/L)을 발행하여 송화인에게 교부하고 목적항까지 운송을 담당한다.

한편 수입항에 도착한 선박은 적화목록(manifest: M/F)을 도착지 운송회사 또는 대리인에게 인도한다. 또한 선박회사측은 수입자인 수화인에게 화물도착통지(arrival notice: A/N)와 함께 화물인도지시(delivery order: D/0)를 한다.

운송회사는 화물용역회사와 협조하여 도착화물을 양화(unloading)하고 컨테이너 터미널로 옮긴다. FCL화물이라면 CY로 가서 수화인의 요구에 따라 수화인 창고까지 내륙운

4) CFS란 컨테이너화물을 수출시에는 적입(vanning)하거나 수입시에는 해체(devanning)하는 컨테이너화물조작장을 말한다.

송을 하고, 만일 도착물품이 LCL화물이라면 CFS로 가서 화주별로 해체(devanning)작업을 한후 수입통관(import clearance)이 완료되면 수화인의 원본선화증권(original bill of lading) 제시에 의하여 운송회사는 화물을 수화인에게 인도하여 준다.

06-097 Q 컨테이너화물의 4가지 운송형태는 무엇이며 이 중에서 컨테이너의 장점을 최대로 이용한 운송형태는?

A 컨테이너화물의 운송을 수출지의 송화인과 수입지의 수화인의 관계에서 볼 때 다음과 같이 4가지 운송형태로 구분할 수 있다.

첫째, CY/CY(FCL/FCL; Door to Door) 형태이다.

수출자, 즉 송화인의 생산 공장이나 창고에서 컨테이너에 물품이 적재되어 수입자, 즉 수화인의 창고까지 컨테이너만재화물(FCL cargo)을 그대로 일관 운송하는 형태이다.

이 경우는 단일의 송화인, 단일의 수화인 관계로 컨테이너운송의 3대 요소인 신속성·경제성·안전성을 충족시키고 수출자의 문전에서 수입자의 문전까지(door to door)의 일관운송 서비스 되는 컨테이너운송의 장점을 최대로 이용한 운송방법이라 할 수 있다.

둘째, CY/CFS(FCL/LCL; Door to Pier) 형태이다.

수출자, 즉 송화인의 생산 공장이나 창고에서 1대의 컨테이너에 만재화물(FCL) 상태로 적재되지만 목적항에서 여러 명의 수화인에게 전달하기 위하여 수입지 CFS에서 해체(devanning)하고 화주에게 인도하는 운송형태이다. 이 경우는 수출지 단일의 송화인, 수입지 다수의 수화인 관계의 운송방법이다.

셋째, CFS/CY(LCL/FCL; Pier to Door) 형태이다.

수출국 선적항에 있는 선박회사의 지정 CFS에서 다수의 송화인의 화물을 혼재(consolidation)하여 목적지의 단일의 수화인의 창고, 즉 문전까지 운송하는 형태이다.

이 경우는 수출지 다수의 송화인, 수입지 단일의 수화인 관계의 운송방법이다.

넷째, CFS/CFS(LCL/LCL; Pier to Pier) 형태이다.

수출국 선적항 CFS에서 다수의 송화인의 화물, 즉 컨테이너 1대에 미달되는 소량화물(LCL cargo)을 혼재하여 목적항에서 다수의 수화인에게 분류하기 위하여 CFS에서 화물을 해체(devanning)하여 인도하는 형태이다.

이 경우는 수출지 다수의 송화인, 수입지 다수의 수화인의 관계로 컨테이너화물운송의 장점을 제대로 살리지 못하는 운송방법이라고 할 수 있다.

06-098 Q 한국에서 운송 가능한 주요 국제복합운송 경로는?

A 국제복합운송(international multimodal transport)이라 함은 복합운송계약에 기초하여 적어도 두 가지 이상의 운송방법에 의한 운송으로서 복합운송인이 운송물품의 수령지와 인도지가 다른 두 나라 사이의 운송을 말한다. 이처럼 국제복합운송이란 특정화물을 육상·해상·내수·항공·철도·도로운송 중에서 적어도 두 가지 이상의 운송형태를 복합적으로 이용하여 출발지에서 목적지까지 운송구간을 일관 운송하는 것을 말한다. 1960년대 이후 컨테이너가 해상운송에 본격적으로 도입되면서 육상과 해상을 중심으로 국제복합운송이 괄목하게 발전하고 있다. 한국에서 가능한 운송경로를 목적지별 랜드 브리지(land bridge)에 의한 복합운송경로를 보면 다음과 같다

첫째, 시베리아 랜드 브리지(Siberia Land Bridge: SLB)에 의한 유럽향 경로이다.

랜드 브리지는 육·해복합일관운송이 실현됨에 따라 해상–육상–해상으로 이어지는 운송구간 중 중간 구간인 육상운송구간을 말하며 해상과 해상을 잇는 해륙운송에의 교량(bridge)역할을 하고 있다. 시베리아 랜드 브리지는 부산 또는 일본으로부터 대륙운송의 접점인 러시아의 나호트카(Nakhodka)나 보스토치니(Vostochny)까지 컨테이너선으로 해상운송하고 그 곳에서 시베리아 철도에 의해 육상운송하여 유럽과 중동의 운송기관과 연결하여 목적지까지 운송하는 '극동–유럽–중동'간 '해상–육상–해상'경로에 의한 국제복합운송의 한 형태이다.

둘째, 아메리카 랜드 브리지(America Land Bridge: ALB)에 의한 유럽향 경로이다.

ALB는 1972년 미국의 Sea Train사가 처음 개설한 것으로 극동과 유럽간의 화물운송에서 미국대륙의 횡단철도를 랜드 브리지로 한 극동–구주 간의 복합운송을 말한다. 전구간을 해상운송에 의할 때보다 ALB를 이용할 경우 운송일수는 수일이 단축된다.

셋째, 미니 랜드 브리지(Mini Land Bridge: MLB)에 의한 미국 동부 및 걸프지역향 경로이다.

MLB는 극동에서 선적된 화물이 미국 태평양 서안항구에서 양화되어 육상운송수단인 철도나 트럭에 의하여 북미대륙을 횡단, 미국 대서양 연안의 동부 및 걸프지역 항구까지 운송되는 복합운송의 한 형태이다. ALB는 목적지가 유럽이지만, 목적지가 미국 내의 항

구로 랜드 브리지의 축소판이란 뜻에서 MLB라고 부르고 있다. 전해상서비스(all water service)를 이용할 때보다 MLB를 이용할 경우에는 운송일수가 약 10일 정도 단축된다.

넷째, 마이크로 랜드 브리지(Micro Land Bridge: MCB)에 의한 태평양 연안항 경유 미국 중서부항 경로이다.

MCB는 IPI(Interior Point Intermodal) 서비스라고도 하는데 현재 도산한 “States Steamship Lines”가 1977년 개발하여 목적지를 미국의 내륙 도시로 운송화는 복합운송이다. MCB는 미국 내륙지역의 도시까지 선사가 일괄 서비스하므로 문전에서 문전까지(door to door)의 서비스가 이루어지고 있다.

다섯째, 캐나다 랜드 브리지 (Canada Land Bridge: CLB)에 의한 북태평양 연안항 경유 캐나다 동부지역 내 경로와 유럽향 경로이다.

극동·유럽간 컨테이너 일관운송에서 SLB에 대항하기 위하여 1980년에 개시된 캐나다의 복합운송경로이다.

여섯째, 오버랜드 코먼 포인드(Overland Common Point: OCP)운송이다.

OCP란 북미대륙 내에서 공통운임이 부과되는 지역을 말하는 것으로 지리적으로 록키(Rocky)산맥 동쪽의 원격지를 말한다. 태평양안의 항구에 도착된 화물 중에 화주가 OCP 목적지까지의 운송을 의뢰하는 경우, OCP화물은 OCP운송인으로 하여금 철도와 트럭으로 일관운송되어 OCP목적지에 도착시키게 되는 것을 OCP운송이라고 한다. 예를 들어 극동에서 미주대륙으로 운송되는 화물의 선화증권에 “Sanfrancisco OCP” 또는 “OCP via Seattle”이 기재되는 경우에는 OCP지역, 즉 Colorado, New Mexico, North Dakota, South Dakota, Nebraska주 등이 포함되며 이 지역까지 운송된다.

06-099 Q 국제항공화물운송 대리점과 주선업자의 차이점은 무엇이며 이들은 어떠한 항공화물운송장(Air Waybill)을 발행할까?

A 항공운송(carriage by air)이라 함은 항공기의 항복(plane's space)에 여객 또는 화물을 공로를 통하여 운송하는 것을 말한다. 국제항공화물의 운송은 일반적으로 송화인이 항공회사와 직접 접촉하기보다는 항공화물대리점(air cargo agent)이나 항공화물운송주선업자(air freight forwarder)와 운송계약을 체결하고 있다.

항공화물운송대리점이라 함은 항공사 또는 총대리점을 위하여 유상으로 항공기에 의한 화물운송계약체결을 대리하는 사업을 말한다. 항공화물운송대리점은 항공사를 대리하여 항공사의 운송약관, 운임률표 및 운항시간표에 의거 항공화물을 모으고 항공화물운송장(Air Waybill: AWB)[5]을 발행하며 이에 부수되는 업무를 수행하여 그 대가로 소정의 수수료(commission)를 받는다.

한편 항공화물주선업자(air freight forwarder)는 혼재업자(consolidator)라고도 부르는데, 타인의 수요에 응해 자기의 명의로 항공사의 항공기를 이용, 화물을 혼재, 운송주선하는 사업자이다.

혼재업자는 자체의 운송약관 및 운임률표(tariff)를 가지고 혼재되는 개개의 화물에 대해 혼재화물운송장(House Air Waybill: HAWB)을 발행한다. 혼재화물이 항공사에 인도될 때 혼재업자는 화물집화자이면서 송화인(shipper)이 되어 항공사로부터 항공화물운송장(Master Air Waybill: MAWB)을 발급받게 된다. 수출자가 은행을 통하여 환어음을 매입(negotiation)하는 것과, 수입자가 화물도착지에서 항공화물을 찾게 되는 것은 HAWB이다. MAWB은 항공사와 혼재업자 간의 운송계약에 따른 증빙이며 항공화물을 수화인별로 분류하여 인도할 때 HAWB와 연결시키게 된다.

5) 이 때 발행하는 항공화물운송장은 Master Air Waybill이다.

적화보험 및 무역보험

Chapter 7

07-100 Q 해상보험이란 어떠한 보험이며 해상보험에서의 당사자는 누구인가?

A 해상보험(marine insurance)이라 함은 해상위험에 의해 발생하는 손해를 보상할 것을 목적으로 하는 보험으로서 손해보험의 일종이다. 영국의 해상보험법(Marine Insurance Act 1906: MIA) 제1조에서는 "해상보험계약은 보험자가 피보험자에 대하여 그 계약에 의해 합의된 방법과 범위 내에서 해상손해, 즉 해상사업에 수반되는 손해를 보상할 것을 확약하는 계약"이라고 정의하고 있다. 여기서 해상보험과 해상보험계약은 그 제도와 운영적인 측면에서 볼 때 동일한 것으로 보아도 무방할 것이다.

해상보험은 보험의 목적물에 따라 여러 가지로 나눌 수 있지만, 그 중에서도 적화보험(cargo insurance)과 선박보험(hull insurance)이 대종을 이루고 있다. 이외에도 운임보험(freight insurance), 희망이익보험(profit insurance), 배상책임보험(liability insurance) 등이 있다. 물품을 대상으로 한 국제무역거래에서는 적화물에 대하여 보험에 부보함으로써 해상위험으로부터 발생하는 손해를 줄이고 무역거래의 원활을 도모할 수 있다.

해상보험에서의 당사자는 다음과 같이 ① 보험자, ② 보험계약자, ③ 피보험자로 구분된다.

보험자(insurer; assurer; underwriter)는 보험계약의 당사자로서 보험사고가 발생한 경우에 보험금을 지급할 의무를 지는 자로 보험계약을 인수(underwriting)하는 주체를 말한다. 즉 보험회사(insurance company)나 개인보험업자(underwriter)가 있다. 한국의 경우 보험자는 주식회사 또는 상호회사이어야 한다. 미국은 개인보험회사를 불인정하지만 영국은 로이즈(Lloyd's)와 같이 개인도 보험업자가 될 수 있다. 보험자는 보험사업의 사회성 내지 공공성 등의 특성에 따라 그 자격이 제한되는 경우가 많다.

보험계약자(policy holder)는 보험자와 보험계약을 체결하는 자를 말한다. 보험계약자는 보험자, 즉 보험회사와 보험계약을 체결하고 보험료(insurance premium)를 납부하는 자로 보험자에 대하여 고지의무, 위험의 변경 또는 위험 증가의 통지의무를 부담하게 된다.

피보험자(assured; insured)는 피보험이익(insurable interest)을 갖는 자, 즉 손해의 보상을 받을 권리가 있는 자를 말한다. 해상적화보험에서 보험계약자와 피보험자는 동일인이 될 수도 있고 타인이 될 수도 있다. FOB규칙이나 CFR규칙에서는 매수인이 보험계약자이면서 자신을 피보험자로 하여 보험에 부보한다. 이 경우에는 보험계약자와 피보험자가 동일하다. 따라서 보험료 납부자와 보험금 수취권자는 동일인이 되는 것이다.

반면 CIF규칙이나 CIP규칙하에서는 매도인 자신을 우선 피보험자로 하여 보험계약을 체결하고 매도인이 보험료를 납부하지만 교부받은 보험증권에 배서(endorsement)하여 매수인에게 양도하는 형식을 취하여 결국 보험금 수취권은 매수인에게 귀속되기 때문에 보험계약자와 피보험자는 동일인이 아니다.

07-101 Q 보험가액과 보험금액이란 무엇이며 상호 관련성은 어떠한가?

A 보험가액(insurable value)이라 함은 보험사고가 발생한 경우에 피보험자가 입게 되는 손해액의 최고한도액이며 피보험이익(insurable interest)의 평가액을 말한다. 피보험이익은 보험의 목적물에 대하여 특정인이 갖게 되는 이해관계(interest)를 의미한다. 보험가액은 보험기간 중 일정하지 않고 시간·장소·물가에 따라 변동할 수 있는 것이기 때문에 그 평가가 문제시된다.

일반적으로 손해보험종목은 손해발생시점의 실제 현금가치(actual cash value)로 보상해야 하는 손해보상의 원칙이 적용되어야 하는 데 반해, 해상보험에서는 피보험이익인 선박과 적화는 시간적으로 항상 움직이고 있어 보험가액측정이 어렵기 때문에 보험계약 체결시 피보험자와 보험자가 상호협의하에 보험가액을 평가하는 협정보험가액(agreed value)으로 부보하게 된다.

한편 보험금액(insured amount)이라 함은 손해발생시 보험자가 부담하는 보상책임의 최고한도액이며 보험계약의 체결에 있어 보험자와 피보험자 간에 약정된 금액을 말한다.

보험가액과 보험금액의 관계를 보면 보험계약에 있어서 보험가액과 보험금액이 동일한 경우를 전부보험(full insurance)이라 하고, 보험가액보다 보험금액이 적은 경우를 일부보험(partial insurance), 보험가액보다 보험금액이 큰 경우를 초과보험(over insurance)이라고 한다.[1] 또한 보험계약은 보험계약의 수에 따라 여러 가지 형태로 나누어진다.[2] 동일한 보험의 목적에 대하여 두 개 이상이 보험계약이 존재하고 이 두 개의 계약을 합한 보험금액이 보험가액을 초과하는 경우를 중복보험(double insurance)이라 하고 동일한 보험의 목적에 대하여 2인 이상의 보험자가 담보하는 경우를 공동보험(coinsurance)이라 한다. 또한 어떤 보험자가 인수한 보험계약상의 일부 또는 전부를 다시 다른 보험자에게 부보하는 것을 재보험(reinsurance)이라 하고 이 때 첫번째 보험자를 원수보험자라고

---

1) 보험가액과 보험금액의 관계
보험가액=보험금액 ………… 전부보험
보험가액〉보험금액 ………… 일부보험
보험가액〈보험금액 ………… 초과보험

2) 보험계약이 수에 따른 보험형태
1개의 보험목적물: 2개의 보험계약 ………… 중복보험
1개의 보험목적물: 2인 이상의 보험자가 담보 ………… 공동보험
1개의 보험목적물: 제3의 보험자에게 부보 ………… 재보험

한다.

보험사고시 보상에 따른 문제에 있어서, 전부보험의 경우는 손해액 전부를 보상하게 되므로 보상에서 어려운 문제는 없다고 볼 수 있지만 일부보험의 경우는 그렇지 않다. 이 경우 손해보상의 산출에 있어서는 비례보상방식과 실손 보상방식이 있다.

비례보상방식은 보험금액의 보험가액에 대한 비율에 따라 보상한다는 의미이다. 즉 비례보상방식은 다음과 같다.

$$\text{손해액} \times (\text{보험금액}/\text{보험가액}) = \text{보상금액}$$

실손 보상방식에 있어서는 손해액이 보험금액에 달할 때까지 손해액을 보상하며 실제 손해액이 보험금액을 초과할 때는 초과부분은 보상하지 않는다.

07-102 Q 해상위험이란 무엇이며 해상위험에는 어떠한 것들이 있을까?

A 해상위험(marine perils; marine risks)이란 항해에 기인하고 항해에 부수하여 발생하는 사고를 말한다. 영국해상보험법(제3조)에서는 해상위험을 다음과 같이 정의하고 있다.

"해상위험이라 함은 항해에 기인 또는 부수하는 위험, 즉 해상고유의 위험, 화재, 전쟁위험, 해적, 표도, 포획, 나포, 공후 및 국민의 억지 또는 억압, 투화, 선원의 악행과 그리고 상기의 여러 위험과 동종의 위험 또는 보험증권에 기재되는 기타의 모든 위험을 말한다."

"Lloyd's S.G. Policy"상에서는 위험약관(perils clause)에서 항해에 있어 보험자가 담보하는 위험을 명시하고 있는데, 해상위험의 종류를 ① 해상고유의 위험, ② 해상위험, ③ 전쟁위험, ④ 기타 모든 위험으로 분류하면 다음과 같다.

첫째, 해상고유의 위험(perils of the seas)이다.

이에는 ① S.S.C. 위험, 즉 침몰(sinking), 좌초(stranding), 충돌(collision) 및 ② 악천후(heavy weather)가 있다.

둘째, 해상위험(perils on the seas)이다.

이에는 ① 화재(fire; burning), ② 투화(jettision), ③ 선원의 악행(barratry), ④ 해적, 표도, 강도(pirates, rovers, thieves)가 있다.

셋째, 전쟁위험(war perils)이다.

이에는 ① 군함(men of war), ② 외적(enemies), ③ 습격과 포획(surprisals and capture), ④ 해상탈취 및 나포(taking at sea & capture), ⑤ 관헌의 강유, 억지, 억류(arrests, restraints and detainment of kings, princess and people), ⑥ 포획면허장 및 보복포획면허장(letters of mart and counter mart)

넷째, 기타의 모든 위험(all other perils)이다.

07-103 Q 해상손해이란 무엇이며 해상손해에는 어떠한 것들이 있을까?

A 해상손해(marine loss)라 함은 항해 사업에 관련된 적화·선박 기타의 보험목적물이 해상위험으로 인하여 피보험이익의 전부 또는 일부가 멸실 또는 손상되어 피보험자가 입게 되는 재산상의 불이익이나 경제상의 부담을 말한다.

해상손해는 보험계약에 약정한 피보험이익에 한정되며 또한 그 보험사고와 인과관계가 있는 손해에 한정된다. 해상보험에 있어서의 손해는 보험목적물의 멸실 또는 손상뿐만이 아니라 책임 또는 비용도 포함되는 데, 일반적으로 물적 손해(physical loss), 비용손해(expenses loss) 및 배상책임손해(liability loss)로 크게 나눌 수 있다.

물적 손해는 특정인이 특정물에 대한 이해관계, 즉 소유·취득·담보·사용·수익 등을 통한 재산상·금전상의 손해를 말하며 이에는 전손과 분손으로 구분할 수 있다. 비용손해는 물체의 멸실이나 파손과는 관계가 없고 보험사고의 발생으로 부득이 손해경감이나 방지를 위해 지출된 비용을 말한다. 이에는 구조비, 손해방지비용, 특별비용이 있다. 또한 배상책임손해는 피보험이익에 파생되어 발생하는 손해로 주로 선박보험에서 발생하는 손해이다. 이와 같은 물적 손해는 직접손해, 비용손해는 간접손해의 성격이라고 할 수 있다.

07-104 Q 해상손해에서 전손(Total Loss)으로 인정되는 것은 어떠한 경우인가?

A 전손(total loss)이라 함은 부보된 목적물이 위험에 의하여 전부 멸실되어 시장가격을 상실하였을 경우를 말한다. 이에 반하여 분손(partial loss)은 손해발생 원인에 따라 피보험자가 단독으로 부담하여야 하는 단독해손과 이해관계인이 모두 공평하게 부담하는 공동해손이 있다.

전손에는 현실전손(actual total loss: ATL)과 추정전손(constructive total loss: CTL)으로 구분할 수 있다.

영국해상보험법(제57조 제1항)에 의하면 "보험의 목적물이 파괴되거나 또는 부보된 종류의 물건으로서 존재할 수 없을 정도로 심한 손상을 받을 경우, 또는 피보험자가 보험의 목적물을 박탈당하여 회복할 수 없는 경우에는 현실전손(actual total loss)이 존재한다"고 규정하고 있다. 현실전손은 실질적인 멸실(physical destruction), 성질의 상실(alteration of species), 회복전망이 없는 박탈(irretrievable deprivation) 그리고 선박의 행방불명(missing ship) 등이 그 대표적인 경우이다. 항해중의 선박이 행방불명되고 상당한 기간의 경과 후까지 그 소식을 모를 경우에는 현실전손으로 추정할 수 있다.

한편, 추정전손으로 처리되기 위해서는 위부(abandonment) 행위가 따라야 한다. 위부라 함은 추정전손의 사유로 전손에 대한 보험금을 청구하기 위하여 피보험자가 보험목적물에 대하여 갖는 일체의 권리, 즉 잔존화물의 소유권 및 제3자에 대한 구상권을 보험자에게 양도하는 것을 말한다. 위부와 관련하여 대위(subrogation)라는 것은 보험자가 피보험자에게 보험금을 지급할 경우 피보험목적물에 대한 일체의 권리와 손해발생에 과실이 있는 제3자에게 대한 구상권 등을 승계하게 되는 것을 말한다. 이에는 잔존물 대위와 구상권 대위가 있다. 위부는 전손의 경우에만 적용되지만 대위는 전손과 분손에 모두 적용된다. 대위는 전손의 경우라도 보험자가 지급한 보험금에 해당되는 이익만큼을 자동으로 수취할 수 있으나 위부는 전적으로 모든 이익과 채무를 보험자가 승계 받으며 보험자의 재량에 따라 위부를 인수할 수도 있고 거부할 수도 있다. 보험자가 위부를 수락할 경우 대위와 위부는 구별할 수 없으나 수락하지 않으면 구분이 확실하다.

영국해상보험법에서는 보험증권에 명시의 특약이 있는 경우를 제외하고 보험의 목적물의 현실전손이 불가피한 것으로 보이거나 또는 현실전손을 면하기 위하여 비용이 발생할 경우에는 보험목적물의 가액을 초과하는 비용이 소요되므로 합리적으로 위부 하였을 경우에는 추정전손이 성립된다고 규정하고 있다.

추정전손은 현실적으로 전멸한 것은 아니지만 현실전손이라고 보는 것이 불가피하다고 인정되거나 손해의 정도가 심하여 그 목적물의 용도에 사용할 수 없거나, 수리비가 수리 후 보험목적물이 갖는 시가보다 클 경우에는 추정전손으로 처리할 수 있다. 영국해상보험법(제61조)은 추정전손에 대한 효과로 추정전손이 있는 경우 피보험자는 손해를 ① 분손으로 처리할 수도 있고, ② 보험목적을 보험자에게 위부 하여 그 손해를 현실전손에 준하여 처리할 수도 있다고 규정하고 있다.

07-105 Q 신협회적화약관에 따른 보험자의 담보위험 및 면책위험에는 어떠한 것들이 있을까?

A 2009년 협회적화약관상에서는 구약관의 ICC(A/R)과 유사한 ICC(A), ICC(W/A)와 유사한 ICC(B), ICC(FPA)와 유사한 ICC(C)로 구분하고 보험자가 담보하는 위험과 면책위험에 대하여 규정하고 있는데 이를 표로 비교하면 다음과 같다.

[표7-1] 각 조건별 담보위험과 면책위험의 비교

(담보위험)

<table>
<tr><th>약관조항</th><th>담보위험</th><th>A</th><th>B</th><th>C</th><th>비고</th></tr>
<tr><td rowspan="12">제1조</td><td>① 화산·폭발</td><td>○</td><td>○</td><td>○</td><td rowspan="6">좌기의 사유에 상당인과관계가 있는 멸실·손상</td></tr>
<tr><td>② 선박·부선의 좌초·교사·침몰·전복</td><td>○</td><td>○</td><td>○</td></tr>
<tr><td>③ 육상운송용구의 전복·탈선</td><td>○</td><td>○</td><td>○</td></tr>
<tr><td>④ 선박·부선·운송용구의 타물과의 충돌·접촉</td><td>○</td><td>○</td><td>○</td></tr>
<tr><td>⑤ 조난항에서의 화물의 양륙하역</td><td>○</td><td>○</td><td>○</td></tr>
<tr><td>⑥ 지진·분화·낙뢰</td><td>○</td><td>○</td><td>×</td></tr>
<tr><td>⑦ 공동해손희생</td><td>○</td><td>○</td><td>○</td><td rowspan="6">좌기이유로 인한 멸실·손상</td></tr>
<tr><td>⑧ 투화</td><td>○</td><td>○</td><td>○</td></tr>
<tr><td>⑨ 갑판유실</td><td>○</td><td>○</td><td>×</td></tr>
<tr><td>⑩ 해수·조수·하천수의 운송용구·콘테이너·지게자동차·보관장소에 침수</td><td>○</td><td>○</td><td>×</td></tr>
<tr><td>⑪ 적재·양륙하역중에 수몰·낙하에 의한 짐꾸림 1개당의 전손</td><td>○</td><td>○</td><td>×</td></tr>
<tr><td>⑫ 상기 이외의 일체의 위험</td><td>○</td><td>×</td><td>×</td></tr>
<tr><td>제2조</td><td>⑬ 공동해손조항</td><td>○</td><td>○</td><td>○</td><td></td></tr>
<tr><td>제3조</td><td>⑭ 쌍방과실충돌조항</td><td>○</td><td>○</td><td>○</td><td></td></tr>
</table>

주: ○표(보험자가 담보), ×표(보험자가 부담보)

(면책위험)

약관조항	면책위험	A	B	C
제4조	① 피보험자의 고의적인 불법행위	×	×	×
	② 통상의 누손, 중량·용적의 통상의 감소, 자연소모	×	×	×
	③ 포장 또는 포장준비의 불완전·부적합	×	×	×
	④ 물품고유의 하자·성질	×	×	×
	⑤ 지연	×	×	×
	⑥ 선박소유자·관리자·용선자 또는 운항자의 지급불능 또는 채무불이행	×	×	×
	⑦ 어떤 자의 불법행위에 의한 의도적인 손상 또는 파괴	○	×	×
	⑧ 원자핵무기에 의한 손해	×	×	×
제5조	⑨ 피보험자 또는 그 사용인이 인지하는 선박의 내항성 결여 부적합	×	×	×
제6조	⑩ 전쟁위험	×	×	×
제7조	⑪ 동맹파업	×	×	×

주: ○표(보험자가 담보), ×표(보험자가 면책)

07-106 Q 협회적화약관인 ICC(C) 또는 ICC(B)로 적화보험을 부보할 경우 추가 보험료를 납부하고 부가조건으로 부보 하여야 담보되는 위험은?

A ICC(B) 또는 ICC(C)약관으로 적화보험을 부보 할 경우 화물의 성질이나 종류에 따라 특수위험이나 면책위험을 담보 받으려면 보험자와 합의하여 추가보험료를 납부하고 다음과 같은 부가조건을 부보 하여야 한다.

① 도난, 발화, 불착(Theft, Pilferage and Non-Delivery: TPND)

"theft"와 "pilferage"는 물건을 몰래 훔치는 것을 말하는데, "theft"는 포장째로 훔치는 것이고 "pilferage"는 포장내용물의 일부를 빼내는 것을 의미한다. 한편 불착(non-delivery)은 포장단위의 화물이 송두리째 목적지에 도착하지 않은 경우를 말한다.

② 빗물 및 담수에 의한 손해(Rain &/or Fresh Water Damage: RFWD)

"rain"이 "fresh water"와 나란히 표기된 경우는 "fresh water"는 "rain"을 제외한 모든 담수이지만 "fresh water"만 있는 경우에 담수는 빗물을 포함한다. 이것은 바닷물 이외의 민물에 젖어 발생한 손해로서, 선적 및 양화 작업 중 비나 눈이 와서 젖거나 선박의 음료수가 선창에 침투하여 화물에 손해가 발생한 경우를 말한다.

섬유제품이나 잡화 등을 운송하는 경우에 보통 이 위험을 추가로 담보하게 되는데, 이 위험을 추가담보하지 않더라도 선박 또는 보관 장소에 호수나 강물이 유입되어 발생한 손해는 보험자가 보상한다.

③ 유류 및 타물과의 접촉(Contact with Oil &/or Other Cargo: COOC)

선박의 연료유 등에 의해 화물이 입게 되는 유손(oil damage), 적재된 타 화물에 직접 접촉함으로써 피보험화물에 흠이 생기거나 파손 또는 오손되는 위험이다.

④ 갑판유실(Washing Over Board: WOB)

일반적으로 화물은 가장 안전한 적부장소로서 선창(hold)에 적재되지만 목재, 차량 등 특수한 화물은 갑판에 적재되어 운송되는 경우가 많아 보통, 투화·갑판유실(Jettison, Washing Over Board : JWOB)조건으로 추가담보하고 있다. 갑판적재화물(on deck cargo; deck-loaded cargo)은 선창 내 적재화물에 비하여 위험의 정도가 훨씬 크기 때문에 ICC(B)조건으로 인수하는 것이 원칙이다. 그런데 앞에서 살펴본 바와 같이 ICC(C) 조건에서는 보험자가 갑판유실을 담보하지 않는다. 따라서 갑판적재화물에는 대부분 갑판유실위험이 따르므로 이를 담보받기 위하여 WOB를 특약할 필요가 있다.

⑤ 갈고리에 의한 손해(Hook & Hole)

적재 또는 양화 작업중 갈고리를 사용함으로써 생기는 손해로서, 직물이나 잡화 등을 마대 등으로 포장한 경우에는 이 위험을 추가담보할 필요가 있다.

⑥ 파손(Breakage)

도자기, 유리제품, 이사화물 등 깨어지기 쉬운 화물의 경우 파손을 보상받기 위해 특약하게 되는데, 이 파손에는 통상의 손해나 성질손해와 같은 필연적 손해도 포함되므로 보험자는 "excess"조항에 의해 협정한 면책비율을 초과하는 손해만을 보상하는 것이 보통이다.

⑦ 누손, 부족손(Leakage &/or Shortage)

용기의 틈사이나 파손된 부분에서 화물이 누출하여 누손이나 내용물의 부족을 초래하는 위험으로서 주로 액체화물이나 분말류의 화물, 가스 등의 운송에서 이 위험을 추가하여 부보 한다. 그런데 이 위험도 파손의 경우와 마찬가지로 "excess" 조항을 삽입하는 것이 보통이다.

⑧ 습기와 가열에 의한 손해(Sweat &/or Heating: SH)

"sweat"는 선창 내와 선외의 기온 차에 의해 선창의 천정 또는 내벽에 응결한 수분이 떨어지거나 또는 그러한 수분에 접촉함으로써 화물이 젖게 되거나 화물자체가 수분을 발산함으로써 젖게 되는 등의 위험이다.

한편 "heating"은 항해중에 기온, 습도 등의 변화에 따라 쩌지는 위험을 말한다. 보통 곡물이나 피혁 등에 이러한 손해가 일어나기 쉽다.

⑨ 곡손(Denting &/or Bending)

"denting"은 우구러지는 것이고, "bending"은 구부러지는 것으로서 보통 기계류에 생기기 쉽다. 그런데 기계류는 부분적인 파손 또는 곡손으로 인하여 사용이 불가능하게 되거나 중대한 손해가 될 염려가 있으므로 협회기계수선약관(Institute Replacement Clause)을 삽입하여 보험자는 손해부분의 수선비 또는 교체비 및 그 부대비용을 보상한도로 부보하는 것이 보통이다.

⑩ 오염(Contamination)

액체화약품이나 유류 등이 해수 또는 담수 등의 혼입으로 입게 되는 품질저하의 위험이다.

⑪ 자연발화(Spontaneous Combustion)

석탄, 성냥, 양모, 화약 등은 항해중 화물자체의 화학적 변화에 의해 자연 발화되는 경우가 있다. 자연발화는 화물 고유의 하자 또는 성질에 의한 것이므로 이 위험은 원래 보험자가 부담하는 것은 아니다. 그러나 자연발화는 전혀 우연성이 없는 사고가 아니며 또 화재원인 확인이 곤란한 경우도 있으므로 특약에 의하여 담보된다. 다만 특약을 하지 않은 경우에도 타화물의 자연발화로 인하여 피보험화물이 입은 손해나 선박이 충돌하고 그 결과로서 석탄 등이 발화한 경우에는 보험자가 이를 보상할 책임이 있다.

⑫ 곰팡이(Mould & Mildew)

곡물이나 연초, 섬유제품 등이 습도의 증가에 따라 곰팡이가 생김으로써 손해를 입는 경우가 있다. 이 손해도 화물의 고유의 하자 또는 성질에 의한 것으로 보험자는 원칙적으로 면책되지만 특약에 의해 담보 받을 수 있다.

⑬ 녹(Rust)

금속류 등에 습기로 인하여 생기는 녹의 위험은 특약에 의하여 담보된다.

⑭ 쥐 및 벌레에 의한 손해(Rats & Vermin)

곡물이나 목재 등이 운송중 쥐나 벌레로 인하여 손해를 입는 위험이다. 이러한 위험은 보통 담보되는 것이 아니므로 특약에 의한 추가담보를 필요로 한다.

위의 손해는 ICC(A)로 부보하면 보험자가 담보하는 위험이 되지만, 화물의 성질을 고려하여 이 위험에 대한 부가보험료를 납부하고 ICC(B) 또는 ICC(C)로 부보 하더라도 적은 보험료를 부담하고 보험자가 동 화물을 담보하게 됨으로 구태여 ICC(A)로 부보 할 필요가 없다.

한편 적화보험 부보에서 유의하여야 할 사항은 ICC(A), ICC(B) 및 ICC(C) 중 어느 약관으로 부보 하더라도 전쟁위험과 동맹파업위험은 면책되므로 이들 위험을 담보받기 위해서는 협회전쟁약관(Institute War Clauses), 협회동맹파업 및 소요약관(Institute Strikes, Riots and Civil Commotions Clauses), 즉 W/SRCC에 대하여 추가 보험료를 납부하고 특약으로 부가보험으로 부보 하여야 한다.

또한 특수화물에 대한 특별약관은 많이 있지만 그 중 주요한 것을 들면 다음과 같다.

① 원산지손해약관(Country Damage Clause): 수입면화의 원산지 손해(Country Damage)를 담보하는 약관이다. 다만 외항선에 적재전의 홍수, 해일, 고조(influx of rising water)의 유입 또는 폭우에 의한 것 및 외항선에 적재될 때 명백한 손해는 보상되지 않는다.

② 냉동기관약관 (Refrigerating Machinery Clause): 주로 육류 및 생선 등 냉장보

관 및 운송이 필요한 화물에 첨부하는 약관으로 선박의 냉동실에 보관되어 운송되는 동안에 냉동기의 고장 및 파열에 연유해서 생기는 모든 멸실이나 손상을 담보한다. 이와 유사한 약관으로 24시간 이상의 냉동장치 고장을 원인으로 발생한 손상을 보상하는 냉동화물약관(Refrigerated Cargo Clause)이 있다.

③ 라벨약관(Label Clause): 캔, 통조림, 병통조림, 술 등 라벨이 붙은 화물에는 원칙적으로 이 약관이 첨부된다. 화물에는 손상이 없고 다만 상표만 손상되었을 경우에는 원상회복에 필요한 비용과 신상표 및 상표 재부착 비용만을 보상한다.

④ 가축약관(Livestock Clause): 동물의 수송중의 사망위험이 담보되나 수태에 의한 사망은 제외된다.

⑤ 고무약관(Rubber Clause): 고무 무역과 관련하여 사용하고 분손담보약관으로 절도, 발화, 포장물 전체의 불착, 폭발위험, 갈구리 손상, 타 화물에 기인한 손상 등을 담보한다.

⑥ 원당약관(Raw Sugar Clause): 원당 무역과 관련하여 사용하고 분손담보약관으로 절도, 발화, 불착위험, 폭발위험과 타물 또는 유류에 기인한 손해도 담보한다.

⑦ 벌크석유약관(Bulk Oil Clause): 유류에 적용되는 것으로 해상운송 중 발생 가능한 전위험을 담보하나 향해의 지연으로 질 저하에 의한 시장성 상실, 핵 위험, 통상적인 누손에 의한 감량 등의 위험은 보험자가 담보하지 않는다.

07-107 Q 적화보험에서 보험자의 담보 시기 및 종기, 즉 담보기간은 언제부터 언제까지 일까?

A 적화보험에서 보험기간을 규정한 운송약관(Transit Clause)은 일명 '창고간약관'(Warehouse to Warehouse Clause)이라고 하며, 해상적화보험에 있어서의 보험자의 책임의 시기 및 종기, 즉 담보기간을 규정한 약관이다. 현대의 상거래실무상 으로는 화물이 선적을 위하여 운송개시 시점부터 적재작업, 해상운송, 적양화 작업, 보세창고 입고, 최종창고에 입고될 때까지의 적절한 시기에 이에 상응하는 조건으로 제위험이 담보되어야 한다.

첫째, 위험의 시기이다.

해상적화보험에 있어서는 운송약관에 따라 보험자의 담보책임은 "운송개시를 위하여 운송차량 또는 운송용구에 적재할 목적으로 보험계약에 명시된 장소의 창고 또는 보관장소에서 보험목적물이 최초로 이동하게 된 때에 개시된다." 그러므로 창고에서 운송용구까지 화물을 적재하는 동안이나 실제로 운송이 개시되기 이전의 기간 중에는 위험이 개시되지 않는다. 컨테이너에 화물을 적부하기 위해 컨테이너 터미널로 운송을 개시하는 경우는 해상운송의 일부로 간주된다.

둘째, 위험의 종기이다.

운송약관에 의하면 위험의 종기는 아래와 같이 세 가지로 구분하여 그 중에서 가장 먼저 도래하는 사유가 발생하면 그 때에 보험자의 담보책임은 종료하는 것으로 하고 있다.

① "화물이 보험증권에 기재된 목적지의 최종창고 또는 보관장소에서 운송차량 또는 기타 용구로부터 양화 완료된 때에 종료된다."

② "보험증권에 기재된 목적지를 불문하고 통상의 운송과정에 있어서의 보관이 이외의 보관을 하거나 할당 또는 분배를 위하여 보관할 장소에서 운송차량 또는 기타 용구로부터 양화 완료된 때에 종료된다."

이 경우 피보험자가 화물이 양화된 후 목적지에 도착되기 전에 이전에 할당이나 분배를 위하여 돼한 장소를 최종목적지로 간주하게 되는 것이다.

③ "본선으로부터 양화작업을 완료한 후 60일을 경과하면 위험이 종료된다."

여기에서 60일의 기산은 부보화물전량이 양화 완료된 날을 기준으로 한다. 다만, 한국에서는 수입화물의 경우에는 30일 약관에 의해 이 기간을 화물을 통관하기 위하여 창고 기타 보관장소에 인도한 후 30일로 제한하여 사용하고 있다.

셋째, 운송계약의 종료 및 항해 변경시의 위험의 종기이다.

보험증권상에 기재된 목적지 이외의 항구 또는 지역에서 종료되거나 또는 기타의 사정으로 화물의 인도가 이루어지기 이전에 운송이 종료된 경우에는 보험도 종료된다. 단, 보험자에게 지체 없이 통지하고 담보를 계속해줄 것을 요청하는 경우 추가보험료를 지급하는 조건으로 하는 경우 일정시점까지 보험이 유효하게 계속된다.

넷째, 이로 등 위험변경에 따른 종기확장담보이다.

운송약관에서는 피보험자가 지배할 수 없는 사정으로 인하여 이로(deviation), 강제하역(forced discharge), 재선적(reshipment), 환적(transshipment) 또는 해상운송계약상 선주측의 자유재량권의 행사로 인하여 위험변경사유가 발생하였을 때에는 보험자의 위험부담에 관한 책임이 계속된다고 규정하고 있다.

이러한 위험변경은 보험계약을 체결할 당시에 보험료 산출의 기초가 되는 사항이므로 원칙적으로는 이와 같은 위험변경의 경우에는 보험자가 면책되어야 한다는 위험변경의 원칙이 적용되어야 하겠지만, 피보험자가 지배할 수 없는 사정으로 인한 경우에까지 이를 강행하는 것은 불합리하므로 이를 구제하기 위하여 확장담보하려는 취지를 밝힌 것이다.

한편, 위험개시 후에 도착항이 변경되었을 경우에는 이러한 사항을 보험자에게 통지하여 계속담보를 받아야 한다.

07-108 Q 적화보험은 수출자와 수입자 중 누가 부보 하여야 할까?

A 해상적화보험계약도 일반계약과 마찬가지로 그 법적으로는 불요식의 낙성계약이기 때문에 청약(offer)과 승낙(acceptance)에 의하여 보험계약이 성립된다. CIF 또는 CIP규칙에서는 매매당사자간에 보험조건을 약정한 대로 수출자인 매도인이 보험계약자가 되어 보험자가 보험계약을 체결하지만 EXW, FCA, FAS, FOB, CFR 및 CPT규칙의 경우에는 수입자인 매수인이 자기 자신을 위하여 적화보험을 부보 하여야 하기 때문에 수입자인 매수인이 보험계약자이면서 피보험자로 하여 보험자와 보험계약을 체결하여야 한다.

한국에서의 적화보험부보는 수출자인 보험계약자가 손해보험사와 보험계약을 체결한다. 적화보험 부보시기는 보험증권상에 기재되는 지역의 창고나 보관 장소에서 운송을 개시하기 이전에 부보 되어야 함을 유의하여야 한다. 특히 수입과 관련된 적화보험을 적기에 부보하기 위하여 수입자는 국외의 수출자자의 창고나 보관 장소에서의 운송개시 시점을 모르기 때문에 수출자가 물품이 이동전에 보험부보 정보 및 선적통지를 미리 수입자에게 통지하여 줄 것을 약정하여야 한다.

07-109 Q 적화물에 대한 위험의 측정을 통하여 경제적이고 가장 이상적인 적화 보험조건 선택요령은?

A 적합한 보험조건을 선택하고자 할 경우 우선 부보 하고자 하는 화물의 성질, 포장 상태, 운송용구, 운송방법, 운송지역, 선적항과 양륙항의 화물취급시설 등 화물손해에 영향을 미칠 수 있는 각종 요인들을 검토한 후 가장 이상적인 보험조건을 결정하도록 하여야 한다.

가장 이상적인 보험조건이라 해서 보험자의 보상범위가 가장 큰 "ICC(A) including W/SRCC"만을 의미하는 것이 아니다. 물론 보험료에 관한 문제를 고려하지 않는다면 상기조건이 가장 이상적인 조건이지만 보험료가 전체 매매가격에서 큰 비중을 차지하게 된다면 매매가격은 불가피하게 인상되지 않으면 안 되므로 가장 저렴한 보험료를 부담하고 가장 적절한 보험조건을 선택하는 것이 바람직하다. 따라서 적화보험을 청약하는 무역거래자는 위험관리 면에서 적절한 보험조건을 선택할 수 있도록 하여야 한다.

다음은 Staple Fibre 100상자를 미국 뉴욕항에서 한국 부산항 도착조건으로 수입하는 경우 경제적이면서 효율적인 운송위험관리를 위한 보험조건의 선택방법의 예를 검토한 것이다.

적화물의 내용: 100 Carton Boxes of Staple Fibre
가격(인도)조건: CFR Busan Incoterms® 2010
보험금액(insured amount): US$10,000
선적항 및 목적항: From New York, U.S.A. to Busan, Korea

첫째, 위험의 발견이다.

화물 "Staple Fibre"는 인조섬유의 일종이므로 화물자체의 성질로 보아 파손이나 누손·부족손(Leakage/Shortage), "Sweat & Heating Damage" 그리고 "Denting & Bending"의 위험은 거의 우려되지 않는다. 따라서 과거의 손실경험으로 볼 때 손해발생 빈도와 손실강도가 큰 위험부터 나열하면 다음과 같다.

① 적재선박의 침몰, 화초, 대화재, 충돌(S.S.B.C)
② 타화물 및 유류접촉손(Contact with Oil and/or Other Cargoes: COOC)
③ 도난·발화·불착손(Theft, Pilferage and Non-Delivery: TPND)
④ 우담수손(Rain and/이 Fresh Water Damage: RFWD)

⑤ 해수침손(Sea Water Damage)

⑥ 오염손(Contamination)

둘째, 위험의 측정이다.

적재선박의 침몰, 좌초, 대화재, 충돌로 인한 화물의 손해는 ICC(C)조건으로 보상될 수 있으나 상기 ②에서부터 ⑥까지의 위험은 ICC(C)조건만으로는 보상되지 않는다. 따라서 ②에서 ⑥까지의 위험 중 가장 빈번하게 발생하거나 가장 우려되는 위험을 선돼하여 이를 추가로 담보할 수 있는 부가조건을 결정하여야 한다. 이 경우 ICC(A)조건을 선택하면 실질적으로 위험을 발견하거나 분석, 평가할 필요가 없지만 과중한 보험료를 피하기 위해서라면 기본조건에 추가해야 할 부가조건의 적용에 대한 검토가 있어야 한다.

셋째, 보험조건의 선택이다.

상기의 위험 중에서 두꺼운 종이상자(carton box)에 포장된 화물 "Staple Fibre"는 화물의 성질이나 포장방법으로 보아 유류접촉손이나 도난·불착손이 크게 우려되므로 "ICC(C) including COOC"나 "ICC(C) including COOC and TPND"로 결정할 수 있다. 또한 해수침손과 유류접촉손을 담보받고자 할 때는 보험조건을 "ICC(B) including COOC"로 결정하는 것이 바람직하다.

ICC(A)조건으로 부보하는 경우와 그 밖의 조건으로 부보하는 경우의 보혐료를 대비해 보면 [표7-2]와 같다.

[표 7-2] Staple Fibre 수입시의 보험조건별 보험료 부담 대비표

보험조건	보험료율(%)	보험료(US$)
ICC(A)	0.38	US$10,000×0.38%=US$38.00
ICC(C) including COOC and TPND	ICC(C) : 0.13 COOC : 0.034 TPND : 0.16 합계 : 0.324	US$10,000×0.324%=US$32.40
ICC(C) including TPND	ICC(C) : 0.13 TPND : 0.16 합계 : 0.29	US$10,000×0.29%=US$29.00
ICC(B) including COOC	ICC(C) : 0.18 COOC : 0.034 합계 : 0.214	US$10,000×0.214%=US$21.40
ICC(C) including COOC	ICC(C) : 0.13 TPND : 0.034 합계 : 0.164	US$10,000×0.164%=US$16.40

07-110 Q 적화보험사고시의 보험금 청구절차는?

A 보험사고가 발생한 경우 피보험자 또는 그 대리인은 지체 없이 이를 보험자에게 서면 또는 구두로 통보하여야 한다. 통보 내용은 ① 보험부보의 내용, 즉 보험증권 또는 증명서의 번호, 보험목적물의 명세, 수송편, 보험부보금액 ② 멸실 또는 손상화물의 수량 및 사고 내용 ③ 화물의 보관 장소 등이다. 보험사고를 접수한 보험자는 지정된 공인 검정회사를 선임하여 사고발생 사실 및 원인과 손해의 정도에 대한 조사를 실시하고 이를 토대로 작성된 검정보고서에 따라 보험금의 지급여부 및 지급할 보험금의 수준을 결정하게 된다. 보험자는 피보험자가 제출한 보험금청구 신청서류를 검토한 후 담보위험으로 인한 손해일 경우 보험금을 지급하게 된다.

피보험자는 보험사고를 통보하였더라도 현실적으로 발생한 또는 발생할 화물의 손해를 방지 또는 경감할 의무가 있다. 만일 손해방지경감에 대한 조치를 소홀히 하여 손해가 증가되었다고 하면 증가된 손해에 대하여 보험자가 보상하지 않게 된다.

또한 손해가 발생하였을 경우 피보험자는 ICC(A) 약관으로 부보하지 아니하고 ICC(B) 또는 ICC(C) 약관으로 부보 하였을 때에는 보험조건상의 담보위험에 기인된 손해라는 사실을 증명하여야 한다.

한편 보험금 청구시 구비서류로는 보험금청구서(Claim Note), 보험증권 또는 증명서(Insurance Policy or Certificate) 원본, 상업송장(Commercial Invoice), 선화증권(Bill of Lading), 손해검정보고서(Survey Report), 귀책 당사자에 대한 손해배상 청구서 및 교환 통신문, 해난이 있을 경우 해난보고서(Marine Protest), 추정전손의 경우 위부장(Letter of Abandonment), 대위권양도서(Letter of Subrogation), 포장명세서(Packing List), 중량증명서(Weight Certificate), 기타입증서류로 화물인수도증(Cargo Boat Note), 검수보고서(Tally Sheet), 입고확인서(Warehouse Receipt), 기타 제비용 증명서류 등이 있다.

07-111

Q 무역보험은 무엇이며 해상적화보험과 다른 점은?

A 무역거래에서는 계약물품을 목적까지 운송하는 과정에 발생하는 위험을 담보하기 위하여 해상적화보험을 이용하고 있지만 수입국의 정치·경제적 환경변화에 따른 수출불능이나 수출대금회수불능 등 대금결제상 발생하는 위험에 대해서는 무역보험이 이용되고 있다. 따라서 무역보험은 수출국에서 수출진흥을 목적으로 이루어지는 정책적인 보험제도 이므로 물품의 멸실·손상의 위험 및 손해를 대상으로 하는 해상적화보험과는 그 대상과 성격이 다르다.

무역보험이란 수출거래에 수반되는 제 위험 가운데 해상보험 등 통상의 보험으로는 담보할 수 없는 위험, 즉 수입국에서의 전쟁, 내란, 수입제한, 환거래제한 등으로 인한 비상위험(political risk)과 수입자의 계약 파기, 파산, 대금지급지연 또는 거절 등으로 인한 신용위험(credit risk) 등으로 수출자 또는 수출금융을 제공한 금융기관이 입게 되는 손실을 특별법에 의하여 설립된 한국무역보험공사(K-sure)가 보험자가 되어 보상함으로써 궁극적으로 무역과 해외투자를 촉진하여 국가경쟁력을 강화하고 국민경제의 발전에 이바지함을 목적으로 하는 정책보험이다.

무역보험은 수입국에서 발생하는 비상위험 또는 신용위험 등으로 인한 수출불능이나 수출물품에 대한 대금회수불능으로부터 수출자나 생산자가 입는 손실을 보상함으로써 수출거래에 따른 불안을 제거시키고 있다. 또한 수출대금의 미회수위험을 담보하므로 금융기관으로 하여금 수출환어음을 추심 전 매입할 수 있어 선적 후 여신행위를 용이하게 하고 또한 보험사고가 발생하였을 때 기업이 받는 손실을 보상함으로써 자금의 유동성을 제고시키는 등 신용수단의 공여기능을 갖고 있다. 그리고 수출상에게 저렴한 보험료의 적용과 수출상이 귀책사유가 없을 때 유리한 손실보상을 하여줌으로써 수출경쟁력강화 등 수출 진흥 정책수단으로서의 기능을 수행하며 보험인수 관리 및 보험사고예방을 위하여 수입국사정 및 수입상에 대한 신용상태를 파악하여야 하므로 신용조사의 기능을 수행하게 된다.

무역(수출)보험을 이용할 경우 특히 유의하여야 할 점으로 수출자는 수입자에게 보험부보 사실을 알리면 안 된다. 왜냐하면 만일 수입자가 동 정보를 알게 된 경우 대금지급불능시 수출자가 K-sure를 통하여 별도로 보험금을 받을 수도 있다는 생각으로 의도적으로 대금지급을 하지 않을 수도 있기 때문이다.

07-112 Q 무역보험에서 무역보험의 운영 종목은?

A 무역보험의 운영 종목으로 한국무역보험공사(K-sure)는 각종 대외거래와 관련하여 단기무역보험 등 십여 개의 보험제도, 보증제도 및 기타 서비스를 제공하고 있다. 단기성 종목으로는 결제기간 2년 이내의 수출거래를 대상으로 하는 단기무역보험, 수출신용보증(선적전, 선적후), 농수산물무역보험 등이 있다.

중장기성 종목으로는 결제기간 2년 초과 수출거래를 대상으로 하는 중장기무역보험(선적전, 공급자신용, 구매자신용), 해외사업금융보험, 해외투자보험(주식, 대출금, 보증채무, 부동산에 대한 권리), 해외자원개발펀드보험, 해외K-sure보험, 수출보증보험, 이자율변동보험, 서비스종합보험(기성고·연불방식), 해외투자보험(주식, 대출금, 보증채무, 투자금융, 부동산에 대한 권리), 해외자원개발펀드보험, 해외K-sure보험, 수출보증보험은 결제기간에 대한 제한이 없으나 통상 중장기거래와 관련하여 이용되는 경우가 많다.

또한 환변동 보험으로 입찰방식, 선물환 방식 기타 보험종목 및 서비스로는 문화무역보험, 신뢰성보험, 수입자 신용조사 서비스, 해외채권 추심대행 서비스, 원자재가격변동보험 등이 있다.

07-113 Q 무역보험에서 가장 많이 활용되는 단기 일반무역보험의 보험금액과 이용 절차는?

A 단기무역보험(일반 선적후)이라 함은 수출자가 수출대금 결제기간 2년 이하의 수출계약을 체결하고 수출물품 선적 후, 수입자(L/C거래의 경우 발행은행)로부터 수출대금을 받을 수 없게 된 때에 입게 되는 손실을 보상하는 제도를 말한다. 단기무역보험은 다양한 종류의 무역보험 중에서도 가장 많이 활용되는 전형적인 형태의 무역보험종목으로, 수출자가 수출거래로부터 발생하는 대금미회수위험을 담보하기 위한 제도이다. 이 보험은 건전한 수출발전을 도모하는 정책적인 목적으로 수출기업이 보다 안심하고 수출계약을 체결할 수 있게 하며, 특히 대량의 수출거래를 지속적으로 하는 수출기업에 있어서 대금미회수위험에 대한 관리 장치로서 중요한 역할을 수행하고 있다.

담보위험은 신용위험으로 수입기업(또는 L/C발행은행)의 지급불능, 지급지체, 수입화물에 대한 인수거절 등이며 비상위험으로 전쟁위험, 송금위험, 환거래 제한 등이다.

가입대상 거래는 일반수출, 위탁가공무역, 중계무역 및 수출자가 해외지사(현지법인 포함)에 물품을 수출하고, 동 해외지사가 당해 물품을 현지 또는 제3국에 재판매하는 거래이다.

한국무역보험공사(K-sure)는 수입자 신용도, 결제경험 등을 심사하여 수입자별 인수한도 및 보상한도 책정하고 운영 방식은 수출자와 특정 수입자와의 거래에 대하여 개별적으로 위험을 평가하여 무역보험에 부보하는 개별보험 방식 및 사전에 보험계약자(수출기업)와 보험자(K-sure)가 포괄보험 특약을 체결함으로써, 특정상품 또는 결제조건 등 미리 대상 수출거래의 범위를 정하여 일괄적으로 무역보험에 부보하는 포괄보험 방식이 있다.

단기무역보험의 보험가액은 수출대금이며, 부보율은 일반수출, 위탁가공무역의 경우 중소기업은 100%, 대기업 95%, 중계무역의 경우 95% 이내로 국별 인수 방침에 따라 달라질 수 있다. 보험금액은 '보험가액×부보율'을 지급보험금은 '손실액×부보율'과 같은 산식으로 산정된다. 또한 보험료는 보험금액에 수입자 신용등급(신용장거래인 경우 신용장 발행은행 소재 국가등급), 결제조건 및 결제기간에 따라 결정된다.

단기무역보험의 이용 절차는 "① K-sure에 보험가입 상담 → ② 신용조사 → ③ 인수(보상) 한도신청(보험청약) → ④ 인수(보상)한도 책정 → ⑤ 보험증권 발급 → ⑥ 물품선적후 10영업일 이내 사이버영업점을 통해 수출통지(보험관계 성립) → ⑦ 보험료 납부 → ⑧ 결제통지"의 과정을 거쳐야 된다.

따라서 수출자가 K-sure를 통하여 무역보험을 이용하고자 할 경우 충분한 시간을 가지고 미리 준비하여야 한다.

07-114 Q 단기무역보험 이용시 유의사항은 무엇이며 및 수출자가 무역보험을 부보하더라도 보상받지 못하는 보험자의 면책사항은 무엇일까?

A 단기무역보험은 수출자보험으로서 약관의 면책사항에 해당하거나 수출계약 이행과정에서 귀책이 있는 경우 보상받을 수 없다. 약관은 수출자가 보상받지 못하는 경우에 대해 상세히 규정하고 있으므로(http://www.ksure.or.kr) 수출자는 동 약관의 내용을 검토하여 무역보험에 가입하고도 보상받지 못하는 일이 없도록 주의하여야 한다.

특히 보상받을 수 없는 사유로는 연속수출로 인한 손실, 물품의 멸실, 훼손 또는 기타 물품에 대해 발생한 손실, 보험계약자가 법령을 위반하여 취득한 채권에 대해 발생한 손실, 수출거래가 신용장방식 수출거래에서 신용장조건으로 명시된 서류가 당해 신용장조건과 일치 하더라도 그와 별도로 신용장발행은행의 대금지급책임이 면제 또는 경감될 수 있는 내용을 포함하고 있는 경우, 무신용장방식 수출거래에서 수출계약 등에 의하여 수출계약 상대방의 대금지급책임을 면제 또는 경감한다는 내용을 약정하고 있는 거래의 경우이다.

한편 보험자의 면책사유로는 보험계약자(수출자), 보험계약자의 대리인이나 피사용인의 고의 또는 과실로 인하여 발생한 손실, 중대한 상품하자, 선적기일 미준수, 계약조건위배 등 수출계약 이행과정에서 수출자의 귀책이 있는 경우, 보험계약자가 약관상 K-sure에 알려야 할 고지의무를 위반함으로써 발생한 손실, 인수한도를 책정 받고 수출을 하였으나 수출통지를 하지 않은 경우, 보험료를 납부하지 않은 경우, 기타 조사에 협조할 의무 등 약관상 수출자의 의무사항을 위배함으로써 발생한 손실 등의 경우이다.

통관과 관세 Chapter 8

08-115 Q 통관이란 무엇이며 물품의 수출통관절차는?

A 물품을 수출 또는 수입할 경우에는 세관(customs house)이라는 관문을 통과하여야 한다. 통관(customs clearance)이라 함은 세관을 통과하는 것을 말하며 관세법상 통관은 관세법에서 규정한 절차를 이행하여 수출·수입·반송하는 것을 말한다. 다시 말하면 모든 수출입물품에 대하여 수출 또는 수입신고수리 여부를 결정하는 세관장의 처분이라고 할 수 있다.

수출통관이라 함은 내국의 물품을 외국으로 반출[1]하는 세관장의 처분이다. 관세법상 수출이라 함은 "내국물품을 외국으로 반출함을 말한다"라고 규정하고 있다. 여기에서 수출의 대상이 되는 것은 내국물품이다. 내국물품이라 함은 우리나라에 있는 물품으로서 외국물품이 아닌 것과 우리나라의 선박에 의하여 공해에서 채집 또는 포획된 수산물 등과 입항전 수입신고가 수리된 물품을 말한다. 수출되는 모든 물품은 수출통관절차를 거쳐야 하지만 체신관서가 외국으로 발송한 우편물은 수출 또는 반송이 이루어진 것으로 본다.

수출통관절차라 함은 수출하고자 하는 물품을 보세구역(bonded area)에 반입하고 관할세관장에게 수출신고(export declaration: E/D)를 한 후 서류심사, 필요한 물품검사·감정·분석을 거쳐 수출신고수리를 받아 물품을 보세구역으로부터 반출하여 외국무역선(기)에 적재하는 다음과 같은 일련의 절차를 말한다.

[그림 8-1] 수출통관절차도

1) 수출물품을 반입한다.

보세구역이란 외국물품을 장치하거나 물품의 수출입에 따른 통관절차를 이행하기 위하여 수출물품을 일정기간 장치하거나 또는 외국물품의 가공 · 제조 · 전시 등을 하기 위한 장소로서 세관장이 지정하거나 특허한 구역을 말한다.[2]

---

1) 반출이란 보세구역에서 물품이 나가는 것을 말한다.

2) 보세구역은 지정보세구역, 특허보세구역 및 종합보세구역으로 구분한다. 지정보세구역은 세관장이 지정한 보세구역으로서 주로 국가·공공의 토지·시설 등의 일정구역을 지정하여 특정물품의 장치, 수입물품의 검사를 하는 곳이며, 특허보세구역은 신청을 받아 세관장이 특허한 보세구역으로 주로

물품을 수출하고자 할 때 보세구역에 물품을 반입하여 장치하는 것이 원칙이지만 거대 중량, 기타의 사유로 보세구역에 장치하기 곤란하거나 부적당한 물품 및 수출할 물품으로서 화물관리에 어려움이 없는 물품, 재해, 기타 부득이한 사유로 임시 장치할 물품, 검역물품, 압수물품, 우편물품은 타소 장치하여 수출신고를 허거나 양곡, 원유, 광산물과 같은 대량의 살물은 보세구역 반입이 화주에게 큰 부담을 줄 수 있기 때문에 공인검정기관의 감정보고서(Surveyor's Report)에 의해 수출물품의 수량을 확인하는 물품은 선박 또는 항공기에 적재한 그대로 이른바 '선상신고제'를 이용할 수도 있다.

2) 수출신고를 한다.

수출신고는 물품을 수출하기 위한 세관에 대한 의사표시로 관할 세관장에게 수출신고의 수리를 받기 위한 절차이다. 수출신고는 화주나 관세사, 통관 취급법인 또는 관세사법인의 명의로 보통 전자문서교환(Electronic Data Interchange: EDI) 방식에 의한 수출통관 EDI 시스템을 사용하여 전자문서로 수출신고서를 작성하여 관세청 통관시스템에 전송하게 된다.

여기에서 화주라 함은 수출자(완제품공급의 경우에는 물품공급자인 수출위탁자) 또는 화물유통촉진법에 따라 인증을 받은 종합물류업자로서 관세청장의 허가를 받아 통관업을 영위하는 법인을 말한다. 또한 관세사라 함은 통관절차를 이행하거나 화주 또는 관세의 납세의무자를 대리하여 세 번·세율의 분류, 과세가격의 확인과 세액의 계산, 통관절차의 이행, 이의신청, 심사청구 및 심판청구의 대리, 관세에 관한 상담을 업으로 하는 자를 말한다. 통관 취급법인은 운송·보관 또는 적양화를 업으로 하는 법인과 그 법인이 자본금의 100분의 50 이상을 출자하여 설립한 법인으로서 관세청장의 허가를 받아 통관업을 영위하는 법인을 말하며, 관세사법인은 통관절차의 조직적 이행과 그 공신력을 높이기 위하여 수 명의 대표이사로 설립된 법인을 말한다.

수출신고는 관세청에서 정한 신고서 양식에 수출신고서 작성요령에 따라 작성하여야 하며 수출신고서의 처리방법은 자동수리, 즉시수리, 검사 후 수리 세 가지가 있다.

즉, ① 검사대상 또는 서류제출대상이 아닌 물품은 수출통관시스템에서 자동 수리되는 방법(그러나 서류제출 대상물품은 관세법에 의거 허가, 승인 등의 증명 및 확인 등의 규정에 의거 수출신고 수리 전에 요건구비의 증명이 필요한 물품은 제외), ② 자동수리대상이 아닌 물품 중 검사가 생략되는 물품으로 세관직원이 신고내용을 심사하고 수리하는 즉시 수리하는 방법, ③ 수출시 현품의 확인이 필요한 경우 및 우범물품으로 선별된 물품 중 세관장이 검사가 필요하다고 판단한 물품의 경우 검사 후 신고 수리하는 방법 등이 그것이다.

사인의 토지·시설 등의 일정구역에 대하여 특허한다. 지정보세구역으로는 지정장치장, 세관검사장이 있고, 특허보세구역으로는 보세창고, 보세공장, 보세전시장, 보세건설장, 보세판매장이 있다.

3) 세관심사·검사·감정을 실시한다.

세관에서의 수출심사는 접수된 서류의 수출승인사항과 수출신고사항의 일치여부, 대외무역법령 및 기타 법령에 의한 조건의 구비여부, 수출물품에 대한 품목분류 번호의 정확성 기타 수출물품 통관을 위해 필요한 사항에 대하여 심사하게 된다. 세관검사 대상물품이 이·화학적으로 감정·분석 등에 상당한 시일을 필요할 경우에는 세관검사에 필요한 견본을 채취하고 사후검사·분석제도를 활용하고 있다. 세관의 검사방법은 수출자의 신용도, 물품의 성질·수량·가격 등을 참고하여 파출검사, 견본검사, 세관검사장 검사로 구분하여 실시된다.

4) 수출신고의 수리를 행한다.

수출물품의 검사·감정·심사 등을 마치고 물품과 신고서류상의 요건이 부합되면 수출신고의 수리와 함께 수출신고자에게 수출신고필증을 교부한다. 수출신고수리일자가 관세법상 수출일자가 되며 수출금액은 FOB로 환산한 금액이 된다. 수출물품은 수출신고수리에 의하여 내국물품에서 외국물품이 되고 수출신고수리된 물품은 외국물품으로서의 특별한 관리를 받게 된다.

5) 경우에 따라 수출신고의 취하 및 각하를 한다.

세관에 수출신고가 유효하게 접수되거나 수출신고수리가 된 뒤에는 원칙적으로 수출신고를 취하할 수가 없다. 그러나 수출할 수 없는 정당한 사유가 있을 때에는 세관장에게 수출신고 취하승인신청을 하여 승인을 받아 수출신고수리를 받은 이후라 하더라도 그 수출신고를 취하할 수 있다. 세관장이 수출신고의 취하를 승인할 수 있는 정당한 사유라 함은 신용장의 취소 또는 유효기간의 경과, 수입국에서의 수입금지조치, 천재지변, 부두파업 등으로 수출할 수 없는 경우로 수출자에게 귀책되지 않는 경우를 말한다. 수출신고가 취하되면 수출신고수리의 효력은 상실되고 내국물품이 된다.

또한 수출신고의 각하라 함은 세관장의 직권으로 당해신고를 거절하거나 취소하여 돌려보내는 것을 말한다. 신고를 각하할 수 있는 사유는 첫째, 수출이 요건을 갖추지 못한 경우로서 수출의 승인을 받지 못하거나 수출입의 승인기간이 경과하였을 경우 등과 같이 구비서류를 못 갖추거나 서류의 내용에 중요한 불비가 있는 경우 등이고, 둘째, 사위(詐僞) 기타 부정한 방법으로 신고된 경우로서 위장수출, 구비서류의 위조 · 변조 또는 중대한 허위사실의 신고 등의 경우이다. 서류의 불비가 경미한 경우에는 보완지시를, 완비가 불가능한 경우에는 각하를 하게 되고, 사위 기타 부정한 방법에 의한 신고에 대하여는 각하를 하는 동시에 심리의뢰하여 관세법 위반여부를 조사하게 된다.

6) 물품의 반출과 선적(또는 항공적재)을 한다.

수출신고가 수리된 물품은 보세구역이나 타소장치장으로부터 물품운송이 가능하다. 이 때는 외국물품 상태이므로 세관의 엄격한 감시를 받게 되며 지정선적항으로 운송하게 된다.

컨테이너 만재화물(FCL)인 경우에는 지정컨테이너 야적장(CY)으로, 컨테이너 1대에 미달되는 화물(LCL)과 같이 컨테이너에 적입(stuffing)할 물품은 우선 컨테이너 화물조작장(CFS)으로 가서 적입작업을 마치고 컨테이너 야적장(CY)으로 옮기게 된다. 이와 같이 컨테이너 터미널(container terminal)에서 컨테이너 터미널 운영자(container terminal operator: CTO)에게 물품을 인도완료 하게 되면 수출자인 화주는 부두수령증(Dock Receipt: D/R)을 선박회사로부터 받을 수 있다. 선박회사는 선적지시서(shipping order: S/O)에 의해 컨테이너를 본선에 적재작업을 하게 된다.

한편 살물(bulk cargo)인 경우에는 선박회사의 선적지시서에 의해 본선에 적재작업을 하고 본선수령증(Mate's Receipt: M/R)을 화주가 선박회사로부터 발급받을 수 있다. 수출신고가 수리된 물품은 수출신고수리 일부터 30일 이내에 국제물품운송계약에 따른 운송수단에 적재하여야 한다.

08-116 Q 물품의 수입통관절차는?

A 수입통관이라 함은 외국물품을 우리나라에 반입하는 것을 허용하는 세관장의 처분을 말한다. 또한 관세법상 수입이라 함은 외국물품을 우리나라에 반입하거나 우리나라에서 소비 또는 사용하는 것을 말한다. 수입통관은 수입하고자 하는 물품을 보세구역 등 장치장소에 반입하는 것으로부터 수입신고수리를 받아 장치장소로부터 반출하는 일련의 단계에서 종결된다.

외국에서 도착된 물품은 양화작업을 마치고 원칙적으로 보세구역에 반입·장치하여 수입신고를 하게 되지만 예외적으로 다량의 단일 살물, 정부의 군수품이나 긴급도입물품 등은 선상신고를 할 수 있으며 긴급히 통관할 필요가 있거나 통관심사에 장시간이 소요되는 물품 등은 사전수입신고도 할 수 있고, 부패 및 손상의 우려가 있거나 위험물품, 외교관 이사물품, 정부용품, 지정세관등록업체에서 수입하는 물품 등은 컨테이너에 내장한 상태로 수입신고가 가능하다.

세관장은 수입 신고된 물품과 수입 신고시 제출한 서류가 부합되는지를 심사한 후 관세를 평가하여 관세 등을 고지하고 납세의무자가 관세를 납부하면 수입신고수리를 하게 된다. 이 수입신고수리시점은 곧 외국물품에서 내국물품이 되는 것이며 보세구역에서 물품을 반출하여 용도대로 사용할 수 있게 되는 것이다.

1) 수입물품반입

수입자는 운송회사로부터 화물도착통지(arrival notice: A/N)를 받고 화물인도지시서(delivery order: D/O)에 따른 수입물품을 통관하기 위하여 수출물품 통관시와 마찬가지로 우선 보세구역 또는 타소장치에 반입하여야 한다.

[그림 8-2] 수입통관절차도

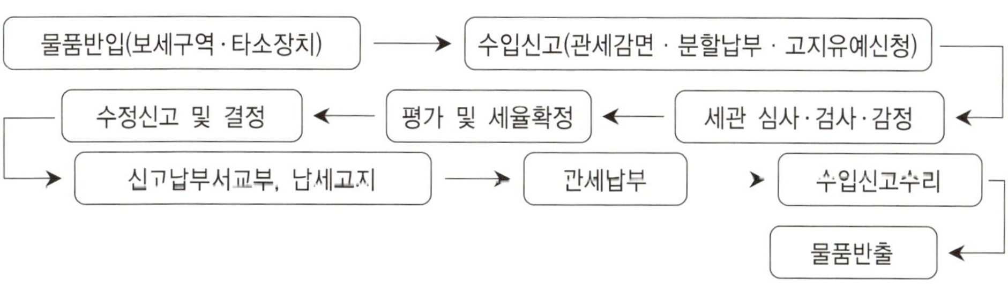

2) 수입신고

수입신고(import declaration: I/D)는 물품을 수입하겠다는 의사표시를 세관장에게 하는 것으로 이는 곧 적용법령, 과세물건 및 납세의무자를 확정시키는 것이다. 수입물품의 적용법령은 수입신고 당시의 법령에 의한다. 또한 관세는 원칙적으로 수입신고를 할 때의 물품의 성질과 수량에 의하여 부과된다. 만일 수입물품이 수입신고된 때로부터 수입신고 수리시까지 변질이나 손상이 되었을 경우에는 관세를 경감할 수 있다.

관세의 납세의무자는 그 물품을 수입하는 화주, 즉 직접 수입하는 수입자가 일반적이지만 수입을 대행계약에 의하여 대행할 경우에는 수입을 위탁한 자가 화주가 되고[3] 수입신고수리 전에 외국물품을 보세구역에 장치한 채 양도한 경우에는 양수인이 화주가 된다.

수입신고자는 수출 신고시와 같이 화주, 관세사, 통관취급법인, 관세사법인 중 어느 하나의 명의로 하여야 한다. 통관을 하고자 하는 자는 물품반입일 또는 장치일로부터 30일 이내에 수입신고를 하여야 하며, 30일을 경과하여 수입신고를 한 때에는 대통령령이 정하는 물품에 한하여 그 물품의 과세가격의 일정비율에 상당하는 금액범위 내에서 가산세를 징수한다.

만일 수입 신고된 물품이 위약물품이나 수입금지 조치물품, 변질·손상 등 정당한 사유가 있는 경우에는 수입신고의 취하 또는 각하를 할 수 있다.

3) 세관의 심사 · 검사 · 감정

수입신고를 접수한 세관은 수입 신고시 제출된 서류(수입승인물품의 경우 수입승인서, 상업송장, 운송서류 사본, 포장명세서, 원산지증명이 요구되는 물품의 경우 원산지증명서, 가격신고서, 세관장이 확인하는 수입요건 대상 물품의 경우 수입요건 확인서류, 해당 물품의 경우 관세감면(분납)/용도세율적용신청서)간의 일치여부, 대외무역법령 및 기타 법령에 의한 조건의 구비여부, 세 번·세율·세액의 정확성 여부, 분석의뢰 필요성 유무, 기타 수입물품 통관을 위하여 필요한 사항 등에 대하여 심사한다.

물품의 검사와 감정의 목적은 수입물품의 규격과 수량을 확인하고, 수입허가 또는 승인사항의 경우 현품을 대조하여 무역관리를 현실적으로 실현하는 동시에 그 물품의 세번(HS)을 확인하여 과세가격을 결정함과 동시에 정상무역을 가장하여 밀수품이 수입되는 것을 막는 데 있다.

수입물품의 검사대상은 관세청장이 지정한 필수검사 대상품목과 업체의 성실도 등을 감안하여 불규칙검사 대상물품으로 구분하여 탄력적으로 운영하고 있다. 또한 검사는 긴급을 요하는 것은 사전 신청하여 검사를 받을 수 있고 검사방법은 수입자의 신용도, 물품의 성질·수량·가격 및 장치장소 등을 감안하여 견본검사, 세관 검사장검사와 파출검사로 실시한다.

---

3) 실수요자라고도 한다. 이 경우에는 관세납세의무자 = 화주 = 위탁자 = 실수요자의 관계가 성립된다.

현품검사결과 품목분류 및 과세가격결정, 수출입공고 등의 운영상 물리적·화학적 실험에 의하여 그 내용을 확인해야 하는 등 전문지식과 기술을 요하는 경우에는 세관분석실에 분석의뢰하거나 당해물품에 관한 전문가의 의견을 받아 처리할 수 있도록 하고 있다.

4) 과세가격의 결정

과세가격의 결정은 과세가격의 신고에 기초한다. 과세가격의 신고라 함은 과세의 납세의무자가 수입신고를 하는 때에 관세청장이 정하는 바에 따라 세관장에게 당해물품의 가격을 신고하는 것을 말한다. 가격신고를 할 때는 상업송장, 운임명세서, 보험료명세서 등을 제출하여야 한다.

과세가격의 평가 시기는 일반적으로 수입자가 가격 신고한 내용대로 과세가격을 인정하고 수입신고수리를 한 후 일정기간 내에 과세가격에 대한 적정성여부를 심사하도록 하고 있다.

과세가격의 결정방법은 신평가 제도에 따라 다음과 같은 제1방법에서 제6방법까지 여섯 가지 평가방법을 나열하여 이를 순차적으로 사용하고 있다. 이 중 제1방법이 그 적용범위가 가장 크고 중요한 비중을 차지하고 있다.

제1방법: 구매자가 실제로 지급하는 거래가격을 기초로 한 과세가격 결정방법
제2방법: 동종·동질물품의 거래가격을 기초로 한 과세가격 결정방법
제3방법: 유사물품의 거래가격을 기초로 한 과세가격 결정방법
제4방법: 국내 판매가격을 기초로 한 과세가격 결정방법
제5방법: 산정가격을 기초로 한 과세가격 결정방법
제6방법: 합리적 기준에 의한 과세가격 결정방법

제1방법의 내용은 거래의 요건을 갖춘 수입물품에 대하여 실제로 지급하여야 할 금액에 몇 가지 조정요소를 가감하고 그 물품을 우리나라에 도착시키는 데 소요된 운임과 보험료를 가산하여 과세가격을 결정하는 것이다. 거래가격의 요건은 당해수입물품의 사용에 대한 제한이 없어야 하며, 당해거래에 영향을 미치는 조건 등이 붙지 않고, 특수관계에 의한 영향이 없을 것이 충족되어야 한다.

5) 관세 및 제세납부

수입물품에 부과되는 세로는 관세·임시수입부가세[4]·개별소비세·주세 및 부가가치세가 있다.[5] 관세 등의 납부 시기는 납부서를 교부받은 날(직접 수교 또는 배달증명통지

---

4) 현재까지 적용하지 않아 과세된 사례가 없다.
5) 관세 등이라 표시한다.

받은 날)로부터 15일의 납부기한을 정하여 납부고지를 하고 납부기한을 경과하면 일정한 가산금을 부과하고 있다.

6) 수입신고수리 및 반출

납세의무자가 관세 및 제세를 납부한 후에 수입신고 수리됨으로써 외국물품이 내국물품화하고 관세법상의 모든 구속으로부터 벗어나게 되므로 보세구역에서 반출하여 용도에 따라 사용할 수 있다. 수입신고수리가 되면 세관장은 수입신고필증을 교부하게 된다.

이처럼 모든 수입물품은 원칙적으로 관세를 납부한 후 수입신고수리가 되고 있으나 분할납부 승인물품, 휴대품통관 등은 예외로 하고 있다. 그리고 긴급한 사유 등으로 수입신고수리 전에 통관물품을 반출하기 위해서는 해당 세관에 담보를 제공하고 신고수리 전에 반출할 수 있는 신고수리 전 일시반출, 신고수리 전 즉시반출 제도가 있다.

08-117 Q 수입물품의 원산지표시에 대한 일반원칙은?

A 대외무역관리규정에서 정하고 있는 수입 물품의 원산지는 다음 각 호의 어느 하나에 해당되는 방식으로 한글, 한자 또는 영문으로 표시할 수 있도록 하고 있다.

① "원산지: 국명" 또는 "국명 산(産)"

② "Made in 국명" 또는 "Product of 국명"

③ "Made by 물품 제조자의 회사명, 주소, 국명"

④ 수입 물품의 크기가 작아 제1호부터 제3호까지의 방식으로 해당 물품의 원산지를 표시할 수 없을 경우에는 국명만을 표시할 수 있음

⑤ "Brewed in 국명" 또는 "Distilled in 국명" 등 그 밖에 최종구매자가 원산지를 오인할 우려가 없거나 "Assembled in 국명" 등에서의 국명이 원산지와 동일한 경우

⑥ 물품의 주요 부분품 원산지가 다른 경우 부분품별 원산지를 표시할 수 있음

수입 물품의 원산지는 최종구매자가 해당 물품의 원산지를 용이하게 판독할 수 있는 크기의 활자체로 표시하여야 한다. 또한 수입물품의 원산지는 최종구매자가 정상적인 물품구매과정에서 원산지표시를 발견할 수 있도록 식별하기 용이한 곳에 표시하여야 하며 표시된 원산지는 쉽게 지워지지 않으며 물품(또는 포장·용기)에서 쉽게 떨어지지 않아야 한다. 그리고 수입 물품의 원산지는 제조단계에서 인쇄(printing), 등사(stenciling), 낙인(branding), 주조(molding), 식각(etching), 박음질(stitching) 또는 이와 유사한 방식으로 원산지를 표시하는 것을 원칙으로 한다. 다만, 물품의 특성상 위와 같은 방식으로 표시하는 것이 부적합 또는 곤란하거나 물품을 훼손할 우려가 있는 경우에는 날인(stamping), 라벨(label), 스티커(sticker), 꼬리표(tag)를 사용하여 표시할 수 있다.

또한 최종구매자가 수입 물품의 원산지를 오인할 우려가 없는 경우에는 다음 각호와 같이 통상적으로 널리 사용되고 있는 국가명이나 지역명 등을 사용하여 원산지를 표시할 수 있다.

❶ United States of America를 USA로

❷ Switzerland를 Swiss로

❸ Netherlands를 Holland로

❹ United Kingdom을 UK로

❺ UK의 England, Scotland, Wales, Northern Ireland

❻ 기타 관세청장이 지식경제부장관과 협의하여 타당하다고 인정하는 국가나 지역명

❼ 품질경영 및 공산품안전관리법, 식품위생법 등 다른 법령에서 원산지표시방법 등을 정하고 있는 경우에는 이를 적용할 수 있다.

그러나 당해 수입물품이 외화획득용 원료 및 시설기재로 수입되는 물품, 개인에게 무상 송부된 탁송품, 별송품 또는 여행자 휴대품, 연구개발용품으로서 실수요자가 수입하는 경우, 견본품(진열 · 판매용이 아닌 것에 한함) 및 수입된 물품의 하자보수용 물품, 보세운송, 환적 등에 의하여 우리나라를 단순히 경유하는 통과 화물, 재수출조건부 면세 대상 물품 등 일시 수입 물품, 우리나라에서 수출된 후 재수입되는 물품, 외교관 면세 대상 물품 등에 대하여는 원산지표시 의무를 면제하고 있다.

08-118 Q 관세율의 적용순위는?

A 관세율은 국내법에 의한 국정세율과 국가간의 협약에 의한 협정세율이 있다. 전자는 다시 기본관세, 잠정관세 및 탄력관세 등으로, 후자는 WTO 양허관세 등으로 대별할 수 있다.

관세율의 적용순위는 다음과 같다.

1순위: 덤핑방지관세, 상계관세, 보복관세, 긴급관세, 특정국물품긴급관세, 농림축산물에 대한 긴급관세

2순위: 국제협력관세, 편익관세(단, 3·4·5·6순위 세율보다 낮은 경우에만 적용)

3순위: 조정관세, 할당관세, 계절관세(단, 할당관세는 4순위 세율보다 낮은 경우에만 적용)

4순위: 일반특혜관세

5순위: 잠정관세

6순위: 기본관세

08-119

Q 관세 및 제세의 산출방식은?

A 관세 등의 산출방식은 다음과 같다. 개별소비세, 주세, 농어촌특별세 및 교통·에너지·환경세는 해당되는 품목에만 적용된다.

1) 관세

i) 종가세 적용물품

실제거래가격(일반적으로 CIF가격) × 과세환율[6] = 과세가격

과세가격 × 관세율 = 관세

ii) 종량세 적용물품

수입물품의 수량 × 관세율표상의 단위 수량당 금액 = 관세

iii) 선택세 적용물품

종가세와 종량세 중 고액(율)을 선택

2) 개별소비세

(과세가격 + 관세) × 세율 = 개별소비세

3) 주세

i) 주정(종량세)

KL당 × (일정금액 + 가산금액) = 주세

ii) 주류(종가세)

(과세가격 + 관세) × 세율 = 주세

4) 교육세

개별소비세 또는 주세 × 세율 = 교육세

5) 농어촌특별세

개별소비세 × 농특세율 = 농특세

6) 교통 · 에너지 · 환경세

(과세가격 + 관세) × 세율 = 교통 · 에너지 · 환경세

7) 부가가치세

(과세가격 + 관세 + 개별세 또는 주세 + 교통·에너지·환경세 + 교육세 + 농특세) × 세율(10%) = 부가가치세(VAT)

---

6) 과세환율은 관세청장이 수입신고일에 속하는 주의 전주(월요일부터 토요일까지)의 외국환 매도율을 평균하여 정하고 있다.

08-120 Q 관세의 종류에는 어떠한 것이 있을까?

A 관세(customs duties: tariffs)라 함은 관세영역, 즉 관세선을 출입하는 물품에 대하여 법률이나 조약에 의거하여 부과하는 조세이다. 관세는 그 성격상 징수주체는 국가이며 강제적으로 징수하고 반대급부가 없다. 또한 관세는 재정수입과 산업보호를 주목적으로 하며, 법률이나 조약에 의해 부과·징수된다. 관세는 대물세이며 수시세 (隨時稅)이다. 또한 관세는 관세영역을 출입하는 물품에 대해 부과되며 전가된다. 한국의 관세법은 "관세의 부과징수 및 수출입물품의 통관을 적정하게 하고 관세수입을 확보함으로써 국민경제 발전에 이바지함을 목적으로 한다"고 규정하고 있어 조세법으로의 성격, 통관법으로의 성격, 그리고 단속법으로의 성격을 가지고 있다고 할 수 있다.

관세의 종류는 분류방식에 따라 여러 가지로 나눌 수 있다. 즉, ① 물품의 이동방향에 따라 수입세·수출세·통과세, ② 과세의 목적에 따라 재정관세·보호관세, ③ 과세의 방법에 따라 종가세·종량세·혼합세·선택세, ④ 과세의 결정근거에 따라 국정관세·협정관세, ⑤ 특수관세로 탄력관세와 특혜관세 등을 들 수 있다.

1) 수입세·수출세·통과세

수입세(import duties)라 함은 국외에서 국내의 관세영역 안으로 물품이 이동될 때 부과되는 관세를 말한다. 일반적으로 관세라 하면 수입세를 의미한다. 재정수입과 국내산업보호를 주목적으로 한다.

수출세(export duties)는 수출되는 물품에 부과하는 관세로 특수한 경우에 부과된다. 즉 수출국에서 수출세를 부과하더라도 수출에 지장이 없을 정도로 독점적이고 전략적인 물품으로 국가의 재정수입에 기여하게 될 수 있는 것들 이다. 수출세를 부과하고 있는 예로는 브라질의 커피, 필리핀의 원목, 말레이시아의 고무, 태국의 쌀, 스리랑카의 차(tea), 스페인의 콜크(cork) 쿠바의 설탕, 인도의 검정후추(black pepper) 등이다.

통과세(transit duties)는 자기나라 또는 일정한 관세영역을 단순히 통과하는 물품에 대하여 부과하는 관세를 말한다. 이는 중상주의 시대에 재정수입을 목적으로 부과된 적이 있었으나 오늘날에는 통과세를 과세하지 않고 있으며 종전의 관세 및 무역에 관한 일반협정(GATT) 제 5조에서도 통과세부과를 면제하여야 한다는 규정이 있었다.

2) 재정관세·보호관세

재정관세(revenue duties)라 함은 국고수입의 확보, 즉 재정수입을 목적으로 부과하는 관세로 세입관세라고도 한다. 재정관세는 일반적으로 국내생산이 거의 불가능하여 수입에 의존할 수밖에 없거나, 수입을 권장하거나 더 이상 보호할 가치가 없을 때 부과된다.

선진국에서는 커피·차·담배·향료 등 기호품에 적용되나, 후진국에서는 국산가능성이 희박한 중요 산업용기계, 생활필수품, 원자재 등이 적용되는 경우가 많다.

보호관세 (protective duties)는 국내의 유치산업 (infant industry)을 보호하고 육성할 목적으로 부과되는 관세를 말한다. 이는 일반적으로 고율의 관세를 부과하기 때문에 그 물품의 국내가격이 인상되어 국내산업을 보호하게 된다. 보호관세의 구체적인 목적은 유치산업 외에 기존 산업의 보호를 목적으로 한 육성관세, 공황의 악영향에 대비하기 위한 공황판세, 외국제품 수입을 금지하기 위한 금지관세 등으로 나눌 수 있다.

3) 종가세·종량세·혼합세·선택세

종가세(ad valorem duties)라 함은 물품의 가격을 과세표준으로 하여 세액을 부과하는 방법이다. 즉 세액을 계산할 때의 방식은 다음과 같이 한다.

$$\text{실제 거래가격} \times \text{과세환율} \times \text{관세율} = \text{관세액}$$

예를 들면 US$10,000상당의 A라는 물품을 수입할 때의 적용과세환율이 1,000원이고 관세율이 10%라면 US$10,000 × 1,000원 × 10% = 1,000,000원. 따라서 1,000,000원 상당의 관세를 부과하게 된다. 한국의 관세율은 대부분의 품목이 종가세로 되어 있다.

종가세의 장점은 물품의 실제가격에 따라 과세하므로 공평정이 있으며 인플레시에도 세율의 변경 없이 세수입을 올릴 수 있어 세부담의 균형을 유지 할 수 있다. 그러나 그 반면 단점으로는 거래 시기나 방법에 따라 수시로 변하는 물품의 과세기준가격을 정확히 산출하기 어렵고, 과세가격의 확정에 복잡한 절차와 비용이 든다는 점이다.

종량세(specific duties)는 물품의 수량, 즉 개수·용적·중량·길이 등을 과세표준으로 하는 조세를 말한다. 세액의 계산방식은 다음과 같이 한다.

$$\text{단위 수량당 세액} \times \text{수량} = \text{관세액}$$

예를 들면, kg당 세액이 1,000원인 B라는 물품 50kgs에 대한 관세는 1,000×50kgs=50,000원, 즉 50,000원 상당의 관세를 부과하게 된다.

적용되는 품목은 영화용필름 등 일부품목이 종량세 적용대상에 해당된다.

종량세의 장점은 과세방법이 간단하여 행정상 편리하고 물품가격신고에 부정의 여지가 없다. 한편 단점으로는 과세의 공평성이 결여되어 있고 과세표준인 중량선정상의 문제가 있고 인플레하에서 재정수입확보가 어렵다는 점이다.

혼합세(combined duties)는 종가세와 종량세를 결합하여 동시에 부과하는 관세로 복합세(compound duties)라고도 한다. 세액은 '종가세+종량세'로 되는데 이것은 국내산업을 특히 보호할 필요성이 있을 때 적용된다. 현행 한국의 관세율표에는 혼합세를 선택하는 품목은 없다.

선택세(alternative duties)라 함은 한 품목에 종가세율과 종량세액을 동시에 정하여 두고 그 중 세액이 높게 산출되거나 낮게 산출되는 것 중 하나를 선택하여 과세하는 관세를 말한다. 고가물품인 경우에는 종가세가 종량세보다 유리하며 저가물품인 경우에는 종량세가 종가세보다 유리하다고 할 수 있다. 선택세는 종가세 및 종량세의 장점이나 단점도 포함하고 있다.

4) 국정관세 · 협정관세

국정관세(general duties; national duties)라 함은 어느 국가가 그 국가의 국내법에 따라 정해진 관세율을 국정세율이라 하고 국정세율에 따라서 부과되는 관세를 국정관세라고 하며 자주관세라고도 한다. 한국의 국정관세는 관세법 별표로 되어 있는 기본관세율, 잠정관세율, 탄력관세율이 있다.

협정관세(conventional duties)는 타국과의 조약에 의하여 특정물품에 대하여 일정률 이하의 관세를 부과하도록 협정하는 경우, 이와 같은 관세율을 협정세율이라 하고, 그것에 따라 부과되는 관세를 협정관세라고 한다. 오늘날 각국의 통상조약에는 어떤 나라가 다른 어느 나라에 저율의 관세특혜를 부여 하였다면 그 특전을 반드시 다른 나라에도 부여한다는 이른바 최혜국대우(most favored nations treatment)를 약속하는 경우가 있고 이와 같이 약속한 조약의 조항을 최혜국조항(most favored nations clause; MFN)이 라고 한다.

협정세율 적용 대상은 WTO협정 일반 양허관세율, WTO협정 개도국간의 양허관세율, 방콕협정 양허관세율, 개발도상국간 무역특혜제도(GSTP) 양허관세율 및 특정국가와의 관세협상에 따른 국제협력관세율이 있다.

08-121 Q 탄력관세제도란 무엇이며 탄력관세의 종류는 어떤 것들이 있을까?

A 탄력관세제도(flexible tariff system)란 법률에 의하여 일정한 조건과 범위를 정하여 입법부가 행정부에 관세율을 탄력적으로 변경하여 운영하는 제도이다. 원래 조세법률주의 아래서는 관세율은 관세법과 같이 입법사항으로 국회의 심의를 거쳐서 결정하는 것이 원칙이지만, 급변하는 국내외적 경제여건에 능동적으로 신속히 대처하기 위하여 그때마다 국회의 의결을 거칠 필요 없이 행정부에 의하여 관세율조정의 기동성을 발휘하는 것이 국내 산업을 보호하고, 국제수지 악화를 방지하고, 국내물가를 안정시켜 오히려 국민경제의 안정에 도움이 된다는 목적에서 사용되는 것이다.

이 제도는 미국·영국·프랑스·일본 등 대부분의 국가에서 채택되고 있으며, 한국도 1967년 관세법개정을 통하여 이 제도를 채택하여 현재 시행되고 있다.

탄력관세의 종류는 다음과 같은 것들이 있다.

1) 덤핑방지관세

덤핑방지관세(anti-dumping duties)라 함은 국내산업에 이해관계가 있는 자로서 대통령령이 정하는 자 또는 주무부장관의 부과요청이 있는 경우로써 국내산 업이 실질적인 피해를 받거나 받을 우려가 있는 경우 국내산업의 발전이 실질적으로 지연된 경우, 외국의 물품이 정상가격 이하로 수입, 즉 덤핑되어 실질적 피해 등이 조사를 통하여 확인되고 당해 국내산업을 보호할 필요가 있다고 인정되는 때에는 그 물품과 공급자 또는 공급국을 지정하여 당해 물품에 대하여 정상가격과 덤핑가격과의 차액, 즉 덤핑차액에 상당하는 금액 이하의 관세를 부과하는 것을 말한다.

또한 주무부장관은 덤핑방지관세의 부과여부를 결정하기 위하여 조사가 개시된 경우로서 조사기간 중에 발생하는 피해를 방지하기 위하여 당해 조사가 종결되기 전이라도 대통령령이 정하는 바에 의하여 그 물품과 공급자 또는 공급국 및 기간을 정하여 잠정적으로 추계된 덤핑차액에 상당하는 금액 이하의 잠정덤핑방지관세를 추가하여 부과할 것을 명하거나 담보의 제공을 명하는, 이른바 잠정조치를 할 수 있다. 덤핑방지관세의 부과와 잠정조치는 각각의 조치일 이후 수입되는 물품에 대하여 적용된다.

2) 상계관세

상계관세(compensation duties)라 함은 국내산업에 이해관계가 있는 자로서 대통령령이 정하는 자 또는 주무부장관의 부과요청이 있는 경우로서 외국에서 제조·생산 또는 수출에 관하여 직접 또는 간접으로 보조금 또는 장려금을 받은 물품의 수입으로 인하여 국내산업이 실질적인 피해를 받거나 받을 우려가 있는 경우 또는 국내산업의 발전이 실질적으로 지연된 경우 조사를 통하여 확인되고, 당해 국내산업을 보호할 필요가 있다고 인정되는 때에는 주무부령으로 그 물품과 수출자 또는 수출국을 지정하여 당해 보조금 등의 금액 이하의 관세를 추가하여 부과하는 것을 말한다.

또한 주무부장판은 상계관세의 부과여부를 결정하기 위하여 조사가 개시된 물품이 보조금 등을 받아 수입되어 국내산업에 실질적 피해 등이 발생된 사실이 있다고 추정되는 충분한 증거가 있음이 확인되는 경우 또는 약속을 철회하거나 위반한 경우와 당해 약속의 이행에 관한 자료를 제출하지 아니한 경우로서 이용 가능한 최선의 정보가 있는 경우에는 대통령령이 정하는 바에 따라 국내산업의 보호를 위하여 조사가 종결되기 전이라도 그 물품의 수출자 또는 수출국 및 기간을 정하여 보조금 등의 추정액에 상당하는 금액 이하의 잠정상계관세의 부과를 명하거나 담보의 제공을 명하는 조치를 할 수 있다. 상계관세의 부과와 잠정조치는 각각의 조치일 이후 수입되는 물품에 대하여 적용된다.

3) 보복관세

보복관세(retaliatory duties)라 함은 교역상대국이 우리나라의 수출물품 등에 대하여 관세 또는 무역에 관한 국제협정이나 양자간의 협정 등에 규정된 우리나라의 권익을 부인하거나 제한하는 경우 또는 기타 우리나라에 대하여 부당 또는 차별적인 조치를 취하는 경우에 우리나라의 무역이익이 침해되는 때에는 그 나라로부터 수입되는 물품에 대하여 피해상당액의 범위 안에서 관세를 부과하는 것을 말한다. 주무부장관은 보복관세를 부과함에 있어서 필요하다고 인정되는 때에는 관련국제기 구 또는 당사국과 미리 협의 할 수 있다.

4) 긴급관세

긴급관세(emergency duties)라 함은 특정물품의 수입증가로 인하여 동종 물품 또는 직접적인 경쟁관계에 있는 물품을 생산하는 국내산업이 심각한 피해를 받거나 받을 우려가 있음이 조사를 통하여 확인되고 당해 국내산업을 보호할 필요가 있다고 인정되는 때에는 당해 물품에 대하여 심각한 피해 등을 방지하거나 치유하고 조정을 촉진하기 위하여 필요한 범위 안에서 관세를 추가하여 부과하는 것을 말한다. 긴급관세는 당해 국내산업의 보호 필요성·국제통상 관계·긴급관세 부과에 따른 보상 수준 및 국민경제 전반에 미치는 영향 등을 검토하여 부과여부 및 그 내용을 결정한다.

또한 긴급판세의 부과여부를 결정하기 위한 조사가 개시된 물품 또는 대외무역법의 규정에 의하여 잠정조치가 건의된 물품에 대하여 조사기간 중에 발생하는 심각한 피해 등을 방지하지 아니하는 경우 회복하기 어려운 피해가 초래되거나 초래될 우려가 있다고 판단되는 때에는 조사가 종결되기 전에 피해의 구제 등을 위하여 필요한 범위 안에서 잠정긴급관세를 추가하여 부과할 수 있다. 긴급관세의 부과 또는 수입수량제한 등의 조치여부를 결정하기 위한 조사결과 수입증가가 국내산업에 심각한 피해를 초래하거나 초래할 우려가 있다고 판단되지 아니하는 때에는 납부한 잠정긴급관세를 환급하도록 규정하고 있다.

5) 농림축산물에 대한 특별긴급관세

농림축산물에 대한 특별긴급관세라 함은 국내외가격차에 상당한 율로 양허한 농림축산물의 수입물량이 급증하거나 수입가격이 하락하는 때에는 대통령령이 정하는 바에 의하여 양허한 세율을 초과하여 관세를 부과하는 것을 말한다.

6) 편익관세

편익관세(beneficial duties)라 함은 관세에 관한 조약에 의한 편익을 받지 아니하는 나라의 생산물로서 우리나라에 수입되는 물품에 대하여 이미 체결된 외국과의 조약에 의한 편익의 한도 안에서 관세에 관한 편익을 부여하는 것을 말한다. 주무부장관은 편익관세의 적용으로 국민경제에 중대한 영향이 초래되거나 초래될 우려가 있는 경우 또는 기타 편익관세의 적용을 정지시켜야 할 긴급한 사태가 있는 경우에 국가·물품 및 기간을 지정하여 편익관세의 적용을 정지시킬 수 있다.

7) 조정관세

조정관세(adjustment duties)라 함은 산업구조의 변동 등으로 물품간의 세율이 현저히 불균형하여 이를 시정할 필요가 있는 경우 또는 국민보건·환경보전·소비자보호 등을 위하여 필요한 경우 또는 국내에서 개발된 물품에 대하여 일정기간 보호가 필요한 경우 또는 농림축수산물 등 국제경쟁력이 취약한 물품의 수입증가로 인하여 국내시장이 교란되거나 산업기반을 붕괴시킬 우려가 있어 이를 시정 또는 방지할 필요가 있는 경우에는 100분의 100에서 당해 물품의 기본세율을 뺀 율을 기본세율에 가산한 율의 범위 안에서 관세를 부과하는 것을 말한다. 농림축수산물 또는 이를 원재료로 하여 제조된 물품의 국내외 가격차가 당해 물품의 과세가격을 초과하는 때에는 국내외 가격차에 상당하는 율의 범위 안에서 관세를 부과할 수 있다.

8) 할당관세

할당관세(tariff quota system)라 함은 원활한 물자수급 또는 산업의 경쟁력 강화를 위하여 특정물품의 수입을 촉진시킬 필요가 있는 경우 또는 수입가격이 급등한 물품 또는 이를 원재료로 한 제품의 국내가격의 안정을 위하여 필요한 경우 또는 유사물품간의 세율이 현저히 불균형하여 이를 시정할 필요가 있는 경우에 100분의 40의 범위 안의 율을 기본세율에서 감하여 관세를 부과하는 것을 말한다. 이 경우 필요하다고 인정되는 때에는 그 수량을 제한할 수 있다.

한편 특정물품의 수입을 억제할 필요가 있는 때에는 일정한 수량을 초과하여 수입되는 분에 대하여 100분의 40의 범위 안의 율을 기본세율에 가산하여 관세를 부과할 수 있다. 다만, 농림축수산물의 경우에는 기본세율에 동종물품·유사물품 또는 대체물품의 국내외 가격차에 상당하는 율을 가산한 율의 범위 안에서 관세를 부과할 수 있다.

9) 계절관세

계절관세라 함은 가격이 계절에 따라 현저하게 차이가 있는 물품으로서 동종물품·유사물품 또는 대체물품의 수입으로 국내시장이 교란되거나 생산기반이 붕괴될 우려가 있는 때에는 계절구분에 따라 당해 물품의 국내외가격차에 상당하는 율의 범위 안에서 기본세율보다 높게 관세를 부과하거나 100분의 40의 범위 안의 율을 기본세율에서 감하여 관세를 부과하는 제도를 말한다.

08-122 Q 관세환급제도란 무엇이며 관세환급의 대상은?

A 관세환급이란 수출용원재료를 수입하는 때에 납부한 관세 등[7]을 일정한 기간 내에 수출 등에 제공한 때에 수출자 등에게 되돌려주는 것을 말한다. 이는 '수출용원재료에 대한 관세 등 환급에 관한 특례법'에 의한 정의인데, 납세의무의 형평과 징수행정의 공정을 기하기 위한 '관세법'상의 과오납금의 환급과 위약물품의 환급도 관세환급이라고 할 수 있다. 그러나 일반적으로 관세환급이라고 할 때는 환급특례법에 의한 환급을 말한다.

관세환급제도를 실시하는 이유는 부존자원이 부족하고 기술수준이 만족하지 못한 수준에서는 수출품을 제조·가공하는 데 소용되는 원재료를 수입에 의존할 수밖에 없고 거기에다 원재료비용이 높기 때문에 수출물품의 총원가에 관세 등을 포함시킬 때 수출가격은 자연적으로 상승하게 되고, 경쟁력은 떨어지게 된다. 따라서 수출용원재료에 대한 관세 부담을 면제시켜 국내산업을 보호하고 점차적으로 국산원자재의 사용·개발을 촉진시키고 국제경쟁력을 제고시킴으로써 수출증대에 기여하고 국제수지를 개선하고자 하는 데, 그 목적이 있다.

한국의 관세환급제도는 원자재수입의존적인 수출구조 아래서 원자재수입시에는 수출에 사용할 것을 조건으로 면세하는 사전면세제도를 사용하여 오다가 절차간소화와 국산원자재 사용을 촉진시키기 위하여 1974년 12월 12일 법률 제2675호로 관세환급특례법을 공포하고 시행시기를 미뤄오다가 1975년 7월 1일부터 시행하기에 이르렀다.

관세환급의 대상이 되기 위해서는 다음과 같은 수출과 수입의 요건을 갖추어야 한다.

첫째, 관세환급대상 수출의 요건이다.

관세환급대상이 되기 위해서는 우선 제품을 수출 등에 제공하여야 하는데 이를 환급대상수출이라 한다. 현행 법령상 환급대상수출의 범위는 다음과 같다.

① 관세법의 규정에 의하여 수출신고가 수리된 수출
② 우리나라 안에서 대가를 외화로 받는 판매 또는 공사 중 주무부령이 정하는 것
③ 관세법에 의한 보세구역 중 주무부령이 정하는 구역 또는 자유무역지역의 지정 및 운영에 관한 법률에 따른 자유무역지역의 입주업체에 대한 공급

7) 여기서 관세 등이라 함은 관세법에 의거 수입 통관시에 이미 납부한 관세, 부가세, 개별소비세, 주세 등 세법에서 정한 세종을 포괄적으로 일컫는 말이다.

④ 기타 수출로 인정되어 주무부령이 정하는 것

둘째, 관세환급대상 수입의 요건이다.

환급자체가 수출용원재료를 수입하는 때에 납부한 관세를 돌려주는 것이기 때문에 관세환급대상이 될 수 있는 원재료는 다음의 세 가지 요건을 모두 갖추어야 한다.

① 수출용원재료에 해당하여야 하고, ② 외국에서 수입하는 때에 관세 등을 징수한 물품이어야 하며,[8] ③ 수입신고수리일로부터 일정한 기간 내에 수출 등에 제공하여야 한다.

수출용원재료의 범위는 ① 수출물품을 생산한 경우에는 생산시의 물리적·화학적 변화과정에서 당해 수출물품에 물리적으로 결합되거나 화학적 반응으로 수출물품을 형성하는데 소요되는 원재료, ② 수입한 상태 그대로 수출한 경우에는 수출품, 국내에서 생산된 원재료와 수입된 원재료가 동일한 질과 특성을 가지고 상호 대체사용이 가능하여 수출품의 생산과정에서 이를 구분하지 아니하고 사용된 경우에는 수출용원재료가 사용된 것으로 본다.

거래단계별 수출이행기간으로 물품이 수출 등에 제공된 때에는 수출 등에 제공한 날이 속하는 달의 말일이나 수입신고수리일 기준으로 소급하여 2년 이내에 수입된 당해 물품의 수출용원재료에 대한 관세 등을 환급한다. 수출용원재료가 내국신용장 등에 의하여 거래된 경우 수출이행기간에 이를 산입하지 아니한다. 다만, 수출용원재료가 수입된 상태 그대로 거래된 경우에는 세관장이 관세 등의 납부세액을 증명 하는 서류(수입분할증명서)를 발급받아 수출이행기간은 수입분할증명서상의 수입일자로부터 수출신고필증의 수출신고수리일이 속하는 달의 말일까지 2년이 된다.

---

8) 수입하는 때에 관세 등을 징수한 수입물품은 유환·무환 수입을 불문하고 환급대상이 된다.

08-123 Q 관세환급의 방법으로서 정액환급과 개별환급이란?

A 관세 등의 환급방법은 크게 정액환급과 개별환급으로 구분할 수 있다.

먼저 정액환급이라 함은 물품을 수출하였을 때 수출물품별로 미리 정해진 금액을 환급하는 것을 말한다. 즉, 수출물품별로 환급하여야 할 금액을 사전에 정하여 정액환급률표에 기재하여 놓고 그러한 물품이 수출되었을 때 수출신고필증만 제시받아 소요원료, 재료별 납부세액 등을 일일이 계산하지 않고 정액환급률표에 기재된 환급액을 그대로 환급하여 주는 방법이다.

정액환급은 수출용원재료의 전체적인 평균개념에 의해 산출된 금액으로 환급방법이 매우 간단하고 수출신고필증만을 제시받아 환급하여 주기 때문에 간소한 환급절차 등 장점이 있으나 평균개념에 의거 산출된 금액이므로 부문별로는 과다·과소환급이 발생할 소지가 많다.

그 다음으로 개별환급이라 함은 수출품을 제조하는 데에 소요된 원재료의 수입시 납부한 관세 등의 세액을 소요원재료별로 확인·합계하여 환급금을 산출하는 방법을 말한다.

개별환급방법은 정액환급에 비하여 납부세액을 정확하게 환급할 수 있는 장점은 있으나 구비서류가 복잡하고 환급금산출에 많은 시일이 소요됨이 결점으로 지적 되고 있다.

개별환급을 신청할 경우에 관련되는 여러 가지 제토가 있다.

① 소요량계산제도이다. 이는 수출신고필증을 근거로 실제 수출된 물품에 대한 소요원재료의 양, 구체적으로는 원재료의 실량에 제조과정에 소비되는 손모량을 더한 기준소요량이 얼마인지를 소요량계산서에 의하여 환급금산출근거로 삼게 된다.

② 개별환급금 지급제한제도이다. 이는 국산원자재의 사용 및 개발을 촉진하기 위하여 국내생산이 가능한 원재료에 대하여는 환급을 제한하는 것이다.

③ 부산물공제제도이다. 이는 수입시 납부한 관세 등의 금액에서 부산물의 가치에 해당하는 금액을 공제한 후 잔액을 환급하는 것을 말한다. 부산물공제 제도를 운영하는 이유는 수출물품 제조과정에서 경제적 가치가 있는 부산물이 발생하는 경우 손모율로 인정된 부분에서 부산물이 발생함에도 소요된 수입원재료의 납부세액 전부를 환급함은 형평의 원칙에 맞지 않을 뿐만 아니라 사실상 수출되지 아니한 부산물 제조용 원재료에 대하여도 관세 등을 환급한다는 것은 부당하기 때문이다. 수출물품의 제조과정에서 발생된 부산물 중 환급금에서 공제대상이 되는 부산물은 경제적인 가치가 있어서 판매되거나 자가 사용된 것을 말한다.

부산물이 발생한 원재료에 대한 환급액 및 부산물공제비용은 다음 공식에 의하여 산출한다.

환급액 = 부산물공제 전 환급액 × (1−부산물 공제비율)

부산물 공제비율=D/(AXC−B+D)

A: 부산물이 발생하는 공정에서 생산된 제품이 가격

B: 환급을 받고자 하는 원재료 중 부산물이 발생하는 공정에 소요된 원재료의 가격

C: 부산물을 발생시킨 원재료의 가격

D: 부산물의 가격

④ 평균세액증명제도이다.

이는 당해수출상이 그 달에 외국으로부터 수입하거나 국내에서 구매한 수출용원자재를 HS 10단위별로 통합함으로써 규격확인을 생략하고 전체 물량의 평균세액을 산출하여 환급하는 것으로 환급절차를 간소화하기 위한 제도이다.

08-124 Q 관세환급의 신청과 환급액 산출방법은?

A 관세환급의 신청권자를 보면 대외무역법의 규정에 의하여 정상수출한 물품에 대해서는 수출신고필증상의 수출자가 환급신청을 하여야 하지만 완제품내국신용장이나 구매확인서에 의하여 완제품을 수출자에게 공급한 경우에는 수출자의 인감증명이 첨부된 위임장에 의하여 물품공급자도 관세환급신청권자가 될 수 있다.[9] 기타 승인면제수출이나, 외화판매·외화공사 및 수출 등에 제공하기 위한 물품공급의 경우에는 동 물품을 공급·출품한 자가 환급금신청권자가 된다.

관세환급은 관세청장이 지정한 세관에 신청하도록 관세환급특례법에서 규정하고 있다. 환급대상이 되는 수출물품의 환급신청세관은 수출신고서 등에 표시하여야 하며 이러한 환급신청기관을 변경하고자 하는 경우에는 환급 신청기관변경신청서를 변경 전의 관할지세관장을 경유하여 관세청장에게 제출하여 승인을 받아야 한다.

환급업체(관세사)는 환급대상 수출신고필증 중 동일한 HS 품목으로 같은 달에 수출된 수출건을 취합하여 신청서를 작성해야 하며 해당 수출건에 사용된 수입(매입)물품의 소요량을 계산근거로 하여 환급신청서 및 제증명서를 환급처리용 소프트웨어에 입력하며, 소프트웨어가 준비되지 않은 중소업체의 경우 관세사에 환급대행을 의뢰하거나 전국 주요세관 및 상공회의소의 입력시설을 이용하여 입력할 수 있다.

환급신청권의 소멸시효와 관련하여 수출물품에 대한 관세 등의 환급신청은 물품이 수출 등에 제공된 날로부터 2년 이내에 하여야 한다. 이 때 수출 등에 제공된 날이란 수출신고 수리되는 물품은 수출신고필증상의 수출신고수리일, 외화판매 또는 외화공급이 되는 경우에는 공급한 날이 된다.

또한 일괄환급신청과 관련하여 환급신청시에는 수출신고필증상의 수출물품(HS 10단위별) 전량에 대하여, 제조·가공에 소요된 원재료 전부를 일괄하여 신청하여야 한다. 그렇지 아니한 경우에는 관세환급 사항을 환급기관뿐만 아니라 수출업체에서도 관리할 수 없기 때문이다. 다만, 부득이한 경우에는 분할환급과 추가환급을 허용하고 있다.

그리고 환급액 산출방법과 관련하여 관세환급액은 수출신고필증상의 FOB원화가격, 기초원재료 납세증명서 발급신청의 경우는 내국신용장, 구매확인서 또는 특수신용장상의 물품금액 10,000원당 책정한 간이정액환급률을 곱하여 산출한다.

---

9) 수출신고필증상 수출유형 중 제조자수출, 수출위탁, 완제품공급란을 봐서 제조자수출이라고 표시되어 있으면 수출자가 신청권자이고, 그 외는 물품공급자가 신청권자가 된다.

$$\text{환급액} = \frac{\text{수출신고필증상의FOB원화가격}}{10,000} \times \text{간이정액환급률}$$

다만, 기초원재료납세증명서를 발급신청 할 때 물품대금과 양도세액이 구분표시되지 아니한 경우는 다음의 공식에 의거 물품대금을 산출한 뒤 간이정액환급금 산출공식에 의거 산출한다.

$$\text{물품대금} = \frac{\text{원화로 표시된 내국신용장 등의 거래금액}}{[1+(\text{적용할 간이정액})/10,000]}$$

08-125

Q "A.T.A. 까르네"란 무엇인가?

A "A.T.A. 까르네"라 함은 "물품의 일시수입을 위한 일시수입통관증서에 관한 관세 협약"(Convention on Admission Temporaire–Temporary Admission Carnet)에 의거 일시수입통관증서로 '물품의 일시수입통관제도'(ATA 까르네)라고 할 수 있다 ATA는 일시 수입의 의미인 불어 "Admission Temporarie"와 같은 뜻의 영어 Temporary Admission의 문자를 결합하여 만든 것으로 "Carnet"란 제도를 의미한다. 여기에서 일시수입이라 함은 관세법 등 국내법령과 협약에 규정된 수입관세 등이 면제된 일시수입을 말한다. "ATA Carnet" 협약은 1961년 12월 6일 관세협력이사회(CCC)가 채택, 1963년 7월 30일 그 효력이 발생되었다. 우리나라도 1978년 4월 4일 가입하여 1979년 4월 1일부터 대한상공회의소가 신청 및 발급 업무를 담당하고 있다.

ATA 까르네는 가입국간에 일시적으로 물품을 수입, 수출 또는 보세 운송하는 데 있어 수입국 세관에서 요구하던 복잡한 통관서류나 관세납부 및 예치절차를 생략하는 증서로서 재수출을 조건으로 이 증서를 이용하면 통관절차를 대폭간소화 및 신속·편리하게 할 수 있는 제도이다. ATA까르네증서의 유효기간은 발급일로부터 1년간이며 일시 수입될 상품을 세관에서 정한 재수출기간내에 재수출하여야 하며 예정수입관세율을 적용하며 소정의 담보금과 수수료를 징수한다.

ATA 까르네로 일시 면세수출 · 수입할 수 있는 물품은 ① 직업용구, ② 전시회, 박람회, 회의 등 행사에서 전시 또는 사용될 물품, ③ 상품견본 및 광고용 물품, ④ 포장용기, ⑤ 선원의 후생용품, ⑥ 과학장비, ⑦ 교육용구 등이다.

무역결제 서류와 무역대금 결제

Chapter 9

09-126 Q 무역결제를 위한 서류들은 어떠한 것들이 있나요?

A 무역결제서류라 함은 물품에 대한 대금청구서인 상업송장(commercial invoice)과 물품인도의 증거서류인 운송서류(transport documents) 등 무역대금결제와 관련하여 사용되는 모든 문서를 총칭하는 말이다.[1] 특히 신용장에 의한 무역대금결제는 물품거래가 아닌 서류거래에 의해 이루어지고 있으며, 대부분의 무역거래는 물품이 아닌 서류(document)라는 상징(symbol)에 의하여 대금결제가 이루어지고 있다. 지급신용장을 제외한 신용장방식과 추심방식인 D/P · D/A 거래에서는 무역서류에 수출자가 발행한 환어음(draft; bill of exchange)이 추가된다. 송금환방식이라 하더라도 대금은 물품선적 전에 선지급(payment in advance)받지만, 물품선적 후 수입통관 수속할 수 있는 서류를 수출자가 수입자에게 송부하는 것은 마찬가지이다. 따라서 서류제공과 대금지급은 결제방식에 따라 얼마든지 그 선후가 뒤바뀔 수 있다.

무역결제서류는 기본서류로 상업송장·운송서류·보험서류가 있다. 이는 매도인이 매수인에게 반드시 제공하야야 하는 필수적인 서류로 신용장통일규칙에서는 이들 세 가지 서류에 대한 은행의 수리요건을 규정하고 있다. 또한 임의서류로 포장명세서·원산지증명서 등의 서류는 매수인의 요구에 따라 추가적으로 제공할 수 있다.

다음의 [표 9-1]는 무역결제서류의 종류를 나타낸 것이다.

---

1) 선적서류(shipping documents)라고도 하고 있으나 이 표현에 관하여 ISBP에서는 UCP 600에서 정의되지 아니하였으므로 사용되어서는 아니 되도록 하고 있다. 신용장상에서는 “Documents” 또는 “Documents required” 등으로 표기하고 있다. 여기에서는 무역대금결제와 관련된 포괄적인 서류개념으로 보아서 무역결제서류라고 표시하고자 한다. 그렇다고 운송서류(transport documents)가 모든 결제서류를 뜻하는 것은 아니다. 왜냐하면 신용장통일규칙에서도 운송서류의 개념은 선화증권·항공화물운송장과 같이 실제 적재·발송·수탁 등 물품인도의 증거서류만을 의미하고 있기 때문에, 보험서류(insurance documents)와 같은 서류가 운송서류로 부른다는 것은 모순이 될 수 있다. 한편 추심에 관한 통일규칙에 의하면 서류라 함은 금융서류(환어음·약속어음·수표·영수증)와 상업서류(송장, 운송서류, 권리서류, 이와 유사한 서류)를 의미한다고 규정하고 있다.

[표 9-1] 무역결제서류

- 무역결제서류
  - 기본서류
    - 상업송장(Commercial Invoice)
    - 운송서류
      - 해상운송서류
        - 해상/해양선화증권 (Marine/Ocean B/L
        - 해상화물운송장(Sea Waybill)
      - 항공운송서류
        - 항공화물운송장(Air Waybill)
        - 항공화물수탁서 (Air Consignment Note)
      - 육상운송서류
        - 철도화물수탁서 (Railway Consignment Note)
        - 도로화물수탁서 (Road Consignment Note)
      - 내수로운송서류(Inland Waterway Transport Document)
      - 복합운송서류
        - 복합운송선화증권 (Multimodal Transport B/L)
        - 운송주선인협회국제연맹복합운송선화증권(FIATA Combined Transport B/L)
      - 기타운송서류
        - 우편수령증(Post Receipt)
        - 특사수령증(Courier Receipt)
    - 보험서류
      - 해상보험증권(Marine Insurance Policy)
      - 보험증명서(Certificate of Insurance)
  - 임의서류
    - 송장부속서류
      - 포장명세서(Packing List)
      - 중량 및 용적증명서(Certificate of Weight and Measurement)
    - 수입국 공적 필요서류
      - 원산지증명서(Certificate of Origin)
      - 일반특혜관세원산지증명서(Generalized Systems of Preferences Certificate of Origin)
      - 영사송장(Consular Invoice)
      - 세관송장(Customs Invoice)
    - 품질증명서류
      - 검사증명서(Inspection Certificate)
      - 위생증명서(Health Certificate)
      - 검역증명서(Quarantine Certificate)
    - 기타 부속서류
      - 차변표(Debit Note)
      - 대변표(Credit Note)

09-127 Q 상업송장이란 무엇이며 상업송장의 용도는 무엇일까?

A 상업송장(commercial invoice)이라 함은 매도인, 즉 수출자가 매수인인 수입자 앞으로 발행하여 물품에 대한 대금청구서, 물품의 명세서, 견적서 그리고 선적안내서로 사용되는 상용문서이다.

상업송장은 대금청구서의 기능 외에도 매매계약상 매도인의 의무이행 사실을 입증하는 중요한 서류이다. Incoterms® 2010은 각 거래조건 별 매도인의 의무조항(A.1)으로 매도인은 매매계약조건에 일치하는 물품과 상업송장을 제공하여야 함을 규정하고 있다. 이는 상업송장이 일치증명(evidence of conformity)으로서의 주요한 기능을 수행하는 기본적인 서류로 이해할 수 있다. 신용장통일규칙에서도 "상업송장상의 물품, 서비스 또는 이행의 명세는 신용장에 보이는 것과 일치하여야 한다"고 규정하고 있는 것처럼 상업송장은 신용장과 서류의 엄밀일치성의 판단의 근거가 된다.

상업송장은 신용장상의 수익자(beneficiary)명의로 신용장발행의뢰인(applicant) 앞으로 작성되어야 한다. 또한 서명이 요구되지 않는다.

송장(invoice)은 그 용도에 따라 상거래용으로 작성되는 상업송장(commercial invoice)과 영사관이나 세관용으로 작성되는 공용송장(official invoice)으로 대별할 수 있다.

상업송장은 무역계약을 이행하고 거래조건에 따라 작성되는 선적송장(shipping invoice), 가격계산을 기초로 사용되는 견적송장(pro-forma invoice), 견본을 송부할 때 작성되는 견본송장(sample invoice), 위탁매매 시에 사용되는 위탁메매송장(consignment/indent invoice)이 있다.

공용송장은 수입지세관에서 수입물품에 대한 과세가격의 기준이나 덤핑유무의 확인 등을 목적으로 하는 세관송장(customs invoice)과 수입물품 가격을 높게 책정하여 외화를 도피하거나 낮게 책정하여 관세를 포탈하는 것을 방지하기 위하여 수출국주재 수입국영사의 확인을 받도록 하는 영사송장(consular invoice)이 있다.

[서식 9-1] 상업송장

COMMERCIAL INVOICE

<table>
<tr><td colspan="2" rowspan="2">①Shipper/Seller
Seoul Trading Co., Ltd.
15, 1-ga, Sogong-dong, Joong-gu
Seoul, Korea</td><td>⑧No. & date of invoice
601 August 5, 20xx</td></tr>
<tr><td>⑨No. & date of L/C
78910 June 15, 20xx</td></tr>
<tr><td colspan="2">②For account & risk of Messrs.
America International Inc.
350 Fifth Avenue, New York
N.Y.10118, U. S. A.</td><td>⑩L/C issuing bank
Bank of America, New York</td></tr>
<tr><td colspan="2">③Notify party

Same as above</td><td>⑪Remarks
Other details are as per Sales Note No. 10018 Dated June 5, 20xx</td></tr>
<tr><td>④Port of loading

Busan, Korea</td><td>⑤Final destination

New York, U.S.A.</td><td>⑫Payment Terms

Letter of Credit, At sight</td></tr>
<tr><td>⑥Carrier

Silver Star 5W</td><td>⑦Sailing on or about

July 31, 20xx</td><td>⑬Price Terms

CIF New York Incoterms® 2010</td></tr>
</table>

⑭Marks & numbers of Pkg	⑮Description of Goods	⑯Quantity	⑰Unit-price	⑱Amount
A I I	Men's Split Leather Jacket			
NEW YORK				
C/NO : 1-200	ST-101	2,000PCS	@USD25	USD50,000
MADE IN KOREA	ST-102	2,000PCS	@USD25	USD50,000
	Total	4,000PCS		USD100,000

P.O.Box :
E-mail :
Telefax No. :
Telephone No. :

⑲ Signed by

Seoul Trading Co., Ltd.
Gildong Hong
Gil-dong Hong
President

[서식 9-2] 포장명세서

PACKING LIST

<table>
<tr><td colspan="2">①Shipper/Seller
Seoul Trading Co., Ltd.
15, 1-ga, Sogong-dong, Joong-gu
Seoul, Korea</td><td>⑧No. & date of invoice
601 August 5, 20xx

⑨No. & date of L/C
78910 July 15, 20xx</td></tr>
<tr><td colspan="2">②For account & risk of Messers.
America International Inc.
350 Fifth Avenue, New York
N.Y.10118, U. S. A.

③Notify party
Same as above</td><td>⑩Consignee
To the order of Shipper

⑪Remarks
Other details are as per Sales Note No. 10018 Dated June 5, 20xx</td></tr>
<tr><td>④Port of loading
Busan, Korea</td><td>⑤Final destination
New York, U. S. A.</td><td>⑫Payment Terms
Letter of Credit, At sight</td></tr>
<tr><td>⑥Carrier
Silver Star 5W</td><td>⑦Sailing on or about
July 31, 20xx</td><td>⑬Price Terms
CIF New York Incoterms® 2010</td></tr>
</table>

⑭Marks & numbers of Pkg	⑮Description of Goods	⑯Quantity/Netwt	⑰Gross wt	⑱Measure
A I I	Men's Split Leather Jackets			
NEW YORK	ST-101	2,000PCS	1,280KGS	24.000CBM
C/NO : 1-200	ST-102	2,000PCS	1,280KGS	24.000CBM
MADE IN KOREA				
	Total	4,000PCS	2,560KGS	48.000CBM

P.O.Box :
E-mail :
Telefax No. :
Telephone No. :

⑲ Signed by Seoul Trading Co., Ltd.
Gildong Hong
Gil-dong Hong
President

09-128 Q 운송서류 중 많이 활용되는 해상선화증권은 어떠한 종류가 있을까?

A 해상물품운송은 운송기간이 일반적으로 장기간에 걸치기 때문에 운송물품의 수령이나 권리의 양도를 위하여 주로 선화증권이 이용되고 있다. 선화증권(Bill of Lading: B/L)은 해상물품운송계약에 따른 운송물의 수령 또는 선적을 증명하고, 해상운송인에 대한 운송물의 인도청구권을 나타내는 유가증권이다. 선화증권의 주요한 기능은 증권의 소유자나 피배서인이 물품의 인도를 주장할 수 있는 권리증권(document of title)이며, 물품인도의 증거 및 운송계약의 증거이다.

계약물품을 운송하기 위해서는 송화인(shipper)이 선박회사나 그 대리점과 운송계약을 체결하고, 물품을 해상운송인에게 인도하고 선화증권을 운송인으로부터 발급받아 수입자에게 전달하도록 수속을 취하게 된다. CFR, CIF, CIP규칙에서는 매도인(송화인)이 선박지정 및 운임지급에 관하여 운송계약을 체결하지만, FCA, FOB규칙은 매수인이 선박지정 및 운임지급 등에 관하여 운송계약을 체결한다. 실무적으로 선복예약은 물품선적시기에 맞추어 매수인과 협의하여 수출지에서 매도인이 수행하게 된다.

실무에 주로 활용되는 선화증권들은 다음과 같다.

첫째, 선적선화증권과 수취선화증권이다.

선적선화증권(shipped B/L)은 운송화물을 본선에 적재한 후에 발행한 선화증권이다. 선적선화증권은 선화증권상에 “Shipped in apparent good order and condition”이라는 문언이 기재되어 있다. 이 경우 선적선화증권상의 증권의 발행일자(date of issue)는 곧 본선적재일자가 된다.

선적선화증권은 선화증권의 성질과 법적 요건이 모두 갖추어진 운송서류이다.

선적선화증권과 결과적으로 효력은 같지만 구별하여야 할 것은 본선적재선화증권(on board B/L)으로 이는 수취선화증권(received B/L)양식, 즉 “Received the goods, or packages said to contain goods herein mentioned, in apparent good order and condition…”과 같은 문언이 기재된 증권상에 “Loaded on board dated August 5, 2011”과 같이 본선적재 또는 선적완료 문구가 있고 서명형식을 갖춘 선화증권이다. 이 선화증권은 선적선화증권과 비교할 때 실질적 효력은 동일하다.

따라서 해상선화증권은 물품이 지정선박에 적재(loaded on board) 또는 선적(shipped)되었음을 명시하여야 한다. 또한 해상선화증권은 운송인 명칭이 증권문면상에 기재하여야 하며, 운송인(carrier) 또는 운송인을 위한 또는 운송인을 대리하는 지정대리인(named agent for or on behalf of the carrier), 선장(master) 또는 선장을 위한 또는 선장을 대리하는 지정대리인에 의하여 서명 또는 인증(authentication)이 되어야 한다.

한편 수취선화증권(received B/L; received for shipment B/L)은 송화인의 화물을 단지 수령한 상태에서 발행된 선화증권을 말한다. 이는 화물을 선적할 선박이 선내에 정박중이거나, 아직 입항되지 않았으나 선박이 지정된 경우에 운송인이 화물을 수령하고 선적 전에 발행한 선화증권이다.

매매계약시에 FOB나 CIF 규칙을 사용할 경우에는 해상운송의 대표적인 조건으로서 선적선화증권(shipped B/L) 또는 본선적재선화증권(on board B/L)을 보통 요구하게 되므로, 특별히 신용장상에 허용하지 않는 한 수취선화증권은 거절된다.

둘째, 무사고선화증권과 사고선화증권이다.

무사고선화증권(clean B/L)이라 함은 화물이 본선에 양호한 상태로 또는 선복예약수량대로 적재되어 선화증권여백의 비고(remarks)란에 "three cartons broken", "two cases short in dispute"처럼 사고 문언의 표시 없이, 예컨대 증권면에 "Shipped on board in apparent good order and condition"이라고 표시된 완전한 선화증권을 말한다. 무역거래에서는 당연히 무사고선화증권을 요구하게 된다.

한편 사고선화증권(foul B/L; dirty B/L)은 적재화물의 포장이나 수량 등이 위에 언급한 사고의 문언표시가 비고(remarks)란에 기재되어 있는 선화증권을 말하며, "Claused B/L"이라고도 한다. 해상운송인은 선적화물이 사고가 발생되어 있는 상태에서는 귀책문제가 따르므로 사고선화증권을 발행하여 주기 때문에 이와 같은 운송서류는 신용장상에 특별히 허용하지 않는 한 은행은 수리를 거절하게 된다. 이 경우 송화인인 수출자는 사고물품에 대한 대체품이 있다면 모르되 선박출항 일정과 제조·가공하는 시간, 원재료의 부족 등으로 사고 물품을 그냥 선적시켜야 할 경우에는 선박회사에 파손화물 보상장(Letter of Indemnity: L/I)을 제공하고, 무사고선화증권을 발급받게 되면 매입은행에 수출환어음 보증장부매입(under indemnity negotiation)을 면할 수 있다.[2] 이 때 도착지에서의 사고내용에 대한 보상과 모든 책임은 당연히 수출자가 부담하게 된다.

셋째, 지시식 선화증권과 기명식 선화증권이다.

지시식 선화증권(order B/L)이라 함은 선화증권의 수화인(consignee)란에 ① "to order", ② "to the order of A", 또는 ③ "to the order of ABC Bank"로 표시하여 발행된 선화증권을 말한다. ①과 ②의 경우에는 대개 무기명배서(blank endorsement:

2) 이 경우 보험회사는 파손화물에 대하여 보상책임이 없기 때문에 수출자는 보험회사에 동 사실을 고지하여야한다. 그렇지 않으면 사기로 간주될 수 있다.

endorsed in blank)를 요구하게 되는데, 이 경우에는 선화증권 원본 뒷면에 송화인인 수출자가 배서를 하고 권리를 양도한다. 이 때 선화증권소지자가 화물에 대한 담보권을 취득하게 된다.

기명식 선화증권(straight B/L)이라 함은 화물의 수령인인 수입자의 상호와 주소를 수화인란에 기재한 선화증권을 말하며 화물의 소유권은 특정인에게 귀속된다. 따라서 송금환방식(remittance basis)이나 선수금을 받는 선대신용장(red clause L/C)이에 의한 거래가 아니면 수화인을 수입자명의로 기재하는 기명식 선화증권을 발행하지 않는 것이 안전하다.[3)]

넷째, 운송주선업자가 발행한 집단선화증권이다.

화주의 화물을 운송주선업자(freight forwarder)에게 인도하여 발급받게 되는 운송서류를 "House B/L" 또는 "Forwarder's B/L"이라고 한다. 또한 여러 화주의 화물을 혼재(consolication)하여 운송주선업자가 해상운송을 직접 수행하는 선박회사에게 선복을 예약(booking)하여 다수의 화주화물을 동일행선지별로 FCL화한 화물을 인도받은 후 선박회사가 운송주선업자에게 발급해 주는 운송서류를 집단선화증권(groupage B/L) 또는 "Master B/L"이라고 한다. 이 경우에 수출자가 자기거래은행에게 제시하는 서류는 "House B/L"이다. 이에 따라 수입자는 동 서류를 인도받아 도착지에서 화물을 수령하게 된다. "Master B/L"은 운송주선업자와 선박회사간에 화물인도 및 운임청산용으로 사용하게 된다.

다섯째, 비유통 해상화물운송장이다.

해상화물운송장(Sea Waybill: SWB)은 항공화물운송장(Air Waybill)과 같이 화물수령증으로 운송장의 수화인란에 특정인의 성명·주소가 기재되어 유통금지문언이 부기된 비유통 운송서류이다. 단순한 화물수령을 표시한 증거증권이며, 권리증권(document of title)이 아니다. 일반적으로 해상화물운송장은 본·지사간 거래, 신용이 두터운 거래처와의 거래, 이사화물 등에 이용되는 운송서류이다.

해상화물운송장은 기명식으로 발행되며, 항해 중에 전매할 필요성이 없는 경우에 사용된다.

여섯째, 용선계약 선화증권이다.

용선계약 선화증권(charter party B/L)이란 화주가 살물(bulk cargo)형태의 대량화물을 운송하기 위하여 특정한 항로(voyage) 또는 기간(time) 동안 용선하는 경우, 화주와 선박회사 사이에 체결된 용선계약(Charter Party: C/P)에 의하여 발행되는 선화증권

---

3) 항공운송의 경우 항공화물운송장(Air Waybill: AWB)상에는 수화인(consignee)으로는 보통 신용장발행은행을 기재하도록 요구하고 있는데, 그 이유는 항공화물은 해상운송보다 신속히 운송되어 운송중 화물의 전매나 유통상에 시간적 여유가 없을 뿐더러 그 특성상 실효가 없기 때문이다.

을 말한다. 신용장에 의한 거래에서는 용선계약 선화증권은 신용장상에 요구가 있거나 허용될 때 사용할 수 있다.

09-129 Q 선화증권의 수화인(consignee)란의 기재와 선화증권의 배서는 어떻게 할까?

A 선화증권의 발행은 보통 신용장거래시에는 운송서류 문언에 지시되기 때문에 그에 따른다. 선화증권발행시 수화인(consignee)란은 신용장상의 운송서류에 명시된 조건에 따라 기재하여야 한다. 무역거래에서는 해상선화증권은 일반적으로 지시식으로 발행된 것이 많이 사용된다.

먼저 선화증권 수화인란의 기재방식이다.

① **기명식:** 이는 수화인란에 특정인의 상호·주소를 기재하는 방식이다. 예를 들면 "Consignee: America International Inc., New York"와 같이 기재한다.

② **지시식:** 이에는 단순지시식, 기명지시식 및 선택지시식이 있다.
단순지시식은 단순히 "to order"라고 기재하는 방식이다. 예를 들면 "Consignee: to order"와 같이 기재한다.
기명지시식은 "to the order of ×××"로 기재하는 방식이다. 예를 들면 "Consignee : to the order of Seoul Trading Co., Ltd."와 같이 기재한다.
선택지시식은 "× × × or order"로 기재하는 방식이다. 예를 들면 "Consignee: America International Inc. or order"와 같이 기재한다.

③ **소지인식:** 이에는 단순소지인식과 선택소지인식이 있다.
단순소지인은 수화인란에 소지인, 즉 "Bearer"로 기재하는 방식이다. 예를 들면 "Consignee: Bearer"와 같이 기재한다.
선택소지인식은 수화인란에 "××× or Bearer"로 기재하는 방식이다. 예를 들면 "Consignee: America International Inc. or Bearer"와 같이 기재한다.

④ **무기명식:** 이는 일명 백지식이라고도 하며 수화인란은 공란(blank)으로 두는 것으로, 예를 들면 "Consignee: …"와 같이 한다. 이 경우 선화증권의 취급은 소지인식과 같은 요령으로 한다.

그 다음으로 선화증권의 배서이다.

선화증권의 배서(endorsement)는 증권을 타인에게 양도할 때 행하게 되는데, 배서방식에는 기명식 배서, 지시식 배서, 무기명식 배서가 있다. 배서는 신용장상의 선화증권 조항의 지시에 따르되 선화증권 수화인란이 단순지시식이나 송화인의 지시식으로 발행될 때 수익자(수출자)가 무기명 배서한다.

배서는 선화증권 원본 전통(full set)의 이면에 다음과 같이 행한다.

① **기명식 배서(full endorsement)**: 기명식 배서는 피배서인(endorsee)의 성명 또는 상호를 명기하여 배서인(endorser)이 서명하는 방식이다. 기명된 수화인에게 선화증권을 인도하기 위해서는 배서가 연속되어야 한다. 예를 들어 "America International Inc."에게 기명배서를 하고자 할 경우는 다음과 같이 한다.

Deliver to America International Inc.
Seoul Trading Co., Ltd.
Gildong Hong
Gil-dong Hong
President

② **지시식 배서(order endorsement)**: 지시식 배서는 피배서인으로서 "order of X" 또는 "X or order"와 같이 기재하는 방식이다. 예를 들어 "America International Inc."에게 지시식 배서를 하고자 할 경우에는 다음과 같이한다.

Deliver to the order of America International Inc.
Seoul Trading Co., Ltd.
Gildong Hong
Gil-dong Hong
President

Deliver to America International Inc. or order
Seoul Trading Co., Ltd.
Gildong Hong
Gil-dong Hong
President

③ **무기명식 배서(blank endorsement)**: 무기명식 배서는 피배서인은 기재하지 않고 배서인이 단순히 자기 자신만 서명하는 방식으로 이를 백지식 배서라고도 한다. 예를 들어 "Seoul Trading Co., Ltd."이 무기명식 배서를 하고자 할 경우에는 다음과 같이한다.

Seoul Trading Co., Ltd.

Gildong Hong

Gil-dong Hong

President

신용장 상에 운송서류(선화증권) 조항이 다음과 같이 명시되었을 경우 선화증권 수화인(consignee)란의 발행방식과 배서에 대하여 연습하여 보자.

"Full set of clean on board marine bill of lading made out to the order of shipper and endorsed in blank marked notify America International Inc., New York and freight collect"

이 경우 "consignee: to the order of shipper"와 같이 기재하고, 송화인인 수출자가 선화증권 원본 이면에 다음과 같이 '무기명식 배서'를 하여야 한다.

Seoul Trading Co., Ltd.

Gildong Hong

Gil-dong Hong

President

[서식 9-3] 선화증권

Bill of Lading

①Shipper/Exporter Seoul Trading Co., Ltd. 15, 1-ga, Sogong-dong, Joong-gu Seoul, Korea		⑪B/L No. : KS 123
②Consignee To the order of Bank of America		
③Notify Party America International Inc. 350 Fifth Avenue, New York N.Y.10118, U. S. A.		
④Pre-Carrage by	⑤Place of Receipt Busan, Korea	
⑥Ocean Vessel Silver Star	⑦Voyage No. 5W	⑨Flag Korean Flag Vessel

⑩Port of Loading	⑪Port of Discharge	⑫Place of Delivery	⑬Final Destination(For the Merchant Ref.)
Busan, Korea	New York, U.S.A.		

⑭Container No. ⑮Seal No. Marks & No	⑯No. & Kinds of Containers or Packages	⑰Description of Goods	⑱Gross Weight	⑲Measurement
ACLUO153715/000153 FCL/FCL A I I NEW YORK C/NO : 1-200 MADE IN KOREA Total No. of Containers or Packages(in words) One Van 40' Dry	200 CTNS	Men's Split Leather Jackets	2,560 KGS	48.000 CBM

⑳Freight and Charges	㉑Revenue tons	㉒Rate	㉓Per	㉔Prepaid	㉕Collect
Ocean Freight		USD3,000	Van	USD3,000	

㉖Freight prepaid at	㉗Freight payable at	㉘Place and Date of Issue July 31, 20xx, Seoul, Korea
㉙Total prepaid in USD3,000	㉚No. of original B/L Three	Signature ㉜ As carrier, Korea Shipping Co. Ltd. Yonggil Kim Yong-gil Kim Manager
㉛Laden on board vessel Date: July 30, 20xx Signature: Yonggil Kim		

[서식 9-4] 항공화물운송장

Air Waybill

Shipper's Name and Address

Seoul Trading Co., Ltd.
15,1-ga, Sogong-dong,
Joong-gu, Seoul,
Korea

Shipper's Account Number
180-SEL-2345678

Not negotiable
Air Waybill
issued by

KOREAN AIR

Copies 1, 2 and 3 of this Air Waybil are originals and have the same validity.

Consignee's Name and Address

Bank of America, New York

Consignee's Account Number

Telephone :

It is agreed that the goods described herein are accepted in apparent good order and condition
(except as noted) for carriage SUBJECT TO THE CONDITIONS OF CONTRACT ON
THE REVERSE HEREOF. THE SHIPPER'S ATTENTION IS DRAWN TO THE NOTICE
CONCERNING CARRIER'S LIMITATION OF LIABILITY. Shipper may increase such limitation
of liability by declaring a higher value for carriage and paying a supplemental charge if required.

Issuing Carrier's Agent Name and City

Accounting Information

Agent's IATA Code 17-34567

Account No.

Airport of Departure(Addr. of First Carrier) and Requested Routing

TO	By First Carrier	Routing and Destination	to	by	to	by	Currency USD	CHG Cod	WT/VAL PPD COL	Other PPD COLL	Declared Value for Carriage	Declared Value for Customs
											N.V.D.	C I F USD100,000

Airport of Destination	Flight/Date	For Carrier Use Only	Flight/Date	Amount of Insurance	INSURANCE-If Carrier offers Insurance, and such insurance is requested in accordance with conditions on reverse hereof, indicate amount to be insured in figures in box marked 'amount of Insurance'.

Handling Information
Attached : Commercial Invoice Packing List, Certificate of origin

No. of Pieces RCP	Gross Weight	kg lb	Rate Class / Commodity item No.	Chargeable Weight	Rate / Charge	Total	Nature and Quantity of Goods (incl. Dimensions or Volume)
	2,560kGS				@USD3.50	USD7,808	4,000 PCS of Men's Split Leather Jacket Inv. No. 601 L/C No. 78910

Prepaid	Weight Charge	Collect
USD7,808		
	Valuation Charge	
	Tax	
USD20.00	Total Other Charges Due Agent	
	Total Other Charges Due Carrier	
Total Prepaid USD8,008		Total Collect
Currency Conversion Rates		CC Charges In Dest. Currency
For Carrier's Use Only at Destination		Charges at Destination

Other Charges

Shipper certifies that the particulars on the face hereof are correct and that insofar as any part of the consignment contains dangerous goods, such part is properly described by name and is in proper condition for carriage by air according to the applicable Dangerous Goods Regulations.

Seoul Trading Co., Ltd.
Gildong Hong
Gil-dong Hong, President

Signature of Shipper or his Agent

July 30, 20xx Seoul, Korea As Agent of Carrie
Korea Express Co., Ltd.
Manho Kim
Man-ho Kim, President

Executed on(date) at(place) Signature of Issuing Carrier or its Agent

Total Collect Charges

ORIGINAL 3(FOR SHIPPER)

09-130

Q 보험서류란 무엇이며 적화보험 부보시기와 부보조건의 선택은?

A 보험서류(insurance document)라 함은 무역물품의 운송도중 해난이나 기타의 위험으로 인하여 입게 될 손해에 대하여 보험을 부보하고, 이에 대하여 보험자로부터 발급받는 증거서류를 말한다. CIF와 CIP매매계약에서는 매도인이 적화보험을 부보하고, 이에 대한 보험서류를 매수인에게 제공할 의무가 있다.

신용장거래에서는 해상적화보험의 성립을 증명하는 서류를 총칭하여 보험서류라고 하는데, 이에는 보험증권(Insurance Policy: I/P), 보험증명서(insurance certificate), 통지서(declaration)가 있다. 또한 보험증권도 확정보험증권(definite insurance po1icy; provisional insurance policy)과 예정보험증권(open insurance policy)으로 나눌 수 있다.

보험증권은 담보화물에 대한 보험계약의 존재 및 내용을 표시한 증권으로서 개별적 거래에 대한 보험내용이 확정된 경우에 발행되며, 무역거래에서 대부분 통용되고 있는 전형적인 보험서류의 일종이다.

포괄예정보험(open cover)이 체결되어 있는 경우는 개개의 적화에 대하여 포괄보험에 부보되어 있음을 증명하는 보험증명서 또는 보험확정 통지서가 발행된다.

또한 보험승낙서(cover note)는 특정화물에 대해 보험부보를 하고 보험료를 수취하였음을 보험중개업자(broker)가 증명하는 일종의 보험부보 각서를 의미하며 보험승낙서는 신용장거래시 은행이 수리하지 아니한다. 보험증권은 보험계약성립의 증서로 보험자가 보험계약자의 청구에 의해 교부되며, 이는 유가증권이 아닌 단지 증거증권으로 보통 배서(endorsement) 내지 인도에 의하여 양도된다. 신용장통일규칙에 의하면 보험서류는 보험회사(insurance company)나 보험업자(underwriters) 또는 이들의 대리인(agents) 또는 그들의 대리업자(proxies)에 의해 발행되어야 한다. 보험증권은 은행이 수리하는 전형적인 보험서류이며 신용장에 별도 명시가 없으면 은행은 예정보험증권에 의한 보험증명서(insurance certificate)나 통지서(declaration)도 수리한다.

보험부보일자는 곧 보험서류의 발행일자가 된다. 보험서류의 일자는 본선적재(loading on board)를 나타내는 선화증권(bill of lading)의 경우에는 적재일, 발송(dispatching)을 나타내는 항공화물운송장 등의 운송서류일 때는 발송일, 수탁(taking in charge)을 나타내는 복합운송증권의 경우에는 그 수탁일과 각각 최소한 같거나 그 이전이어야 한다. 이와 같은 일자 이후에 보험에 부보하게 되면 보험사고발생시 원칙적으로는 보상을 받지 못한다.

그러나 본문의 약관 중에 '소급약관'(lost or not lost)이 있는 경우에는 부보일자가 선적일자보다 늦더라도 부보효력이 선적일자로부터 발효한다는 조항이므로 관계가 없다. 또한 '창고간약관'(warehouse to warehouse clause)이 있는 보험증권의 경우에는 화물이 창고에서 적재될 때부터 부보된다는 것을 표시하고 있는 것이므로 부보일자가 선적일자보다 늦어도 무방하다. 보험증명서(insurance certificate)의 경우에는 포괄예정보험증권(open policy)에 의해 발급된 것이므로 포괄예정보험증권은 선적일자 이전에 발급된 것이기 때문에 보험증명서가 늦은 일자에 발급되더라도 수리가 가능하며, 신용장거래에서는 특별히 선적일자보다 부보일자가 늦어도 된다는 명시가 있으면 선적일자보다 늦게 부보된 보험서류에 대하여 수리 가능하다.

Incoterms® 2010의한 CIF계약이나 CIP계약에서는 매도인은 보험계약체결 의무가 있으므로 달리 합의되지 않는 한 최소보험조건은 ICC(C)약관 및 약정가격에 10%를 합한 금액(즉 110%)이 담보되어야 하며, 계약통화로 부보되어야 한다.

보험부보조건은 물품의 종류와 성질을 고려하여 협회적화약관의 ICC(A), ICC(B), ICC(C) 중에서 어느 조건으로 부보할 것이며, 과연 동 조건으로 위험이 담보되는지를 검토하여야 한다. 무조건 ICC(A)에 W/SRCC를 부보할 것이 아니라 물품 또는 성질에 따라 ICC(C)에 적절한 부가위험(additional risks)을 선택하고, W/SRCC를 부보하더라도 경제적인 보험료로 위험을 담보할 수도 있다.

신용장상에 보험서류의 조건은 다음의 예와 같다.

"Marine Insurance Policy or Certificate in duplicate, endorsed in blank for 110% of invoice value, stipulating that claims are payable in the currency of the draft and a1so indicating a claim settling agent in U.S.A. covering Institute Cargo Clauses(B) including W/SRCC."

[서식 9-5] 적화보험증명서

LG Insurance Co., Ltd.

CERTIFICATE OF MARINE CARGO INSURANCE

Assured(s), etc Seoul Trading Co., Ltd.		
Certificate No. AD1506000123		Ref. No. Invoice No. 601 L/C No. 78910
Claim, if any, payable at : TNH Insurance Inc. 600 West 168th Street, New York, New York 10032 Tel(212)491-1660 Claims are payable in USD		Amount insured USD110,000 (USD100,000 X 110%)
Survey should be approved by Same as above		Conditions ⑤ * INSTITUTE CARGO CLAUSE(B)
Local Vessel or Conveyance	From(interior port or place of loading)	
Ship or Vessel called the Silver Star 5W	Sailing on or about July 31, 20xx	
at and from Busan, Korea	transshipped at	
arrived at New York, U. S. A.	thence to	
Goods and Merchandise 4,000 Pcs. of Men's Split Leather Jackets		Subject to the following Clauses as per back hereof institute Cargo Clauses Institute War Clauses(Cargo) Institute War Cancellation Clauses(Cargo) Institute Strikes Riots and Civil Commotions Clauses Institute Air Cargo Clauses(All Risks) Institute Classification Clauses Special Replacement Clause(applying to machinery) Institute Radioactive Contamination Exclusion Clauses Co-Inssurance Clause Marks and Numbers as

Place and Date signed in Seoul, Korea July 29, 20xx No. of Certificates issued. DUPLICATE

This Certificate represents and takes the place of the Policy and conveys all rights of the original policyholder(for the purpose of collecting any loss or claim) as fully as if the property was covered by a Open Policy direct to the holder of this Certificate.
This Company agrees losses, if any, shall be payable to the order of Assured on surrender of this Certificate. Settlement under one copy shall render all others null and void.
Contrary to the wording of this form, this insurance is governed by the standard from of English Marine Insurance Policy.
In the event of loss or damage arising under this insurance, no claims will be admitted unless a survey has been held with the approval of this Company's office or Agents specified in this Certificate.

SEE IMPORTANT INSTRUCTIONS ON REVERSE

LG Insurance Co., Ltd.

Mangil Cho

AUTHORIZED SIGNATORY

This Certificate is not valid unless the Declaration be signed by an authorized representative of the Assured.

09-131

Q 원산지증명서란 무엇이며 원산지 인정기준은 무엇인가?

A 원산지증명서(Certificate of Origin: C/O)라 함은 수출물품의 원산지를 증명하는 문서로 수출물품이 우리나라(또는 특정국)에서 재배, 사육, 제조 또는 가공된 것임을 증명하는 문서이다. 원산지증명서는 수입자가 물품을 수입할 때 관세협약 등에 의해 협정관세율을 적용받거나 덤핑방지 등 무역정책상 또는 무역통계를 목적으로 요청하게 된다. 한국에서는 일반수출물품에 대한 원산지증명서는 수출자의 신청에 따라 대한상공회의소(각 지역상공회의소 포함)에서 원산지증명서를 발급하고 있다.

한국은 대외무역법시행령에 따라 수출물품의 원산지증명서 발급절차를 지식경제부장관의 수출물품원산지증명 발급규정을 제정하여 발급절차를 정하고 있다. 이 규정에 따라 발급하는 원산지 증명서는 "일반수출물품원산지증명서"와 "관세양허대상수출물품 원산지증명서 [일반특혜 관세(GSP), GATT개발도상국간 관세양허협정, 아시아-태평양 무역협정(APTA), 개발도상국간 특혜무역제도(GSTP)에 관한 협정 및 자유무역협정(FTA)등에 의한 수출물품의 원산지증명서]"로 구분된다. 다만, 자유무역협정(FTA)등에 의한 수출물품의 원산지증명서의 경우 '자유무역협정의 이행을 위한 관세법의 특례에 관한 법률'에 따른 규정을 우선하여 적용한다.

원산지기준은 당해 수출물품의 수출국을 원산지국가로 인정할 것인지 여부를 결정하는 요건으로서 일반적으로 완전생산기준, 세번변경기준 및 부가가치기준으로 구분한다. 완전생산기준이라 함은 수출물품의 원자재 전량이 수출국 내에서 획득, 제조, 가공된 경우로서 수출국이 원산지 국가가 된다. 세번변경기준이라 함은 수출물품이 2개국 이상에 걸쳐 생산된 경우로서 당해물품의 품목번호와 당해물품의 생산에 사용된 비원산지재료의 품목번호가 일정 단위 이상 다른 경우 당해 물품을 최종적으로 생산한 국가를 원산지로 인정하는 기준을 말한다. 부가가치기준이라 함은 수출물품이 2개국 이상에 걸쳐 생산된 경우 제조과정에서 일정 수준 이상의 부가가치를 창출한 국가를 원산지로 인정하는 기준으로서, 적용하는 부가가치율은 각국에 따라 상이하다.

무역거래에서 주로 사용되는 일반수출물품 원산지증명은 관세양허대상이 아닌 유상 또는 무상으로 수출하는 모든 물품에 해당한다. 일반수출물품 원산지증명서를 발급 받고자 하는 자는 다음 각호의 서류를 발급기관에 제출 및 확인을 받아야 한다. 단, 자동화발급의 경우에는 신청서 제출을 생략할 수 있다.

정상적인 경우에는 신청서와 원산지증명서, 발급일자 소급의 경우에는 신청서와 원산지증명서, 수출환어음매입(NEGO) 계산서 그리고 신용장에 특별한 지시사항이 있는 경우에는 신청서, 원산지증명서, 신용장(무 신용장방식의 경우에는 계약서)사본이 필요하다. 발급기관장은 필요한 경우 수출신고필증 등 원산지 확인에 필요한 서류의 제출을 요청할 수 있도록 하고 있다.

09-132 Q 원산지증명서 발급기관과 발급요령은?

A 원산지증명 발급기관의 장은 원산지 확인을 위하여 필요한 경우 증거자료를 요구하거나 수출자 및 제조자의 사무실이나 공장 등을 방문하여 사실관계를 확인할 수 있다. 일반수출물품 원산지증명서 발급기관은 상공회의소법에 의해 설립된 상공회의소(이하 상공회의소) 및 대한상공회의소로 하되, 세부사항은 지식경제부장관이 대한상공회의소 회장과 협의하여 정하도록 하고 있다.

관세양허대상 수출물품원산지증명서 발급기관은 상공회의소 및 대한상공회의소와 세관장으로 하되, 세부사항은 지식경제부장관이 대한상공회의소 회장 및 관세청장과 협의하여 정한다. 단, 마산 및 군산자유무역지역관리원의 관할구역안의 입주업체에 대해서는 해당 자유무역지역관리원장을 발급기관으로 하고 있다.

한편, 원산지증명서 발급요령으로 원산지증명서 발급기관은 신청자가 제출한 서류에 의거 다음 각 호의 사항을 확인 후 원산지증명서를 발급하며, 필요시 원산지 소명서, 소요부품 및 제조원가계산서 등 원산지를 입증할 수 있는 서류를 신청자에게 추가로 요구할 수 있도록 하고 있다.

① 원산지증명서가 소정의 양식에 의거 누락 없이 작성되었으며, 기재사항이 신청자가 제출한 기타서류와 일치하는지 여부

② 원산지증명서 발급을 신청한 품목이 각 장의 대상품목에 포함되며, 각 국이 규정한 원산지기준에 합당하는지 여부

원산지증명서를 사후적으로 발급시는 발급기관사용란(FOR OFFICIAL USE)에 소급발 스탬프(ISSUED RETROACTIVELY 혹은 ISSUED RETROSPECTIVELY(구주국가))를 적색으로 날인 발급한다. 원산지증명서의 분실 또는 훼손 등으로 재발급시는 발급기관사용란(FOR OFFICIAL USE)에 재발급스탬프(DUPLICATED)를 적색으로 날인하고 발급한다. 원산지증명서 발급일부(日付)는 발급기관의 최종 결재권자의 결재가 완료된 일자로 한다. 다만, 재발급시의 일부는 최초의 원산지증명서 발급일자로 한다.

원산지증명서 발급기관 및 신청자는 발급된 수출물품원산지증명서의 부본을 일반수출물품 원산지증명서의 경우는 2년, 관세양허수출물품 원산지증명서는 3년, 자유무역협정에 의한 관세양허수출물품의 원산지증명서의 경우는 5년간 보관하여야 한다. 단, 발급기관이 컴퓨터 전산망을 통한 원산지증명서 자동화발급방법으로 발급

한 경우에는 원산지증명서의 부본을 전자문서 등으로 보관할 수 있도록 하고 있다. 원산지증명서 교부방법에는 관련서류를 발급기관에 제출하여 발급받는 서면교부방법과 컴퓨터전산망을 통한 전자발급방법이 있다.

원산지증명서를 전자방식으로 발급받고자 하는 자는 인터넷사이트 또는 통신망(EDI방식, XML방식)을 통하여 원산지증명서를 발급받을 수 있다. 단, 전자무역문서를 이용하여 원산지증명서 발급업무를 하고자 하는 경우에는 전자무역촉진에 관한 법률의 규정에 따르도록 하고 있다.

[서식 9-6] 원산지증명서

CERTIFICATE OF ORIGIN

<table>
<tr>
<td rowspan="2">1. Exporter(Name, address, country)

Seoul Trading Co., Ltd.
15, 1-ga, Sogong-dong, Joong-gu
Seoul, Korea</td>
<td colspan="2">ORIGINAL</td>
</tr>
<tr>
<td colspan="2">CERTIFICATE OF ORIGIN
issued by
THE KOREA CHAMBER OF COMMERCE & INDUSTRY
Seoul, Republic of Korea</td>
</tr>
<tr>
<td>2. Consignee(Name, address, country)
To the order of Shipper</td>
<td colspan="2">3. Country of Origin
The Republic of Korea</td>
</tr>
<tr>
<td>4. Transport details
From Busan, Korea to New York, U. S. A.
by Silver Star 5W
on July 31, 20xx</td>
<td colspan="2">5. Remarks</td>
</tr>
<tr>
<td colspan="2">6. Marks & numbers; number and kind of packages; description of goods

A I I
NEW YORK
C/NO : 1-200
MADE IN KOREA　200 CTNS　Men's Split Leather Jackets</td>
<td>7. Quantity

4,000PCS</td>
</tr>
<tr>
<td rowspan="2">8. Declaration by the Exporter
The undersigned, as an authorized signatory, hereby declares that the avove-mentioned goods were produced or manufactured in the country shown in box 3.

(Signature) Seoul Trading Co., Ltd.
Gildong Hong
(Name) Gil-dong Hong
President</td>
<td colspan="2">9. Certification
The undersigned authority hereby certifies that the goods described above originate in the country shown in box 3 to the best of its knowledge and belief.

THE KOREA CHAMBER OF COMMERCE & INDUSTRY
Myungsu Lee
Authorized Signatory</td>
</tr>
<tr>
<td colspan="2">Certificate No.
S-107015</td>
</tr>
</table>

09-133 Q 환어음이란 무엇이며 어떠한 경우에 필요한가?

A 환어음(drafts; bill of exchange)이라 함은 환어음 발행인(drawer)이 지급인(drawee)인 제3자로 하여금 일정금액을 수취인(payee) 또는 그 지시인(orderer) 또는 소지인(bearer)에게 지급일에 일정장소에서 무조건 지급할 것을 위탁하는 요식유가증권(formal instrument)이자 유통증권(negotiable instrument)을 말한다. 따라서 환어음은 발행인이 제3자인 지급인에 대하여 어음상의 정당한 권리자에게 어음지급을 위탁하는 의미에서 지급위탁증권 이라고 할 수 있다.

무역거래에서는 물품매매와 관련하여 선화증권 등 서류(documents)를 첨부하여 환어음을 발행하면 화환어음(documentary bill of exchange)이며, 서류가 수반되지 아니한 어음은 무화환어음(clean bill of exchange)이라고 한다. 무역거래에서는 무역대금결제를 위하여 운송서류 등의 담보서류가 첨부되기 때문에 화환어음이라고도 하나, 보통 환어음이라고 부른다. 이처럼 국제물품매매에서 수출자는 물품선적을 이행하고 서류를 준비하여 수출대금을 받기 위하여 환어음을 발행하게 된다. 무역결제의 유형 중에서 환어음이 요구되는 결제방식은 신용장방식, D/P·D/A에 의한 추심방식 및 포페이팅 방식이 이에 해당된다. 환어음의 발행목적은 지급위탁에 있으며, 부수적으로 담보책임을 진다는 점에서 [표 9-1]에서와 같이 약속어음과 다르다.

[표 -1] 환어음·약속어음·수표의 비교

구 분 \ 증권별	환어음	약속어음	수표
1. 증권의 성격	지급위탁증권	지급약속증권	지급위탁증권
2. 수단	신용수단	지급수단	지급수단
3. 관계당사자	발행인·수취인· 지급인(3인)	발행인·수취인(2인)	발행인·수취인[1)] 지급인(3인)
4. 발행 및 제시	채권자(수출상) → 채무자(지급인)	채무자 → 채권자	채무자 → 채권자
5. 발행통수	복본(set)	단본(sole)	복본(set)[2)]
6. 지급기일	일람출급, 기한부	기한부[3)]	일람출급
7. 인수제도	있음	없음	있음
8. 담보서류유무	있음	없음	없음
9. 시효[4)]			
채권소멸	만기로부터 3년	좌동	제시기간경과 후 6월
대소지인소구권	거절증서일자 후 1년	좌동	-
대배서인소구권	어음환수일로부터 6월	좌동	-

주): 1) 수표는 어음의 경우와 달리 수취인의 표시가 반드시 있어야 하는 것은 아니다.
2) 수표의 복본발행은 국제간에 지급되는 경우만 해당 된다; 한국수표법 제48조.
3) 그러나 만기의 기재가 없는 때에는 일람출급의 약속어음으로 본다; 한국어음법 제76조 2항.
4) 한국어음법 제70조 및 한국수표법 제51조. 단, 수표의 경우 지급보증한 지급인에 대한 채권소멸시효는 수표청구권제시기간 경과 후 1년이다.

한편 환어음의 준거법은 환어음, 약속어음 및 수표에 의하여 채무를 부담하는 자의 능력은 행위지 국가의 법에 따른다. 다만, 다른 국가의 법에 의하는 것으로 정한 경우에는 다른 국가의 법에 의한다. 예컨대 한국에서 환어음을 발행, 미국에서 배서(endorsement)하고 영국에서 인수(acceptance)한 경우에는 발행에 관하여는 한국 어음법이, 배서에 관하여는 미국 통일상법전이, 인수에 관하여는 영국 환어음법이 적용된다. 다만 이 원칙에 의하면 어음행위가 유효하지 아니한 경우에도 뒤의 어음행위를 한 나라에 속하는 법률에 의하면 그것이 유효한 때에는 그 뒤의 어음행위는 유효하다.

말하자면 미국에서 발행된 어음이 미국 통일상법전에 의하면 무효이더라도 그 어음이 한국에서 유통 배서된 경우에, 한국어음법에 의하여 발행행위가 적법하다면 한국에서 행하여진 배서는 유효하다는 것이다.

이와 같은 어음의 준거법이 행위지법이 된다는 점에서 볼 때에 외국환어음을 취급하는 경우에는 다음과 같은 문제를 항상 고려하여야 한다. 즉 어음이 외화표시이고 또한 그 문언이 영문이라 하더라도 한국에서 이루어진 어음행위는 한국어음법의 규정에 따르지 않으면 안 된다는 점과 외국에서 발행된 어음 및 외국에 추심하는 어음의 배서·인수·지급 등의 효력은 당해 국가의 어음법의 규정에 의하여 유효 또는 무효가 결정되지 않으면 안 된다는 것이다.

무역대금결제와 관련하여 외국환어음의 사용은 은행의 “Bill of Exchange”라는 소정의 양식에 따라 발행하여 환어음매입(negotiation)이나 추심의뢰하고 있다.

09-134 Q 환어음의 기재사항은 어떠한 것들이 있으며 환어음 작성시 유의할 점은?

A 환어음은 요식증권이므로 반드시 일정한 형식을 갖추어야 하며, 또한 무인증권으로서 어음상의 권리도 추상적인 것이므로 다른 유가증권에 비하여 엄격한 형식이 요구되고 있다. 환어음을 작성할 경우에는 다음과 같이 필수 기재사항은 어느 하나라도 누락이 되면 어음으로서의 법적 효력이나 구속력을 갖지 못하게 된다.

첫째, 환어음의 표시이다.

어음의 문언 중에 그 증권의 작성에 사용되는 용어도 환어음이라는 문구가 있어야 한다. 예컨대 "this sole bill of exchange", "this first bill of exchange" 또는 "this second bill of exchange" 등이 그것이다.

둘째, 무조건 지급위탁문언이다.

일정한 금액을 아무 조건 없이 지급한다는 위탁문언이 표시되어 있어야 하며, 어음문언 중에 "pay to ~ the sum of ~"가 이에 해당한다. 환어음금액은 상업송장금액과 일치되어야 하며, 신용장거래에서는 신용장금액을 초과할 수 없다.

셋째, 지급인의 표시이다.

어음의 끝 부분인 "To" 이하에 기재되는 자를 지급인(drawee)이라고 한다. 지급인은 어음지급을 위탁받은 자로서 신용장방식은 신용장발행은행이나 기타 은행명을, D/P·D/A방식은 수입자가 된다. 보통 신용장상에 지급인을 지시하는 표현은 "…your drafts at sight drawn on ABC Bank"와 같이 하는데, "on" 다음에 기재된 은행이 지급인이 된다.

넷째, 지급기일의 표시이다.

어음지급기일(tenor)의 표시방법에는 다음의 4가지가 있으며, 어음상 "at … sight of"의 "at" 다음에 기재된다.

① 일람출급(at sight): 어음의 지급을 위하여 지급인에게 제시되는 날이 어음의 만기일이 된다.

② 일람후정기출급(at … days or months after sight): 지급인에게 제시된 날로부터 일정기간이 지난 후에 어음의 만기일이 된다. 즉 인수의 일자 또는 거절증서의 일자에 의하여 정한다.

③ **발행일자후정기출급(at … days or months after date)**: 어음이 발행되고 난 후 일정기간이 지난 후 어음의 만기일이 된다.

④ **확정일출급(on a fixed date)**: 어음상에 확정한 날, 즉 만기일을 기재하고 있는 날을 만기일로 한다.

다섯째, 수취인의 표시이다.

어음금액의 지급을 받을 사람(payee)을 표시한다. 수취인을 기재하는 방법은 다음과 같이 4가지가 있다.

① 기명식: "Pay to ABC Bank"

② 지시식: "Pay to ABC Bank or Order"
"Pay to the order of ABC Bank"

③ 소지인식: "Pay to bearer"

④ 선택소지인식: "Pay to ABC Bank or bearer"

여섯째, 지급지의 표시이다.

지급지는 실제로 존재하는 도시명을 표시하면 되나, 지급지의 표시가 없으면 지급인의 표시지로써 갈음할 수 있다.

일곱째, 발행일 및 발행지의 표시이다.

환어음의 발행일은 환어음을 매입한 날이 되며, 신용장의 유효기일 이내에 발행되어야 한다. 발행지의 표시는 어음법의 적용근거가 되며, 환어음의 효력은 행위지법률에 의해 처리되므로 발행지를 반드시 기재하여야 한다.

여덟째, 발행인의 기명날인이다.

환어음을 반드시 수출자가 기명날인하여야 하는데, 한국의 경우는 은행에 수출자가 제출한 서명감과 일치되도록 하고 있다. 발행인은 신용장상의 수익자가 되며, 만일 양도가 이루어진 신용장의 경우에는 양수인(제2수익자)이 된다.

또한 환어음을 작성할 때에는 다음과 같은 점에 특히 유의하여야 한다.

신용장거래시 환어음 발행인(drawer)은 수출자(수익자)이고 지급인(drawee)은 신용장에 명시된 은행이다. 환어음 발행금액에서 통화단위를 공식으로 사용하는 단위를 기재하여야 한다. 즉 미화는 US$(또는 USD)로 표시하여야 하며, 단순히 $로 표시하지 말아야한다. 왜냐하면 홍콩달러(H.K$.), 캐나다달러(C.$), 호주달러(A.$) 등 달러를 사용하는 국가가 많기 때문이다. 아라비아 숫자를 문자로 기재할 때 미화 120달러 10센트라면 "US DOLLARS ONE HUNDRED TWENTY CENTS TEN ONLY"라고 기재한다. 또한 신용장에서 요구하는 문구는 환어음 문면에 반드시 기재하여야 한다. 은행명을 기재할 때에 "the"를 사용하고 있는 경우 이를 생략하여서는 아니 된다.

[서식 9-7] 환어음

BILL OF EXCHANGE

NO. 108005 DATE August 5, 20xx,
PLACE Seoul, Korea

FOR USD100,000
AT xxx SIGHT OF THIS FIRST BILL OF EXCHANGE(SECOND OF THE SAME TENOR AND DATE BEING UNPAID) PAY TO Korea Exchange Bank OR ORDER THE SUM OF U. S. DOLLARS ONE HUNDRED THOUSAND ONLY
VALUE RECEIVED AND CHARGE THE SAME TO ACCOUNT OF America International Inc. 350 Fifth Avenue, New York, NY10118, U. S. A.
DRAWN UNDER Bank of America, New York
L/C NO. 78910 DATED July 15, 20xx

TO Bank of America
New York, NY10015, U.S.A.

Seoul Trading Co., Ltd.
Gildong Hong
Gil-dong Hong
President

1

BILL OF EXCHANGE

NO. 108005 DATE August 5, 20xx,
PLACE Seoul, Korea

FOR USD100,000
AT xxx SIGHT OF THIS SECOND BILL OF EXCHANGE(FIRST OF THE SAME TENOR AND DATE BEING UNPAID) PAY TO Korea Exchange Bank OR ORDER THE SUM OF U. S. DOLLARS ONE HUNDRED THOUSAND ONLY
VALUE RECEIVED AND CHARGE THE SAME TO ACCOUNT OF America International Inc. 350 Fifth Avenue, New York, NY10118, U. S. A.
DRAWN UNDER Bank of America, New York
L/C NO. 78910 DATED July 15, 20xx

TO Bank of America
New York, NY10015, U.S.A.

Seoul Trading Co., Ltd.
Gildong Hong
Gil-dong Hong
President

2

09-135 Q 신용장에 의한 수출환어음(서류) 매입(negotiation)시 신용장과 서류 점검 상의 유의점은?

A 수출환어음(서류)의 매입(Negotiation: NEGO)이라 함은 매입은행이 일치하는 제시에 대한 환어음(서류)을 매입하는 것을 말한다. 신용장 수익자가 발행한 환어음(drafts) 및 서류(documents)를 자신의 거래(매입)은행을 통하여 할인(discount)받는 것을 말한다. 다시 말하면 취소불능신용장 발행은행의 공신력을 바탕으로 서류를 담보로 한 매입은행의 수익자에 대한 일종의 여신행위이다.

수출자(수익자)는 계약물품을 선적함과 동시에 신용장에서 요구하는 서류를 준비하여야 하는데, 신용장 자체가 무조건 대금지급을 확약하는 것이 아니고 은행의 조건부지급확약이므로 신용장조건에 충족하도록 서류를 제시하여야 한다. 또한 환어음매입은행의 입장에서도 선적 후의 여신행위는 서류를 담보로 하여 매입하기 때문에 서류점검에 세심한 주의를 기울여야 한다.

첫째, 신용장 점검에서 유의할 사항이다.

신용장의 점검은 신용장 조건에 따라 작성 및 발행된 요구서류와 환어음을 정확히 심사하는 것이다. 따라서 매입은행은 신용장의 다음과 같은 사항을 특히 유의하여 점검하여야 한다.

① 신용장은 정당하게 발행되었는가?
신용장 자체의 진정성을 확인하여야 하며 신용장면에 발행은행 또는 통지은행의 은행인식 코드 등이 확인된 것이어야 한다.

② 취소불능신용장인가?
신용장면에 취소가능(revocable)이라는 문언의 표시가 있는가를 점검한다. 취소가능신용장인 경우에는 발행은행이 언제든지 일방적으로 신용장 자체를 취소할 수 있으므로 매입은행은 대금회수에 확신을 가질 수가 없으므로 매입에 신중을 기하여야 한다. 만일 신용장에 취소불능(irrevocable)이란 표시가 있거나 또는 없더라도 취소붙능신용장으로 간주된다.

③ 통지은행과 환거래약정이 된 은행이 발행 또는 확인한 신용장인가?
신용장면에 취소불능이라는 표시문언이 있다고 하더라도 발행은행이 대금지급을 이행할 능력이 없는 경우에는 신용장의 가치가 없다고 볼 수 있다. 따라서

"non-correspondent bank"인 경우에는 통지은행은 발행은행과 신용장 통지 등에 대한 별도의 약정이 없으므로 신용장ㅇ의 진정성을 확인하기 가 어렵다. 이 경우, "Non-Corres" 또는 "No Test" 등의 주의 문언이 명시된 신용장 취급에서는 주의하여야 한다.

④ 신용장이 단순한 예고로서 통지된 "preliminary advice"가 아닌 유효한 신용장원본인가?

⑤ 서류는 신용장 유효기일 이내에 유효 제시장소에 제시되었는가?
특히 유효기일이 환어음(서류) 유효한 제시장소가 신용장발행은행으로 명시된 신용장의 경우, 우편일수를 감안하여 서류 및 어음을 미리 유효기일 이전에 제시하여야 한다.

⑥ 특정은행으로 매입제한이 되지 않았는가?
환어음매입을 특정은행으로 한정한 매입제한신용장(restricted credit)이나 매입은행에 대하여 지급확약을 하고 있지 않는 지급신용장의 경우, 특정은행에 서류를 제시하여 대금을 상환 받을 수 있을지의 여부도 검토하여야 한다. 환어음의 매입을 특정은행으로 지정한 "Restricted L/C"인 경우 매입환어음은 유효기일 이전에 신용장에 특정된 은행에 제시하여야 한다.

⑦ 발행은행의 지급, 인수, 매입에 대한 지급확약문언(undertaking clause)이 있는가?
오늘날의 SWIFT 신용장의 형식은 이를 명시 하도록 MT700 ":41a"항에 설정하고 있지만 신용장의 사용가능성에 따른 은행과 그 확약 유형을 반드시 명시되야 한다.

⑧ 신용장의 조건변경서가 모두 제시되어 있는가?
악의의 수익자는 자신에게 불리한 조건변경서를 제시하지 않는 예가 있으므로 주의를 요한다. 조건변경서에 번호를 붙이고 있는 때에도 일련번호가 상응하는지를 확인하여야 한다.

⑨ 양도가능신용장에서 양도은행은 지정되지 않았는가?
신용장양도은행이 특정되어 있으면 동 은행에서만 양도가 이루어져야 한다.

⑩ 신용장 뒷면에 네고사실(매입일자, 잔액 표시) 유무, 당해 신용장을 담보로 무역금융 등을 취급한 사실이 있는가?

⑪ 기타 신용장 부가조건(additional conditions)에 서류매입시 충족하여야 할 문언은 없는가?

⑫ 신용장의 준거문언(applicable provisions)은 있는가?
SWIFT 메시지에 의한 신용장은 UCP를 전제로 메시지 형식을 구현한 것이지만, 신용장의 해석기준에 대하여는 화환신용장통일규칙(UCP 600)에 따른다는 명시를 함으로서 신용장분쟁이 야기될 경우 해결기준이 명확해진다.

둘째, 제시서류의 심사에서 유의할 사항이다.

신용장에 의한 서류를 심사하는 데 있어서 중요한 것은 형식상 신용장조건과 서류가 일치되지 않으면 안 된다. 그러므로 매입은행은 제시된 운송서류가 형식상·문면상으로 신용장조건과 완전히 일치하는가의 여부에 중점을 두고 서류심사를 하여야 한다.

특히 서류점검에 있어서는 신용장거래가 물품의 매매계약과는 전혀 별개로서 서류와 신용장조건을 외관상 또는 형식상으로 심사하여 완전히 일치하면 그것으로 족하고, 실질적으로 선적된 물품내용이 신용장조건과 합치하느냐의 여부는 매입은행의 심사사항도 아닐 뿐더러 실질적인 내용에 대해서는 은행이 면책된다.

화환신용장거래의 경우 제시되는 서류는 신용장조건에 따라 각기 상이하므로 일률적으로 말할 수는 없으나, 선화증권(bill of lading), 보험증권(insurance po1icy), 상업송장(commercial invoice)의 기본서류 이외에 거래의 관습, 물품의 종류, 수입국의 공적 규제에 따른 여러 가지 임의의 서류가 요구되는데, 이와 같은 서류를 점검하는 데 기본적이고 공통되는 사항은 다음과 같다.

① 신용장에서 요구하는 서류의 필요통수가 제출되었는가?
   신용장에서 요구하는 서류 외에 1~2부를 추가 제출한다. 이는 매입은행의 보관용이 된다.
② 모든 서류가 제시기일 이내에 제시되었는가?
   서류는 유효기일 이내에 제시되어야 하며, 유효기일의 최종일이 일요일 또는 공휴일인 경우에는 그 다음의 최초영업일까지 그 유효기일이 자동적으로 연장된다. 이와 같은 기일의 자동적인 연장을 신용장상에 제시된 최종선적일의 경우에는 적용되지 않는다. 그러나 은행의 동맹파업 · 직장폐쇄 · 내란 · 반란 · 전쟁 · 천재 기타 불가항력으로 인한 업무중단은 신용장 유효기임의 자동연장에 적용되지 않는다.
③ 제시된 개개의 서류는 서명누락, 서명유자격자의 서명 여부 및 소정형식의 구비 여부 동은 유효한 것인가?
④ 환어음 및 관계서류 상호간의 연관성과 그 기재에 있어 상호 상충되거나 또는 불일치는 없는가?
⑤ 선화증권, 보험증권은 그 권리가 적법하게 매입은행에 양도되었는가?
   특히 선화증권과 보험증권의 배서가 바르게 되었는가를 확인하여야 한다.
⑥ 신용장에 부가조건이 있을 때, 이에 충족되도록 서류제시가 이루어졌는가?

셋째, 환어음에 대한 걱토 사항이다.

환어음의 필수기재사항은 그 중 어느 하나라도 누락되면 어음법상 효력이나 구속력을 갖지 못하게 되므로 다음과 같은 사항을 유의하여 점검하여야 한다.

① 문언 중에 환어음(bill of exchange)을 표시하는 문언이 있는가?
② 일정한 금액을 무조건 지급할 뜻의 위탁문언(pay to the order of…)이 있는가?
③ 지급인·지급지·수취인 및 만기일의 표시가 신용장의 내용과 부합하는가?
④ 환어음의 발행일이 신용장의 유효기일 이내에 지정지급장소에 제시되었으며 선적일자 이후인가?
⑤ 발행인의 서명날인이 거래은행에 제출된 서명감과 일치하는가?
⑥ 신용장에서 이자문언의 기재를 요구하였을 경우, 그 문언은 기재되어 있는가.
⑦ 인수의 표시를 신용장이 요구한 경우, 이 문언이 표시되어 있는가?
⑧ 환어음금액이 신용장금액이나 신용장잔액을 초과하지 않았으며 송장금액과 일치하는가?
⑨ 환어음금액은 정확히 표시되어 있으며 숫자와 문자 표시금액 및 통화가 신용장내용과 일치하는가?
⑩ 환어음에 신용장발행은행, 신용장번호의 표시가 되어 있는가.
⑪ 환어음이 부당하게 정정한 곳은 없는가?
⑫ 환어음이 복본으로 발행된 경우 "First Bill of Exchange," "Second Bill of Exchange"의 표시가 되어 있으며, 2장 모두 제시되었는가?

09-136 Q 수입환어음의 결제는 어떻게 하는가?

A 수입환어음(서류)의 결제라 함은 수입자가 신용장방식이나 추심방식(D/P·D/A)으로 거래할 경우 신용장발행은행(거래은행)에 도착한 환어음(서류) 금액을 결제하는 것을 말한다. 수출지 매입은행은 매입한 서류를 환어음과 함께 신용장발행은행 앞으로 송부하여 발행은행에게 대금지급을 요청하게 된다. 신용장거래는 발행은행이 대금지급을 확약하였으므로, 제시된 어음과 서류가 신용장조건에 일치된다면 발행은행은 대금을 지급하거나 인수를 하여야 한다. 서류심사 기간은 서류수령 다음 날부터 5영업일 이내에 이루어져야 한다.

서류를 거절하는 경우에는 신속한 통신수단으로 불일치 사실을 서류송부은행(매입은행)에게 통보하되 하자내용(discrepancies)을 표시하고 수익자의 지시를 기다려 유보하고 있다든지, 하자서류를 반송하고 있다는 등의 조치를 취하여야 한다. 만일 이와 같은 발행은행의 의무를 이행하지 못한 경우나 이미 수입화물선취보증서(letter of guarantee: L/G)를 발급하여 관련서류를 제시인의 처분을 위하여 보관이나 반송을 하지 못하는 경우에는 발행은행이 부도반환권리를 상실하게 된다.

수입환어음의 결제는 신용장조건에 따라 일람출급수입환어음에 의한 결제와 기한부수입환어음에 의한 결제가 있는데, 이 같은 수업환어음의 지급 또는 인수를 통하여 신용장발행의뢰인인 수입자에게 서류를 인도하게 된다.

한국의 경우 수입신용장 조건과 일치되는 제시가 이루어진 경우 일람불 수입환어음의 결제는 수입서류 도착일로부터 5일 이내에 수입자가 결제하지 못하면 은행이 대지급하여 결제하도록 하고 있다. 그러나 기한부수입환어음은 인수(acceptance)에 의하여 서류를 인도한 후 만기일에 가서 수입환어음 금액을 지급한다.

기한부어음의 인수형태는 "shipper's usance"와 "banker's usance"가 있다.

"shipper's usance"는 "usance" 기간의 여신을 "shipper"가 공여하는 것으로[4] 수입신용발행은행을 지급인(drawers)으로 하고 발행은행에 수입환어음과 서류가 도착하면 동 인수사실 및 만기일(maturity)을 매입은행 앞으로 통지하고 신용장발행은행이 만기일에 수입대금을 결제하는 방법이다.

또한 "banker's usance"는 "usance" 기간의 여신을 어음인수은행이 공여하는 것으

4) shipper's usance를 seller's usance라고도 한다.

로[5] 신용장발행은행의 예치환거래은행(depositary bank) 또는 신용장발행은행의 지점을 어음지급은행으로 하여 어음의 인수 및 만기일에 어음지급을 동 은행이 담당하도록 하는 형태이다. 보통은 해외의 매입은행이 인수은행(acceptance bank)이 되어 신용장발행은행 앞으로 서류송부시 만기일, 인수수수료 또는 할인이자(discount charge) 등이 명시된 인수통지서(acceptance advice)를 첨부하여 보내온다. "banker's usance"의 어음인수은행은 해외은행인수(overseas banker's acceptance)와 국내은행인수(domestic banker's acceptance)로 구분할 수 있다.

5) banker's usance를 buyer's usance라고도 한다.

09-137 Q 수입화물선취보증장(L/G)의 발행과 효과는?

A 수입자가 선박회사로부터 수업화물을 인도받기 위해서는 선화증권의 원본을 제시하여야 한다. 그러나 수입화물이 국내양륙지에 도착되었는데도 불구하고 관련서류가 도착되지 않아 화물의 인도가 불가능한 경우가 종종 발생한다. 이러한 경우는 우편의 지연이나 수익자의 서류제시의 지연 또는 지급, 인수 또는 매입은행의 업무지연으로 발생하며, 특히 수출지에서 수입지까지의 항해일수가 비교적 짧거나 항공운송의 경우에 빈번히 발생한다. 이로 인하여 수입자는 수입화물의 통관이 지연되어 인도가 늦어질 뿐만 아니라 창고료 등의 추가비용이 발생할 수도 있고, 도착화물에 손상을 가져오거나 심지어 판매의 적기를 상실할 수도 있다.

이와 같은 사정은 은행의 입장에서도 마찬가지이다. 왜냐하면 은행의 담보로 되어 있는 화물이 인도되지 않음으로써 수입자와 같은 입장이기 때문이다. 또한 선박회사로서도 화물의 양륙이 순조롭지 못하여 불편한 점이 있을 수 있다.

따라서 수입자, 발행은행, 그리고 선박회사는 이러한 불리한 점을 해결하기 위하여 서류의 발행은행도착 이전에 수입화물을 인도받을 수 있는 방법을 강구하게 되었다. 즉 수입자와 신용장발행은행이 연대보증한 증서를 선박회사 앞으로 선화증권의 원본 대신에 제출하여 수입화물을 인도받을 수 있는 방법으로, 이를 수입화물선취보증서(Letter of Guarantee: L/G)라고 한다. 수입화물선취보증서는 수입물품이 수입지에 도착이 완료되고, 관련 신용장에 요구된 선화증권 등 원본 인본서류가 발행은행에 도착되시 아니한 경우에 발행이 가능하다. 이와 같은 수입화물선취보증은 발행은행을 보증인으로 하고 선화증권을 도착즉시 선박회사에게 인도하겠다는 것과 이 보증인도에 의하여 발생한 일체의 사고는 보증은행 및 수입자가 단독 또는 연대로 책임을 부담하겠다고 서약한 것이다.

수입화물선취보증서를 발행한 은행은 신청서류의 상호 일관성과 관련 신용장조건과의 일치 여부를 세밀히 검토한 후 신청인 인감서명이 이미 제출된 원본과 일치하면 외국환거래보증금의 예치 여부를 확인하여 L/G 발행수수료를 받고 책임자가 서명하여 수입자에게 인도하게 된다.

보증은행이 "상기 계약의 이행을 보증하고 이것에 관한 일체의 책임을 인수한다"라는 보증문언을 기재하면 운송서류의 원본을 인도하는 것과 동일한 효과를 갖는 것으로 보증서는 원칙적으로 선화증권을 단위로 하여 발행하여야 한다.

L/G발행 후 서류원본이 해외은행으로부터 내도하면 L/G의 회수(redemption)를 위하

여 선화증권의 원본에 다음과 같이 배서하고, L/G회수요청서(redemption of letter of guarantee)와 함께 선박회사에 배달증명으로 송달하여 L/G를 회수받는다.

For Redemption of L/G
(signed)
Authorized Signature
ABC Bank

수입화물선취보증서의 발행내용은 선화증권원본이 신용장발행은행에 도착하면 즉시 선박회사에 원본전통을 제출하겠다는 것과 운송비의 지급 기타 선화증권을 담보로 제공됨에 따른 모든 손실을 보상하겠다는 것이다.

수입화물선취보증서는 관련 원본서류가 이미 신용장 발행은행에 도착되어 있으면 발행할 수 없으며, 일단 발행이 되면 나중에 원본서류가 발행은행에 도착되어 만일 서류상의 하자가 있다 하더라도 지급거절 할 수 없다.

그러나 항공편에 의한 수입화물의 선취는 해상운송의 경우와 다르다. 은행은 항공회사에 보증은 하지 않고 수화인(Consignee)을 신용장발행은행으로 하였기 때문에 수입자가 수령한 항공화물운송장(Air Waybill) 사본을 은행에 제시하여 화물인도를 은행대리인으로 수입자가 받을 수 있도록 항공화물운송장 사본에 확인하여 화물을 미리 인도 받는다.

수입화물선취보증서가 선화증권에 의한 수입거래에서 수입화물의 선취를 위하여 발행되는 것인 반면, 항공편에 의한 수입화물의 선취는 항공화물운송장(Air Waybill) 또는 항공소포수령증(Air Parcel Receipt)에 대하여 수입화물선취신청서에 의거 화물인도지시서(delivery order)로써 L/G와 동일한 효과를 거둘 수 있다. 화물인도지시서의 취급 역시 L/G의 경우와 마찬가지로 수입자의 수입대금결제 또는 인수에 앞서 화물을 미리 인도하는 것이므로 L/G 발급에 준한 은행의 채권보존조치가 따르게 된다.

무역거래에서 "Letter of Guarantee"라는 용어는 위에서 설명한 바와 같이 수입거래의 경우에는 "수입화물선취보증서"의 의미로, 수출의 경우에는 "수출환어음 보증부매입을 위한 각서"의 의미로, 그리고 금융거래의 경우에는 보증신용장과 같은 유형의 "은행의 지급보증서"라는 의미로 사용되기 때문에 구별하여야 한다.

[서식 9-8] 수입화물선취보증서

수입화물선취보증신청서

(Application For Letter of Guarantee)

계	결재

(□수입물품대도(T/R) 신청 □EDI형 서비스 신청)

①선박회사명 (Shipping Co) Korea Shipping Co., Ltd.		⑥신용장(계약서)번호(L/C NO.) : M0604-106ES-23456	⑦L/G번호 (L/G NO.)
		⑧선화증권번호 (B/L NO.)	K10125
②송화인(Shipper) Marubeni Corp. 4-2, Ohtemachi 1-chome, Chiyoda-ku, Tokyo, JAPAN		⑨선박명 (Vessel Name)	Ocean Star
		⑩도착(예정)일 (Arrival Date)	June 30, 2011
		⑪항해번호 (Voyage No.)	E7
③상업송장금액(Invoice Value) USD6,000 CIF Busan Incoterms® 2010		⑫선적항 (Port of Loading)	Tokyo, Japan
		⑬도착항 (Port of Discharge)	Busan, Korea
④화물표시 및 번호 (Nos. & Marks)	⑤포장수(Packages)	⑭상품명세(Description of Goods)	
STC BUSAN C/NO.1-10 MADE IN JAPAN	10 CTNS	#8 Plastic Zipper open end 21" long	

□ 본인은 위 신용장의 수입물품을 대도(T/R) 신청함에 있어 따로 제출한 외국환거래약정서 및 양도담보계약서의 모든 조항에 따를 것을 확약합니다.

□ 본인은 EDI 방식에 의한 수입물품선취보증서(L/G) 발급의 경우 소정의 서비스 이용료를 납부하고 본건이 발급된 후에는 변경 또는 취소가 불가능 함을 확약합니다.

본인은 위 신용장등에 의한 관계 선적서류가 귀행에 도착하기 전에 수입화물을 인도받기 위해 수입화물선취보증을 신청하며 본인이 따로 제출한 수입화물 선취보증서(LETTER OF GUARANTEE)에 귀행이 서명함에 있어 다음 사힝에 따를 것을 확약합니다.

1. 귀행이 수입화물 선취보증서에 서명함으로써 발생하는 위험과 책임 및 비용은 모두 본인이 부담하겠습니다.
2. 본인은 위 수입화물에 대하여는 귀행이 소유권이 있음을 확인하며 귀행이 수입화물선취보증서에 따른 보증채무를 이행하여야 할 것이 예상될 경우 또는 본인에 대하여 은행여신거래 기본약관 제7조의 사유가 발생할 경우에는 귀행의 청구를 받는 즉시 위 수입화물을 귀행에 인도하겠으며, 수입화물의 인도가 불가능할 경우에는 위 수입물품에 상당하는 대금으로 상환하겠습니다.
3. 본인은 위 수입화물에 관한 관계 선적서류를 제3자에게 담보로 제공하지 않았음을 확인하며, 또한 귀행의 서면 동의없이 이를 담보로 제공하지 않겠습니다.
4. 본인은 위 수입화물에 관한 관계 선적서류가 도착할 때에는 신용장 조건과의 불일치 등 어떠한 흠에도 불구하고 이들 서류를 반드시 인수하겠습니다.

2011 년 6 월 25 일

신청인 홍 길 동 ㊞
주 소 서울 중구 소공동 1가 15
TEL. 82-2-753-1200

인감 및 원본확인	

수입(4040051, 210×297) NCR 2매 1조(2002. 12 개정)

09-138 Q 수입화물대도(T/R)의 유용성은 무엇인가?

A 수입화물대도(Trust Receipt: T/R)란 수입자가 일람출급결제조건이나 지급인도결제조건으로 물품을 수입하였으나 수입지은행으로부터 그 수입물품에 대한 선적서류를 인수할 자금이 없을 경우, 또는 은행의 자금으로 수입자를 위해서 발행된 신용장하에서 물품이 수입되었을 경우 물품의 담보권을 가지고 있는 은행과 물품인수를 위하여 체결하는 제도이다. T/R이 탄생하게 된 경제적 목적은 매수인이 수입물품을 매각하여 얻은 수익금으로써 대금결제에 충당하는 것을 가능하게 하고, 또 금융을 제공하여 그 물품의 담보권을 가지고 있는 은행으로 하여금 담보권을 상실하지 않고 가장 유리하게 담보물품을 처분하려는 데 있다. 따라서 이 제도를 이용함으로써 달성하려고 하는 법률적 목적은 담보권자인 은행으로 하여금 그 채무자에게 담보물의 점유를 허용하면서 물품상 또는 그 물품판매대금에 대한 담보권을 소유하는 데 있다.

T/R의 명칭에 대하여서는, 영국의 판례에서는 신탁증서(Letter of Trust)·저당증서(Letter of hypothecation)라는 명칭을 사용하고 있으나 대륙법계에서는 이를 나타내는 직접적인 명칭은 찾아 볼 수 없고, 다만 신탁증서와 비교될 수 있는 위탁매매의 위탁자와 위탁매매인간의 위탁주선계약서가 있다. 일본과 한국에서는 이 제도를 도입하여 수입담보화물보관증 또는 수입화물대도증서라는 용어로 사용되고 있다.

T/R을 통해서 수입자가 얻게 되는 이점은 다음과 같다.

① 수입물품의 결제자금이 여의치 않을 경우 T/R을 은행에 차입함으로써 은행으로부터 선적서류를 제공받게 됨으로써 물품이 운송중일 경우는 물론이고 운송이 완료된 후에도 선적서류를 매각할 수 있어 수입자는 소기의 목적을 달성할 수 있다.

② 수입물품의 시세변동이 크거나 계절적인 물품의 경우 혹은 물품성격상 변질되기 쉬운 것은 무엇보다도 상기를 잘 맞추는 것이 중요하므로 T/R은 이 경우 훌륭한 역할을 수행해 낸다.

③ 수입대금의 결제지연으로 보관료 등의 부대비용이 과중하게 소요될 수 있으므로 T/R을 이용함으로써 수입물품의 조속한 인도를 통해서 그 비용을 줄일 수 있다.

④ 수입자는 수입물품매각을 통한 판매대금으로써 은행채무를 변제할 수 있다.

⑤ 기계설비의 설치 및 이용을 위한 T/R의 경우에는 영업활동을 통한 수익으로써 분할상환이 가능하다.

⑥ 수출용 원자재수입을 위한 T/R의 경우에는 수출신용장의 매입대금으로 원자재수입대금을 결제할 수 있다.

09-139 Q D/P·D/A 방식에서 추심지시서의 검토사항과 어음인수 방법은?

A D/P·D/A 방식에 따라 수입하는 환어음 및 서류가 수입자의 거래은행에 도착하게 되면 우선 추심지시서(collection instruction)에 첨부된 서류를 점검하여 어음지급 또는 어음인수를 실행하게 된다. 은행은 추심지시서에 기재된 지시와 추심을 위한 통일규칙에 따라야 하므로 추심지시서를 유의하여 검토하여야 하는데, 다음과 같은 사항에 대하여 검토하여야 한다.

첫째, 추심지시된 서류가 "추심에 관한 통일규칙"의 적용을 받고 있는가? 만일 준거문언표시 없이 동 규칙을 채택하지 않은 은행으로부터의 추심에 대하여는 추심지시서상의 명백한 지시에만 따르도록 한다.

둘째, 추심서류의 인도조건이 D/P 또는 D/A라고 분명히 명시되어 있는가? 만일 지시가 명확치 않거나 조건명시가 없을 때에는 D/P로 간주하여야 한다.

셋째, D/P 조건의 결제대금이나 D/A 조건의 인수통지는 어떠한 방법으로 통지하여줄 것을 요구하고 있는가? 즉 우편, 전신, 또는 그 외의 방법에 따라 통지방법이 다르게 된다.

넷째, 추심수수료·전신료 등 기타 비용은 누가 부담할 것인가? 추심은행에서 발생하는 모든 비용은 지급인이 부담하는 것이 일반적이다. 만일 추심지시서상에 수수료 또는 비용이 지급인부담이라고 지시되어 있음에도 지급인이 지급거절할 경우에는 추심지시서에 그러한 수수료 또는 비용을 추심하지 아니하고 서류를 인도할 수 있고, 이 경우 추심은행은 추심의뢰인부담으로 하여 추심대전에서 차감할 수 있다. 이와는 반대로 이러한 수수료 및 비용을 추심의뢰인부담으로 지시해 오면 추심은행의 추심의뢰인에게 청구하여 상환받게 된다.

다섯째, 이자의 청구가 있는가?

여섯째, "assignab1e"과 "divisible"에 관한 지시가 있는가? D/A 거래의 경우는 어음지급인과 다른 제3자의 인수가 있을 수 없고 추심서류를 당초 어음지급인과 다른 제3자에게 양도할 수 없지만, D/P 거래의 경우는 추심의뢰은행의 양도허용지시에 따라 당초 어음지급인과 양수인간에 양도계약이 체결되고 양수인명의의 정당한 수입승인서가 있을 때에는 D/P내금을 결제하여 추심서류인도권을 갖게 된다. 또한 추심지시서에 추심대금의 분할결제허용을 지시해 오는 경우에는 그에 따를 수 있다.

일곱째, 예비지급인(case-of-need)에 관한 사항은 어떠한가. 추심지시서에는 필요할 경우 수출상의 대리점과 협의하라는 지시가 있을 수 있다.

추심서류는 추심은행에 접수한 원형대로 지급인에게 제시(presentation)되어야 한다. D/P 방식에 의한 서류는 일람불(at sight)을 위한 제시로 추심서류의 인도에 앞서 추심대금의 결제가 선행되어야 한다. D/P 어음은 지급을 위한 제시가 있었던 날을 만기로 한다. 추심지시서에 별도지시가 없는 한 지급인에 대한 추심서류도착통지서 발송일로부터 납득할 만한 기간이 경과하도록 결제하지 않을 때에는 지체 없이 지급거절통지서(advice of non-payment)를 발송하여야 한다.

D/A 방식에 의한 서류는 제시은행(presenting bank)이 지체 없이 인수(acceptance)를 위한 제시를 하여야 한다. D/A어음은 인수의 의사표시로 서명을 하면 서류를 우선 인도받고 물품을 통관 후 처분하고 만기일에 결제하면 된다. 인수는 인수(accepted)라는 문자를 환어음에 표시하고 지급인이 기명날인하여야 하며, 어음의 표면에 지급인의 단순한 기명날인이 있어도 인수로 본다.[6] D/A어음의 인수는 다음과 같은 요령으로 한다.

Accepted on May 20, 20xx
by Seoul Trading Co., Ltd.
Payable at ABC Bank, Seoul, Korea

또한 어음의 인수는 무조건이어야 하며, 어음의 다른 기재사항을 변경하여 인수한 때는 인수를 거절한 것으로 본다.

---

6) 한국어음법 제25조 1항.

Q D/A 어음 만기일의 산정 및 결제기일의 표시방법은?

A D/A 어음 만기일(due date; maturity)을 기산하는 데는 어음지급기일의 표시방법에 따라 다르다.

첫째, 일수를 계산하여 만기일을 산정하는 경우이다.

이 때는 초일은 산입하지 않고 익일부터 계산하여 기간말일을 만기일로 한다.

[예] D/A at 90 days after sight인 경우

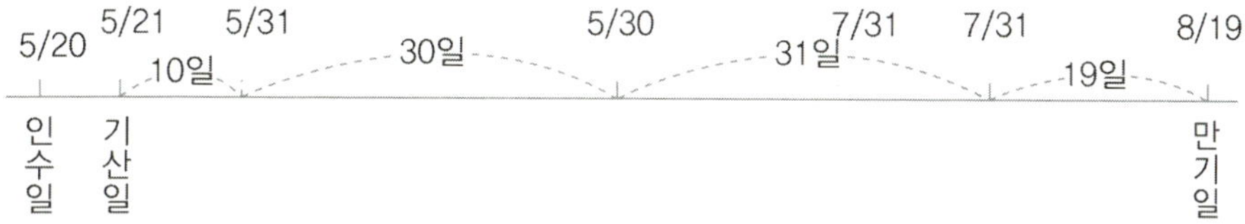

둘째, 월수를 계산하여 만기일을 산정하는 경우가 있다.

이 때는 월의 대소에 불구하고 지급한 달의 대응일을 만기일로 한다. 또 만기일이 공휴일에 해당하는 때에는 그 익일을 만기일로 한다.

[예] D/A at there months after sight인 경우

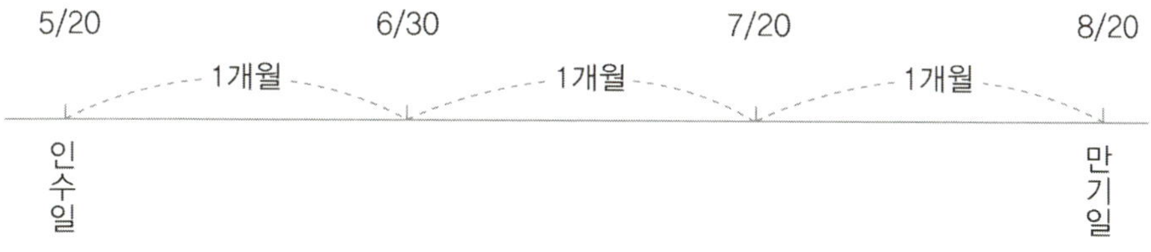

셋째, D/A어음 결제기일 표시방법이다.

① **일람후정기출급:** "at ×× days after sight"와 같은 경우로 어음인수일의 다음 날을 기산일로 만기일을 산정한다.

② **일자후정기출급:** "at ×× days after B/L date" 또는 "at ×× days after draft date"와 같은 경우로 어음의 인수일자와는 관계없이 이미 확정되어 있는 선화증권(B/L) 발행일자 또는 환어음(draft) 발행일자로부터 기산하여 만기일을 산정한다.

③ **확정일출급**: "at August 20, 20 ××"와 같은 경우로 어음발행인이 미리 만기일을 기산확정하여 어음을 발행한 경우이다. 이 때에는 그 만기일이 국내법에 따라 계산하여 일치되면 그대로 인정된다. D/A 계약시에 "at 90 days after B/L date"와 같은 조건으로 약정하였으나, 어음발행인이 만기일을 기산하여 아예 확정일을 기재하는 경우를 말한다.

넷째, D/A 어음의 결제이다.

D/A 어음이 인수된 후 만기일이 도래되면 추심은행은 만기일 이전에 지급인에게 만기일통지서를 작성 발송하여 어음만기일자에 어김없이 지급 이행하도록 촉구한다.

추심은행은 추심금액의 원금은 물론 추심지시서상에 명시된 이자나 수수료, 비용 등도 포함 산정하여 지급인에게 받도록 하여야 한다. 또한 추심은행은 추심의뢰은행 앞으로 추심지시서상의 송금방법요청에 따라 추심금액을 결제하여야 한다. 만기일에 지급되지 않았을 경우에는 추심의뢰은행에게 그 익일 전신 또는 우편으로 지급거절통지(advice of non-payment)를 하여야 하며, 추심지시서상에 지급거절증서의 요청이 있을 때에는 지체 없이 이를 작성하여야 한다.

09-141 Q 수출환어음매입시의 적용환율은?

A 수출환어음은 수익자(수출자)가 신용장조건에 따라 일람출급환어음(sight draft) 또는 기한부어음(usance draft) 중 어느 한가지로 발행하게 된다.

일람불신용장(at sight L/C)과 어음지급서류인도조건(D/P) 방식에 의하여 발행되는 환어음은 일람출급환어음매입률(at sight rate)을 적용한다. 수출환어음매입시 적용환율은 원칙적으로 전신환매입률(telegraphic transfer buying: TT/B)을 적용한다. 그러나 추심일수에 상당하는 이자는 별도로 징수하게 된다. 일람출급환어음매입률은 전신환매입율에서 표준추심일수에 상당하는 환가료를 공제한 환율이다. 환가료(exchange commission)라 함은 환어음 매입은행이 서류를 매입하고 매입대금이 수취되는, 즉 추심기간의 우편일수에 상당하는 금리를 말한다. 표준추심일수는 현재 기본일수를 10일, 단 결제통화가 일본엔화, 홍콩달러화, 싱가포르 달러화, 말레이지아 링기트화인 경우에는 9일, 재매입(renegotiation)분은 12일로 하고 있다. 외국환은행은 동 기간의 환가료율과 연환가료율을 매일 고시한다.

제시된 서류가 하자 없는 이른바 '무하자매입'(clean negotiation)시에는 '매입원금×표준추심일수'에 해당하는 '환가료×장부가격'으로 매입하고, '보증장부매입'(under indemnity negotiation)시에는 '매입원금×(연환가료율+1.5%)×표준추심일수/360×장부가격'과 같은 산식으로 한다. 장부가격(book rate)이라 함은 동종외화간의 대체거래에 따른 외화금액의 원화환산시 적용되는 율이다. 장부가격은 외국환은행이 외국환거래에 따르는 수수료를 원화로 징수하는 경우, 외화 대 원화의 환산율로도 적용된다.

한편 기한부신용장(usance L/C)과 어음인수서류인도조건(D/A) 방식에 의하여 발행되는 환어음은 기한부어음매입률(usance rate)을 적용한다.

그러나 기한부어음이라 하더라도 동 기간에 따른 이자는 수입상이 부담하는 "Usance interest(or Discount charge) to be covered by accountee"와 같은 조건이라면, 유예하여 주는 기간 동안의 이자는 공제하지 않고 순수한 표준추심일수에 상당하는 환가료만 공제한다. 따라서 "L/C at 30 days after sight"라 하더라도 30일 동안의 이자는 공제하지 않기 때문에 그 효과는 "at sight draft"에 적용되는 환율이 적용된다.

예를 들어 "at 30 days after sight"인 기한부 환어음에서 일람 후 30일 동안의 이자 부담은 매수인이 할 경우에는 '일람출급환어음매입률−어음기간(30일)/360×환가료율×장부가격'으로 매입한다.

또한 "at 30 days after B/L date"인 기한부 환어음에서 선화증권(B/L)이나 환어음의 일자 후 30일 지급과 같이 확정일부어음으로 이자부담은 매수인이 할 경우에는 다음과 같은 산식을 적용 매입한다. 만일 환어음 매입일보다 운송서류상의 선적일자가 빠르면 그 기간상당을 90일에서 공제하여 매입하게 된다.

전신환매입률−(어음기간(30일)/360×연환가료율×장부가격)

[표 9-2] 일람출급환어음과 기한부환어음매입시 이자공제 및 환율적용관계

결제기간	결제기간 표시	결제시기	Usance 기간 이자부담과 적용환율	
			매도인부담조건시 (환가료공제일수)	매수인부담조건시 (적용환율)
일람출급 환어음	at sight	일람후	표준우편일수	일람출급환어음 매입률
기한부 환어음	at 90 days after sight	일람후 90일	90일＋표준우편 일수	일람출급환어음 매입률
	at 90 days after B/L date	선화증권상 선적일자 익일＋90일	90일	전신환매입률1)
	at 90 days after date	환어음일자 익일＋90일	90일	전신환매입률

주): 1) 전신환매입률(telegraphic transfer buying rate: T/T buying rate)은 일람출급환어음매입률에 표준추심일수에 상당하는 환가료를 가산한 환율이다.

09-142 Q 수입환어음결제시의 적용환율은?

A 신용장방식에 의한 일람출급환어음의 결제는 발행은행에 수입관련서류 도착 후 5일 이내에 발행의뢰인이 이를 결제하지 못하면 6일째에 발행은행이 대지급하여 결제토록 하고 있다. 은행에서 수입환어음결제시 적용환율은 ① 수입환어음결제율을 적용하는 경우와, ② 전신환매도율을 적용하여 결제하는 경우가 있다. 전자는 발행은행의 입장에서 볼 때는 외국환이 매각이고 당해 신용장에 의한 어음을 매입은행 또는 지급은행이 매입 또는 지급하면 발행은행의 예치계정에서 신용장금액을 선차기하므로 수입환어음금액을 원화로 징수할 경우에는 외국환매각이익과 발행은행의 자금부담요인을 고려하여 우편일수에 대한 금리, 즉 환가료(exchange commission)가 포함된 수입환어음결제율을 적용한다. 수입환어음결제환가료는 서류도착일로부터 4일째 되는 날(당해 일이 공휴일일지라도 그날을 포함함)로부터 수입환어음결제일(서류도착일로부터 7일째 되는 날)까지의 기간을 징수한다. 전액을 자기자금(대지급된 경우 포함)으로 결제하는 경우의 계산식은 다음과 같다.

수입환어음금액×징수 당시의 환가요율×4일째부터 결제일까지의 일수÷360일×대고객전신환매도율.

그러나 후자는 수입환어음과 서류가 추심조건(collection basis)으로 도착되어 결제시에는 수입상으로부터 결제받아 추심지시서에 지시된 대로 송금하게 되므로 환가료가 포함되지 않은 '대고객전신환매도율'을 적용한다.

한편 기한부수입환어음은 인수 후 만기일에 가서 결제하는 것이므로 신용장 발행의뢰인이 원화로 결제하고자 할 때는 '대고객전신환매도율'에 의거 환산하여 수입환어음을 결제한다. 만일 신용장방식거래라면 만기일에 결제하지 못하는 경우에는 그 익일에 은행은 대지급처리하여 수입어음을 결제하게 된다.

09-143 Q 하자 있는 수출환어음 매입시 서류의 처리방법은?

A 서류의 하자(discrepancy)라 함은 신용장조건과 일치하지 않거나 또는 상충되는 것을 말하며, 이러한 하자는 환어음의 부도 또는 서류수리거절의 결과를 초래하여 매입대금을 상환받지 못하는 원인이 되므로 특히 신중하게 취급하여야 한다.

환어음 및 서류의 매입은 신용장조건에 일치하고 그 상환도 순조롭게 이루어진다면 매우 바람직한 일이지만, 매입어음의 발행은행에 의하여 부도 또는 인수 거절되는 경우가 적지 않다. 부도 또는 인수 거절이 발생하는 사유는 주로 다음에 열거하는 하자의 종류에 해당하는 것으로서 수입지의 시황이 좋으면 지급 또는 인수될 수도 있으나, 만일에 수입지의 시황이 악화된 경우라면 사소한 서류상의 하자라도 이를 이유로 신용장조건의 불일치를 주장하여 부도 또는 인수거절을 당하게 되는 경우가 허다하다.

또한 환어음이 일단 부도 또는 인수거절이 되면 상대가 외국인이므로 국내어음과는 달리 법률이나 관습의 상위 또는 의사소통의 불편 등으로 인하여 해결이 쉽지 아니한 경우가 많으므로 매입은행으로서는 이를 미리 방지하는 데 적극 노력하여야 한다.

원래 신용장거래는 발행은행의 독립된 지급확약에 의하여 이루어지는 거래이므로 물품의 매입당사자간의 매매계약과는 별개의 거래이다. 따라서 서류가 신용장조건과 일치하는 한 매매계약을 위반하여 서류가 작성되었다 하더라도 발행은행은 마땅히 지급의무가 있는 것이며, 반대로 아무리 서류의 내용이 계약조건을 충족하였다 하더라도 신용장조건을 충족하지 못한 때에는 신용장상의 지급확약을 이행할 수 없는 것이다.

신용장거래에서 지급거절(unpaid)사유가 되어 통지되어 오는 유형을 보면 다음과 같이 매우 다양하다다.

① Credit expired.

② Late shipment.

③ Short shipment.

④ Credit amount exceeded.

⑤ Claused(Unclean) bills of lading.

⑥ Bill of Lading does not evidence whether freight is paid or not.

⑦ Charter party bill of lading.

⑧ Insurance conditions not covered as specified in the credit.

⑨ Insurance cover expressed in a currency other than that of the credit.

⑩ Insurance not covered in time.
⑪ Marks and numbers differ between documents.
⑫ Documents conflict with each other.
⑬ Description of goods on invoice differs from that in the credit.
⑭ Weight differs between documents.
⑮ Amounts shown on the invoice and bill of exchange differ.
⑯ Bill of Lading, Insurance document or Bill of Exchange not endorsed correctly.
⑰ Bill of Exchange drawn on a wrong party.
⑱ Absence of signature, where required, on documents presented.

한편 하자의 내용에 따라서 수출자가 작성하는 환어음·상업송장·포장명세서 등은 수출지에서 재작성 및 정정이 가능하지만, 선적기일이 경과되어 선화증권상에 지연선적으로 표시되었거나 신용장 유효기일이 경과되어 매입은행에 제시될 경우 수출자가 일방적인 정정은 불가능하다.

따라서 이 경우에는 ① 보증장부매입, ② 전신조회 후 매입, ③ 추심처리, ④ 신용장조건변경 후 매입 등의 어느 한 가지 방법을 택하여 처리한다.

첫째, 보증장부매입(under indemnity negotiation)이라 함은 서류의 하자로 인하여 매입어음이 부도되는 경우에는 매입은행에 무조건 대전을 지급하겠다는 각서를 징구하고 매입에 응하는 방법이다. 이 경우 보통 은행은 수출자로부터 담보제공을 요구하게 되고, 환가료 징수시에 수출자에게 추가수수료를 부담시키고 있다. 서류의 하자 등으로 인하여 보증부매입이 이뤄진 경우에는 지급거절 되거나, 지급거절이 되지 않았지만 히지의 사유로 상당한 기간 대금입금이 지연되는 경우가 많다. 이 경우 매입은행은 당초에 매입한 수출환어음이 입금예정일을 경과하여 입금하게 되면, 동기간 상당의 자금 부담을 이유로 지연이자(delay interest; delay charge)를 수익자로부터 징수한다.

둘째, 전신조회 후 매입이라 함은 발행은행에 전신으로 먼저 서류의 불일치를 지적하고 하자서류 상태로의 매입가부를 발행은행에 조회하여 승인통지서를 접수한 다음 매입하는 것이다. 이 경우에는 물품에 대한 채권서류를 가지고 있는 상황이기 때문에 전신조회 후 매입은 하자서류매입시 안전한 방법이라 할 수 있다.

셋째, 추심(collection)**에 의한 처리**라 함은 수익자(수출자)의 서류를 우선매입하지 아니하고 추심수수료만 받고 서류를 발송하며, 발행은행 또는 결제은행으로부터 대금이 입금된 후 대금을 지급하는 것이다. 이 경우는 신용장조건상에 하자 있는 서류는 추심처리하라는 지시가 있거나 수익자의 서류가 부도가능성이 많거나 신용상태가 좋지 않을 때에 행하게 되는데, 수출상으로서는 내국신용장 발급건에 대한 대금결제문제 등 자금회전에 큰 어려움을 안게 된다.

넷째, 신용장조건변경 후 매입이라 함은 보증장부매입하게 되는 사유가 신용장조건을 변경하면 하자 없이 매입가능할 경우에 취하는 방법이다. 이는 시간적 여유가 충분히 있거나 수입자가 조건변경을 신속히 하여 준다면 가장 바람직하다. 그러나 수입자자 조건변경수수료부담과 번거로움을 이유로 보증부매입을 하도록 통지해 오는 경우가 많으므로, 수출자는은 동의한 증빙서류를 서류매입시에 신용장상의 요구서류 외에 추가하여 발송하는 것도 좋은 방법이다.

Chapter 10

무역클레임과 무역거래분쟁의 해결

10-144 Q 무역거래에서 클레임이란 무엇일까?

A 무역거래에서의 클레임(claim)이라 함은 매매당사자간 어느 일방이 매매계약의 일부 또는 전부를 불이행함으로써 상대방에게 손해를 입힐 때 손해를 입은 당사자가 상대방에 대하여 손해배상을 청구하는 것을 말한다.

무역클레임은 광의로 단순한 불평(complaint)이나 경고(warning) 등을 포함할 수 있으나 이는 어느 일방의 주관적인 면이 있기 때문에 객관성과 타당성을 가진 무역거래분쟁의 청구(claim for trade dispute)라고 할 수 없다. 클레임이란 일방적 청구권에 지나지 않으며 이러한 클레임이 제기되었을 때에 당사자간에 이를 해결하지 못하는 경우 분쟁으로 발전하게 된다. 즉, 계약당사자중의 일방에 의하여 계약이 불이행되는 경우 그로 인하여 손해를 입은 상대방은 항의나 불평을 하게 된다. 이러한 불평이 손해배상의 요구로까지 발전하게 되면 이를 손해배상청구, 즉 클레임이라 하고 이러한 청구가 거절되거나 일방적으로 수정되면 분쟁(dispute)의 단계로 발전하게 되는 것이다. 무역거래분쟁은 발생단계에 따라 "complaint → claim → dispute"의 과정을 거친다.

따라서 무역거래분쟁은 일방당사자, 즉 클레임 제기자(claimant)가 타방당사자, 즉 클레임 피제기자(claimee))에 대하여 클레임을 제기하지 전까지는 발생하지 않는다. 또한 모든 클레임이 분쟁을 야기 시키는 것은 아니다. 즉, 클레임 제기자의 클레임 제기에 대하여 상대방 당사자가 이를 수용하면 클레임은 해결되어 분쟁은 발생하지 않게 되며, 그렇지 않으면 분쟁이 발생하게 된다.

무역거래에서 클레임은 두 가지 유형이 있다. 그 하나는 멸실 또는 손상 물품에 관한 클레임(claim on lost or damaged goods)이고, 다른 하나는 무역거래상의 클레임(claim on trade transactions)이다. 전자는 운송물품에 대한 손해가 발생할 경우 피해자가 선박회사 또는 보험회사에 대하여 손해배상을 청구하는 것을 말한다. 이에 대하여 후자는 매도인과 매수인 당사자의 일방이 계약위반으로 인한 손해를 입은 당사자가 상대방에 대하여 손해배상을 청구하는 것을 말한다.

10-145 Q 무역클레임이 발생되는 원인은 무엇일까?

A 무역클레임의 원인을 직접적 원인과 간접적 원인으로 구분하여 보면 다음과 같다.

첫째, 매매당사자간의 직접적 원인에 기인하는 무역클레임이다.

1) 상담 또는 협상의 불완전

물품매매와 관련된 상거래의 성립은 당사자간에 청약(offer)과 승낙(acceptance)을 통한 상담과정을 거치게 된다. 이러한 과정에서 양당사자의 요구와 조건이 제시되고 조정과 합의를 하게 된다. 이러한 상담 또는 협상이 진행되는 과정에서 당사자간 협상내용의 오해, 착오, 부주의 등으로 협상이 완전하지 못한 경우 클레임이 발생될 수 있다. 특히 물품매매계약에서 승낙(acceptance)의 효력발생시기, 확정청약(firm offer)과 조건부청약(conditional offer) 등에 대한 이해 부족으로 클레임이 야기될 수 있다.

2) 계약내용의 불완전

무역계약을 체결함에 있어서 당사자는 계약의 주요내용이나 조건에 대하여 완전하고 정확하게 약정하여야 한다. 특히, 계약물품의 품질조건(terms of quality), 수량조건(terms of quantity), 가격조건(terms of price), 선적조건(terms of shipment), 결제조건(terms of payment), 보험조건(terms of insurance), 포장조건(terms of packing) 등 계약의 이행을 위한 기본조건과 불가항력조항(force majeure clause)[1], 클레임조항(claim clause)[2], 준거법조항(applicable law clause)[3], 중재조항(arbitration clause)[4],

---

1) FORCE MAJEURE: The seller shall not be responsible for the delay of shipment due to force majeure, including mobilization, war, strike, riots, civil commotion, terrorism, hostilities, blockade, requisition of vessels, prohibition of export, fires, floods, earthquakes, tempests, and any other contingencies, which prevent shipment within the stipulated period. In the event of any of the aforesaid causes arising, documents proving its occurrence or existence, shall be sent by the seller to the buyer by registered airmail within seven days of occurrence. Immediately after the cause is removed, the affected party shall perform the obligations with all due speed unless the agreement is previously terminated; 강원진, 「무역계약론」, 제3판, 박영사, 2009, 64면.

2) CLAIM: No claim shall be entertained before the payment is made or draft is duly honored. Each claim shall be advised by E-mail to seller within fourteen(14) days after the arrival of the goods at destination specified in the relative Bill of Lading and shall be confirmed by registered airmail with surveyor 's report within fifteen(15) days

완전합의조항(entire agreement clause)[5] 등 향후의 분쟁해결을 위한 조건 등에 관하여 구체적으로 약정하여야 한다. 이와 같은 주요 계약조건을 명확하게 약정하지 않은 경우 분쟁이 야기되는 경우가 많다.

3) 계약이행상의 문제

계약당사자는 신의에 따라 성실하게 계약상의 의무를 이행하여야 한다. 당사자가 계약상의 의무를 불이행하거나 또는 불완전 이행을 할 경우 클레임이 발생하게 된다. 매매계약의 이행상 문제가 될 수 있는 것은 품질불량, 수량부족, 선적지연, 포장불량, 대금지급의 지연, 신용장의 발행 지연, 수수료의 미지급 등이 있다.

둘째, 간접적 원인에 기인하는 무역클레임이다.

1) 언어의 상이

국제상거래에서는 언어의 상이로 인하여 의사소통에 문제가 발생할 수 있으며, 당사자간에 교부된 서신 또는 통신문의 번역에 있어서도 오역이 발생할 수 있다. 대체로 무역거래에서는 영어를 공용어로 사용하고 있지만 경우에 따라 당해 국가의 언어를 사용하는 경우 소통 및 해석상의 오해로 인한 클레임이 발생할 수 있다.

---

thereafter. No claims shall be entertained after the expiration of such fourteen days; 상게서 65면.

3) TRADE TERMS AND APPLICABLE LAW: (a) The trade terms used under this contract shall be governed and interpreted by the provisions of Incoterms® 2010. (b) Unless otherwise stipulated in this Contract, United Nations Convention on Contracts for the International Sale of Goods 1980 applies to this Contract between parties in case of formation of Contract and remedies for breach of Contract. (c) This Contract shall be governed, construed and performed by the laws of the Republic of Korea.
JURISDICTION: Any and all disputes arising from this Contract shall amicably be settled as promptly as possible upon consultation between the parties hereto. The parties hereto agree that, should either party has been in a position to resort to a lawsuit, injunction, attachment, or any other acts of litigation, the Seoul District Court shall have the jurisdiction; 상게서 67면.

4) ARBITRATION: All dispute, controversies, or differences which may arise between the parties, out of or in relation to or in connection with this contract, or for the breach there of, shall be finally settled by arbitration in Seoul, Korea in accordance with the Commercial Arbitration Rules of the Korean Commercial Arbitration Board and under the Laws of Korea. The award rendered by the arbitrator(s) shall be final and binding upon both parties concerned; 강원진, 「무역계약론」, 제3판, 박영사, 2009, 66면.

5) ENTIRE AGREEMENT. This Contract constitutes the entire agreement between the parties, all prior representations having been merged herein, and may not be modified except by a writing signed by a duly authorized representatives of both parties; 상게서, 188~189면.

2) 상관습 및 법률의 상이

국가 또는 지역에 따라 당사자들에 적용되는 상관습이나 법률이 달라 해석상의 차이 또는 오해가 발생할 수 있으며 이로 인하여 클레임이 발생할 수 있다. 이러한 문제점에 대하여 국제상업회의소를 비롯한 여러 국제기구를 중심으로 국제상관습의 통일화를 위한 노력이 계속되어 다양한 국제법규들이 제정되고 있으나, 이러한 법규들은 대부분 임의규칙으로 강제적인 구속력이 없으며 그 채택여부는 당사자의 사적자치에 맡겨져 있다. 따라서 물품을 대상으로 한 무역계약은 국제관습 등을 고려하여 매매 당사자간에 체결된 주계약인 매매계약[6]과 동 계약을 이행하기 위하여 주계약과는 별도의 종속계약으로 운송인과 운송계약[7]을, 보험자와 보험계약[8]을, 은행과 대금 결제약정[9]을 체결하여야 한다.

3) 통신문 해석상의 오해

무역거래를 위한 통신은 전통적으로 서신에 의하여 이루어져 왔으나, 통신기술의 발달에 따라 전자우편(E-mail), 전신(cable), 텔렉스(Telex) 등 전자적 수단에 의한 통신이 증대되고 있다. 특히 전신이나 텔렉스를 이용할 경우 비용을 줄이기 위하여 문장 또는 단어를 너무 축약하여 작성할 경우 오해가 발생할 수도 있다.

4) 신용조사의 미실시

무역거래의 경우에는 국내거래에 비하여 거래상대방에 대한 신용상태(credit standing)를 파악하는 것이 매우 중요하다. 실제 상거래시에는 시간과 비용이 많이 소요됨으로 인

---

6) 매매계약과 관련하여 기본적으로 검토되어야 할 법제로는 '국제물품매매계약에 관한 유엔 협약'(United Nations Convention on International Sale of Goods(CISG 1980) 그리고 통일규칙으로는 '국내 및 국제무역거래조건의 사용에 관한 국제상업회의소 규칙'(Incoterms 2010) 정도는 연구되어야 한다.

7) 국제운송과 관련하여 기본적으로 검토되어야 할 법제로는 해상관련 협약으로 International Convention for the Unification of Certain Rules of Law Relating to Bill of Lading(The Hague Rules 1924); Protocol to Amend the Hague Rules(The Hague Visby Rules 1968); UN Convention on the Carriage of Goods by Sea(The Hamberg Rules 1978); UN Convention on International Multimodal Transport of Goods 1980); UN Convention on Contracts for the International Carriage of Goods Wholly or Partly by Sea(Rotterdam Rules 2008); 항공관련 협약으로 Convention for the Unification of Certain Rules Relating to International Carriage by Air(The Warsaw Convention 1929); Protocol to Amend the Warsaw Convention(The Hague Protocol 1995) 등이 있다.

8) 적화보험과 관련하여 기본적으로 검토되어야 할 법제로는 영국의 Marine Insurance Act, 1906; The Institute Cargo Clauses 2009 등이 있다.

9) 대금결제와 관련하여 기본적으로 검토되어야 할 법으로는 UNCITRAL Model Law on International Credit Transfers, Vienna, 1992 가 있다. 또한 규칙으로는 ICC, Uniform Customs and Practice for Documentary Credit(UCP 600), 2007; eUCP(2007); ISBP(2007); ICC, Uniform Rules for the Collection of Commercial Paper(URC 525), 1995; ICC, International Standby Practices(ISP98) 등이 있다.

하여 신용조사를 미실시 하기 쉽다. 신용조사(credit research)는 전문적인 신용조사기관을 이용하여야 한다.

5) 운송중의 위험

무역거래는 대부분 장거리의 해상운송에 의하여 이루어지므로 항해 중 사고의 위험이 높다. 운송중의 위험은 적화보험(cargo insurance)의 부보를 통하여 담보될 수 있으나, 당사자간에 보험조건에 관한 명확한 합의가 없을 경우 해상사고 발생시에 분쟁이 일어날 수 있다. 설령 적화보험에 부보 되었다 하더라도 물품의 성질 등을 고려하여 부가위험 담보를 부보하지 아니한 경우 보상을 받지 못하게 된다.

6) 수량의 단위의 상이

무역거래에서는 국가마다 상이한 상관습으로 인하여 수량에 적용되는 도량형의 차이로 인하여 클레임이 발생될 수 있으므로 계약체결시에 물품수량에 적용되는 도량형의 단위를 명확히 약정하여야 한다.

7) 거래상대국 특별법규의 미확인

무역거래 상대국의 독점금지법, 공업소유권법, 식품위생법 등 각종 법규를 알지 못하여 이러한 법규에 대한 저촉에 기인되어 클레임이 발생되는 경우가 있다.

10-146 Q 무역클레임의 형태에는 어떠한 것이 있을까?

A 무역클레임의 청구내용은 금전의 청구, 금전 이외의 방법에 의한 손해배상의 청구 또는 양자를 합한 청구로 나눌 수 있다.

첫째, 금전청구와 관련된 클레임이다.

1) 대금지급거절

일반적으로 대금결제조건이 물품이 먼저 도착하여 대금지급 이전에 검사할 여유가 있어 물품에 하자가 있으면 대금지급거절이나 지급지연이 발생할 수 있다. 특히 어음인수서류인도(Document against Acceptance: D/A)방식의 거래에서는 어음을 인수하고 대금은 만기일에 지급함으로 도착물품이 계약물품과 상이할 때 대금지급을 거절하거나 지연시키는 경우가 많다. 그러나 송금방식(remittance) 방식이나 선대신용장(red clause letter of credit) 방식과 같이 물품 도착보다 대금지급이 선행되는 경우에는 물품에 대한 하자를 이유로 대금지급거절은 발생되지 아니한다. 특히 신용장방식에 의한 거래에서는 매도인, 즉 수익자(beneficiary)가 제시한 서류와 신용장조건과의 불일치를 이유로 대금지급을 거절하는 경우가 허다하다.

2) 대금감액의 청구

대금감액의 청구는 매수인이 도착한 물품에 하자가 있음을 발견하고 매도인에게 계약가격보다 감액된 가격으로 물품을 인수할 것을 요구하는 것이다. 이와 같은 대금감액의 방법으로는 지급해야 할 대금잔액으로부터의 감액, 다음 계약분의 가격으로부터의 감액 또는 지급된 대금의 반환에 의한 감액 등이 있다.

3) 손해배상금의 청구

매수인이 인도한 물품에 하자가 있는 경우 매수인은 이러한 하자에 의한 손해를 청구할 수 있다. 또한 매수인이 계약에 약정한 기간 이내에 신용장을 발행하지 아니하는 경우 매도인은 매수인에게 그로 인한 손해에 대하여 배상을 청구할 수 있다.

특히 물품매매와 관련하여 수입물품을 인도받은 매수인은 이를 수령함에 있어 계약적합성에 관하여 검사하여 만약 하자를 발견하였거나 수량이 부족하면 지체 없이 매도인에게 통지하여야 한다. 특히 매매계약서에 클레임 제기기간이 설정되었을 경우에는 동 기간 이내에 이루어져야 한다.

둘째, 금전이외의 청구와 관련된 클레임이다.

1) 물품의 인수거절

물품의 인수거절이란 매수인이 도착한 물품의 하자를 이유로 물품의 일부 또는 전부의 인수를 거절하는 것이다. 물품의 인수거절이 발생하면 매도인은 매수인에게 물품대금을 감액해 주고 물품을 인수토록 하거나 물품을 현지에서 제3자에게 전매하거나 선적지로 반송하는 등의 조치를 취하여야 하며, 이미 대금이 지급된 경우 매수인은 지급된 대금의 반환청구를 할 수 있다.

2) 대체품의 청구

매수인이 물품의 하자를 이유로 도착된 물품의 인수를 거절하고 선적지로 반송하는 경우 매도인에게 계약과 일치하는 대체품을 보내줄 것을 청구할 수 있다. 대체품이 선적된 경우에도 매수인은 그로 인한 손해배상을 별도로 청구할 수 있다. 즉, 계약에 약정된 물품의 도착시점과 대체품 도착시점과의 차이에 의한 상품가격의 변동으로 인한 손해 또는 물품의 도착지연으로 인한 생산공정 차질에 따른 손해 등이 발생한 경우 매수인은 그로 인한 손해배상금을 청구할 수 있다.

3) 계약의 이행청구

매도인과 매수인은 계약에 따른 이행이 되지 않을 경우 상대방에게 계약이행을 요구할 수 있으며, 상대방이 이행을 하지 않을 경우 손해배상을 청구할 수 있다. 무역거래에서 매도인이 물품을 선적할 준비를 하였으나 매수인이 신용장을 발행하지 않았을 경우 매도인은 매수인에게 신용장 발행을 요구할 수 있으며, 매도인이 물품을 선적하지 않을 경우 매수인은 매도인에게 선적이행을 요구할 수 있다.

4) 잔여계약의 해제

계약물품의 일부가 도착하였으나 매수인이 품질불량 등의 이유로 잔여분의 계약을 해제하는 것을 말하며, 일반적으로 분할선적조건 시에 발생된다.

셋째, 금전의 청구와 금전 이외의 청구를 합하여 클레임을 청구하는 경우이다.

예컨대, 대체품을 송부하되 상기를 놓치거나, 현지의 수요자에 대한 인도지연에 다른 과징금을 손해배상금으로 함께 청구하는 것 등이다.

10-147 Q 무역클레임의 제기기간은 언제까지 가능할까?

A 무역클레임 제기기간에 관하여 당사자간 특약이 있으면 그 기간 안에 제기하여야 하나 약정이 없는 경우에는 국가마다 그 해석기준이 다르다. 물품검사결과에 대한 통지 및 하자통지 기간에 관한 주요국 및 협약에서의 입법 예를 보면 다음과 같다.

1) 한국의 상법(제69조): (매수인의 목적물의 검사와 하자통지의무)
"① 상인간의 매매에 있어서 매수인이 목적물을 수령한 때에는 지체 없이 이를 검사하여야 하며 하자 또는 수량의 부족을 발견한 경우에는 즉시 매도인에게 그 통지를 발송하지 아니하면 이로 인한 계약해제, 대금감액 또는 손해배상을 청구하지 못한다. 매매의 목적물에 즉시 발견할 수 없는 하자가 있는 경우에 매수인이 6월내에 이를 발견한 때에도 같다.
② 전항의 규정은 매도인이 악의인 경우에는 적용하지 아니한다."와 같이 규정하고 있다.

2) 일본의 상법(제526조): (매수인의 목적물의 검사 및 통지)에서도 한국의 상법과 동일한 취지로 규정하고 있다.[10)]

3) 영국의 물품매매법(SGA 제34조, 제35조): (매수인의 물품검사 권리, 물품승낙)에서 계약적합성 여부에 대하여 상당한 검사기회와 상당한 기간의 경과이전에 인도물품에 대하여 검사할 권리 및 거절통지의무를 규정하고 있다.

4) Warsaw Oxford Rules for CIF Contract(1932 Rule 19): (물품검사에 관한 매수인의 권리)에서 상당한 검사 기회 및 기간이 부여되어야 하고 물품이 매매계약과 일치

10) 일본 상법 제526조; 1. 상인간의 매매에서 매수인은 그 매매의 목적물을 수령한 때에는 지체 없이 그 물품을 검사하여야 한다. 2. 전항에 규정된 경우에 있어서 매수인은 동항의 규정에 의한 검사를 통하여 매매의 목적물에 결함이 있는지 또는 그 수량 부족이라는 것을 발견했을 때에는 즉시 매도인에게 그 취지의 알릴 수 없다면 그 하자 또는 수량 부족을 이유로 계약을 해제 또는 대금감액 또는 손해배상의 청구를 할 수 없다. 매매의 목적물에 즉시 발견할 수 없는 하자가 있는 경우에 매수인이 6개월 이내에 하자를 발견했을 때도 마찬가지로 한다. 3. 전항의 규정은 매도인이 그 하자 또는 수량 부족에 대해 악의인 경우에는 적용하지 아니한다.

되지 아니할 경우 검사 완료 후 3일 이내에 통지하도록 규정하고 있다.

5) **미국의 통일상법전(UCC 제2-513조, 제2-606조)**: (물품검사 및 거절에 대한 매수인의 권리 및 의무)에서 상당한 기간내에 물품을 검사하고 거절통지를 하도록 규정하고 있다.

6) **국제물품매매계약에 관한 유엔협약(CISG 제38조, 제39조)**: (물품의 검사기간 및 불일치의 통지시기)에서 가능한 단기간 내에(within a short period) 검사하여야 하고 상당한 기간 내(within a reasonable time)에 검사결과를 통지하여야 하며, 어떠한 경우에도 부적합시의 통지는 물품이 매수인에게 교부된 날로부터 2년 이내에 이루어져야 한다고 규정하고 있다.

무역거래에서는 클레임을 제기할 수 있는 기간에 대한 통일된 기준은 없기 때문에 사적자치의 원칙에 따라 무역계약당사자간 별도로 합의를 하여야 한다.

따라서 주요국의 법제 및 협약에서 클레임을 제기할 수 있는 기간이 다르므로 거래당사자는 매매계약시 다음과 같이 클레임제기기간을 미리 설정하고 합의해 두어야 한다. 여기에서는 무역계약 조건에서 대금 인수·지급 이전에 클레임 제기는 하지 않으며, 모든 클레임은 목적지에 물품이 도착 후 14일 이내에 전자우편으로 통지를 행하고, 검정보고서와 같은 입증자료를 통지 이후 15일 이내에 등기우편으로 확인되어야 하는 조건으로 합의 하고 있는 경우이다.

"CLAIM: No claim shall be entertained before the payment is made or draft is duly honored. Each claim shall be advised by E-mail to seller within fourteen(14) days after the arrival of the goods at destination specified in the relative Bill of Lading and shall be confirmed by registered airmail with surveyor's report within fifteen(15) days thereafter. No claims shall be entertained after the expiration of such fourteen days."

10-148 Q 무역클레임 제기를 받은 경우 어떻게 대처할까?

A 무역클레임을 제기할 경우에는 클레임 당사자, 즉 본인(principal)에게 제기할 것인지 또는 대리인(agent)에게 제기할 것인지를 확정하고, 약정된 기한 내에 클레임 관련 계약서 번호, 계약체결 일자 등 클레임 청구사유 등을 신속하게 전송 또는 우편으로 통지하고, 클레임 주장에 대한 공인된 검정기관의 검정보고서(Surveyor's Report) 등 입증서류를 송부하여야 한다.

클레임 제기는 정당한 것도 있지만 허위 사실과 위장된 사실에 근거한 부당한 클레임, 이른바 의도적인 클레임(market claim)이 많다. 부당한 클레임 제기는 자신의 신용뿐만이 아니라 국가의 신용을 실추시키기 때문에 항상 신의성실의 원칙을 준수 하여야 한다.

한편 클레임을 제기 받은 경우에는 다음과 같은 사항을 우선 면밀하게 검토한 후 클레임 제기 건에 대한 자신의 입장을 정리하고 부당하다면 반증자료의 제시 또는 해결방안 등에 대하여 신속하고 설득력 있는 답변을 하여야 한다.

① 고의적인 클레임이 아닌가?
② 계약조건과 상이한 클레임이 아닌가?
③ 물품수령 후 상당한 기간 내 청구된 것인가?
④ 하자를 입증하는 증빙서류가 있는가?
⑤ 물품검사는 공인검사기관에서 이루어 졌는가?
⑥ 하자의 정도가 계약상, 거래관례상 허용비율을 초과하였는가?
⑦ 손해청구액은 합리적으로 산출되었으며 타당성이 있는가?

10-149 Q 무역거래분쟁을 해결하는 방법은?

A 전통적으로 민사상, 상사상의 분쟁은 대부분 법원의 판결에 의존하여 왔다. 그러나 국내외의 크고 작은 상거래분쟁들은 법원의 소송제도만으로 해결하는 데는 한계가 있다. 따라서 선진국에서는 이미 오래 전부터 상거래상의 분쟁을 보다 편리하고 경제적으로 신속하게 해결할 수 있는 중재제도를 발전시켜 왔다. 우리나라는 1966년 3월 16일 중재법 (법률 제1767호)이 제정되었고 1966년 3월 22일 대한상사중재원이 설립되어 독립된 상설 중재기관으로서 국내외 상거래분쟁을 해결하고 있다.

이러한 제도아래서 무역거래분쟁을 해결하기 위하여 선택할 수 있는 방법에는 여러 가지가 있으나, 일반적으로 ① 일방적 결정, ② 쌍방의 타협, ③ 제3자의 개입하는 방법으로 대별 할 수 있다.

일방적 결정이라 함은 불만이 있는 당사자가 분쟁에 대하여 일방적인 결정을 하는 것으로 스스로 클레임포기(waiver of claim)를 하는 것이다. 일반적으로 청구금액이 소액이거나 청구한다 하여도 배상 가능성이 적은 경우 분쟁에 소요되는 비용과 시간, 노력 등을 감안하여 청구권을 포기하게 된다. 단순경고(warning)의 경우도 일방이 상대방에게 주의를 환기시킴으로 종국에 가서는 클레임 제기를 포기하게 되는 것이다.

쌍방의 타협이라 함은 불만이 있는 일방이 직접 상대방과 협의나 교섭을 통하여 상방간에 합리적인 선에서 클레임 청구 내용을 합의하는 것이다.

그리고 제3자의 개입이라 함은 당사자 이외에 제3자를 개입시켜 분쟁을 해결하는 것으로 소송(litigation)과 소송외적 분쟁해결(alternative dispute resolution: ADR) 방법으로 대별할 수 있다. 소송은 국가의 사법기관인 법원이 주체가 되어 분쟁을 해결하는 방법이고, 소송외적 분쟁해결방법은 당사자의 합의를 기초로 사인 또는 사적기관이 주체가 되어 분쟁을 해결하는 방법으로 타협, 알선, 조정 및 중재가 여기에 해당된다.

무역거래분쟁 해결방법을 총체적으로 살펴보면 다음과 같다.

1) 타협(compromise)

타협, 즉 화해는 당사자가 사적 분쟁을 자주적으로 해결하는 전형적인 방식으로 분쟁을 당사자간의 직접교섭에 의하여 우의석으로 원만하게 해결하는 방법으로 제3자를 개입시키지 않고 분쟁을 당사자간에 해결할 수 있는 가장 간편하고 경제적인 방법이다.

화해에는 재판 외 화해와 재판상 화해가 있다. 전자는 당사자간의 교섭에 의하여 법원

외에서 이루어지며 민법상의 화해계약을 말하며, 화해계약에는 법원이 관여하지 않음으로 당사자간의 순수한 자주적 분쟁해결방법이라 할 수 있으며, 상거래분쟁의 화해는 대부분 여기에 해당한다. 이러한 화해계약은 집행력이 없으므로 당사자가 이를 이행하지 않을 경우 그 이행을 소송으로 청구하게 된다. 후자는 법원의 중개에 의하여 이루어지는 사법적 해결방법으로 이러한 소송상 화해는 소송 중에 있는 소송물인 권리관계의 주장을 양당사자가 상호 양보하여 소송을 종료시키기로 하는 합의로서 화해가 성립하면 그 해결내용은 조서에 기재되어 확정판결과 동일한 효력을 가지게 된다.

2) 알선(mediation)

알선은 공정한 제3자가 분쟁당사자의 일방 또는 쌍방의 의뢰에 의하여 개입하여 분쟁을 원만하게 해결하여 주는 것으로 분쟁해결을 위하여 당사자와 이해관계가 없는 중립적인 제3자가 개입하여 조언과 타협권유를 통하여 합의를 유도하는 것이다. 알선은 분쟁해결안을 제시하는데 있어서 당사자 자신의 방안 제시에 비중을 두며 당사자간의 의견 차이를 줄이는데 중점을 두고 있다.

알선은 분쟁당사자간의 자발적인 합의를 통하여 해결되도록 하기 때문에 법률적인 구속력은 없으나 당사자간의 비밀을 보장하고 거래관계를 지속시킬 수 있는 장점이 있으며, 알선에 임하는 제3자적 기관(예컨대, 한국의 대한상사중재원)이 당사자에게 중립적이면서 신뢰성 등의 영향력으로 성공하는 경우가 많다. 이와 같이 알선은 조정과 매우 유사하나 구조면에서 조정보다 비형식적 성격을 가지며, 알선은 특별한 절차 없이도 가능하며 제3자가 분쟁당사자간에 개입하면서도 경제적으로 분쟁을 해결할 수 있는 방법이라고 할 수 있다.

3) 조정(conciliation)

조정은 분쟁의 양당사자가 공정한 제3자를 조정인으로 선정하고 그 조정인이 제시하는 구체적 해결안(조정안)에 합의함으로써 분쟁을 해결하는 방법이라 할 수 있다. 조정은 양당사자의 합의에 의하여 이용가능하고 조정인이 조정안을 제시한다는 점에서 일방당사자의 의사만으로 신청가능하고 양당사자가 합의에 이르도록 협조하는 알선과는 구별된다.

오늘날 조정은 대부분 국가기관이 제도적으로 행하는 경우가 많으며, 조정인에 의하여 제시된 조정안에 대해 당사자에게 수락의무가 없으므로 일방이 조정안에 대하여 불만을 표시하면 실패하게 되므로 불완전한 해결방법이라 할 수 있다.

조정제도의 장점은 간단한 절차와 적은 비용으로 분쟁관계인의 합의에 의하여 원만하게 분쟁을 해결하는데 있으며, 한국의 경우 당사자간에 합의된 내용을 조서에 기재함으로써 조정이 성립하며 재판상 화해와 동일한 효력을 가진다.

4) 중재(arbitration)

중재라 함은 당사자 간의 합의로 사법상의 분쟁을 법원의 재판에 의하지 아니하고 중재인의 판정에 의하여 해결하는 절차를 말한다. 이는 양당사자가 공정한 제3자를 중재인으로 선임하여 그 중재인이 제시한 판단에 복종함으로써 분쟁을 최종적으로 해결하는 방법이다. 따라서 중재의 근거는 분쟁당사자가 분쟁의 해결을 독립된 중재인에게 부탁할 것에 동의하는 것이다.

중재는 조정과 같이 제3자가 분쟁당사자간에 개입하는 것이나 조정의 경우 제3자의 판단인 조정안의 수락여부를 당사자의 자유의지에 맡기고 있는데 비하여 중재의 경우 제3자의 판단인 중재판정을 당사자가 거부할 수 없고 그 결과에 구속된다는 점에서 조정과는 다르다. 중재는 강제성이 있다는 점에서 소송과 유사하며 중재판정이라 하기도 한다. 중재제도는 국내상거래분쟁, 무역거래분쟁 및 여타 국제상거래분쟁의 해결방법으로 유용성이 크기 때문에 국내외적으로 널리 이용되고 있다.

5) 소송(litigation)

소송은 국가기관인 법원의 판정에 의하여 분쟁을 강제적으로 해결하는 방법이다. 이는 법에 의하여 정의를 실현하려는 목적을 가지고 분쟁을 해결하려는 제도로서 민사소송의 방법에 의한다. 민사소송은 분쟁의 일반당사자인 원고가 관할권 있는 법원에 소를 제기함으로서 시작된다. 민사소송은 분쟁의 해결안에 대한 거부의 자유가 최종적 단계에 당사자에게 인정되는 화해나 조정과는 다르다. 민사소송상의 화해가 이루어지면 법원은 작성된 화해조서를 당사자에게 송달하여 주게 되는데, 이는 확정판결문과 동일한 효력이 있다.

일반적으로 민사소송은 절차의 엄격성과 판사와 변호사 등에 의한 소송수행이라는 경직성 등이 있으며 소송당사자간에 분쟁이 해결되더라도 이후의 거래관계를 단절하게 되는 경우가 많고 하급심의 판결에 불복하여 최고심의 판결을 구하게 될 경우 그에 따른 비용과 시간이 많이 필요하다. 특히 국제상거래에서는 상대방이 법역을 달리 하기 때문에 일반적으로 재판권이 상대국에 미치지 못하거나 강제집행이 어렵다는 한계가 있다.

분쟁은 예방하는 것이 상책이다. 그러나 만일 무역거래에서 분쟁이 야기되어 타협이나 알선, 조정을 통하여 해결하지 못할 경우 소송에 의하는 것보다 신속하고 보다 경제적이면서 요율적으로 해결하는 방법을 선택하는 것은 매우 중요하다. 그러한 의미에서 상사중재를 통한 분쟁해결방법에 대하여 잘 검토할 필요가 있다.

10-150

Q 상사중재와 소송의 차이점은?

A 중재는 소송과 비교하여 볼 때 다음과 같은 특성과 유용성이 있다.

1) 중재합의의 자율성

중재는 분쟁의 당사자가 법원의 판결에 의존하지 아니하고, 그들의 자유의사에 의한 중재합의에 따라 자신이 선임하는 사인인 판정자(중재인)에게 분쟁을 해결할 것을 신청함으로써 양 당사자가 판정의 결과에 복종하기로 하는 자주적인 분쟁해결 방법이다.

2) 단심제

중재판정은 분쟁당사자간에 있어서는 법원의 확정판결과 동일한 효력이 있다. "확정판결과 동일한 효력"이라 함은 불복신청을 할 수 없어 당사자에게 최종적 판단으로 구속력을 갖는다는 의미이다. 따라서 판정에 불만이 있어도 재판처럼 2심 또는 3심 등 항소절차가 없다.

3) 신속성

보통 소송은 3심제에다가 패소한 당사자가 상소수단을 남용하여 절차를 지연시킬 위험이 있는데 반하여, 중재는 단심제이므로 분쟁이 신속히 종결된다. 특히 중재판정은 중재계약에서 약정된 기간 내에 또는 중재심리가 종료된 날로부터 30일 이내에 하도록 규정됨으로써 분쟁해결의 신속성이 강조되고 있다.

4) 저렴한 비용

소송의 경우에는 위탁 변호사수, 최고 법원까지의 소송기간 등에 따라 비용이 많이 소요되나, 중재의 경우에는 분쟁을 신속하게 해결함으로써 중재비용은 상대적으로 적다. 특히 상설중재기관의 경우에는 책정된 중재요금표가 공표되어 있어 개괄적인 예상 비용을 추정할 수 있다.

5) 중재인의 전문성

국제상거래는 상거래관습에 지배를 받는 경우가 많으므로 법적인 문제만이 아닌 사실상의 문제에 대하여 정통한 중재인을 참여시킴으로서 중재는 상업적 특수성이 고려된 합리적인 해결을 기할 수 있다.

6) 심문절차의 비공개

소송에 있어서는 재판절차나 판결문이 각각 공개되기 때문에 사업의 내용과 경영상의 기밀이 외부에 누설될 위험이 있으나 중재에 있어서의 심문절차는 비공개를 원칙으로 하는 것이므로, 특히 국제상사분쟁의 경우에 있어서 거래의 기밀이 대외적으로 누출되는 폐단을 방지할 수 있으므로 대외신용의 계속적인 유지가 보장된다.

7) 평화적 분위기

소송은 제소(complaint)와 소환(summons)의 수단에 의하여 다소 위압적인 분위기 속에서 진행될 수 있으나 중재는 당사자와 평등한 위치에서 상하 격식 없이 심리를 진행한다. 증인선서를 요구하지 아니하며 상호교섭과 평화로운 분위기 속에서 진행된다.

8) 충분한 변론기회의 부여

중재는 단심제로 운영하기 때문에 일단 내려진 중재판정은 변경될 수 없다. 따라서 분쟁당사자는 중재인에게 충분한 변론기회와 변론시간 그리고 증인 또는 증거물 제출기회를 요구할 수 있다.

9) 심리의 비공개

중재심리는 당사자간의 분쟁발생 책임소재에 대한 공격. 방어과정에서 실체적 진실을 파악하는데 있다. 따라서 당사자가 허락하지 않는 한 사건과 무관한 제3자의 심문과정 참여를 허용하지 않으며 그 절차도 공개하지 아니한다.

10) 중재판정효력의 국제성

재판은 국가공권력의 발동이므로 원칙적으로 국경을 초월하여 그 효력을 미칠 수 없으나, 중재판정은 민간인의 자주적인 분쟁해결방법이기 때문에 국가의 주권문제와는 관계없이 국제적으로 그 효력을 미칠 수 있다. 중재판정은 국제적으로는 "외국중재판정의 승인 및 집행에 관한 유엔협약"(The United Nations Convention on the Recognition and Enforcement of Foreign Arbitral Awards: 약칭 'New York협약')에 의하여 국제적 효력을 인정받고 있다. 이 협약에 따라 우리나라에서 내려진 중재판정이 외국에서도 승인·집행되며, 반대로 외국에서 내려진 중재판정 역시 우리나라에서도 승인되고 집행이 보장된다.

[표10-1] 중재와 소송의 비교

구 분	중 재	소 송
대 상	• 개인(기업)간의 상사분쟁	• 민사 · 상사 · 형사 · 행정 · 선거, 비송사건 등 모든 분쟁
요 건	• 반드시 당사자간의 합의가 필요함	• 당사자의 행위능력이 필요함
구속력	• 법원의 판결과 동일한 효력 (구속력을 가짐)	• 법적 구속력
공개여부	• 비밀준수(당사자 및 기업의 비밀유지)	• 공개가 원칙임(헌법 제27조 3항)
경제성	• 단심제이미로 비용이 저렴함	• 복잡한 소송절차 • 3심제에 의한 과중한 비용부담 불가피
신속성	• 단심제에 의한 신속판정 가능 (평균 4~6개월 소요)	• 3심제에 의한 항소 · 상소 가능 (평균 2~3년 소요) • 소액사건심판제도 있음
심판자의 자격요건	• 당해 분쟁의 전문가가 중재인으로 활동 (중재인의 자유심층으로 판정 – 유연성)	• 반드시 법관이 판결 (법조문에 충실 – 경직성)
변론기회	• 충분한 변론기회 보장 (미보장시 중재판정 취소 사유가 됨)	• 사실 및 증거에 따른 판결 (당사자의 변론기회 상대적으로 불충분)
당사자간의 관 계	• 우호적인 관계 유지 가능	• 적대적인 관계가 되기 쉬움(감정대립)
강제집행	• 불이행시 관할법원의 집행판결을 통한 강제집행	• 법원의 판결에 의한 강제집행
국제성	• 국제적 집행가능(뉴욕협약 준수)	• 국제적 집행에 많은 어려움이 있음

10-151

Q 상사중재를 통하여 분쟁을 해결할 수 있는 대상은 어떤 것이 있을까?

A 상사중재(commercial arbitration)는 상행위로 인하여 발생되는 법률관계에 관한 중재임으로 다음과 같은 상행위는 대하여 상사중재의 대상이 된다.

한국 상법 제46조는 (기본적 상행위)에 대하여 "영업으로 하는 다음의 행위를 상행위라 한다. 그러나 오로지 임금을 받을 목적으로 물건을 제조하거나 노무에 종사하는 자의 행위는 그러하지 아니하다."라고 규정하고 있다.

1. 동산, 부동산, 유가증권 기타의 재산의 매매
2. 동산, 부동산, 유가증권 기타의 재산의 임대차
3. 제조, 가공 또는 수선에 관한 행위
4. 전기, 전파, 가스 또는 물의 공급에 관한 행위
5. 작업 또는 노무의 도급의 인수
6. 출판, 인쇄 또는 촬영에 관한 행위
7. 광고, 통신 또는 정보에 관한 행위
8. 수신·여신·환 기타의 금융거래
9. 공중이 이용하는 시설에 의한 거래
10. 상행위의 대리의 인수
11. 중개에 관한 행위
12. 위탁매매 기타의 주선에 관한 행위
13. 운송의 인수
14. 임치의 인수
15. 신탁의 인수
16. 상호부금 기타 이와 유사한 행위
17. 보험
18. 광물 또는 토석의 채취에 관한 행위
19. 기계, 시설, 그 밖의 재산의 금융리스에 관한 행위
20. 상호·상표 등의 사용허락에 의한 영업에 관한 행위
21. 영업상 채권의 매입·회수 등에 관한 행위
22. 신용카드, 전자화폐 등을 이용한 지급결제 업무의 인수

그러나 당사자가 자유로이 처분할 수 없는 형사사건, 소송사건, 가사심판사건 및 강제집행사건 등의 법률관계에 관해서는 상사중재 대상이 되지 않는다.

10-152 Q 상사중재를 통하여 무역거래분쟁을 해결하려면 어떻게 해야 할까?

A 상사중재는 분쟁을 최종적으로 심판한다는 점에서는 법원의 재판과 맥을 같이 하지만 사적 자치원칙에 입각하여 분쟁의 해결을 제3자, 즉 중재인에게 맡기고 그 결정에 복종한다는 당사자간의 합의가 있어야 한다는 점에서 소송과 차이가 있다.

1) 중재요건으로서의 중재합의

중재에 의하여 분쟁을 해결하기 위한 요건으로서는 미리, 즉 무역계약을 체결할 때나 나중, 즉 분쟁이 발생된 후 어느 때라도 분쟁의 해결을 중재에 의하여 해결한다는 이른바, 중재합의가 있어야만 한다. 중재합의는 곧 중재계약이라고 할 수 있다. 중재합의라 함은 "계약상의 분쟁인지 여부에 관계없이 일정한 법률관계에 관하여 당사자 간에 이미 발생하였거나 앞으로 발생할 수 있는 분쟁의 전부 또는 일부를 중재에 의하여 해결하도록 하는 당사자 간의 합의를 말한다."

이와 같이 중재합의는 당사자간에 합의가 있어야 하며 법원에 의해 재판받을 권리를 포기하고 제3자인 중재인의 판정에 복종하여야 하는 것이 기본이 된다.

중재합의는 독립된 합의 또는 계약에 중재조항을 포함하는 형식으로 할 수 있다. 중재합의는 서면으로 하여야 한다. 그러나 ① 당사자들이 서명한 문서에 중재합의가 포함된 경우, ② 편지, 전보, 전신, 팩스 또는 그 밖의 통신수단에 의하여 교환된 문서에 중재합의가 포함된 경우, ③ 어느 한쪽 당사자가 당사자 간에 교환된 문서의 내용에 중재합의가 있는 것을 주장하고 상대방 당사자가 이에 대하여 다투지 아니하는 경우에는 서면에 의한 중재합의로 본다.

특히 외국과의 중재합의시에는 중재지, 중재기관 및 적용할 준거법 등을 명확히 명시하는 것이 좋다. 중재합의가 있는 경우에는 법원에 소송을 하지 못하는 직소금지의 효력이 있고, 법원의 확정판결과 동일한 효력이 발생되기 때문에 최종해결의 효력이 있게 된다.

2) 중재합의의 방법

중재합의는 사전합의, 즉 매매계약을 체결할 때에 할 수도 있고 매매당사자간 분쟁이 발생된 후, 즉 사후합의도 할 수 있지만 사후합의는 이해관계에 얽매여 어려운 경우가 많다.

중재합의의 방법은 크게 중재조항을 매매계약서에 삽입하는 방법과 별도의 문서에 의한 계약방법이 있다.

① 계약서상 중재조항의 삽입방법

중재조항(arbitration clause)의 삽입이란 매매계약서상에 만일 본 계약과 관련하여 분쟁이 발생되면 중재로 해결한다는 조항을 설정하는 것을 말한다. 여기서도 계약서 상에 중재조항을 두어 중재는 어느 지역 어느 기관의 중재에 따른다는 등 구체적인 중재조항이 직접 삽입되는 경우와 중재조항이 있는 제3의 서류 및 문서명칭을 간접 인용하여 계약서 상에 간단하게 중재의 취지를 언급하는 방법이 있다.

대한상사중재원11)이 모든 무역계약서 상에 중재합의의 취지를 삽입하도록 권고하고 있는 이른바 '표준중재조항'(standard arbitration clause)은 다음과 같다.

"All disputes, controversies, or differences which may arise between the parties, out of in relation to or in connection with this contract, or for the breach therof, shall be finally settled by arbitration in Seoul, Korea in accordance with the Commercial Arbitration Rules of the Korean Commercial Arbitration Board and under the Law of Korea. The award rendered by the arbitrator(s) shall be final and binding upon both parties concerned."

"이 계약으로부터 또는 이 계약과 관련하여 또는 이 계약의 불이행으로 말미암아 당사자간에 발생하는 모든 분쟁, 논쟁 또는 의견 차이는 대한민국 서울특별시에서 대한상사중재원의 상사중재규칙 및 대한민국법에 따라 중재에 의하여 최종적으로 해결한다. 중재인(들)에 의하여 내려지는 판정은 최종적인 것으로 당사자 쌍방에 대하여 구속력을 가진다."

한편, 국내에서의 상거래계약서상에도 중재조항을 다음과 같이 합의하도록 권고하고 있다.

"이 계약으로부터 또는 이 계약과 관련하여 발생하는 모든 분쟁은 대한상사중재원의 국제중재규칙에 따라 중재에 의해 최종 해결한다."

② 별도의 문서에 의한 중재합의 방법

별도의 문서(separate document)에 의한 중재합의 방법은 매매 당사자의 계약서 상에는 중재조항을 삽입하지 아니하고 별도의 양식에 의거 별도합의(separate agreement)

11) 서울 본부: 서울시 강남구 삼성동 159-1 무역센터 트레이드타워 43층 Tel: 02-551-2001
부산지역 본부: 부산시 동구 초량1동 1211-1 대한통운빌딩 1306호 Tel: 051-441-7032

또는 중재부탁합의서(submission to arbitration)를 작성하는 것을 말한다.

별도의 문서나 보통 중재기관의 소정의 양식을 이용하는 중재부탁합의서의 내용에는 어느 기관의 중재규칙에 의하여 중재에 따르기로 한다는 취지가 합의되므로 적법한 중재합의로 인정된다. 중재부탁합의서는 보통 매매계약체결시가 아닌 분쟁이 발생된 이후 이에 합의하는 경우가 많다.

중재부탁합의서의 예는 다음과 같다.

[서식 10-1] 중재부탁합의서

SUBMISSION TO ARBITRATION

We the undersigned parties, hereby agree to submit the below dispute to the Korean Commercial Arbitration Board for arbitration in Seoul, Korea in accordance with the Arbitration Rules of the Korean Commercial Arbitration Board and under the Laws of Korea with impeccable understanding that the arbitral award to be rendered on the dispute shall be final and binding upon all the parties concerned.

(1) Points of Dispute : All disputes in relation to the contract No. 10018 dated June 5, 2011
(2) Further References : Number of Arbitrators desired (one[ ], three[0])

Party(A)
Name of Corporation : Seoul Trading Co., Ltd
Address : 15, 1-ga, Sogong-dong Joong-gu, Seoul 100-070, Korea
Name of Representative(or Agent) :

Signed by : Gildong Hong
Date of Signature : September 10, 2011

Party(B)
Name of Corporation : America International Inc.
Address : 350 Fifth Avenue, New York, N.Y. 10018, U.S.A
Name of Representative(or Agent) :

Signed by : John F. Dolan
Date of Signature : September 10, 2011

10-153

Q 상사중재의 진행절차는?

A 상사중재절차는 중재법의 강행규정에 반하지 아니하는 한 당사자들은 중재절차에 관하여 합의할 수 있으나 당사자의 합의가 없는 경우에는 중재판정부가 이 법의 규정에 따라 적절한 방법으로 중재절차를 진행할 수 있다. 이 경우 중재판정부는 증거의 능력, 관련성 및 증명력에 관하여 판단할 권한을 가진다. 여기서 중재판정부라 함은 중재절차를 진행하고 중재판정을 내리는 단독중재인 또는 여러 명의 중재인으로 구성되는 중재인단을 말한다.

한국의 중재법규를 중심으로 중재절차를 살펴보면 다음과 같다.

1) 중재합의

중재는 중재합의가 있어야만 한다. 앞에서 설명한 바와 같이 당사자의 계약서 상에 또는 별도의 문서로 중재합의 문언이 분명하게 약정되어 있어야 한다. 중재합의는 민법상의 계약의 성립 및 유효조건의 적용을 받는다. 중재합의가 중재조항을 포함한 문서를 인용하고 있는 경우에는 그 합의가 있는 것으로 본다.

2) 중재신청

상사분쟁이 야기되어 중재에 의하여 해결하려고 할 때에는 대한상사중재원에 ① 중재규칙에 의한 중재의 합의를 인정하는 서면의 합의서, ② 중재신청서, ③ 청구의 근거를 입증하는 서증(documentary evidence), ④ 대리인이 신청하는 경우에는 위임장, ⑤ 법인인 경우 법원의 등기부등본(개인은 주민등록등본)을 제출한다.

또한 소정의 중재요금 및 중재인의 보수를 미리 납부하여야 한다. 중재요금은 신청요금(request fee)과 중재요금(arbitration fee)으로 구분되며, 중재인 보수는 중재절차를 담당하는 중재인에게 지급하는 것이며, 기타 비용, 즉 증인, 감정인, 조사비용, 속기, 번역 등의 일체의 비용도 포함된다.

중재신청을 받은 중재원은 신청접수내용의 적합성 여부를 확인하고 쌍방당사자에게 수리하였음을 통지한다. 만일 제출된 문서가 외국어의 문서일 경우에는 빈역문을 첨부하여야 하며 중재신청처의 접수등록 통지를 받은 피신청인은 답변서를 등록통지일로부터 국제중재의 경우는 30일 이내, 국내중재일 경우는 15일 이내에 제출하여 한다.

3) 조정

조정(conciliation)은 분쟁의 자치적 해결방법 중의 하나로 중재절차에 의한 판정을 거치지 않고 당사자 상호의 양보 아래 분쟁을 해결하기 위하여 조정인을 개입시켜 분쟁을 해결하는 방식으로 중재절차를 밟기 전에 당사자 쌍방의 우의에 의한 조정을 시도하게 된다.

대한상사중재원에서 조정이 개시되면 중재인단 명부(panel of arbitrators)에서 선정하는 1인 또는 수인의 조정인을 선정하게 되고 조정인은 양 당사자의 주장을 듣고 조정안을 제시한다. 조정인이 선정된 날로부터 30일 이내에 조정이 성립되어야 하며 그 이후는 조정절차가 종료되고 중재절차가 개시된다. '만일 조정이 성립하면 그 효력은 중재판정의 효력과 동일하며 법원의 확정판결과 동일한 효력을 갖는다.'

4) 중재지

중재지(place of arbitration)란 중재절차 및 중재판정이 행해지는 국가 또는 지역을 말하며 중재지 내에서 심문절차 및 실제 중재가 행하여지는 특정장소를 중재장소라고 할 수 있다.

중재지의 결정은 분쟁당사자간에 보통합의하여 결정된다. 그러나 중재지가 정하여지지 않는 경우에 대하여 유엔무역법위원회(UNCITRAL 제16조-1)의 중재규칙에 의하면 중재지에 관하여 당사자가 합의하지 아니하였을 경우에는 중재판정부는 중재 주위상황에 유의하여 당해 중재지를 결정하여야 하는 것으로 규정하고 있다. 또한 국제상업회의소 중재규칙에는 중재지는 당사자간 별도합의가 없는 한 중재재판소가 이를 결정한다고 규정하고 있다. 따라서 매매계약에서 준거법을 한국법, 대한상사중재원을 중재지로 합의하였을 때에는 대한상사중재원의 중재판정을 받을 수 있음은 물론이다.

5) 중재인의 선정

중재인(arbitrator)이란 당사자의 합의로 중재판정을 내리는 권한이 부여된 사인인 제3자를 말한다. 중재인은 중재판정에 중요한 역할을 담당하므로 그 신정에 신중을 기하여야 한다. 중재인을 선정하는 방법은 당사자가 직접 선정하는 방법과 중재판정부가 선정하는 방법이 있다. 전자의 방법은 분쟁당사자가 중재인을 직접 선정하기 위해서는 양 당사자가 직접 선정한다는 합의가 있어야 가능하다. 또한 후자의 방법은 당사자가 중재인을 선정하지 않거나 당사자가 정하기로 하고 당사자가 소정의 기간에 선정하지 아니하거나 당사자가 선정방법을 정하지 아니한 경우에는 대한상사중재원에서 선정하는 방법이다.

중재인의 수는 당사자간의 합의를 정하며 합의가 없는 경우에는 3인으로 한다. 중재인이 수인인 경우 중재판정부의 모든 결정은 과반수의 찬성으로 한다. 다만 절차에 관한 사항에 관하여 다수결이 이루어지지 아니하는 경우에는 의장중재인이 정한다.

중재에서 가장 중요한 의의를 갖는 것은 중재인이므로 중재인의 윤리성과 도덕성이 강조된다. 따라서 중재인은 중재절차가 공정하고 정당하게 진행되도록 노력하여야 하며, 신뢰를 유지하고, 성실하게, 자주적으로 신중하게 판정하여야 한다.

6) 심문

심문(conduct of hearings)은 중재인이 결정하는 것이 원칙이다. 중재판정부는 심문의 일시, 장소 및 방식을 결정하고 늦어도 심문개시 국내중재의 경우 10일, 국제중재의 경우 20일 전까지 동 결정을 통지하도록 하고 있다.

또한 심문에의 출석은 중재에 직접 이해관계가 있는 자는 출석할 권리가 있으며, 중재판정부는 필요하다고 인정할 때에는 증거의 제출이나 증인 또는 감정인 임의의 출석을 요구할 수 있다.

상사중재규칙에서는 중재인은 제출된 증거의 신빙성과 유용성을 자유심증으로 판단한다고 규정하고 있어 자유심증주의[12]가 채택되어지고 있다. 중재판정부는 당사자가 주장 및 입증을 다하였다고 인정할 때는 심문의 종결을 선언하게 된다.

7) 중재판정

중재판정(award)이라 함은 중재계약의 당사자가 부탁한 분쟁의 해결을 위하여 중재인이 내리는 최종적 결정(final decision)을 의미한다. 중재판정은 중재인이 분쟁해결에 있어 내리는 최종결정이며 양 당사자를 구속하기 때문에 공평하고 정당하면서 확정적으로 판정되어야 한다.

중재판정부는 당사자의 합의 또는 법률의 규정 중 다른 정함이 없는 한 심문 종결일로부터 30일 이내에 판정하도록 규정하고 있다[13].

중재판정은 서면으로 작성하고 당사자의 성명 또는 명칭과 주소, 판정주문, 판정이유의 요지, 작성 연월일을 기재하여 중재인이 서명·날인하여 송달하고 그 원본은 송달의 증서를 첨부하여 관할법원에 이송보관하게 함으로써 중재절차는 종결 된다.

---

12) 자유심증주의는 법관이나 중재인의 양심과 이성을 전적으로 신뢰하여 그 자유로운 심증에 의하여 증거의 취사판단을 하게 하는 것이다. 그러나 자유심증주의는 중재인이나 법관의 임의대로 허용하는 것은 아니다. 그 판단은 논리법칙과 경험법칙에 따라야 하고, 사회정의와 형평의 이념에 입각할 것이 필요한 것이다.

13) 그러나 신속절차에 의한 중재판정은 당사자간에 신속절차에 따르기로 별도 합의가 있는 중재사건 또는 신청금액이 1억원 이하인 국내중재의 경우는 심문종결일로부터 10일 이내에 판정하도록 하고 있다.

10-154 Q 중재판정의 효력은 어떠하며 중재판정에 대한 취소의 소를 제기할 수 있을까?

A 중재판정은 당사자간에 있어서는 법원의 확정판결과 동일한 효력을 가진다. 중재판정에 대한 불복은 법원에 제기하는 중재판정 취소의 소에 의하여만 할 수 있다.

그러나 다음과 같은 경우에는 중재판정 취소의 소를 제기할 수 있다.

첫째, 중재합의의 당사자가 그 준거법에 의하여 중재합의 당시 무능력이거나 중재합의가 무효인 사실

둘째, 중재인의 선정 또는 중재절차에 관하여 적절한 통지를 받지 못하였거나 변론을 할 수 없었던 사실

셋째, 중재판정이 중재합의의 대상이 아닌 분쟁을 다룬 사실

넷째, 중재판정부의 구성 또는 중재절차가 당사자간의 합의에 따르지 아니하거나 이 법에 따르지 아니하였다는 사실의 경우이다.

중재인은 자기가 내린 중재판정을 철회하거나 변경할 수 없다. 다만, 중재판정문에서 숫자계산의 착오나 서기 또는 타자원의 과실 기타 이와 유사한 사유로 인하여 발생한 명백한 오자 또는 오류를 발견하였을 때는 결정으로 이를 정정할 수 있다.

중재법(제9조)에서는 "중재합의의 대상인 분쟁에 관하여 소가 제기된 경우에 피고가 중재합의 존재의 항변을 하는 때에는 법원은 그 소를 각하하여야 한다."라고 규정하고 있다. 즉, 중재합의가 있음에도 불구하고 상대방이 법원에 소를 제기하였을 경우, 1차 변론기일 전까지 항변을 통하여 중재계약이 있음을 주장, 입증하면 법원은 소 각하 판결을 하게 된다.

중재판정에 대한 국제적 효력에 관한 문제는 각국의 법과 상관습이 다르기 때문에 중재판정에 대한 집행상 어려운 문제가 야기되었다. 이에 따라 1958년 이른바 뉴욕협약이라 불리우는 '외국중재판정의 승인 및 집행에 관한 유엔협약'이 채택되어 체약국인 경우에는 이 협약을 적용함으로써 국제상사분쟁의 해결을 용이하게 하고 있다.

10-155 Q 외국중재판정과 관련하여 뉴욕협약이란 무엇이며 이 협약의 적용범위는?

A 뉴욕협약(New York Convention)이라 함은 '외국중재판정의 승인과 집행에 관한 유엔협약'(The United Nations Convention on the Recognition and Enforcement of Foreign Arbitral Awards)을 약칭하는 것으로 1958년 6월 10일 뉴욕에서 채택되었다 해서 이렇게 부르게 되었다.

뉴욕협약은 각국의 중재법제가 상이하고 외국중재판정에 대해 집행력이 확보되는 중재판정의 범위를 확대시키고 중재판정승인 및 집행에 관한 요건을 간명하게 함으로써 국제무역발전에 이바지하려는 목적으로 국제상업회의소는 국제중재판정의 집행에 관한 초안을 작성하여 유엔경제사회이사회(The United Nations Economic and Social Council)에서 검토하도록 하였다. 동 이사회에서 여러 의견을 참조하여 1958년 5월 20일부터 6월 10일 사이에 뉴욕의 유엔본부에서 정식으로 뉴욕협약을 채택 성립하게 되었다. 이 결과 각 체약국에서는 외국 중재판정의 승인 및 집행을 보장받을 수 있게 되었다.

한국은 1972년 2월 8일 42번째 국가로 이 협약에 가입, 동년 5월 9일부터 그 효력이 발효됨에 따라 상사분쟁에 한하여 이 협약을 적용할 것과, 외국중재판정에 대하여서는 외국이 이 협약의 체약국인 경우에 한해서 이 협약을 적용할 것임을 각각 유보선언 하였다.

뉴욕협약의 적용범위에 관하여 뉴욕협약(제1조 제1항)에서는 "이 협약은 중재판정의 승인 및 집행의 요구를 받는 국가 이외의 국가의 영토 내에서 내려진 판정으로서, 자연인 또는 법인간의 분쟁으로부터 발생하는 중재판정의 승인 및 집행에 적용한다. 이 협약은 또한 그 승인 및 집행의 요구를 받는 국가에서 내국판정이라고 인정되지 아니하는 중재판정에도 적용 된다"고 규정하고 있다.

이는 뉴욕협약의 적용을 받는 외국중재판정이 범위를 정함에 있어 '중재판정이 내려진 영역을 기준으로 삼을 것을 원칙'으로 하되, 그 승인 및 집행을 요구받는 국가에서 '내국판정이라고 인정되지 아니하는 중재판정'에 대하여는 뉴욕협약을 적용할 수 있는 여지를 마련하였다. 따라서 중재판정이 비록 국내에서 성립되었다고 할지라도 뉴욕협약을 적용할 수 있음을 인정하는 것이다.

또한 뉴욕협약의 심의 당시 영미법계 국가 및 러시아 등은 판정이 내려진 곳에 따라 외국중재판정을 정할 것을 주장하고 대륙법계 국가대표들은 준거법에 의하여 이를 정할 것을 주장하여 서로 대립되던 중 모두 외국중재판정에 포함시키는 쪽으로 타협이 이루어진 결과로 뉴욕협약은 그 적용되는 범위가 상당히 확대되었다.

10-156 Q 외국중재판정의 승인과 집행의 요건과 효과는?

A 승인(recognition)이라 함은 특정한 법률관계 또는 사항에 대하여 공적인 권위 또는 권한(authority)에 의하여 그 존부 또는 정부를 확인(confirm), 비준(ratify) 또는 시인(acknowledge)하는 행위를 의미한다. 따라서 뉴욕협약에서 말하는 외국중재판정의 승인 또는 중재합의의 승인이란 '동 협약의 체약국에 의한 승인'을 지칭하고 있는 것이다.

또한 집행(enforcement)이라 함은 사법상의 청구권을 국가권력의 행사에 의하여 만족시킬 것을 목적으로 하는 법률상의 절차를 말한다. 일반적으로 일단 중재판정이 내려지면 이행의 의무가 있는 자는 상대방으로부터의 권고(demand)가 없더라도 능동적·자발적으로 그 이행의 의무를 완수하여야 하는 것이나 만약에 그러한 '자발적인 변제가 이루어질 가망이 없는 경우'에는 부득이 법원에 의한 어떤 형태의 강제집행의 방법에 의존할 수밖에 없게 된다.

1) 외국중재판정의 승인과 집행의 요건

외국중재판정의 승인과 집행을 받기 위하여 승인 및 집행신청인에게 부과되는 적극적 요건은 중재판정문과 중재합의서만 제출하면 되고 그 순간부터 승인과 집행을 거부할 수 있는 제 규정에 관한 거증책임은 그 상대방에게 있는 것이다.

중재계약이 법원에 의해 집행되기 위한 요건은 다음과 같다.

① 중재계약이 뉴욕협약의 적용범위 내에 들어가야 한다.
② 분쟁이 일정한 법률관계에 관련하여 발생하되 동 분쟁은 중재계약의 범위내에 있어야 한다.
③ 중재계약의 서면 상 요건이 구비되어야 한다.
④ 중재계약이 무효, 실효 또는 이행불능이 되지 않아야 한다.
⑤ 외국판정의 승인이나 집행이 그 국가의 공공이 질서에 반하지 않아야 한다.

2) 외국중재판정의 승인과 집행의 효과

한국은 뉴욕협약에 가입하고 있기 때문에 뉴욕협약의 가입국에서 내려진 외국중재판정은 헌법의 정신에 따라 헌법에 의하여 체결 공포된 조약과 일반적으로 승인된 국제법규는 국내법과 같은 효력을 갖게 되므로 중재판정의 효력 또한 체약국간에는 외국중재판정의 효력이 승인되고 그 집행도 보장받게 된다. 한편 뉴욕협약비가입국에서 내려진 외국중재판정의 경우에는 이 협약이 적용되지 않기 때문에 외국판결의 경우에 준하여, 그 승인 및 집행을 결정해야 할 것이다.

외국중재판정의 승인과 집행의 청구인은 중재합의서와 중재판정문을 집행국의 해당법원에 제출하면 이중책임이 면제된다.

그러나 중재판정의 승인과 집행은 당사자가 다음과 같은 증거를 제출할 때는 거부될 수도 있다.

① 당사자가 무능력자이거나 중재합의가 무효인 경우

② 당사자가 중재인의 선정이나 중재절차에 관하여 적절한 통고를 받지 아니하였거나 기타 사유에 응할 수 없었던 경우

③ 판정이 중재부탁사항에 규정되어 있지 아니하거나 그 범위를 벗어나는 사항의 경우

④ 중재기관의 구성이나 중재절차가 당사자간의 합의와 일치하지 아니하거나, 합의가 없거나, 중재를 행하는 국가의 법령에 합의하지 않는 경우

⑤ 분쟁의 대상인 사항이 그 국가의 법률하에서는 중재에 의한 해결을 할 수 없는 경우

⑥ 판정의 승인이나 집행이 그 국가의 공공의 질서에 반하는 경우

중재계약에 관한 준거법, 중재절차에 대한 준거법의 선정은 당사자 자치의사를 우선적으로 적용한다. 이와 같이 뉴욕협약 외에 각 국에는 중재법과 소송절차법이 규정되어 있어 협약과 실체법 또는 절차법 등의 적용과 관련하여 복잡한 법적용의 문제가 생기고 있다. 실체법의 적용의 경우 일반적으로 뉴욕협약에 가입한 체약국간의 분쟁인 경우 뉴욕협약이 우선하고 그렇지 않은 경우 각국의 중재법이 적용된다. 외국에서 중재판정을 받았다고 하더라도 이로써 바로 집행을 할 수는 없으므로, 중재판정을 근거로 강제집행을 하기 위해서는 집행지의 집행판결을 받아야 한다.

10-157 Q 무역거래분쟁을 예방하고 해결하기 위한 종합적인 대책은 무엇일까?

A 대한상사중재원이 전국의 무역거래자 및 무역대리업자 중 3,500개 사를 대상으로 클레임 실태조사의 결과 분석된 문제점을 살펴본 결과 무역계약서 작성 및 무역관습에 에 대한 이해 부족, 해외거래선에 대한 신용조사의 부재, 품질관리 및 선적 전 물품 검사상의 문제, 정보의 공유 및 교환체계 미흡 등으로 나타나고 있다.

무역클레임이 발생되면 신속한 대응과 해결을 위하여 노력하여야 한다. 실제 무역업계에서는 주문을 받는 데는 매우 열성적이나 구체적인 거래조건이 포함된 계약서를 작성하는 일을 간과하고, 거래상대방에 대한 신용조사의 생략, 계약물품이 실제 운송인에게 인도되었는지 여부에 대한 확인 등은 상대적으로 소홀히 하고 있다. 또한 무역거래뿐만이 아니라 국내거래에서도 민사상, 상사상의 분쟁을 신속하고 경제적으로 또한 효율적으로 해결할 수 있는 중제제도를 활용할 필요가 있다.

슈미토프(Schmitthoff)는 클레임(claim)은 "국제거래에 있어서의 질병"이라고 지적하고 이에 대한 대책으로 "중재는 소송보다 낫고, 조정은 중재보다 나으며 분쟁의 예방은 조정보다 낫다"고 기술하고 있다.

따라서 무역거래분쟁은 분쟁발생 요인을 사전에 방지하는 것이 최상책이다. 무역거래에서의 클레임 제기는 정당한 것도 있지만 허위 사실과 위장된 사실에 근거한 부당한 클레임, 이른바 의도적인 클레임이 많다. 부당한 클레임 제기는 자신의 신용뿐만이 아니라 국가의 신용을 실추시키기 때문에 항상 신의성실의 원칙에 입각하여 클레임을 제기하여야 한다.

특히 무역거래분쟁을 예방하고 분쟁 야기시 효율적으로 해결하기 위해서는 다음과 같은 사항을 유념하여야 한다.

첫째, 거래처를 선정한 후 계약체결 전에 반드시 신용조사를 하여야 한다.

무역거래분쟁을 예방하기 위해서는 신용 있는 거래처를 엄선하여야 한다. 거래처를 선정하였다 하더라도 계약하기 전 신용조사를 행하여야 된다는 점을 명심하여야 한다. 신용조사는 상대방에 대한 재정상태(계약이행능력, 자산상태, 은행신용도 등), 거래능력(상대방의 경험과 거래실적, 영업능력, 거래량 등), 신뢰도(성실성, 평판, 영업태도 등) 등을 면밀히 파악하여야 한다. 국제거래시의 신용조사의 기관은 무역보험공사, 신용보증기금, 주한 외국공관, KOTRA, 한국무역협회 등을 이용할 수 있다.

둘째, 클레임 통지를 받았을 경우에는 당해분쟁의 타당성 검토와 함께 신속하게 대응하여야 한다.

클레임을 제기할 경우에는 약정된 기한 내에 클레임 관련 계약서 번호, 계약체결 일자 등 청구 이유 등을 신속하게 전송 또는 우편으로 통지하고, 주장에 대한 입증서류 및 공인된 검정기관의 검정보고서(Surveyor's Report)를 송부하여야 한다.

한편 클레임제기를 당하였다면 당해 분쟁의 책임당사자에 해당하는지 여부, 계약조건과 상이한 클레임인지 여부, 물품공급 후 약정된 기간 내에 청구된 것인지 여부, 물품검사는 합리적인 방법과 기간 내에 이루어 졌는지 여부, 손해배상 청구액은 합리적 산출근거에 의하고 있으며 타당한지 여부 등을 검토하여 자신의 입장을 확실히 정리하여 신속히 통지하여야 한다.

셋째, 정식의 무역계약서를 구체적으로 작성하고 계약서 상에는 분쟁대비를 위한 주요 약정 내용 및 분쟁해결을 위한 중재합의 조항 등을 설정하여야 한다.

이론적으로는 견적송장 교환이나, 청약과 승낙에 의하여 의사표시의 합치점에서 계약은 성립되지만 이 자체로 계약에 갈음하지 말고, 완전하고 상세한 정식의 무역계약서를 반드시 작성하되 계약조건에는 클레임이 발생될 경우를 고려하여 클레임 제기기한의 설정, 표준중재조항의 삽입, 불가항력조항의 설정, 권리침해조항의 설정, 완전합의조항의 설정, 재판관할 및 준거법조항 등을 계약서 상에 명시하여 향후 야기될지 모르는 분쟁에 대비하여야 한다.

넷째, 국제상거래분쟁이 야기될 경우에는 대한상사중재원을 활용하거나 법률가의 조언을 구하여야 한다.

무역거래자는 중요한 무역계약을 체결하기 이전에 계약서의 문안, 계약에 대한 실체법의 결정, 중재조항의 내용 및 법률적 효과 등에 관하여 전문가의 자문 등을 통하여 충분한 예비지식을 갖추어 상담에 임하여야 하며, 계약성립 이후 및 계약이행과 관련하여 분쟁이 야기될 경우에는 대한상사중재원을 활용하거나 관련 전문가의 조언을 구하여 무역거래분쟁에 대처하는 것이 바람직하다.

Index

저자 약력

강원진(姜元辰) 교수

부산대학교 상과대학 무역학과 졸업
연세대 경제학 석사, 중앙대 경영학 박사(국제상학 전공)
미국 University of Washington, School of Law 객원교수
부산대학교 국제전문대학원 원장
대한상사중재원 중재인
한국국제상학회 회장
한국무역학회 부회장
한국무역상무학회 및 국제e-비즈니스학회 부회장
한국무역학회 및 한국국제상학회 논문심사위원장
중앙인사위원회 국가공무원고시 출제위원
관세청 관세사자격시험 출제위원
대한상공회의소 무역영어검정시험 출제위원
대기업 무역부 및 외국환은행에서 다년간 실무경험
정부 수출입절차 간소화작업위원
현, 부산대학교 무역학부 교수

[주요 저서 및 논문]

국제상무론(법문사)
신용장론(박영사)
국제무역상무론(법문사)
무역계약론(박영사)
무역실무(박영사)
무역영어(박영사)
전자결제시스템(삼영사)
무역결제론(박영사)
무역실무연습(삼영사)
무역영어연습(박영사)
국제상거래론-공저(삼영사)
국제통상과 국제거래론-공저(두남)
ICC추심에 관한 통일규칙-감수(대한상공회의소)
강원진 교수의 무역실무 문답식 해설(두남)

"신용장거래에서 Fraud Rule의 적용 요건에 관한 고찰", 「국제상학」 제25권 제3호, 한국국제상학회, 2010. 등 82편

*저자 홈페이지 http://wonjin.net

인 지

강원진 교수의 무역실무 문답식 해설

초 판 1쇄 인쇄 —— 2011년 2월 20일
초 판 1쇄 발행 —— 2011년 2월 25일
지은이 —— 강 원 진
펴낸이 —— 전 두 표
펴낸데 —— 도서출판 **두남**
서울시 강동구 성내1동 455-12 두남빌딩
신 고 : 제25100-1988-9호
(구 제2-624호, 1988. 7. 21)
TEL : 02) 478-2065, 2066, 2067, 2311
FAX : 02) 478-2068
E-mail : dunam1@unitel.co.kr
http://www.dunam.co.kr

정가 22,000원

ISBN 978-89-6414-218-9 93320